世界文化名城评价研究

Research on Evaluation of World Famous Cultural City

尹宏　等著

中国社会科学出版社

图书在版编目(CIP)数据

世界文化名城评价研究 / 尹宏等著. —北京：中国社会科学出版社，2023.6
ISBN 978-7-5227-2123-1

Ⅰ.①世… Ⅱ.①尹… Ⅲ.①文化名城—城市建设—研究—世界 Ⅳ.①K915

中国国家版本馆 CIP 数据核字(2023)第 112753 号

出 版 人	赵剑英
责任编辑	喻 苗
责任校对	胡新芳
责任印制	王 超

出　　版	中国社会科学出版社
社　　址	北京鼓楼西大街甲 158 号
邮　　编	100720
网　　址	http://www.csspw.cn
发 行 部	010-84083685
门 市 部	010-84029450
经　　销	新华书店及其他书店
印　　刷	北京明恒达印务有限公司
装　　订	廊坊市广阳区广增装订厂
版　　次	2023 年 6 月第 1 版
印　　次	2023 年 6 月第 1 次印刷
开　　本	710×1000　1/16
印　　张	24.75
插　　页	2
字　　数	440 千字
定　　价	129.00 元

凡购买中国社会科学出版社图书,如有质量问题请与本社营销中心联系调换
电话:010-84083683
版权所有　侵权必究

国家社科基金后期资助项目
出 版 说 明

　　后期资助项目是国家社科基金设立的一类重要项目，旨在鼓励广大社科研究者潜心治学，支持基础研究多出优秀成果。它是经过严格评审，从接近完成的科研成果中遴选立项的。为扩大后期资助项目的影响，更好地推动学术发展，促进成果转化，全国哲学社会科学工作办公室按照"统一设计、统一标识、统一版式、形成系列"的总体要求，组织出版国家社科基金后期资助项目成果。

全国哲学社会科学工作办公室

目　　录

导　论 …………………………………………………………………（1）
 第一节　研究背景和意义 ………………………………………（1）
 第二节　研究思路、框架与内容 ………………………………（2）
  一　研究思路与框架 …………………………………………（2）
  二　研究内容 …………………………………………………（4）
 第三节　创新性工作与研究结论 ………………………………（6）
  一　创新性工作 ………………………………………………（6）
  二　主要研究结论 ……………………………………………（7）

第一章　世界文化名城评价相关研究综述 …………………（10）
 第一节　文化与城市相关研究综述 ……………………………（10）
  一　城市文化研究综述 ………………………………………（10）
  二　文化城市研究综述 ………………………………………（17）
  三　城市文化软实力研究综述 ………………………………（19）
 第二节　城市文化软实力评价研究综述 ………………………（22）
  一　评价对象 …………………………………………………（22）
  二　评价维度 …………………………………………………（25）
  三　评价方法 …………………………………………………（26）
 第三节　文化城市评价相关研究综述 …………………………（29）
  一　联合国教科文组织文化统计框架（2009）………………（29）
  二　联合国教科文组织创意城市评价体系 …………………（31）
  三　《世界城市文化报告》指标体系 ………………………（33）
  四　"欧洲文化之都"评价指标体系 ………………………（35）
  五　中国"国家历史文化名城"评价指标体系 ……………（36）
  六　城市文化发展评价指标体系 ……………………………（37）

第二章　世界文化名城评价的理论基础 ……………………………（42）
第一节　世界文化名城的内涵特征 ……………………………（42）
　　一　世界文化名城的基本内涵 ………………………………（43）
　　二　世界文化名城的主要特征 ………………………………（51）
第二节　城市转型的文化驱动机制 ……………………………（57）
　　一　改善经济增长质量 ………………………………………（58）
　　二　增强社会网络弹性 ………………………………………（60）
　　三　重塑城市空间形态 ………………………………………（62）
第三节　文化与城市的互动关系 ………………………………（64）
　　一　文化创新与城市经济互促共进 …………………………（65）
　　二　以文化多样性弥合"城市鸿沟" …………………………（66）
　　三　以文化发展破解"城市病"挑战 …………………………（67）
　　四　文化主线贯穿城市发展战略 ……………………………（68）

第三章　世界文化名城评价指标体系构建 ………………………（70）
第一节　世界城市评价的文化维度 ……………………………（70）
　　一　世界城市的文化功能 ……………………………………（70）
　　二　世界城市评价的文化标准 ………………………………（72）
第二节　世界文化名城评价模型与指标体系 …………………（75）
　　一　世界文化名城评价模型 …………………………………（75）
　　二　世界文化名城评价指标体系构建的原则 ………………（79）
　　三　世界文化名城评价体系基本架构 ………………………（82）
第三节　世界文化名城评价指标释义 …………………………（85）
　　一　文化资产指数（Cultural Assets Index） ………………（86）
　　二　文化要素指数（Cultural Element Index） ……………（89）
　　三　文化经济指数（Cultural Economy Index） ……………（92）
　　四　文化氛围指数（Cultural Atmosphere Index） …………（94）
　　五　文化治理指数（Cultural Governance Index） …………（97）
　　六　文化形象指数（Cultural Image Index） ………………（100）

第四章　世界文化名城评价实证研究设计 ………………………（104）
第一节　评价方法与步骤 ………………………………………（104）
　　一　优序图法的原理和步骤 …………………………………（105）
　　二　坎蒂雷赋权法的原理和步骤 ……………………………（107）

三　主客观规范化综合赋权 ………………………………………(108)
第二节　样本城市选择 …………………………………………………(109)
　　一　选择原则 ……………………………………………………(109)
　　二　样本城市 ……………………………………………………(110)
　　三　样本城市基本情况 …………………………………………(111)
第三节　参数选择与评价过程 …………………………………………(129)
　　一　参数选择 ……………………………………………………(129)
　　二　指标数据获取 ………………………………………………(133)
　　三　指标数据预处理 ……………………………………………(136)
　　四　指标赋权和评分 ……………………………………………(138)

第五章　世界文化名城总体评价 ……………………………………(142)
第一节　世界文化名城指数比较分析 …………………………………(142)
　　一　世界文化名城指数指标综合比较 …………………………(142)
　　二　世界文化名城指数分项指标比较 …………………………(145)
第二节　世界文化名城建设类型划分 …………………………………(157)
　　一　世界文化名城建设类型划分依据 …………………………(157)
　　二　世界文化名城建设类型 ……………………………………(158)
第三节　世界文化名城指数区域比较 …………………………………(164)
　　一　世界文化名城指数区域比较 ………………………………(164)
　　二　世界文化名城指数分项指标区域比较 ……………………(168)

第六章　均衡协调型城市世界文化名城建设评价 …………………(178)
第一节　均衡协调型城市世界文化名城指数（G）评价 ……………(178)
　　一　世界文化名城总指数（G）评价过程 ……………………(178)
　　二　世界文化名城指数（G）指标得分及排名 ………………(179)
第二节　均衡协调型城市文化功能建设评价 …………………………(179)
　　一　文化功能总体评价 …………………………………………(180)
　　二　文化资产指数（A）评价 …………………………………(181)
　　三　文化要素指数（B）评价 …………………………………(186)
　　四　文化经济指数（C）评价 …………………………………(190)
　　五　文化氛围指数（D）评价 …………………………………(196)
第三节　均衡协调型城市文化声誉建设评价 …………………………(202)
　　一　文化声誉总体评价 …………………………………………(202)

二　文化治理指数（E）评价 …………………………………………（203）
　　三　文化形象指数（F）评价 …………………………………………（208）

第七章　功能优势型城市世界文化名城建设评价 ……………………（218）
第一节　功能优势型城市世界文化名城指数（G）评价 ………………（218）
　　一　世界文化名城总指数（G）评价过程 ……………………………（218）
　　二　世界文化名城指数（G）指标得分及排名 ………………………（219）
第二节　功能优势型城市文化功能建设评价 ……………………………（220）
　　一　文化功能总体评价 …………………………………………………（220）
　　二　文化资产指数（A）评价 …………………………………………（220）
　　三　文化要素指数（B）评价 …………………………………………（225）
　　四　文化经济指数（C）评价 …………………………………………（230）
　　五　文化氛围指数（D）评价 …………………………………………（236）
第三节　功能优势型城市文化声誉建设评价 ……………………………（241）
　　一　文化声誉总体评价 …………………………………………………（241）
　　二　文化治理指数（E）评价 …………………………………………（242）
　　三　文化形象指数（F）评价 …………………………………………（247）

第八章　声誉优势型城市世界文化名城建设评价 ……………………（255）
第一节　声誉优势型城市世界文化名城指数（G）评价 ………………（255）
　　一　世界文化名城总指数（G）评价过程 ……………………………（255）
　　二　世界文化名城指数（G）指标得分及排名 ………………………（256）
第二节　声誉优势型城市文化功能建设评价 ……………………………（256）
　　一　文化功能总体评价 …………………………………………………（257）
　　二　文化资产指数（A）评价 …………………………………………（258）
　　三　文化要素指数（B）评价 …………………………………………（263）
　　四　文化经济指数（C）评价 …………………………………………（267）
　　五　文化氛围指数（D）评价 …………………………………………（273）
第三节　声誉优势型城市文化声誉建设评价 ……………………………（279）
　　一　文化声誉总体评价 …………………………………………………（279）
　　二　文化治理指数（E）评价 …………………………………………（280）
　　三　文化形象指数（F）评价 …………………………………………（285）

第九章 低度均衡型城市世界文化名城建设评价 (294)

第一节 低度均衡型城市世界文化名城指数（G）评价 (294)
一 世界文化名城总指数（G）评价过程 (294)
二 世界文化名城指数（G）指标得分及排名 (295)

第二节 低度均衡型城市文化功能建设评价 (295)
一 文化功能总体评价 (296)
二 文化资产指数（A）评价 (297)
三 文化要素指数（B）评价 (302)
四 文化经济指数（C）评价 (307)
五 文化氛围指数（D）评价 (312)

第三节 低度均衡型城市文化声誉建设评价 (318)
一 文化声誉总体评价 (319)
二 文化治理指数（E）评价 (319)
三 文化形象指数（F）评价 (324)

第十章 中国世界文化名城建设的策略与路径 (335)

第一节 中国世界文化名城指数比较分析 (335)
一 世界文化名城指数比较分析 (335)
二 世界文化名城建设类型分析 (336)
三 世界文化名城指数区域比较 (337)
四 世界文化名城分项指数比较 (338)

第二节 中国世界文化名城建设的差距与问题 (342)
一 中国世界文化名城建设的差距 (342)
二 中国世界文化名城建设的主要问题 (346)

第三节 中国世界文化名城建设的策略与路径 (352)
一 中国世界文化名城建设的策略建议 (352)
二 中国世界文化名城建设的路径选择 (354)

参考文献 (370)

后 记 (385)

导　　论

本章论述本书的研究背景和意义，介绍研究思路与基本框架以及主要研究内容，并说明本书的创新性工作和主要研究结论。

第一节　研究背景和意义

恩格斯曾经说过，"文化上的每一个进步，都是人类迈向自由的一步"。城市是人类走向成熟和文明的标志，城市化是全球化的重要动力之一，世界文化名城则是世界城市更广阔对话的一部分，在全球化的建构过程中占有独特地位。古今中外，全球瞩目的国际大都市无一不是文化名城和文化圣地。当今世界，城市竞争机制正悄然改变，"软实力"的较量愈加激烈，文化越来越成为竞争优势的核心。这就意味着谁占据了文化发展的制高点，谁就能掌握竞争的主动权。以世界文化名城建设推动城市崛起，提升文化软实力，增强经济竞争力，创造高品质生活，成为世界城市迭代升级的主流趋势。

国际社会对文化名城的关注，主要源于世界城市对经济健康增长、环境可持续和社会包容共享等可持续发展的内在要求。从《雅典宪章》提倡"功能城市"到《北京宪章》推崇"文化城市"，文化成为城市转型的重要解释变量。国际组织将文化城市的相关概念用于推动文化遗产保护、城市转型、可持续发展的实践，如联合国教科文组织开展的"世界遗产城市""创意城市"的认定，欧盟实施的"欧洲文化之都"计划，以及英国发起的"世界城市文化论坛"智库的建立等。综观全球，建设世界文化名城已是当今世界城市共同的价值追求和战略选择。无论是成熟的世界城市还是正在崛起的世界城市，以文化沟通地方与全球、平衡传统与现代，已然成为提升城市软实力的不二法门。

建设社会主义文化强国是中国文化发展的战略目标。坚定文化自信，推动中华文化繁荣兴盛，实现中华民族伟大复兴，需要更多的中国城市以文化连接世界、走向世界。世界文化强国必然会有世界文化名城，正如雅典、开罗的存在，才奠定了古代埃及文明古国的世界地位，建设世界文化名城就是建设社会主义文化强国的城市实践。改革开放以来，中国城市文化建设飞跃发展，取得了巨大成就，但依然面临文化资源价值转化不畅、优质文化产品供给不足，以及城市文化的国际显示度、辨识度、美誉度不高等问题，文化资源优势尚未转化为城市竞争优势，相比蜚声世界的文化名城还有明显短板和差距。进入新时代，建设社会主义文化强国，迫切需要提升中国城市文化发展的世界知名度和影响力。目前，有关世界文化名城的理论研究相对薄弱，有必要建立科学的评价体系，引入数据思维和计量方法，指导中国城市文化发展实践。需要说明的是，世界文化名城评价体系只是研究工具，目的在于以评促建，即从理论和实证的角度，将文化自信这一抽象的理念具体化为行动指引，通过对中外重要文化名城的比较评价，准确把握中国城市文化发展现状，发现问题、找出差距、明确方向，推动更多中国文化名城走向世界舞台中央。

第二节　研究思路、框架与内容

一　研究思路与框架

本书研究的出发点，有理论和现实两个方面的考虑。从理论的角度看，国内外学者普遍关注到城市与文化的内在联系，并运用历史文化学、经济学、社会学的分析范式进行研究，奠定了世界文化名城研究的理论基础。文化城市理论的发展，是对世界城市文化发展实践的综合效应进行总结和概括的结果。从现实的角度看，建设具有世界影响力的文化名城已成为世界城市可持续发展的重要模式，文化被广泛运用于城市经济增长、社会活力营建和城市形象的提振，许多城市通过提升文化功能和文化声誉，成功实现发展方式的转型和快速崛起。

何谓世界文化名城？国际学术界以此为研究对象的理论文献较为少见，大多将文化纳入世界城市的形态内涵及功能要素进行研究，尚未形成系统化的共识成果。国内部分城市提出"世界文化名城"的战略定位或建设目标，以此指导城市文化发展，反映了建设社会主义文化强国的鲜活城市实践。目前，国内学术界主要聚焦世界城市文化遗产、公共文化服务、文化产业、创意经济等考察研究，较少从跨学科的视角，研究世界文化名城的功能属性和声誉属性。对世界文化名城的内涵是什么、世界文化名城有哪些特征、文化促进城市转型的作用机制如何、世界文化名城如何识别和评价、如何建设世界文化名城等问题的研究相对较少。

世界文化名城是世界城市的高级形态，反映了城市由发达经济衍生高度文明的普遍规律，建构了城市可持续发展的理想图景。世界文化名城兼具"世界城市"和"文化中心"双重功能，代表了世界城市更高位次、更高层级的发展模式，许多国家和地区都将建设世界文化名城作为提振区域软实力、促进城市可持续发展的重要途径。正是基于此，本书试图从城市经济学、文化经济学、文化社会学、文化传播学和历史学的视角，注重跨学科融合，兼顾全球视野和地方视角，对世界文化名城评价进行尝试性的研究。本书围绕世界文化名城的评价和建设，以文化与城市的关系、文化促进城市转型的作用机制和世界城市文化发展趋势为研究起点，按照"评价依据—评价工具—评价过程—评价结果运用"的逻辑思路，确定本书的研究框架。（见图1）

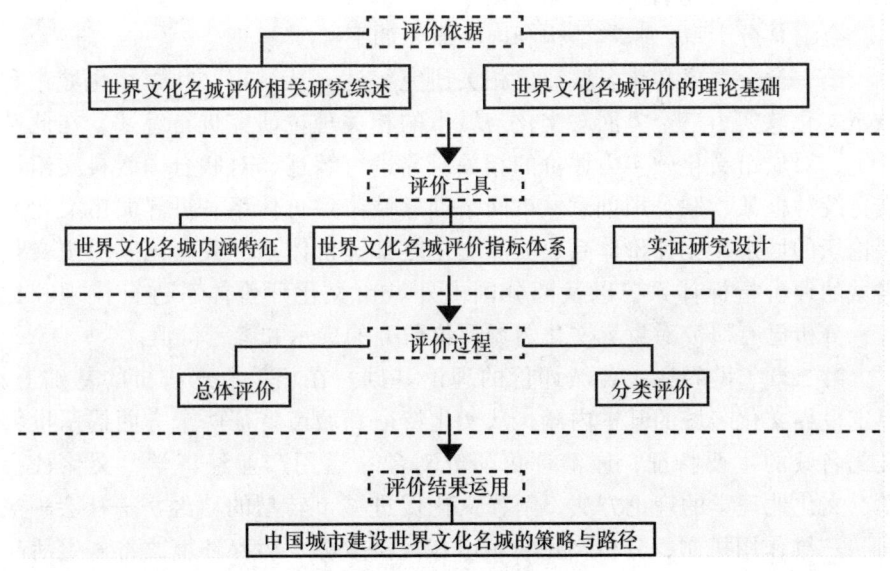

图1 研究框架

二 研究内容

本书采取理论分析和实证研究相结合的方法，确定四个研究重点：一是从已有文献和理论研究两个方面探寻世界文化名城评价依据（第1—2章）。综述学界对世界文化名城评价的相关研究，对城市文化与文化城市的内在联系、文化促进城市转型的作用机制、文化与城市的互动关系进行深入研究，奠定世界文化名城评价的理论基础。二是从对象和要素两个方面建构世界文化名城的评价工具（第3—4章）。界定世界文化名城的内涵特征，提炼世界文化名城核心识别要素，构建世界文化名城评价模型，形成世界文化名城评价体系的基本架构，为评价提供研究工具。三是从整体和类型两个方面展开世界文化名城评价实证研究过程（第5—9章）。设计实证研究方案，对样本城市世界文化名城进行总体评价，划分世界文化名城建设类型，并对均衡协调型、功能优势型、声誉优势型、低度均衡型城市世界文化名城建设进行分类评价。四是从策略和路径两个方面探讨我国城市如何建设世界文化名城（第10章）。运用评价结果，通过国际比较分析我国城市文化发展的差距及成因，结合城市特点和发展实际，提出我国城市建设世界文化名城的策略与路径。

全书共分十章，基本结构和内容概要如下：

第一章　世界文化名城评价相关研究综述。从城市文化、文化城市和城市文化软实力三个方面对文化与城市的相关理论研究进行综述，在此基础上，对城市文化软实力评价的相关研究进行综述，对联合国教科文组织文化统计框架、联合国创意城市网络创意城市评价体系、世界城市文化发展论坛的城市文化评价体系、欧洲文化之都评价体系和我国国家历史文化名城的评价指标体系，以及部分国内外城市文化评价体系进行梳理和比较，分析已有研究对世界文化名城评价研究的启示和参考价值。

第二章　世界文化名城评价的理论基础。在相关概念辨析的基础上，界定世界文化名城的基本内涵，从文化特征和城市特征两个方面揭示世界文化名城的主要特征，厘清评价研究对象；运用产业经济学、文化社会学、文化地理学的理论方法，阐释文化促进城市转型的"经济—社会—空间"三维作用机制，分析文化与城市在经济复苏、生存环境改善、生活品质提升和形象塑造过程中的互动关系，为世界文化名城评价研究奠定理论基础。

第三章　世界文化名城评价指标体系构建。从世界城市的文化功能和文化标准两个方面，分析世界城市评价的文化维度。在此基础上，提炼世界文化名城的核心识别要素，构建世界文化名城"功能—声誉"评价模型。阐述世界文化名城的评价要点和评价原则，对评价指标的选取和修正进行说明，建立世界文化名城评价指标体系的基本架构，并对世界文化名城评价指数和指标含义进行具体阐释，说明评价指标之间的逻辑关系。

第四章 世界文化名城评价实证研究设计。运用世界文化名城评价指标体系，对全球17个国家31个重要文化名城进行综合评价，实证方案设计主要包括评价方法与步骤、评价指数构成、样本城市选取与概述，以及指标数据获取、指标数据预处理、指标赋权评分等评价过程。

第五章 世界文化名城总体评价。基于全球31个样本城市的年度数据，对世界文化名城指数以及文化资产指数、文化要素指数、文化经济指数、文化氛围指数、文化治理指数、文化形象指数的综合得分与排名进行比较分析。依据样本城市文化功能和文化声誉得分进行象限分析，划分世界文化名城建设四大类型，并分析不同类型城市的主要特点。依据样本城市所处区域，对五大洲世界文化名城指数以及文化资产指数、文化要素指数、文化经济指数、文化氛围指数、文化治理指数、文化形象指数进行区域统计分析，结合典型城市对比，比较评价五大洲城市文化发展水平。

第六章 均衡协调型城市世界文化名城建设评价。基于世界文化名城"功能—声誉"评价模型，对均衡协调型样本城市世界文化名城建设进行评价。分析世界文化名城指数得分及排名，依据世界文化名城"功能—声誉"评价模型，具体分析文化资产指数、文化要素指数、文化经济指数、文化氛围指数、文化治理指数、文化形象指数的综合得分与排名，提炼标杆城市的建设实践和主要经验，分析均衡协调型城市的主要特征。

第七章 功能优势型城市世界文化名城建设评价。基于世界文化名城"功能—声誉"评价模型，对功能优势型样本城市世界文化名城建设进行评价。分析世界文化名城指数得分及排名，依据世界文化名城"功能—声誉"评价模型，具体分析文化资产指数、文化要素指数、文化经济指数、文化氛围指数、文化治理指数、文化形象指数的综合得分与排名，提炼标杆城市的建设实践和主要经验，分析功能优势型城市的主要特征。

第八章 声誉优势型城市世界文化名城建设评价。基于世界文化名城"功能—声誉"评价模型，对声誉优势型样本城市世界文化名城建设进行评价。分析世界文化名城指数得分及排名，依据世界文化名城"功能—声誉"评价模型，具体分析文化资产指数、文化要素指数、文化经济指数、文化氛围指数、文化治理指数、文化形象指数的综合得分与排名，提炼标杆城市的建设实践和主要经验，分析声誉优势型城市的主要特征。

第九章　低度均衡型城市世界文化名城建设评价。基于世界文化名城"功能—声誉"评价模型，对低度均衡型样本城市世界文化名城建设进行评价。分析世界文化名城指数得分及排名，依据世界文化名城"功能—声誉"评价模型，具体分析文化资产指数、文化要素指数、文化经济指数、文化氛围指数、文化治理指数、文化形象指数的综合得分与排名，提炼标杆城市的建设实践和主要经验，分析低度均衡型城市的主要特征。

第十章　中国世界文化名城建设的策略与路径。运用世界文化名城评价结果，通过国际比较分析中国城市文化发展的差距及其成因。提出中国建设世界文化名城应遵循由低度均衡走向局部优势，由局部优势走向均衡协调，由均衡协调走向高度繁荣的阶梯式、渐进式发展策略，并就此提出中国城市如何解决核心问题、提升城市文化的世界性的十大策略。

第三节　创新性工作与研究结论

一　创新性工作

（一）将世界文化名城作为研究对象

坚定文化自信，基于建设社会主义文化强国的城市实践需求，以世界文化名城作为研究对象和研究内容；首次对其内涵特征和识别要素进行学理阐释，将其作为表征当今世界城市价值追求和战略选择的理论范畴，试图在一个全球尺度的空间框架中审视并重新思考文化与城市的关系，深化新时代中国城市文化建设的学术研究。

（二）创新城市文化动力理论的阐释话语

综合运用文化经济学、文化社会学、文化地理学、城市历史学、文化传播学等理论和方法，分析文化促进城市转型的作用机制，探析当今世界以文化推动城市崛起的发展大势，构建世界文化名城评价指标体系，运用评价维度—比较领域—测度指标的层次性分析工具，对城市文化动力理论进行学理阐释。

（三）构建世界文化名城评价模型和指标体系

构建世界文化名城"功能—声誉"评价模型，将"功能""声誉"作为评价世界文化名城的两个基本界面，以关键识别要素作为评价因子的归类标准，兼顾"供给—需求"和"行为—价值"，以文化资产、文化要素、文化经济、文化氛围、文化治理、文化形象为六大评价维度，分解出 12 个比较领域和 42 项测度指标，建立世界文化名城评价指标体系。

（四）实证研究突出全球性、层次性、针对性

运用世界文化名城评价指标体系，对全球 17 个国家 31 个重要文化名城进行实证研究。相比已往的研究，本书样本城市的选取注重全球性、层次性和针对性，在空间上覆盖五大洲，分属发达经济体和发展中经济体，城市规模涵盖超大城市、特大城市、大城市和中等城市，中国城市样本数量占到三分之一。在指标数据的采集上兼顾一致性和动态性，综合采用与世界城市文化发展相关的全球数据库、行业权威智库、政府统计机构和互联网平台发布的数据进行推演计算。

（五）划分世界文化名城建设类型

采用象限分析方法，首次将世界文化名城建设划分为"均衡协调型""功能优势型""声誉优势型""低度均衡型"四大类型。运用世界文化名城"功能—声誉"模型，分别对四大类型进行评价研究，探析世界文化名城建设的客观规律，便于中国城市选择更加有效的世界文化名城建设策略和路径。

二 主要研究结论

（一）文化城市是可持续城市的重要模式

文化城市是城市的一种职能类型，以城市文化为核心建立自然与人文尺度相融的复合系统，形成更大区域范围文化积累传承、创新创造、生产消费、交流传播的中心。并非所有的城市都能成为文化城市，城市文化是影响城市功能和形态演变的重要因素。与政治型城市、经济型城市不同，文化城市通过文化向城市经济社会的系统融入，改变城市发展的主要推动力量与作用机制，实现环境健康、经济繁荣、社会公平和更高的生活质量。进入后工业化阶段，建设文化城市成为许多世界城市转型升级的共同选择，通过历史文化遗产保护、文化资源开发利用、文化产业繁荣发展等措施，将城市文化融入经济社会系统，增强文化城市功能，实现城市的可持续发展。

（二）文化作用于经济—社会—空间系统促进城市转型

作为驱策城市转型的一种动力，文化被广泛运用于城市经济增长、社会活力营建和城市形象的提振，通过经济增长质量提升、社会网络弹性增强、空间格局形态优化三大作用机制，促进经济、社会、空间三大系统重组，实现城市的可持续发展。文化成为城市转型的重要解释变量，一方面

体现了城市主体的需求变化和解决问题的方式选择，另一方面又潜在制约和影响着城市的资源配置、制度安排和财富创造，这也是世界文化名城建设的逻辑起点。本书剖析了文化促进城市转型的作用机制，揭示文化城市蕴含的可持续发展规律，并将其引入世界文化名城评价体系，检验世界城市文化发展的成效。

（三）世界文化名城是世界城市的高级形态

世界文化名城指以文化为核心手段整合经济、社会与空间资源，促进城市全面可持续发展，在国际上享有较高知名度、认可度、美誉度的世界城市。世界文化名城是世界城市的高级形态，兼具"世界城市"和"文化中心"双重功能，在国际社会享有较高知名度和美誉度，反映了城市由发达经济衍生高度文明的普遍规律，建构了城市可持续发展的理想图景，代表了世界城市更高位次、更高层级的发展模式。本书首次界定了世界文化名城的内涵特征，相比历史文化名城、创意城市、世界遗产城市等概念，世界文化名城的格局更加开阔，具有文化吸引力、文化创造力、文化影响力、文化参与性、文化多样性，是享誉世界的人类文明策源地、充满活力的多元文化交汇地、彰显个性的文化魅力展示地。

（四）世界文化名城评价应兼顾文化功能和文化声誉

世界文化名城的评价具有相对性，重在比较而非标准的设定，需要聚焦关键性领域进行综合评价。在中国增强城市持续发展能力的背景下，让城市发展目标更加多元、更加开放显得尤为迫切。评价世界文化名城，需要将城市视为具有内部文化整体性和外部文化影响力的完整系统，多角度、多目标评价文化的创造、投入、运行、产出、影响等综合性行为。相比以往研究，本书首次融入文化声誉视角，构建了世界文化名城"功能—声誉"评价模型，刻画城市文化发展的层次性、文化促进城市发展的全面性和城市文化影响的世界性。

（五）全球世界文化名城建设呈现多层级、差异化特征

实证发现：欧洲、北美洲和亚洲发达国家的文化名城在世界文化名城体系中仍然具有优势地位，但亚洲、南美洲、非洲的发展中国家的世界文化名城建设显现强劲势头。世界文化名城建设都呈现多层级特点，无论是发达国家还是发展中国家都存在相对的优势和短板。五大洲世界文化名城指数存在明显差异，欧洲、美洲世界文化名城指数均值高于全球平均水平，亚洲、大洋洲和非洲世界文化名城指数均值低于全球平均水平。

（六）中国建设世界文化名城宜分类推进、特色突破

世界文化名城的形成是自发行为与自觉行为共同作用的结果，世界文

化名城的建设是一个动态的过程，可以选择某一个或几个方面实现率先突破。均衡协调型城市以文化发展促进城市可持续发展，提升城市的世界影响力和美誉度，形成持久的竞争优势。国际比较发现，中国城市文化发展的成效显著，但差距和短板依然明显。世界文化名城建设并非单纯的文化发展，而是以文化引领城市全面发展，既要具备全球视野，又要注重本土建构。中国建设世界文化名城，应结合城市特点和文化发展需求，提升文化功能和文化声誉的均衡协调度。依托城市文化建设积累的先期优势，以分类推进、特色突破的原则向着世界文化名城的方向迈进。不同类型的城市选择不同的建设策略和路径，遵循由低度均衡走向局部优势，由局部优势走向均衡协调的阶梯式发展思路，建设更多具有竞争力、知名度和美誉度的世界文化名城。

综上，本书以世界文化名城为研究对象，着眼社会主义文化强国建设的时代背景，突出学科融合研究，通过理论阐释与建设评价，丰富城市可持续发展的文化动力理论。一方面，追溯文化与城市的理论逻辑和现实依据，运用系统思维、整体思维构建世界文化名城评价体系，把抽象的理念具体化为评价指标体系，建构世界文化名城的理论体系和话语体系，丰富中国特色社会主义文化强国的理论意蕴，探寻更多中国城市走向世界的文化路径，为中国城市研究者、城市管理者提供学术支撑和实践指引。另一方面，突出世界眼光和中国视角，不仅吸收借鉴世界城市文化发展先进经验，更注重向世界传播中国城市文化建设实践成就，在与世界城市的比较中体现"中国特色世界文化名城"的价值，从不同文明中寻求智慧、汲取营养，为人类文明进步、未来城市发展贡献中国智慧。从世界城市发展大势而言，文化城市正处于快速成长时期，未来相关的概念体系将不断完善和规范，有关世界文化名城的理论研究领域有望得到前所未有的拓展。

第一章　世界文化名城评价相关研究综述

本章对城市文化、文化城市及其相互关系，文化软实力评价，以及国内外比较有影响力，或已经运行了较长时间、得到广泛承认的城市文化发展水平及文化城市相关评价指标体系进行综述研究，提取有参考价值的学术思想，为世界文化名城评价研究提供基础参照。

第一节　文化与城市相关研究综述

城市是一定范围内政治、经济、文化的中心，它是物质与精神的结晶，是人类文化发展的重要载体。文化是日常生活中使用频率很高又非常抽象的概念。城市作为人类社会文化的写照，反映着它所处的时代、社会、经济、科学技术、生活方式、人际关系、哲学观点、宗教信仰等。因此我们可以说，城市是一种文化形态，城市是文化实体，城市就是文化的体现。没有文化的城市是没有灵魂的城市。如果说世界上的城市是千差万别的，根本的差别就在于城市文化的不同。① 世界文化名城这一城市形态的出现，本质上是文化与城市互促互进的产物。

一　城市文化研究综述

什么是文化？《辞海》对"文化"一词给出了三种解释：（1）指人类在社会实践历程中所创造的一切物质财富和精神财富的总和，特指精神财富，如语言和文学、艺术、教育、科学等精神成果。（2）考古学用词，指统一历史时期的不以分布地点为转移的遗迹、遗物的综合体。同样的工具、用具，同样的制造技术等，是同一文化的特征。（3）指运用文字的能

---

① 殷京生：《试论城市文化的特征》，《宁夏社会科学》2003 年第 1 期。

力及其一般知识水平。①

国内外学者一般从广义和狭义两个角度来解读文化。广义的文化是指人类社会实践过程中所创造的物质财富和精神财富的总和，分为物质文化、制度文化、精神文化三个层次。狭义的文化主要指精神文化，是人类所创造的与社会生活、政治、经济既相互区别又相互联系的意识形态方面的成果，包括语言、文学、艺术、科学以及技能知识、信仰、思想和感情等一切意识形态在内的精神产品的总和。比较有代表性的观点，一是复合整体论。爱德华·泰勒关于文化的定义，即文化是一种包括知识、信仰、道德、法规、习俗以及所有作为社会成员的人所获得的才能和习惯的复合整体。② 二是状态过程论。有学者认为，文化是人类完善的一种状态或过程。③ 文化首先是人类与社会发展的历程，思想、精神与美学的发展过程；其次是一个民族、一个时期、一个群体或全体人类一种独特的生活方式；最后是知性和想象的作品与活动。④ 三是多样性论。联合国教科文组织《2009年文化统计框架》，将文化定义为"某一社会或社会群体所具有的一整套独特的精神、物质、智力和情感特征，除了艺术和文学以外，它还包括生活方式、聚居方式、价值体系、传统和信仰"（UNESCO，2001）。⑤

值得注意的是，随着经济全球化加速，国内外学者注意到文化形态的变动。如英国学者戴维·赫尔德曾从全球网络的广度、全球互相联系的强度、全球流动的速度、全球互相联系的影响四种维度描绘现当代文化全球化的形态。⑥ 可见，文化的主体和客体都是人，文化是人创造的，也以服务人为目的和归宿。在现代意义上，随着经济全球化逐步融入世界文化大系统，文化已经不是一个国家或地区自我封闭循环的孤立系统。

（一）城市文化的内涵

德国历史学家斯宾格勒在《西方的没落》中指出：一切伟大的文化都

---

① 申维辰：《评价文化——文化资源评估与文化产业评价研究》，山西教育出版社2004年版。
② 中国大百科全书总编辑委员会：《中国大百科全书社会学卷》，中国大百科全书出版社1991年版，第409页。
③ ［英］雷蒙·威廉斯：《文化分析》，载罗钢、刘象愚主编《文化研究读本》，中国社会科学出版社2000年版，第127页。
④ ［英］本·哈莫：《方法论：文化、城市和可持续性》，载汪民安、陈永国、马海亮主编《城市文化读本》，北京大学出版社2008年版，第90页。
⑤ 联合国教科文组织统计研究所：《2009年联合国教科文组织文化统计框架》，载张晓明、胡慧林、章建刚主编《2011年中国文化产业发展报告》，社会科学文献出版社2011年版。
⑥ ［英］戴维·赫尔德：《全球大变革——全球化时代的政治、经济与文化》，杨雪冬等译，社会科学文献出版社2001年版，第508—509页。

是城市文化。城市文化是一个复杂系统,物质文化、制度文化、行为文化、精神文化构成了城市文化体系,渗透到城市经济、政治、社会、环境等各个方面的建设中,各层次的相互作用、相互影响,作用于城市可持续发展。中国学者也认为,文化是城市的创造基因,是城市可持续发展的重要指标。① 国内外研究对城市文化内涵的理解主要有如下五个角度。

1. 城市的物质财富和精神财富

将文化的定义映射到城市层面,认为城市文化指社会成员在实践中创造的精神财富和物质财富的总和。主要有两种阐述方式,一是广义论。如陈寿灿认为城市文化以城市竞争理论为导向,包含政府形象和制度、国内贸易环境、市民创新和学习能力、历史文化等内容。② 二是地域论。如李曙新认为,城市文化是各具地域特色的一种文化。③ 城市文化系统中可区分广义文化和狭义文化、先进文化和落后文化、共性文化与个性文化,城市中的物质内容如文化设施和文化产业也是围绕精神文化内容而产生的,因此城市文化的内涵应该围绕城市的精神文化及其外在物质表现形式来定义。

2. 城市各领域的文化表达

国内外学者多从城市经济学、城市社会学、城市规划学等角度对城市文化进行界定。城市经济学侧重文化与城市竞争力的关系,如 Maria D. Alvarez, Sukru Yarcan④ 在 "Istanbul as a World City: a Cultural Perspective" 一文中考察了文化活动对伊斯坦布尔转化成世界城市的影响,并强调了文化与商业活动、旅游业之间的协同关系。C. Samuel Craig⑤ 研究了城市、环境和技术与创造文化产品的关系,指出城市文化在塑造文化产品中发挥了关键作用;城市社会学侧重文化与城市人口的关系,如向德平等提出城市文化是城市社会成员所共同享有的,不仅包含城市的社区群体文化、休闲娱乐文化、节庆和演出文化,还包含观念制度文化、环境文化、公益文化

---

① 郑时龄:《国际文化大都市的城市空间》,《论坛》2016 年第 11 期。
② 陈寿灿:《建设城市文化与提升城市竞争力》,《浙江学刊》2002 年第 3 期。
③ 李曙新:《城市文化及其建设内涵的三维建构》,《青岛大学师范学院学报》2005 年第 4 期。
④ Maria D. Alvare, Sukru Yarcan, "Istanbul as a World City: a Cultural Perspective", *International Journal of Culture, Tourism and Hospitality Research* Vol. 4, No. 3, 2010, pp. 266 – 276.
⑤ C. Samuel Craig, "Creating Cultural Products: Cities, Context and Techology", *City, Culture and Society*, Vol. 4, 2013, pp. 195 – 202.

等方面的内容;① 城市规划学侧重文化与城市空间管理的关系,如 K. 林奇在其《城市意象》一书中着重探讨了怎样通过城市形象让人们对空间的感知融入城市文化之中;② 郭佳认为,城市文化是把空泛的文化融入具体的城市活动中,包括了城市所创造的一切物质文化、制度文化和精神文化的综合及其所形成的管理系统。③

3. 以城市为载体的文化形式

从城市与文化的关系出发,将城市视为文化的载体。最具代表性的是美国城市历史学家刘易斯·芒福德(Lewis Mumford, 1938),他认为,城市的本质是其文化功能的体现。④ 强调"城市功能再造必须实现人们的消费和创意活动"。在城市发展的大部分历史阶段中,城市作为一个"文化容器",专门用来储存并传承人类文明的成果,储存文化、流传文化和创造文化是城市的三个基本使命。⑤ 他指出,未来城市建设的主要任务是如何把"城市从物质上的能量"转变成"精神上的力量"。中国学者任致远认为,城市文化是特殊的文化类型,它以城市为载体和表现形式、展示人们各种实践活动和理想追求,是人类文化的高级表达和集中体现。⑥ 由城市要素空间布局形态、视角景观、色彩组合、形象和历史文化遗产的保护与利用、人居环境建设、文化设施等构成的文化形式和内容。城市文化的本质就是为了让人们生活得更美好。

4. 城市的生活方式

强调城市文化不是静态的文化形态,将城市文化视为城市生活特征。如芝加哥学派的代表人物之一路易斯·沃斯(Louis Wirth, 1938),从生活方式的角度研究了城市文明,在其"Urbanism as a Way of Life"一文中提出,大都市的成长是人类现代文明开端的显著标志,传播文明的观念和习惯,特有文化生活和城市特性就是城市文化差异的表现。⑦ 国内有学者认为,大都市的精神生活和公共空间是都市生活方式的体现。⑧

---

① 向德平、田北海:《论中国城市文化建设存在的问题及对策》,《武汉大学学报》(社会科学版) 2003 年第 2 期。
② [美] 凯文·林奇:《城市意象》,方益萍、何晓军译,华夏出版社 2001 年版。
③ 郭佳:《文化、城市文化与城市主题文化辨析》,《中国文化报》2008 年 4 月 8 日。
④ Lewis Mumford, *The Culture of Cities*, New York: Harvest Book, 1938, pp. 10 - 30.
⑤ [美] 刘易斯·芒福德:《城市文化》,宋俊岭、李翔宁译,中国建筑工业出版社 2009 年版。
⑥ 任致远:《关于城市文化的拙见》,《城市》2009 年第 5 期。
⑦ Louis Wirth, "Urbanism as a Way of Life", *American Journal of Sociology*, Vol. XLIV, 1938.
⑧ 孙逊、杨剑龙主编:《阅读城市:作为一种生活方式的都市生活》,上海三联书店 2007 年版。

5. 城市的文化特质

还有学者对城市主题文化进行了研究①，认为在城市文化建设中，应区别文化、城市文化与城市主题文化。就是根据城市特质资源形成的特质文化来构建城市主题空间形态，并围绕这一主题空间形态来发展城市、建设城市的一种文化策略。城市主题文化建立在特质资源形成的特质文化基础上，具有特质资源的独特性和特质文化的地区垄断性。它既能使城市资源显性化，又能使城市特质文化主题化和名牌化。使城市在自然景观、社会景观、建筑风格、经济形态和文化形态及管理形态上充分体现城市的特质性和主题性。在塑造城市主题文化的同时，又塑造出影响世界的主题形象及核心竞争力。

可见，文化代表了城市的价值追求和走向未来的理想。学者们从不同的角度表达了城市文化与城市经济、社会和空间的关系，强调了城市文化竞争力、城市文化的公共性和城市建筑设施和历史文化的重要性。与文化的内涵相似，城市文化也有广义和狭义之分。广义的城市文化指在特定城市的区域范围内，城市中的所有社会成员通过社会现实中所创造的物质财富和精神财富的总和。它包括城市建筑文化、城市公益文化、节庆文化、休闲文化、科普文化、企业文化、校园文化等方面的内容。狭义的城市文化是指特定城市区域范围内的社会成员在城市长期发展中形成的独具特色的价值观念、城市精神、生活方式、行为规范等精神财富的总和。狭义的城市文化相比广义的城市文化更聚焦在精神层面，更强调城市文化的独特性。

(二) 城市文化的特征

1. 聚集性

刘易斯·芒福德曾指出："城市是文化的容器"，表明城市是文化的荟萃之地。城市以其独有的向心力使人类的财富、信息、权利乃至全部生活方式都以城市为中心进行汇集，这个集中过程使城市文化更具社会化，它的涵盖面越来越大、凝聚力越来越强，这必然带来文化在城市的聚集和繁荣，进而逐步形成多民族多文化特色。② 因此，城市不仅是产业、资金、技术、建筑物等密集的场所，也因人、物、信息等各种资源的集聚汇聚了不同类型的文化，并让这些文化相互交融发展成新的文化。

2. 层次性

法国历史学家莫里斯·埃马尔曾指出："城市是一些纵横交错、布局

---

① 郭佳：《文化、城市文化与城市主题文化辨析》，《中国文化报》2008年4月8日。
② 陈寿灿：《建设城市文化与提升城市竞争力》，《浙江学刊》2002年第3期。

密集的空间，是按照虽不成文但人人均需严格遵守的一套一定之规部署的，这些反映在城市生活各个层次上的规定，决定了文化的复杂性。"① 这反映出城市文化是多层次的。从城市文化精神和物质的表现形式及关系上来看，城市文化可分为三个层次：一是社会意识、制度、宗教等；二是社会生活、风俗、习惯、审美等大众文化；三是前两者的物化。②

3. 多样性

城市从来就是各种民族、各种文化相互混合、相互作用的大熔炉，新的种族、新的文化、新的风俗与新的社会形态就从这些相互作用中产生出来。③ 拥有不同文化背景的人集聚在城市中，不仅汇集了多样的城市文化，而且让这些文化相互作用产生新的文化，这又会吸引更多拥有不同文化背景的人来到城市。

4. 地域性④

由于城市文化是城市长期发展形成的，不同城市在形成过程中必然会因为所处地理位置、气候条件、生产生活方式的不同，形成不同的地域文化，且有着各自独特的文化特点。城市文化的地域性是指文化上可以认同的居民及自然史形成的人类不得不接受的环境条件和一种历史文化空间。这是城市文化产生认同感、归属感的基础，也是城市个性形成的根本原因。

5. 辐射性

城市不仅能集聚人、物、信息等各种生产要素，从而集聚多样的文化，而且还能促进不同的文化交融发展形成新的文化，并通过各种生产要素和文化的交流和发展向城市周边辐射。这种文化形态的横向运动是基于三个原因：城市和乡村文化上的对立与不可分割；各地区间、国家间发展的不平衡；文化上的交流、传播和融合。⑤

（三）城市文化的功能

1. 精神滋养功能

城市文化是城市发展的动力——创造力的基础，现代经济的发展，很大程度上取决于人的主体精神、创造精神的发挥。⑥ 城市文化不仅能解决

---

① [法] 莫里斯·埃马尔：《公共场所与个人生活面面观》，《信使》1986年第2期。
② 殷京生：《试论城市文化的特征》，《宁夏社会科学》2003年第1期。
③ [美] 帕克等：《城市社会学》，宋俊岭等译，华夏出版社1987年版，第5页。
④ 殷京生：《试论城市文化的特征》，《宁夏社会科学》2003年第1期。
⑤ 刘海洋：《浅析城市文化的特征及其功能》，《山西建筑》2007年第33期。
⑥ 陈立旭：《城市文化与城市精神——中外城市文化比较》，东南大学出版社2002年版。

人的信仰等高层次的文化问题，还能提高城市居民的文明素质，进而反映在城市的形态上，区别于其他城市。这种精神滋养功能使社会成员崇尚拥有理想信念、实现目标的行为能力和工作技能等，通过"以文化人"的方式促进社会成员提升自己的生产技能和生活方式，促进经济社会的全面发展。

2. 经济促进功能

城市文化不仅能教化社会成员，提升社会成员的文明素质，还能为城市带来经济效益。城市文化的经济功能是指城市文化对经济发展产生影响的作用和能力。文化产业就是按照工业标准，生产、再生产、储存以及分配文化产品和服务的一系列活动。它通过对文化资源的开发，不但可以获得良好的社会效益，还能产生良好的经济效益。另外，城市文化为城市经济的可持续发展提供强劲动力。在一个社会系统内，经济和文化从来都是共生互动的。城市文化不仅可以创造出最先进的生产力，还能为经济活动提供价值体系和规范标准。

3. 环境优化功能[①]

在现代市场经济条件下，社会环境质量的高低在某种程度上决定了经济活动能否正常、协调、高效运行。所有的环境，归根结底是一种文化环境。这种环境在经济条件相同的条件下，决定人流、物流、信息流等重要生产要素的合理流向。所有较发达的城市和地区，都将优良的环境视为生存发展的主要前提，甚至当成目的。文化在构成城市环境中，发挥着超乎一般的优化作用。除了从整体上营造出城市生活氛围，如建筑艺术、园林艺术、街景、文化设施，还塑造着城市的文化形象，体现着城市的文化风格。可以说，城市文化融入环境的能力在相当大的程度上决定着一个城市的形象。

4. 对外交流功能

城市文化的辐射性，使城市文化也具有了对外交流功能。文化辐射功能与文化本身的先进性息息相关。先进文化在与落后文化的相互影响中，总是占据主导地位。另外，文化与经济的辐射力相比，经济辐射力虽然效益可观而且直接，但往往也容易受到多种限制而出现停滞，而文化的辐射力虽然成效并不如经济辐射力那么直接和有效，但要自由广阔得多，能在潜移默化中完成。

---

① 刘海洋：《浅析城市文化的特征及其功能》，《山西建筑》2007年第33期。

二 文化城市研究综述

文化城市是随着城市化进程的不断深入推进而出现的一种城市类型，也是当代城市建设与发展的一种新理念。1985年，在雅典举行的欧洲联盟文化部长会议上，M.莫库里提出了"文化城市"这一概念。目前，世界上许多大都市将文化作为城市的核心职能之一，从政治城市、经济城市向文化城市跃升。

（一）文化城市的概念

国内外学者对"文化城市"有各自不同的理解。一是以活动或空间来定义。认为文化城市有狭义和广义之分，狭义的文化城市指重视艺术活动的艺术城市；广义的广化城市则是空间结构具有文化性、能满足市民文化艺术需求的城市。[1] 二是以要素来定义。诸多学者认为人才资源、科技创新资源已经成为文化竞争力的核心要素。戈茨（Grez）认为，"文化城市不仅要体现在文化建筑和服务机构设施上，还应拥有大量的创意人群"[2]。三是以功能来定义。沈山等认为，"文化城市"是一个具有高度组织、功能齐全、能力巨大的文明集聚中心体，具有辐射与扩散、吸纳与传承、指导与服务、协调与调节、创新与示范等功能。[3] 四是以历史来定义。2004年的上海文化工作会议，对"文化城市"的概念做了粗略定义，认为文化城市是文明城市、学习型社会和国际文化交流中心，同时也是国家历史文化名城。可以看出，国内外学者从不同的角度对文化城市的概念进行了阐释，不仅强调了文化城市应该具备的要素、功能，也突出了未来城市的发展方向。本书认为，文化城市是以文化发展为核心职能的城市，以城市文化为核心介质建立自然与人文尺度相融的复合系统，是更大区域范围内文化积累传承、创新创造、生产消费、交流传播的中心。文化城市既是一种城市形态，也是一种城市类型。与政治型城市、经济型城市不同，文化城市不仅强调其本身拥有的文化资源，也强调文化向城市经济社会的系统融入。通过以文化为核心组织城市经济社会活动，实现环境健康、经济繁荣、社会公平和更高的生活品质，从而满足人的全面发展需求。

---

[1] 李奎泰：《首尔和上海的城市发展战略和城市文化政策之比较》，《当代韩国》2006年第3期。
[2] Grez, Jochen, "Creating a Cultural City", *Third Text*, Vol. 21, No. 4, 2007.
[3] 沈山等：《文化都市：形象定位与建设战略——以南京市为例》，《人文地理》2005年第2期。

(二) 文化城市的特征

从城市形态发展的阶段性进程来看，文化城市是城市发展的高级阶段。总体来看，城市从起步发展一般要经历以区位型、资源型、投资型等为主要驱动力的发展阶段。在以上这些发展阶段，文化不居于主导地位，仅仅是处于一种从属地位，与文化相关的生产活动在整个城市经济社会发展中微不足道。在中国随着城市职能重心从单一的经济中心向多元的服务中心的转变，文化城市的特征主要包括以下几点。[①]

1. 文化是城市可持续发展的主要驱动力

过去，城市在长期发展中更多的是以自然资源、投资等作为发展的主导因素，但随着自然资源的枯竭、资金链的断裂，导致城市发展受到限制。相对于自然资源、资金等因素，文化是可以支撑城市长期发展取之不竭的资源。因为作为文化城市，是以文化作为发展的内生动力，其发展更加推崇利用创意对城市内部蕴藏的文化资源进行挖掘、开发和利用，强调文化艺术和创意人才对经济的支撑与支持。因此，文化城市是借助于城市自身的文化资源、创意资本、文化生产、文化消费等实现城市发展的可持续发展。

2. 文化产业是城市经济发展的支柱性产业

发达的城市文化经济和丰富的城市文化生活是文化城市建设的重要任务，它不仅顺应城市内生型发展的必然要求，也是城市发展转向的必然诉求。在文化城市中，以影视制作、出版发行、演艺娱乐、会展节庆、广告设计、休闲旅游、信息服务、软件开发、艺术品交易、咨询策划等为代表的文化产业是城市发展的核心增长极。

3. 文化全面融入城市经济社会循环大系统

文化城市是城市发展的新阶段，虽然文化在多种要素中的位置被前置，但文化城市更注重文化与其他行业或领域的融合。文化与科技、经济等要素融合后的一体化发展，不仅是城市文化产业提升竞争力和实现产业升级的根本途径，也是增强城市自身文化软实力和硬实力的重要手段。

综上，从城市文化与文化城市的相关理论来看，城市文化指的是城市的文化，是城市这一特定区域内的文化，是这一区域物质文化与精神文化的总和。文化城市指的是以文化为主要识别特征的城市，它是城市的一种职能类型。这种类型的城市与政治型、经济型城市不同，是把城市文化作为推动城市经济社会发展的核心驱动力，是可持续城市的重要模式。当今

[①] 王林生：《"文化城市"理念的历史语境及理论内涵》，《城市问题》2014年第4期。

社会，城市已经发展到一定规模和程度，文化与经济、社会、政治相互融合，文化在城市中的作用和地位也越来越重要，文化竞争力直接影响整个城市的综合竞争力。因此，许多世界城市认识到城市文化发展的重要性，着力通过城市文化发展塑造城市形象、提升城市品质、打造城市品牌，增强城市竞争力，突出文化城市的职能和地位，推进城市的可持续发展。

三 城市文化软实力研究综述

城市文化与文化城市的关系表现为城市文化软实力，世界文化名城就是城市软实力和竞争力的一种时代表达。软实力（soft power）也被译为软权力、软力量、软国力等，国内外学界将软实力界定为感召力、说服力、同化力或综合力。

（一）文化软实力的内涵

文化软实力的概念诞生于国际关系领域，1990年由哈佛大学肯尼迪政府学院约瑟夫·奈（Joseph Nye）教授提出，定义为"通过吸引，而非强迫或收买的方式来达到自己目的的能力"。他将文化作为决定一个国家软实力的重要资源，认为软实力"源自一个国家的文化、政治观念和政策的吸引力"，往往同无形的资源联系在一起，指诸如有吸引力的文化、意识形态和制度等抽象资源相关的、决定他人偏好的"软性同化式力量"（soft co-optive power）。[1] 在中国提升文化软实力的战略背景下，文化软实力成为国内学界关注的热点，学者们从不同角度探讨了文化软实力的内涵，认为这是一种非物质性力量，其基础是"悠久的历史和文化传统优势"[2]。虽然学者们的观点各不相同，但基本将软实力的来源聚焦为一个国家或地区的广义文化，文化软实力既依托于政治、经济、军事等硬实力，同时强大的文化软实力又可以有效地提高综合竞争力。

（二）城市文化软实力的内涵

"城市文化软实力"也称"城市文化竞争力""城市文化力"，是中国城市竞争力研究的热点。国外对"城市文化软实力"的提法和研究比较少见，偏重从国际政治的角度关注国家之间的文化竞争。文献检索发现，Dan Lin，Wenjuan Li 等[3]发表的"The Research on the Soft Power of City Culture"从处理文化关系的角度进行了分析，指出城市文化软实力的提升需

---

[1] 张小明：《约瑟夫·奈的"软权力"思想分析》，《美国研究》2005年第1期。
[2] 周国富、吴丹丹：《各省区文化软实力比较研究》，《统计研究》2010年第2期。
[3] Liln Dan, Li Wenjuan, Hong Xiaonan, "The Research on the Soft Power of City Culture", *Studies in Sociology of Secience*, Vol. 3, No. 2, 2012, pp. 59–62.

要处理好软硬实力、国家和城市文化软实力等方面的关系。国内学者从城市竞争的视角考察文化发展水平，对其内涵进行了多个维度的阐释。

1. 城市文化 + 软实力

从城市文化在竞争优势形成中的作用来界定。匡纯清认为城市文化软实力是在"软实力"概念基础上提出的一个新概念，涵盖了"城市文化"和"软实力"两个概念的内容，但并不是两者简单的叠加。① 张怀民、杨丹认为城市文化软实力是"文化"和"软实力"在城市这个媒介上的具体表现，绝非简单叠加。② 李正治、张凤莲认为城市通过诉诸物质文化、制度文化和精神文化的方式，激发和吸引城市内外的积极因素自愿参与城市建设以达到城市经济社会发展的目标。③

2. 城市精神 + 城市政策

从精神文化在城市竞争中的作用来界定。王廷信将城市政策纳入软实力范畴，提出城市文化软实力靠的是城市的精神追求以及与此相适应的一系列城市政策。④ 李向民等将其定义为"一种精神生产力"，强调文化竞争力就是城市作为竞争的行为主体在"获取资源，并推动该地区可持续发展，提升城市形象和知名度的独特能力"。⑤ 刘高宾认为政府作为城市最重要的管理主体，对于推进城市文化软实力责无旁贷。⑥

3. 文化事业 + 文化产业

将中国文化"两分法"放到城市层面来界定。余晓曼认为城市文化软实力是由文化事业所建构的价值体系和文化产业所形成的文化辐射力及影响力所共同形成的，体现的是一座城市强大的精神文化凝聚力、文化创新力、文化辐射力、文化影响力和文化生产力。⑦ 朱孔来等认为文化产业是城市文化软实力的物质载体，城市文化软实力指源于城市特有的文化资源所形成的对内发挥凝聚力、创新力，对外产生影响力、吸引力和辐射力的

---

① 匡纯清：《论城市文化"软实力"》，《湖南工业大学学报》（社会科学版）2008年第4期。
② 张怀民、杨丹：《城市文化软实力提升路径选择：武汉文化软实力发展研究》，《科技进步与对策》2013年第5期。
③ 李正治、张凤莲：《试析城市文化软实力的内涵及其构成要素》，《人民论坛》2013年第26期。
④ 王廷信：《城市精神、城市政策与城市文化软实力》，《艺术百家》2008年第4期。
⑤ 李向民等：《城市文化竞争力及其评价指标》，《中国文化产业评论》2008年第2期。
⑥ 刘高宾：《城市文化软实力提升中的政府行为研究》，硕士学位论文，广州大学，2012年。
⑦ 余晓曼：《城市文化软实力的内涵及构成要素》，《当代传播》2011年第2期。

综合能力。①

4. 内部发展+外部传播

从城市自身文化发展和对外传播的角度来界定。魏艳等认为城市文化软实力在行为层面上体现的是一种能力，其内涵主要体现在两个层面：一是基础层面，即对本民族、本土文化资源的挖掘和传承，进行与时代发展同步的整合与创新，对外来文化和新兴文化进行合理的吸纳和创造；二是输出层面，就是要注重中华民族优秀文化走向世界，要着力向世界输出、推介体现中华民族博大精深历史文化和厚重内敛人文精神的优秀文化产品。② 张颖认为，城市文化软实力建立在城市文化的总量规模、人均水平、经济贡献、消费能力、投资主体和对外影响等非物质要素之上，这种软力量尤其表现为对外部公众的吸引力、感召力和影响力；③ 崔世娟、付汀汀④认为，城市文化软实力包括影响城市内部和外部的能力，如城市凝聚力、吸引力、感召力、创造力等。

5. 物质+精神

从广义的城市文化的角度来界定。陶建杰认为，不仅包括文化精神价值的传播、吸引，还包括文化物质价值的投资与拓展，以及文化管理体制的不断完善等。⑤ 解萧语、褚婷婷认为，城市文化软实力可以分为精神力量与物质力量两个层面。⑥ 其中，精神力量为代表城市文化资源的文化基础力、体现城市辐射能力的文化吸引力和彰显城市文化生机的文化创新力。物质力量为体现城市文化软实力潜力的文化消费力、显示城市经济动能的文化生产力和体现城市影响力的文化流通力。

综上，软实力的提出是区域竞争战略转移的重要标志，文化软实力是软实力的重要组成部分。城市文化软实力是文化软实力理论在城市层面的应用，既与国家文化软实力相联系，又保持相对独立。已有文献主要从软实力资源、软实力主体、软实力载体等角度对城市文化软实力的内涵进行

---

① 朱孔来、梁霄云、张琳娜：《对文化软实力相关问题的思考——兼论提升济南市文化软实力的对策》，《济南大学学报》（水科学版）2012年第3期。
② 魏艳、苏雨新等：《对文化软实力内涵的探究》，《学理论》2013年第16期。
③ 张颖：《中国省会城市文化软实力的综合评价》，硕士学位论文，合肥工业大学，2014年。
④ 崔世娟、付汀汀：《城市文化软实力测度与提升——基于多地的比较研究》，《特区经济》2016年第8期。
⑤ 陶建杰：《十大国际都市文化软实力评析》，《城市问题》2011年第10期。
⑥ 解萧语、褚婷婷：《城市文化软实力综合评价研究——基于北京市文化软实力发展分析》，《价格理论与实践》2019年第10期。

了阐释。经济是外化于人的力量，而文化是内化于人的力量，一种文化得到越多人的认同，就越有影响力，或者说"硬实力通过软实力能够更好地表现出来"①。城市文化软实力进入研究视野，深刻改变了城市传统价值观，使得全球对于经济发展到一定阶段如何提高国际竞争力的城市打开了新的思路。文化软实力是世界文化名城的重要支撑，但不等同于世界文化名城。世界文化名城既是城市文化软实力的体现，又超越传统意义上的软实力竞争。在可持续发展的背景下，世界文化名城的提出，更加注重城市的文化中心性、多样性和独特价值，强调功能而非较量，强调声誉而非同化，强调共享而非垄断，共同推动人类文明进步，因而成为全球城市提升世界性、维持中心地位的现实选择。

第二节　城市文化软实力评价研究综述

现有文献关于城市文化发展水平评价的研究，主要集中在文化软实力评价领域。城市文化软实力能否量化测评，学界并未达成一致，但普遍认为有必要建立更为直观的表达方式。有学者认为，对城市文化软实力的精准测评几乎是不可能的，但建立一个较为直观、方便的表达方式，有助于更好地了解城市文化软实力及其分析框架。② 已有研究大多依据城市文化软实力的内涵和构成要素，确定评价原则和测度指标，建立指标综合评价体系或设置模型，通过一定方法测算权重进行实证评价。

一　评价对象

关于城市文化软实力量化研究的成果较少，且处于起步阶段，主要通过评价比较不同城市的文化软实力水平。从空间上看，既有城市间比较，也有区域间比较。从时间上看，既有现状性静态评价，也有基于趋势性动态评价。既有国际城市比较和国内城市比较，也有多个城市评价和单个城市评价，相关研究逐步深入。

（一）全球城市评价

以全球城市为评价对象，主要聚焦在对国内外发达城市文化软实力的

---

① Louis Klarevas, "Greeks Bearing Consensus: Suggestion—sor Increasing Greece's Soft Power in the West", *Mediter-ranean Quarterly*, No. 3, 2005, pp. 142–159.
② 贾海涛：《文化软实力的构成及测评公式》，《学术研究》2011年第3期。

评价。学者们依据所设计的评价指标体系，对伦敦、巴黎、纽约、悉尼、东京、新加坡、北京、上海、香港、台北、西安等城市的文化软实力进行了比较评价[①②③]，评价对象代表覆盖美洲、欧洲、澳洲、亚洲。实证发现，欧美城市文化软实力总体较强，亚洲城市文化软实力总体较弱，国内城市整体实力落后于国外城市，差距较大。以国内外城市为评价对象，主要集中在全球一线城市的比较，有利于找准世界标杆，制定中国一线城市文化发展战略，但对中国大多数区域中心城市缺乏指导意义。

（二）国内城市评价

以国内城市为评价对象，主要集中在国家中心城市、区域中心城市和重点区域节点城市和全国城市四个组群。有学者对香港、北京、天津、上海、广州、重庆、武汉等国家中心城市的文化软实力进行了测评[④⑤]，发现具有全国意义的文化软实力强市仅为北京和上海。有学者分析了中国东部、中部、西部区域中心城市文化软实力，发现差距显著，且呈明显的梯度。[⑥⑦⑧⑨] 一线城市尤其是直辖市多为文化强市，一线城市与二线城市差距较大，东、中、西文化发展差距明显，长三角地区表现最好，中西部地区发展较快，东北地区发展相对缓慢。此外，学者们对珠江三角洲城市群[⑩]、长江三角洲城市群[⑪]、丝绸之路经济带沿线[⑫]和

---

① 陶建杰：《十大国际都市文化软实力评析》，《城市问题》2011年第10期。
② 买倩倩、陈瑛：《基于主成分分析法的国际化大都市文化实力比较研究》，《资源开发与市场》2015年第2期。
③ 王琪延、王博：《世界中心城市文化竞争力核心要素比较研究》，《调研世界》2014年第9期。
④ 王琳：《京、津、沪、穗、渝、汉城市文化软实力的比较及天津城市文化创新》，《天津行政学院学报》2008年第7期。
⑤ 王琳：《国家中心城市文化软实力评价研究——以港京沪津穗城市为例》，《城市观察》2009年第3期。
⑥ 张月花、薛平智、储有捷：《创新型城市建设视角下西安文化软实力实证评价与分析》，《科技进步与对策》2013年第14期。
⑦ 崔世娟、付汀汀：《城市文化软实力测度与提升——基于多地的比较研究》，《特区经济》2016年第8期。
⑧ 田卉：《中国中心城市文化竞争力评价研究》，《市场研究》2016年第10期。
⑨ 人民论坛测评中心：《杭州、上海、厦门位居前三，对19个副省级及以上城市文化软实力的测评研究》，《国家治理》2017年第12期。
⑩ 李凡、黄耀丽、叶敏思：《城市文化竞争力的定量评价方法及实证研究——以珠江三角洲城市群为例》，《佛山科学技术学院学报》（自然科学版）2008年第2期。
⑪ 傅祖栋：《长三角城市软实力评价体系的构建及实证分析》，《宁波经济》（三江论坛）2014年第6期。
⑫ 张绚蕾：《丝绸之路经济带城市文化软实力综合评价研究》，硕士学位论文，西安建筑科技大学，2015年。

福建等省域[①]节点城市的文化软实力进行了比较分析。此外，范周参考现有统计标准与国内外研究，构建了中国城市文化竞争力评价指标体系。[②] 以国内城市为评价对象对文化软实力多维度比较，在一定程度上反映了中国城市文化软实力的总体情况，有利于在比较研究中找出竞争优势和劣势。但因局限于国内样本，对中国城市文化发展增强世界性和开放性缺乏指导意义。

（三）特定城市评价

以单个城市为评价对象，国内特定城市文化软实力的评价呈现出明显的分散性，学者们对北京[③]、上海[④]、天津[⑤][⑥]等直辖市的文化软实力进行了比较评价，发现北京城市文化软实力处于不平衡增长中，上海文化软实力与国际大都市差距较大，天津是华北地区和环渤海区域的文化中心城市，不具备全国文化中心地位。学者们还对广州[⑦]、西安[⑧]、武汉[⑨]、宁波[⑩]、南宁[⑪]、杭州[⑫]、济南[⑬]、重庆[⑭]等区域中心城市的文化软实力进行了评价或实证，并提出对策建议。以特定城市为评价对象，有利于深层次挖掘该城市的优势文化资源和要素，通过针对性的评价促进该城市文化发展。但由于缺乏外部比较，不利于发现差距和确定目标。

[①] 陈明三：《福建省城市文化竞争力评价与分析》，《重庆科技学院学报》（社会科学版）2013年第3期。
[②] 范周：《中国城市文化竞争力研究报告》，知识产权出版社2015年版。
[③] 解萧语、褚婷婷：《城市文化软实力综合评价研究——基于北京市文化软实力发展分析》，《价格理论与实践》2019年第10期。
[④] 陶建杰：《上海文化软实力的实证评价及国际比较》，《新闻记者》2011年第6期。
[⑤] 王琳：《京、津、沪、穗、渝、汉城市文化软实力的比较及天津城市文化创新》，《天津行政学院学报》2008年第7期。
[⑥] 苏萱、张印贤：《天津城市文化竞争力分析》，《商场现代化》2010年第2期。
[⑦] 秦瑞英：《基于因子分析法的广州城市文化竞争力比较研究》，《开发研究》2013年第4期。
[⑧] 张月花、薛平智、储有捷：《创新型城市建设视角下西安文化软实力实证评价与分析》，《科技进步与对策》2013年第14期。
[⑨] 李小波：《武汉城市文化软实力评价体系的构建》，《武汉工程职业技术学院学报》2017年第9期。
[⑩] 陈依元、王益澄：《宁波文化现代化指标体系的制定及评价》，《宁波大学学报》（人文科学版）2001年第4期。
[⑪] 欧金焕：《着力提升南宁城市文化软实力》，《创新》2008年第4期。
[⑫] 吴建海：《城市国际化语境下提升杭州文化竞争力的关键指标研究》，硕士学位论文，浙江工业大学，2019年。
[⑬] 张金花：《城市文化竞争力评价问题研究——基于济南等十四个城市的比较分析》，硕士学位论文，河北经贸大学，2014年。
[⑭] 陈龙：《重庆市城市文化竞争力评价与分析》，硕士学位论文，重庆大学，2017年。

二 评价维度

城市文化软实力是一个复杂系统，需要采用多指标综合评价体系进行测度。学者们多尝试用实证的方式，对城市文化软实力进行量化评价。从指标体系的层级看，主要分为两级指标体系和三级指标体系，评价维度大同小异，指标设计各不相同。王琳[①]、陶建杰[②]、万伦来等[③]、张绚蕾[④]、人民论坛测评中心[⑤]、解萧语等[⑥]，根据城市文化软实力的基本内涵和量化研究现状，构建了城市文化软实力评价两级指标体系，对国内外一线城市和中国国家中心城市、副省级及以上城市、省会城市、丝绸之路经济带节点城市的文化软实力进行了实证分析。张月花等[⑦]、崔世娟等[⑧]、买倩倩等[⑨]、李小波[⑩]等设计了城市文化软实力评价三级指标体系，对国际化大都市、中国东中西部和东北地区主要城市进行了比较分析。其中，人民论坛测评中心的评价维度与其他研究明显不同，首次淡化了力量的色彩，聚焦公众满意度评价，客观上对受众需求进行了观照。还有学者还注意到了文化价值的独特贡献，尝试通过城市精神、城市文化核心价值等进行衡量，但在量化测度上存在较大困难。

从评价指标体系的构建来看，主要从三个方面展开：（1）资源聚集能力，如文化基础力、文化保障力评价，重点是对历史文化资源和公共文化

---

① 王琳：《国家中心城市文化软实力评价研究——以港京沪津穗城市为例》，《城市观察》2009 年第 3 期。
② 陶建杰：《十大国际都市文化软实力评析》，《城市问题》2011 年第 10 期。
③ 万伦来、张颖、任陈陈：《中国省会城市文化软实力的综合评价》，《合肥工业大学学报》（社会科学版）2014 年第 4 期。
④ 张绚蕾：《丝绸之路经济带城市文化软实力综合评价研究》，硕士学位论文，西安建筑科技大学，2015 年。
⑤ 人民论坛测评中心：《杭州、上海、厦门位居前三，对 19 个副省级及以上城市文化软实力的测评研究》，《国家治理》2017 年第 12 期。
⑥ 解萧语、褚婷婷：《城市文化软实力综合评价研究——基于北京市文化软实力发展分析》，《价格理论与实践》2019 年第 10 期。
⑦ 张月花、薛平智、储有健：《创新型城市建设视角下西安文化软实力实证评价与分析》，《科技进步与对策》2013 年第 14 期。
⑧ 崔世娟、付汀汀：《城市文化软实力测度与提升——基于多地的比较研究》，《特区经济》2016 年第 8 期。
⑨ 买倩倩、陈瑛：《基于主成分分析法的国际化大都市文化实力比较研究》，《资源开发与市场》2015 年第 2 期。
⑩ 李小波：《武汉城市文化软实力评价体系的构建》，《武汉工程职业技术学院学报》2017 年第 9 期。

资源数量、层次进行衡量。(2) 资源配置能力，一是配置效率，如文化生产力、文化创新力评价，重点对文化产业、文化人才、研发投入等规模进行衡量；二是配置效果，如文化吸引力、文化传播力、文化影响力评价，重点对城市旅游、城市会展、文化交流的密度和频度进行衡量。(3) 资源管理能力，如文化体制引导力、城市制度健全度、城市政府管理及创新系统评价，重点对产权保护、审批管制、文化投入等水平进行衡量。相比两级指标体系，三级指标体系对评价维度的解构更加明晰，在测度变量上的选择也相对准确。与此同时，城市文化软实力评价研究依然存在"资源即实力"[①]的逻辑局限，对城市形象、知名度、文化消费等文化行为和价值的衡量较少，部分结论无法解释大众对文化软实力的感性认识。评价指标体系在指标的选择上还存在主观性、理想化的问题，有的评价体系中的主要指标缺乏独立性，指标层次不统一，相互之间存在交叉，甚至纳入相关度较弱的测度指标，降低了评价的科学性。

三 评价方法

城市文化软实力定量研究方法较多，主要是指标权重的确定方法和测度数据的获取方法各不同，总体上各有利弊。

从指标权重确定方式来看，可分为主观赋权和客观赋权两种类型。主观赋权包括层次分析法（Analytic hierarchy process，AHP）、模糊评判法等，根据研究目的和评价指标的内涵进行主观分析、判断为指标设定权重。如崔世娟、付汀汀[②]、陶建杰[③]等采用层次分析法比较国际城市、国内城市的文化软实力；客观赋权如主成分分析法、因子分析法、变异系数法（Coefficient of variation method）、熵值法等，通过变换统计资料的表现形式和统计指标的合成方式求得权重。如买倩倩、陈瑛[④]采用主成分分析法评价国际大都市文化软实力，万伦来等[⑤]、张绚蕾[⑥]、解萧语、褚婷婷等采用

[①] 舒俊：《中国文化软实力评价研究述评》，《实事求是》2019年第2期。

[②] 崔世娟、付汀汀：《城市文化软实力测度与提升——基于多地的比较研究》，《特区经济》2016年第8期。

[③] 陶建杰：《十大国际都市文化软实力评析》，《城市问题》2011年第10期。

[④] 买倩倩、陈瑛：《基于主成分分析法的国际化大都市文化实力比较研究》，《资源开发与市场》2015年第2期。

[⑤] 万伦来、张颖、任陈陈：《中国省会城市文化软实力的综合评价》，《合肥工业大学学报》（社会科学版）2014年第4期。

[⑥] 张绚蕾：《丝绸之路经济带城市文化软实力综合评价研究》，硕士学位论文，西安建筑科技大学，2015年。

因子分析法评价省会城市、丝绸之路经济带城市和北京的文化软实力,张月花等[1]、人民论坛测评中心[2]等采用变异系数法分析中国直辖市、副省级城市和其他样本城市的文化软实力,王琪延、王博[3]运用熵值法对世界中心城市文化竞争力以及核心要素进行比较。

从指标数据获取方式来看,可分为间接数据和直接数据两种获取方法,间接数据包括通过相关统计年鉴、专业智库研究成果、官方平台公布信息等渠道获取的权威统计数据,以及对这些统计数据进行整理计算所得到的数据信息;直接数据主要指通过对受众群体进行问卷调查所获得的一手数据,以及根据调查数据进行整理计算所得到的数据信息。已有研究中大多采用间接数据获取方法,数据相对权威且具有可比性,但存在数据信息偏离指标内涵的现象。问卷调查法比较少见,数据真实、客观,但大样本调查在操作上难度较大,且调查数据对于一些客观指标的测量不如统计数据准确,存在主观判断的模糊性。

城市文化软实力评价属于多指标综合评价体系,评价方法对研究结果的影响较大,指标权重的确定尤为重要。权重代表各指标在整个城市软实力体系中的重要程度,即使是完全相同的指标,如果权重不同,评价结果也不同。主观赋权难以避免主观因素对评价结果客观真实性的影响,客观赋权虽然避免了人为因素带来的偏差,但对数据要求较高,往往忽略了指标本身的重要程度,可能导致指标权数与预期不一致。这也是以实证为主要手段的量化研究,尚未出现得到普遍认同的研究成果的主要原因。

综上,拥有文化软实力是形成世界文化名城的前提条件,两者互为手段和目标。古今中外,世界文化名城都具有较强的文化软实力。两者在内涵上交叉,但不完全等同。首先,文化软实力本质上是基于竞争关系的城市较量,强调占有、同化和控制。在面临资源危机、环境危机的今天,更加重视文化对城市可持续发展的作用。其次,文化软实力在很大程度上与声誉密切相关,特别是文化声誉,这是现有研究尚未触及的领域。世界文化名城在世界城市网络中一直具有重要地位,且难以被替代。正是因为雅

---

[1] 张月花、薛平智、储有健:《创新型城市建设视角下西安文化软实力实证评价与分析》,《科技进步与对策》2013年第14期。

[2] 人民论坛测评中心:《杭州、上海、厦门位居前三,对19个副省级及以上城市文化软实力的测评研究》,《国家治理》2017年第12期。

[3] 王琪延、王博:《世界中心城市文化竞争力核心要素比较研究》,《调研世界》2014年第9期。

典、开罗的存在，才奠定了埃及文明古国的世界地位。最后，世界文化名城本质上是基于共生关系的城市网络，强调吸引、转化和共享，是以吸引力、感召力、说服力提升城市间联结度的结果。城市文化软实力评价的相关研究，在评价对象、评价指标、评价方法上，给世界文化名城的评价带来重要启示。

（1）世界文化名城评价具有可行性。文化软实力对城市的发展起着经济的促进作用，为城市的持续发展提供精神动力、文化氛围和智力支撑，它能扩大城市的外在影响，传播城市的形象，增强城市的吸引力。从已有文献看，将城市文化软实力引入世界文化名城评价体系，构建指标体系，采用量化测度的方式进行评价具有可行性。有助于更准确地反映世界城市文化发展的特征和水平，聚焦世界文化名城资源，发现优势和差距，指导中国建设世界文化名城的路径选择。

（2）世界文化名城评价应更具系统性。世界文化名城是城市文化软实力竞争的结果，文化软实力评价的重点是竞争的能力，世界文化名城评价的重点是功能和知名度。因此，世界文化名城的评价既要体现文化软实力，更要突出城市文化发展的世界性、中心性、协调性、传播性。克服"资源即实力"[1]的逻辑局限，不仅要对物态化资源进行衡量，也要对文化行为、文化价值等非物态化要素进行衡量，注重文化供给与文化需求、文化发展与文化共享的平衡，突出文化资源转化利用的效果和水平。

（3）世界文化名城评价应把握可操作性。从城市文化软实力评价研究看，由于对评价对象的选择、主观指标和客观指标标准不一，指标边界模糊性等问题，导致文化软实力实证评价中存在底层数据不清晰的问题。对于世界文化名城评价，在评价方法上把握"需要"和"可能"之间的平衡。评价体系的框架设计和指标选取是评价研究的前提和基础，由于研究条件的限制，各个国家和城市的行业分类、统计口径、管理体制各不相同，设计理想化的评价体系并不现实。具体测度指标的选择应建立在已有的基础统计之上，考虑绝对指标和相对指标、显性指标和解释性指标相结合，尽可能选取能够体现指标内涵的第三方数据，结合权威统计数据，确保数据的可获取性和可比性。权重确定应采取主客观赋权相结合的方法，提高评价结果的信度和效度。

---

[1] 舒俊：《中国文化软实力评价研究述评》，《实事求是》2019年第2期。

第三节 文化城市评价相关研究综述

国内外学界和政界从不同维度对具有世界影响力的文化城市的评价展开研究，取得了一定成果。从全球范围看，联合国教科文组织、欧盟等重要国际组织以及发达城市都高度重视对城市文化功能的衡量和评价。中国则从历史遗产保护的角度，在20世纪80年代建立了国家历史文化名城评价指标体系。国内外的探索实践都试图通过设立相应的指标体系，为城市文化发展提供测评和指引。

一 联合国教科文组织文化统计框架（2009）

联合国教科文组织（UNESCO）的《文化统计框架（2009）》（Framework for Culture Statistics，FCS）为国际文化比较提供了权威性的方法、定义和分类。该手册根据不同的活动、产品和服务将文化领域划分为主要领域、横向领域、相关领域三类，并在三大类下进一步明确了对应的生产性文化活动、文化产品和服务、文化产品和服务的国际贸易和交流、各种文化职业。（见图1-1）

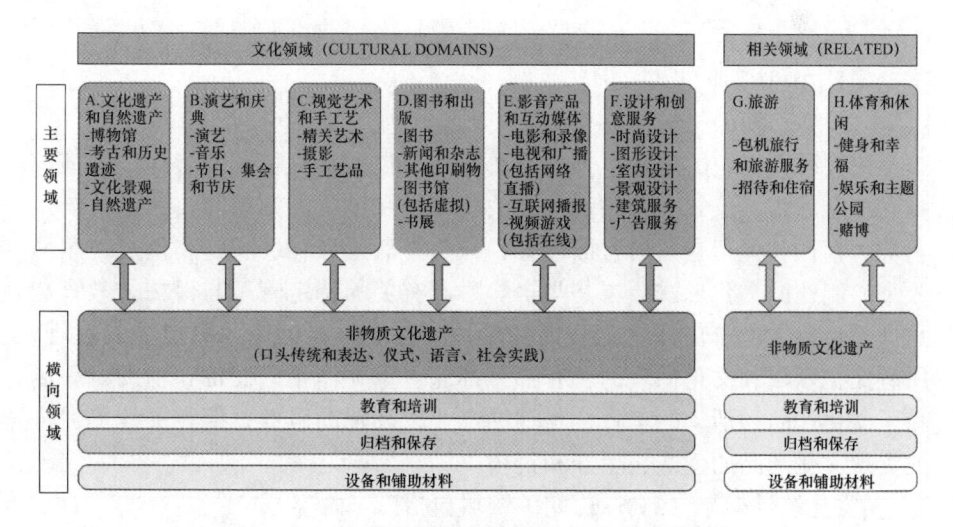

	文化领域（CULTURAL DOMAINS）						相关领域（RELATED）	
主要领域	A.文化遗产和自然遗迹 -博物馆 -考古和历史遗迹 -文化景观 -自然遗产	B.演艺和庆典 -演艺 -音乐 -节日、集会和节庆	C.视觉艺术和手工艺 -精美艺术 -摄影 -手工艺品	D.图书和出版 -图书 -新闻和杂志 -其他印刷物 -图书馆（包括虚拟） -书展	E.影音产品和互动媒体 -电影和录像 -电视和广播（包括网络直播） -互联网播格 -视频游戏（包括在线）	F.设计和创意服务 -时尚设计 -图形设计 -室内设计 -景观设计 -建筑服务 -广告服务	G.旅游 -包机旅行和旅游服务 -招待和住宿	H.体育和休闲 -健身和幸福 -娱乐和主题公园 -赌博
横向领域	非物质文化遗产（口头传统和表达、仪式、语言、社会实践）						非物质文化遗产	
	教育和培训						教育和培训	
	归档和保存						归档和保存	
	设备和铺助材料						设备和铺助材料	

图1-1 《文化统计框架（FCS）》文化领域划分

《文化统计框架（FCS）》的主要领域具体包括以下内容。

- 文化和自然遗产
- 演艺和庆典
- 视觉艺术和工艺
- 图书和出版物
- 影音产品和互动媒体
- 设计和创意服务

其中，文化和自然遗产主要指博物馆，考古和历史遗迹（包括考古遗址和建筑物），文化景观和自然遗产。演艺和庆典包括现场文化活动的所有表现形式，既指专业和业余的音乐、戏剧、舞蹈、歌剧和木偶戏，也指发生在当地的非正式庆祝文化活动（如节日和展会）等。视觉艺术和工艺领域有美术与工艺两大类，涵盖绘画、素描、雕塑、摄影等艺术形式。图书和出版类别以各类出版书籍、报纸和期刊为代表，还包括电子或虚拟出版形式以及图书馆、书展等实体展示平台。视听和互动媒体领域的核心元素是广播和电视广播，包括互联网直播、电影和视频以及视频游戏、互联网播客等互动媒体。设计和创意服务领域涵盖了物体、建筑物和景观的创意、艺术和美学设计所带来的活动、产品与服务，包括时尚、平面和室内设计、景观设计、建筑和广告服务等。

《文化统计框架（FCS）》下的横向领域包括以下内容。
- 非物质文化遗产
- 存档和保留
- 教育和培训
- 设备和辅助材料

按教科文组织的定义，非物质文化遗产包括口头传统和表达、表演艺术、社会习俗、仪式和节日活动、关于自然和宇宙的知识与实践、传统工艺等。存档和保留包括两方面内容，一是为后代保存、展览和重复使用而收集、制作的文化形式，二是与自然财产有关的特定管理与保护。教育和培训是传播文化价值或文化技能的手段，是文化在世代之间传播的过程，所有文化领域和文化循环的所有部分都起着重要作用。设备和辅助材料涵盖了文化产品和活动的工具，与辅助产业以及辅助服务直接相关，能促进或实现文化产品的创造、生产和销售。

《文化统计框架（FCS）》相关领域包括以下内容。
- 旅游业
- 体育和娱乐

旅游业与文化部门内的所有其他领域密切相关，因为每个领域都包含对游客定期开展的活动。但目前国际上还没有关于文化旅游的公认定义，因而 FCS 将其定义为："定制游览到其他文化和场所，以知情的方式了解他们的人、生活方式、遗产和艺术，真正代表他们的价值观和历史背景，包括体验到差异。"对一些国家来说，特定的体育和娱乐与其文化认同密切相关，该领域包括博彩、休闲和主题公园等。

从以上内容可以看出，《文化统计框架（FCS）》主要是按照与文化的关联度对活动、产品和服务进行整理排列，搭建了一个由三级类目构成的组织分类框架。在此框架中，主要领域、横向领域、相关领域的划分既体现一定的次第，代表了活动、产品和服务影响文化的权重；又在每个领域下构建具体类目，体现各类城市文化因素之间的相互关联性。这一分类框架虽然是就文化发展状况而设计的，但在构建世界文化名城指标体系时，它完全可以用来考察城市文化功能。

二 联合国教科文组织创意城市评价体系

为了建立起以创意和文化作为经济发展元素与城市之间的联系，实现城市社会、文化、经济同步发展，联合国教科文组织（UNESCO）于 2004 年创办了"创意城市网络"（The Creative Cities Network，UCCN），推广中小城市建立独特的城市形象，在全球范围内推广和文化交流。UCCN 设置了七个主题，包括文学之城（City of Literature）、音乐之城（City of Music）、电影之城（City of Film）、设计之城（City of Design）、媒体艺术之城（City of Media Arts）、美食之城（City of Gastronomy）、手工艺与民间艺术之城（City of Grafts and Folk Art），并对每一主题的具体特点做出了细化规定，这些主题与特点共同构成两级评价框架。

（一）文学之城

·大量高质量、多元化的编辑出版项目、出版机构

·初、中、高等院校有众多高质量的文学教育项目

·有允许文学、诗歌、戏剧等艺术发挥其整合作用的城市环境

·经常主办各种文学活动，促进国内外文学发展与交流

·有图书馆、书店以及公共、个人文化机构推动文学保护、发展与传播

·在翻译、出版多种语言或外国文学方面有一定成果

·有效运用媒体、新媒体推动文学发展、扩大文学作品市场

（二）音乐之城

·得到认可的音乐创作和活动中心

- 主办国家或国际水平的音乐节
- 开展各种形式的音乐推广活动
- 有专门从事音乐教育的各级学校
- 有业余合唱团及管弦乐的非正式机构
- 有致力于特定类型音乐和外国音乐的国内国际平台
- 有适合练习和听音乐的文化空间

（三）电影之城

- 与电影产业发展相关的重要基础设施
- 有电影制作的悠久历史和传统，电影分销及商业化相对成熟
- 有丰富的电影工作室、设备
- 建立起当地、地区和国际层面的合作计划
- 有档案馆、博物馆、私人收藏、电影学院等形式多样的电影文化遗产
- 有完备的电影制作学校、培训中心，培育出优秀的电影人才
- 致力于电影制作传播，在发行、展览、消费方面有浓郁的文化
- 具备电影传播知识分享的国际化意识

（四）设计之城

- 相当规模的设计业
- 以设计和现代建筑为主要元素的文化景观
- 典型的城市设计
- 前卫的设计流派
- 有设计人员和设计者团体
- 有各类设计博览会、活动和设计展
- 为本土设计者、城市规划人员提供机会，使之能利用当地材料和城市自然条件从事创作
- 为设计领域的收藏家开办的市场
- 根据详细城市设计和规划建立起来的城市
- 以设计作为主要推动力的创意型产业

（五）媒体艺术之城

- 以数字化技术为动力的文创产业
- 能够改善城市生活的媒体整合艺术
- 促进民间社会参与的电子艺术形式发展
- 依靠数字技术对更广泛意义的文化予以理解
- 为媒体艺术家提供的工作室和居住方案

- 以高新技术和数字媒体技术引领城市再塑造

（六）美食之城
- 在城市中心地区有高度发达的美食行业
- 有活跃的美食机构、大量传统餐厅和厨师
- 有本国特有的传统烹饪配料
- 拥有在工业时代依然留存的当地烹饪诀窍、方式和方法
- 有传统食品市场和食品产业
- 举办过美食节、烹饪比赛、相关奖项等活动
- 尊重当地传统产品的生产氛围，促进其可持续发展
- 注重提高公众对传统美食的关注，在烹饪学校有推广传统烹饪、保护烹饪方式多样性课程

（七）手工艺与民间艺术之城
- 特定手工艺、民间艺术形式具有悠久的历史传统
- 相当规模的手工艺、民间艺术的当代生产
- 大量的、高水平的手工艺制作者和本土艺术家
- 与手工艺、民间艺术相关的培训中心和职业
- 有推广手工艺、民间艺术的平台
- 与手工艺和民间艺术相关的基础设施

联合国教科文组织创意城市指南是对城市特定领域文化功能的评价认定。7 大主题、52 项具体认定标准可以作为综合评价世界文化名城文化功能的重要参照项，甚至某些指标项可以吸收转化后进入世界文化名城评价指标体系中。此外，这 7 个主题也是一种示范，对归纳考评世界文化名城多元文化功能具有启发意义。

三 《世界城市文化报告》指标体系

世界城市文化发展论坛（World Cities Culture Forum，WCCF）由伦敦、纽约、东京、香港等全球知名文化城市于 2012 年创建，目前包含 38 个主要城市，已成为通过文化推动城市转型变革的全球引领力量，WCCF 出具的系列文化相关报告被广泛援引。[①]

WCCF 发表的《世界城市文化报告 2012》尝试采取"体系化"的视角，将文化视为一个具有整体性及外部影响力的系统，从宏观角度分析文化的创造、投入、运行、产出、影响等综合性行为，以文化系统的功能模

---

① 周继洋：《上海与五大国际文化大都市文化指标对比研究》，《中国名城》2019 年第 5 期。

块作为文化要素的归类标准，构建测评指标体系。该报告以联合国教科文组织的文化定义为基础，以"领域"（domains）与"功能"（functions）作为审视文化的两大基础视角，既重点考察文化的"供给方"——城市文化"基础设施"及其文化供应；也考察文化的消费参与方——城市文化活动的观众和参与者的规模、特点与价值。[①]

《世界城市文化报告 2012》的指标体系分文化遗产、阅读文化、表演艺术、电影游戏、创意人才、文化活动多样性 6 个专题，包含 51 个文化指标。报告选取了柏林、伊斯坦布尔、约翰内斯堡、伦敦、孟买、纽约、巴黎、圣保罗、上海、新加坡、悉尼、东京 12 个城市，作为不同区域的典型文化大都市进行了比较。该指标体系不断调整变化，《世界城市文化报告 2018》[②] 设置的评价指标，重点从人才、文化遗产与自然遗产、表演艺术、电影与游戏、文化活力 5 大方面 43 个细分领域，来反映全球 38 个城市的文化发展状况。（见表 1-1）

表 1-1 《世界城市文化报告 2012》指标体系

一级指标	二级指标
文化遗产	国家博物馆、其他博物馆、画廊、参观博物馆与画廊比例等 8 个指标
文学文化	公共图书馆、每 10 万公共图书馆数、图书馆借阅量、人均图书馆借阅量等 8 个指标
表演艺术	剧院数、剧院表演场次、剧院观众数、每 10 万人剧院观众人次、音乐演唱会场次、大型音乐会数量等 10 个指标
电影与游戏	影院数、影院银幕数、每百万人影院银幕数、影院观众数、影院平均观众数、电影制作量、国外电影放映量等 10 个指标
民众与人才	公立高等文化专业教育机构、私立高等文化专业教育机构、公立艺术与设计专业院校学生数等 4 个指标
文化活力与多样性	夜总会—舞厅数量、酒吧数、每 10 万人酒吧数、餐馆数量、每 10 万人餐馆数、节庆庆典数、最著名节庆参加人数等 11 个指标

由上述类目可以看出，这个指标体系既着重衡量了城市文化供给力，通过国家博物馆数、世界遗产数、其他遗产与历史遗迹数、大型音乐会数

[①] Mayor of London, World Cities Culture Report 2012, 2012-8-1.
[②] Bloomberg Philanthropies, BOP Consulting, Mayor of London. World Cities Culture Report 2018, http://www.worldcitiescultureforum.com/assets/others/181108_WCCR_2018_Low_Res.pdf.

量、电影制作量等数据呈现；也充分考虑了民众的文化需求力，通过最受欢迎 5 个博物馆与画廊参观人数、最受欢迎 5 个博物馆与画廊人均参观次数、图书馆借阅量、人均图书馆借阅量影院平均观众数、综合性大学艺术与设计学位课程学生数等数据展现城市文化参与和文化消费。这两大维度的交汇，形成了一个评价城市文化功能的基本范式，即专门考察城市能否实现文化供给与文化需求的平衡，能否提供满足市民文化需要的文化供给。这一思路应该被吸收进世界文化名城文化功能评价体系中。

四 "欧洲文化之都"评价指标体系

"欧洲文化之都"（European Capital of Culture，ECOC）计划由欧盟和举办国任命的专家评选委员会按照以下指标进行评选认定。

其一，文化活力和可持续性。包括竞选城市能提供什么样的文化；有什么样的创意产品；相关部门与组织机构的数量；有多少文化设施与就业机会；文化部门的技能性开发；能够为城市文化系统提供的资金投入；以及与文化相关的区域、国家和国际帮助的多寡等，旨在反映在主办城市的创意经济体量。

其二，文化的可获得性和参与度。包括什么是文化供给，如何增加文化供给；什么人在消费文化，为什么消费，从中获得什么收获等，同时关注特定的亚文化及其参与群体、参与者的文化价值观、欣赏水平变动、文化兴趣和参与动机。

其三，文化的认同、印象及地位。关注主办城市的文化感知及其在"欧洲文化之都"年度活动中的变化情况，借此反映当地社团的行动、来访游客和本地居民的作为，反映城市的地方认同感和自信度。

其四，城市申办计划的哲学基础与执行能力。包括对"欧洲文化之都"计划管理和发展的组织过程和哲学基础的关注、对各利益主体参与度及文化网络创造的关注、对"欧洲文化之都"影响举办城市管理水平的关注。

其五，主办城市的"欧洲维度"。包括主办方与其他欧洲国家合作的组织活动、主办城市市民在"欧洲文化之都"活动中的参与度和交流活力、从欧洲其他国家来的游客和艺术家的数量、旅居欧洲的非欧洲居民的感知上的变化等，重点考察主办城市的"欧洲文化之都"计划是否服务于欧洲的文化战略。

其六，经济的影响。包括"欧洲文化之都"活动对整体经济及关键经济部门的影响、对当地经济产生的深远影响、对外来投资和就业机会的影响、对当地商业密度与服务质量的影响等。

"欧洲文化之都"是一项区域性的城市文化荣誉称号，具有明显的地域特征。其评选指标除了考察主办城市的"欧洲维度"外，也重点关注城市文化积累、投入以及文化活力、持续性、可获得性、参与性，同时还关注文化对城市的多方面影响。在剔除地域因素后，世界文化名城指标体系完全可以借鉴其内容来衡量城市的文化功能。

五 中国"国家历史文化名城"评价指标体系

2008年4月，国务院公布《历史文化名城名镇名村保护条例》，规范国家历史文化名城、名镇、名村的申报与批准。该条例提出了申报国家历史文化名城的五项条件：

第一，保存文物特别丰富；

第二，历史建筑集中成片；

第三，保留着传统格局和历史风貌；

第四，历史上曾经作为政治、经济、文化、交通中心或军事要地，或发生过重要历史事件，或其传统产业、历史上建设的重大工程对本地区的发展产生过重要影响，或能够集中反映本地区建筑的文化特色、民族特色；

第五，在所申报的历史文化名城保护范围内还应当有两个以上的历史文化街区。①

这五项条件构成了一个精要的历史文化名城评价体系。同联合国创意城市网络指南的体系相似，中国历史文化名城也是对城市文化功能的评价，而且同样是对国际范围、区域范围内多个城市均适用的共通性标准。但这一体系更偏重于对历史文化资产的评价，其考察内容涵盖了城市文化资源的丰富程度（文物、历史事件、历史文化街区），文化空间布局（历史建筑集中成片、传统格局、历史风貌），城市文化个性（文化特色、民族特色），文化产业发展（传统产业、重大工程），文化引领性（政治、经济、文化、交通中心）等方面要素。在考核世界文化名城已经形成的文化资源存量时，这个重点针对历史文化积累的框架可以作为参考。

---

① 国务院法制办农业资源环保法制司、住房和城乡建设部法规司、城乡规划司编：《历史文化名城名镇名村保护条例释义》，知识产权出版社2009年版，第2—3页。

六 城市文化发展评价指标体系

(一) 波士顿大都会文化指标

波士顿大都会文化指标体系（Cultural Indicator of Boston Metropolitan）是美国波士顿基金会设计提出的一套比较完整的大都会文化发展统计指标体系。该体系既在总体上研究了文化大都市的气质构成，又通过七大板块深入探讨文化大都市气质的具体表现。七个板块各有侧重，如表1-2所示。

表1-2　　　　　　　　波士顿大都会文化指标体系[①]

目标	测量指标	
1. 波士顿竞争优势的贡献	指标1	波士顿"创意指标"排名与其他主要城市的比较
	指标2	"创意群聚"产业对经济的影响
	指标3	文化部门的基金与其他大都会地区的比较
2. 波士顿作为一个令人兴奋的区域观光目标	指标1	在波士顿，平均每人的非营利艺术组织数
	指标2	参与波士顿文化事件与展览的人数
	指标3	对当地与区域观光业的影响
3. 波士顿艺术组织对社区生活的影响	指标1	波士顿艺术与文化设施的分布，与波士顿儿童的集中化之间的关系
	指标2	邻里、艺术家与游客在波士顿开放工作室（Open Studios）方面的参与程度
4. 文化多样性表现的活力	指标1	文化连续体的线上调查（Online Cultural Continuum Survey）
	指标2	具有人口代表性的文化制度领导能力
	指标3	邻近地区的节庆与庆典
5. 艺术教育的机会	指标1	波士顿公立学校（BPS）的视觉艺术、音乐与戏剧的教师人数
	指标2	学生与年轻人在课外时间参与艺术计划的人数
	指标3	在有视觉与表演艺术文凭学校的学生人数
6. 文化参与的机会与公平性	指标1	文化设施的座位/人口比例
	指标2	波士顿文化机构与展演场所提供免费或折扣门票的情况
	指标3	残障人士得到文化设施的机会渠道
	指标4	关于文化与艺术活动与计划的全面资讯
7. 公共资金与资助对于艺术的作用	指标1	在艺术与文化组织中的义工发展状态
	指标2	专门从事艺术工作的单位
	指标3	联邦、州以及城市提供的艺术基金

---

① 资料来源：《台北市九十二年文化指标调查》，中国台北市文化局印行，2003年。

第一板块,"波士顿竞争优势的贡献"由 3 项具体指标构成,主要从经济角度展现波士顿的文化发展基础,展现其文化、艺术发展的硬件条件,同时呈现该城市艺术、文化所具有的影响力。第二板块,"区域观光目标"用 3 项指标对城市文化经济效益进行评估,分析城市文化消费、文化经营、文化营销所产生的影响。第三板块,"艺术组织对社区的影响"侧重分析城市文化的社会效益,考察城市艺术、文化设施分布与儿童集中化的关系,居民对文化设施的参与利用程度。第四板块,"文化多样性表现的活力",以 3 项指标测量波士顿文化多样性在实际层面的进展,反映这座城市文化的包容性与多样性。第五板块,"艺术教育的机会"的 3 项指标代表了城市艺术、文化的发展水平,展现追求艺术的人才对城市文化前景的影响。第六板块,"文化参与的机会渠道公平性",考核城市文化面向普通大众开放的程度,这 4 项指标在某种程度上可以被视作其他文化指标得以实现的前提。第七板块,"公共资金与资助对于艺术的支持",通过 3 项指标反映城市艺术人群对城市文化的认同。

波士顿大都会文化指标体系中既有定量的指标(如参与文化事件与展览的人数、学生与年轻人在课外时间参与艺术计划的人数、文化设施的座位/人口比例等),也有定性的指标(如文化连续体的线上调查、具有人口代表性的文化制度领导能力、在艺术与文化组织中的义工发展状态等),甚至还有比较性的指标(如波士顿"创意指标"排名与其他主要城市的比较、文化部门的基金与其他大都会地区的比较等),这种灵活的指标设计方式启发世界文化名城指标体系,在一些不便于客观量度,不便于采集数据的领域,可以灵活设置指标项目。

(二)上海"国际文化大都市"评价体系

2019 年,上海交通大学与美国南加州大学合作,通过分析各种统计标准,收集统一口径的全球数据,运用多指标综合评价法与主成分分析法、因子分析法,针对 51 个国际文化大都市进行了全球评价。该评价体系围绕吸引力、创造力、竞争力三大维度构建,包含 10 个一级指标、52 个二级指标。结果显示:纽约、伦敦、巴黎、东京、旧金山、柏林、北京、洛杉矶、上海、罗马排名前十。该评价指标体系"将国际文化大都市视为全球文化发展的枢纽和节点,是国家和地区参与全球文化软实力竞争的门户,承载和控制着全球文化资源要素的流动和配置"[①]。要求评价对象在城

[①] 徐剑:《国际文化大都市指标设计及评价》,《上海交通大学学报》(哲学社会科学版)2019 年第 4 期。

市的规模、体量上能够成为全球城市中心、枢纽和节点，重点对与上海相类似的大型世界城市进行归类比较。通过"对城市文化建设发展的全面性测评和分析，对城市文化魅力、实力、潜力等各方面能力的综合评价，反映城市文化、基础设施、经济发展能力、物质文化创造能力等方面情况"①。该指标体系基于吸引力、创造力、竞争力"三力"模型构建，对于世界文化名城评价具有借鉴意义。国际文化大都市是世界文化名城的一部分，该指标体系主要以国际大都市为评价对象，对世界城市适用范围相对局限。（见表1-3）

表1-3　　　　　　　国际文化大都市评价指标体系

一级指标	二级指标
人文生态建设	城市旅游视频数量、Google 图书曝光度、预期寿命、世界文化遗产、公共绿地空间占比（%）
公共文化设施	每百万人图书馆数、每百万人剧院数、每百万人音乐厅数、每百万人体育场馆数、每百万人电影院数、每百万人博物馆数
公共文化供给	年度剧院演出场次数、年度音乐演出场次数、重大文化节庆活动数、大型体育赛事数量、影院银幕数（万）
公共文化参与	艺术表演场馆观众人次、博物馆与画廊参观人占比、主要节庆参加人数、电影观影人次（入场人次）、城市马拉松参与人数
文化市场	书店数量、餐馆数量、集市数量、酒吧数量、咖啡馆和茶馆数量、画廊数量
文化经济发展	文化产业增加值（百万美金）、文化产业占总产业比例（%）、文化产业就业占总就业比重（%）、旅游总收入（百万美元）
文化教育	高等院校数量、高校学生数量、非专业类艺术培训机构数、研究人员大型国际交流会议数量、国际学生数量
互联网发展	网吧和游戏厅数量、城市互联网网站数、网速（反转）、城市计算机 IP 数、智能手机普及率（%）
文化旅游	大型地标性主题公园数量、星级以上旅游酒店数量、旅游景点数量、年度游客人数（百万人次）
文化全球影响力	境外旅游者数量、境外人士定居人数、国际媒体报道数量、城市大使馆或领事馆数量、A 类电影节数量、国际知名智库数量、世界大学500强数量

资料来源：徐剑：《国际文化大都市指标设计及评价》，《上海交通大学学报》（哲学社会科学版）2019 年第 4 期。

---

① 易蓉：《〈国际文化大都市评价报告〉京沪进入综合评价前十》，《新民晚报》2019 年 3 月 11 日。

综上，相关评价研究，尽管在评价对象、评价体系、指标选择、评价方法和评价结果应用等方面存在一定差异，但也从不同角度揭示和丰富了城市文化发展的内涵，为世界文化名城评价研究提供了有益的参考和启示。

其一，世界文化名城评价应突出城市性。从现有评价研究看，或是强调文化资源的竞争，或是强调文化发展的影响因素，但是对文化作为城市系统的组成部分和作用机制体现不足，指标体系的城市性相对较弱。世界文化名城是世界城市的高级形态，文化发展与城市发展的关系是核心。时至今日，面临资源危机、环境危机的挑战，文化的意义从占有、同化和控制转向包容、转化和共享。因此，对世界文化名城的评价更应突出城市性，在评价指标的设计上，注重文化供给与文化需求、文化发展与文化共享的平衡，既要关注物态化资源，也要关注文化行为、文化价值；既要关注文化供给侧，也要关注文化需求侧，突出文化发展的效果和水平。评价指标的选取需要采用绝对指标和相对指标，总量指标和人均指标。克服"资源即实力"[1]的逻辑局限，将文化视为城市的生活方式，[2] 突出文化对城市可持续发展的促进作用，对城市世界知名度的提升作用。

其二，世界文化名城评价应更具声誉性。相关评价体系的构建都体现了研究者对评价对象内涵的不同理解，但文化声誉的评价是现有研究尚未触及的领域。而世界文化名城在很大程度上与其文化知名度相关，世界城市一旦在全球范围获得美誉，就成为难以替代的竞争优势。趋势表明，未来城市之间的竞争更多是基于"塑造城市魅力形象与符号能力，及如何发挥其效能"[3]。因此，对世界文化名城的评价应兼顾文化功能和文化声誉，突出城市文化发展的世界性、整体性、协调性和传播性，评价指标的选取既要采用显性指标，也要采用解释性指标；既要反映文化资源和要素的中心性和集中度，也要观照城市氛围与活力，以及文化如何塑造城市形象以维持或提高世界知名度。

其三，世界文化名城评价需要建立综合指数。世界文化名城类型丰富，文化作用于城市整体系统，虽然某个方面的突出成就也能产生世界影响力，如文化遗产丰厚、文化创意产业发达、节庆活动有影响力，但通常文化发展的各个领域都是密切关联的，有必要建立适用范围更广泛、价值

---

[1] 舒俊：《中国文化软实力评价研究述评》，《实事求是》2019年第2期。
[2] 胡斌、易华：《创意城市评价指数述评》，《现代管理科学》2010年第2期。
[3] Landry C., Bianchini F., *The Creative City*, London: Demos, 1995, pp. 25–27.

导向更多元的综合性评价指数。通过综合指数比较，直观地了解和观测世界文化名城的形成和发展，总结变化规律，以此为依据指导城市文化发展。要得到适合全球城市的世界文化名城指数，需要对世界城市文化功能、文化声誉加以分解，设计多层次指标体系，采取主客观赋权相结合的方法确定指标权重，进行综合计算。

其四，世界文化名城评价指标需考虑适用性。与世界文化名城评价相关的研究主要集中在欧美国家，已有文献多以世界发达城市为评价对象，对全球城市的适用性仍然存在较大问题。且由于对评价对象的选择、主观指标和客观指标标准不一，指标边界模糊性等问题，导致实证评价中存在底层数据不清晰的问题。世界文化名城作为一个通用的评价范式，如果欠缺可比性，势必影响评价指数的适用性。由于文化的多样性和复杂性，其特殊价值不易量化，又很难找到兼顾所有文化形态的评价体系。因此，世界文化名城评价应凝练共识性指标，言简意赅地刻画重点，在测度变量中适当体现地方性，设计应用性强且具有可操作性的评价指标体系。此外，城市文化发展是一个动态过程，评价体系应保持开放性和动态性，不断地检验、修正和完善。

第二章 世界文化名城评价的理论基础

世界文化名城评价与建设之所以可行，不仅是因为学界对文化与城市的关系进行了较为深入的研究，更在于许多世界城市致力于建设文化名城，以文化发展促进城市转型，提升城市竞争力，为世界文化名城评价和建设奠定了必要的理论基础。本章阐释世界文化名城的内涵特征，分析文化驱动城市转型的作用机制，探寻文化发展与世界城市的互动关系。

第一节 世界文化名城的内涵特征

建设世界文化名城，对当今世界城市而言无疑是一项全新的战略取向，而对世界文化名城的理论研究仍然比较薄弱。什么是"世界文化名城"，中外学术界尚未给出一个明确、清晰的定义。在一般性的使用中，大多是将其作为具有世界性文化影响的城市名誉称号，[①] 或是作为城市文化发展的宏观目标[②]，从学术理论角度研究"世界文化名城"概念的成果并不多见。本节通过文献梳理、理论分析、比较研究，对世界文化名城进行概念界定，揭示其基本内涵，从文化和城市两个角度刻画世界文化名城的主要特征，探寻世界文化名城生成和演进的客观逻辑。

[①] 2011年8月11日，在四川成都举行的2011年第二届世界城市科学发展论坛开幕式上，洛阳市被联合国国际减灾战略署、世界城市科学发展联盟、国际姐妹城市联盟联合授予的"世界文化名城"称号，即属于一种名誉称号。《我市荣获"世界文化名城"称号》，《洛阳商报》2011年8月11日。

[②] 成立于2012年"世界文化名城论坛"，提出了"成员城市要共同发展成为全球城市文化领军城市"的目标。

一 世界文化名城的基本内涵

（一）概念的提出

"世界文化名城"是近年来中国提出的一个新概念，是继历史文化名城、文化强市、国际文化大都市之后，对城市文化发展愿景的新表述，反映了国内城市在现代化、国际化进程中，提升文化软实力的内在需求。国外尚无直接以"世界文化名城"为关键词的研究文献，国内则偏重于实证研究，高水平的学术文献较少。2012年，广州市最早提出建设世界文化名城的目标，广州市委、广州市人民政府发布了《关于培育世界文化名城的实施意见》，正式提出要在21世纪中叶前，努力建成建设以文化为引领的世界文化名城。[①] 围绕这一目标，文化在城市发展中的作用将更加明显。世界文化名城应该具有强大的文化产业实力，独具特色的城市文化内涵，更优质的文化服务供给，更深远的文化影响，以及更强大的文化软实力。文件从中国文化建设的各个方面表述了方向性目标，大致勾勒了世界文化名城的轮廓。

在随后形成的学术专著《广州培育世界文化名城探索》一书中，世界文化名城被表述为"拥有丰富的物质文化遗产和非物质文化遗产，从历史、美学或科学的角度来看，这些遗产既有鲜明的特色，又有突出、普遍的价值，在世界上具有广泛而深远的影响"[②]。这里更着重强调的是城市本身的文化遗产资源及其世界性影响。

葛剑雄先生在题为"岭南文化与世界文化名城"的主题演讲中对世界文化名城概念进行了更深入的阐释，共涉及三个问题。其一，对世界文化名城所拥有的文化资源，葛先生认为："作为一个文化名城，过去是不能再创造的，过去只能保护和发掘。"其二，对当今城市应该如何利用城市文化资料实现新的发展，他进一步指出："现在的关键是首先要保护好已存在的物质的、非物质的、有形的、无形的这些文化。"其三，对城市文化本身而言，差异性是最重要特征，"不要否定共性，但要发现差异"，"从某种程度上说，不伦不类才能成为文化遗产"。所以，在城市文化资源基础上构建的文化名城，就"绝对不是简单的物，更主要的是人。但是现在的人是流动的，在流动过程中，对人类重大的贡献、文化上重大的创造

---

① 广州市人民政府办公厅：《中共广州市委广州市人民政府关于培育世界文化名城的实施意见》，2012年10月23日，第1页。
② 徐俊忠主编：《广州培育世界文化名城探索》，广州出版社2013年版，第3页。

如果是在你这里做的，那么这个人就为你这里的名人，你这个城也因此成为名城"。① 这些表述指向了世界文化名城的三个要素：文化资源、文化个性魅力以及创造、传承文化的人。

李劲博士在《北京建设世界文化名城的难点与发展思路》一文中细致辨析了与世界文化名城相关的若干概念。对于"国际大都市"与"世界城市"，他提出："世界城市是国际大都市的高端形态，是城市国际化水平的重要标志。"在此基础上，他更明确表示："城市文化是建设世界城市题中应有之义"，"城市文化是世界城市的灵魂，具有强大的向心力和凝聚力"，"世界城市并不仅仅以经济数据来衡量，更重要的是城市文化和城市精神"，"在建设世界城市的历程中，文化的全球化对城市的发展有着重要的影响作用"。② 在这些表述中，世界文化名城是作为世界城市的一种高级形态而呈现的，是注重文化的影响作用，将文化作为核心、灵魂、标志的城市。

通过文献梳理可以发现，在当前的学术研讨中，对"世界文化名城"概念本身的论述是相对零散、简略的。相关理论认识可以归纳为：其一，世界文化名城是世界城市的一种形态。其二，世界文化名城应该拥有丰富的文化资源，展现独特的文化魅力。其三，世界文化名城强调文化功能，将文化置于城市发展的核心地位。其四，世界文化名城应在国际上产生深远的文化影响。基于这些要点，可以基本确定：世界文化名城就是以文化为核心手段，整合城市经济、社会与空间资源，促进城市全面可持续发展，积极参与国际文化交流与合作，在全球范围具有较高识别度、知名度、美誉度，并产生广泛文化影响的世界城市。

(二) 基本内涵

对世界城市而言，建设世界文化名城既是战略目标和价值取向，也是实现可持续发展最具包容性的路径之一。世界文化名城是世界城市的一种类型，是世界城市在经济高度发达以后衍生出的高级形态、先进模式，代表了世界城市面向未来的前进方向。正因为拥有这样的前瞻性和持续性，所以这一概念也是动态的、不断发展完善的，拥有丰富的内涵。基本内涵主要有以下三个。

1. 世界文化名城是以文化功能被识别的世界城市，以文化个性塑造的

---

① 葛剑雄：《岭南文化与世界文化名城》，载王晓玲主编《广州讲坛演讲录》，商务印书馆2012年版，第410—412页。
② 李劲：《北京建设世界文化名城的难点与发展思路》，载段霞主编《世界城市建设与发展方式转变》，中国经济出版社2011年版，第194—196页。

城市形象是其显著标志

世界城市的发展驱动力是多元化的,不同城市因不同的功能侧重在国际间被识别、被认可。大国首都、国际政治交往中心、重要国际机构总部所在地城市(如华盛顿、日内瓦等)一般因政治功能而名扬世界。国际金融中心、贸易中心、产业中心、人口聚集地(如上海、底特律、神户、慕尼黑等)往往因经济功能而受到国际社会广泛关注。世界文化名城则以文化作为自身的身份标志,将文化作为彰显城市个性魅力的名片。对这些城市而言,城市文化"已经被定位为展示城市、区域乃至国家的身份的活动"①。正如古希腊文化之于雅典、现代时尚文化之于巴黎、影视文化之于洛杉矶、休闲文化之于成都,在长期的文化建设、城市发展中,这些城市已然与某种特定文化意象紧密结合,因文化功能而被识别。即便是在多种因素共同作用的复合型城市中(如纽约、伦敦、东京等),世界文化名城的文化功能也应该是相对突出的。

2. 世界文化名城是全面发展的可持续的世界城市,代表了当前世界城市建设的理想图景,也为未来城市发展提供了一个可以选择的方向

文化不是孤立作用于城市的,它是"巩固经济增长与发展的整个文化、环境、娱乐因素中的必要组成部分,可以激发旅游业并由此创造就业机会,更重要的是,它还是地区全面复兴的主要促进因素,为社会群体的自豪感和认同提供焦点"②,可以提高旅游业的活力,在此基础上,则可以创造更多的就业机会和岗位。不仅如此,文化还可以推动城市与地区的复兴,增强同一区域内社会群体的自豪感与认同感。正如本书第一章所论,文化可以通过经济、空间、社会机制,促进城市经济发展与转型升级,促成城市空间优塑,引导形成积极向上的城市精神和普遍价值观,提升市民的道德素养、艺术水平、审美情趣、创造能力。这一切最终都将推动城市的全面发展。同时,在各种类型的世界城市中,政治主导型世界城市受外界环境因素的影响较大,其城市发展可能会因政治中心的迁移、政策的调整而受到明显影响;经济主导型世界城市的发展也会因经济、产业起伏而产生波折。但文化是一种积聚层累造就的资源,具有长远持久的生命力和推动力。以文化统合城市发展的诸多要素,可以有效解决现代城市发展中出现的各种问题,实现自然资源、经济发展、社会进步三方面之间的协

---

① [英]安德鲁·塔隆(Andrew Tallon):《英国城市更新》,杨帆译,同济大学出版社2017年版,第300页。
② Art Council, *An Urban Renaissance: The Role of the Arts in Inner City Regeneration*, 1989, p. 2.

调，构建拥有持续连贯能力，不超越环境容量，且能不断改善全民生活质量的可持续城市。①

3. 世界文化名城是充分展现文化魅力的世界城市，拥有典型价值观念和生活方式，在国际间享有崇高文化声誉，是旅游观光、生活娱乐、获取资源与信息的目的地

城市形象一般是由硬件设施与文化软实力两方面共同支撑的。对世界文化名城而言，在拥有先进发达的生态环境、建设水平、生活水平基础上，由世界级文化遗产、优质文化资源、良好文化形象所形成的强大文化魅力与文化吸引力显得更为重要。甚至有学者提出：世界级的城市就应该具备世界级的文化吸引力，拥有世界级的城市文化魅力则是跻身世界城市的前提条件。②若对世界级的城市文化魅力、吸引力做一个更细致的解读，那么它主要是通过健全的法制、透明城市管理制度、包容的城市性格、良好的创业环境、较多的就业机会、多元的城市文化内容、高尚的道德秩序、良好的环境卫生、完善的公共服务、较高的开放程度和信息共享程度、丰富优质的旅游资源、较强的应急管理能力来呈现。③概括而言，这些软实力因素就是一座城市本身的价值观念和生活方式。世界文化名城的价值观和生活方式应该在一定的国际区域范围内具有典型性、代表性，能够得到国际社会的广泛认可，对境外人员保持感召力，吸引他们将该城市作为目的地，前来了解、感受、欣赏、研究其文化形态，进而扩大世界文化名城的国际知名度、认可度、美誉度。

由于不同国家、地区和城市的经济水平不同，所处的社会发展阶段各有差异，城市文化本身存在差异性，城市文化功能也具有差异性，世界文化名城在外延上具有多样性和动态性，很难用严格统一的标准进行界定。从文化发展的历时性看，世界文化名城可分为历史型和现代型；从文化声誉影响范围的广度看，世界文化名城可分为全球型、洲际型和区域型；从文化内容的丰度看，世界文化名城可分为综合型和主题型；从文化经济的融合度看，世界文化名城可分为文化旅游型、文化科技型等类型。

（三）相关概念辨析

"世界文化名城"的概念与许多概念有着千丝万缕的联系，还可以通过与其他相关概念的对比来加深理解。以"文化城市"为核心词，按影响

---

① 金涛：《城市可持续概念模型研究》，东南大学出版社2016年版，第8页。
② 冯万林：《培育世界级城市的文化魅力》，载《第二届长江沿岸城市群众文化发展论坛论文选编》，2001年，第262页。
③ 段霞主编：《首都国际化进程研究报告》，中国经济出版社2008年版，第199页。

范围由国内、国际区域向全球范围逐次扩大，有以下城市概念可以作为认识世界文化名城的参考。

1. 国家历史文化名城

《中华人民共和国文物保护法》第二章第14条给"历史文化名城"下了明确的定义："保存文物特别丰富并具有重大历史价值或革命意义的城市，由国务院核定公布为历史文化名城。"①"历史文化名城"是中国特有的一个城市概念，入选城市均"具有重要的文化艺术价值、科学技术价值和教育旅游价值，是众多城市中具有特殊性质的城市"。②按照国务院于2008年公布的《历史文化名城名镇名村保护条例》，国家"历史文化名城"国家历史文化名城可以按特点分为七个类型。历史古都型：曾经作为历史上的都城，保留了大量的历史遗物、古建筑，体现出古都的历史风貌。传统风貌型：保留了较为完整的建筑群，能体现一个或多个历史时期的文化积累。一般史迹型：在整个城市的各个角落都分布着众多文物古迹，能充分反映一座城市的历史传统。风景名胜型：建筑物与自然山水的有机结合，显示出城市多样化的文化特征。地域特色型：拥有独特的地域特色或民族文化特征，由反映地方文化的特色建筑构成了城市的主体风貌。近代史迹型：拥有数量众多、特色鲜明的建筑物、建筑群，可以反映近代历史上某一个重大历史事件或者某个阶段的历史。特殊职能型：某种职能在历史上占有极突出的地位的城市。根据此规定，截至2018年5月，中国共有北京、南京、苏州、扬州、杭州、成都、洛阳、西安、代县、祁县、临淄、钟祥、都江堰、济南、集安等100余座城市被认定为历史文化名城。其中，不仅包括行政意义上的地级市，也包括区、县。从法律规定、入选城市名单和城市建设实例等多方面因素来看，"历史文化名城"关注的重心是城市的历史文物、历史资源（包括革命历史资源），旨在通过对这些要素的保护，发掘城市的艺术、科技、教育、旅游价值，其资格由国务院在中国范围内的申报城市中审核认定。

2. 欧洲文化之都

欧洲文化之都（European Capital of Culture），原名欧洲文化之城（European City of Culture），是由欧盟指定授予欧洲城市的一项与城市文化相关的城市头衔。从1985年起，欧盟成员国可以按照既定顺序轮流在相应年份提名本国一座或多座城市参与竞逐，欧盟每年确认若干城市（2006年以

---

① 《中华人民共和国文物保护法》，中国民主法制出版社2002年版，第6页。
② 张富春：《历史文化名城研究》，陕西科学技术出版社2015年版，第3页。

前为1座，2007年后为2座），授予"欧洲文化之都"称号。在一年时间内，获评城市可以用"欧洲文化之都"的名义，在欧洲区域乃至全世界范围内展现其文化生命力，通过文化交流与分享，拉近欧洲城市、国家间的距离，增进欧盟的凝聚力。欧盟委员会在2007年通过了第1622号决议，该决议根据欧洲文化之都评选传统，对参与竞选欧洲文化之都的城市提出了更明确的城市文化建设要求——必须体现明确的"欧洲维度"，即必须表现出该城市在欧洲文化中具有的积极作用，与欧洲文化的联系、对欧洲的身份认同，展现城市在欧洲文化艺术中的参与性以及城市自身独特的文化特色。同时，候选城市应该具有较高的公众文化参与度，除当地居民外，还应对所属国的国民及外来游客有较强的吸引力。此外，参与竞逐的城市不需要是国家的首都，可以是该国的二线、三线城市，不管城市的规模有多大，都可以提出申请。①

欧洲文化之都以"文化"为核心，强调文化的推动力、吸引力，具有鲜明的特点。首先，"欧洲文化之都"是在特定时间期限内按照既定标准评选产生的具有相对唯一性的城市名誉称号，在每一个独立的自然年中，只会有一两座城市成为欧洲文化之都。其次，欧洲文化之都具有强烈的地方文化属性，其评选标准、建设意义基本是局限在欧洲特别是欧盟范围内的。②最后，欧洲文化之都的评选，将重点考察主办城市的未来城市文化发展计划，考察它们如何投入相应的资源，以生产高质量的服务和产品。③对城市本身的发展层级、综合实力要求不高，所以近年来有越来越多的二线、三线城市获选。

3. 全球创意城市

自2004年起，联合国教科文组织开始执行"全球创意城市网络"（Creative Cities Network）城市文化建设项目。该项目的终极追求是发展城市文化和创意，使之成为持续推动城市前进的推动力。与此同时，这一项目也将促进不同城市之间的交流与合作，使它们共同发展创意产业、共享知识与信息，并为之搭建一个跨国际的创意产品交流销售平台。④成员城市加入全球创意城市网络时，必须获得联合国教科文组织的承认；可以退

---

① 王忠主编：《文化产业项目管理案例分析》，华中师范大学出版社2016年版，第55—60页。
② 尽管欧洲文化之都也主张在全世界范围内展现城市的文化生命力，但其建设目标最终主要是指向增进欧洲文化交流和欧盟凝聚力。
③ 王忠主编：《文化产业项目管理案例分析》，华中师范大学出版社2016年版，第59页。
④ 朱华晟：《大城市创意产业空间与网络结构》，东南大学出版社2015年版，第35页。

出,联合国教科文组织也可以在其失去代表性后建议其退出。所以,如果一座城市能够进入"全球创意城市网络",就意味着它在保持和发扬自身文化特色方面的努力在国际上得到了高度认可。登上该网络,就等于登上了这一领域国际交流合作的最权威平台。现在,全球创意城市网络包括七大主题:文学之都、电影之都、音乐之都、民间手工艺之都、设计之都、媒体艺术之都和美食之都。

全球创意网络突出强调文化在城市与国家发展中的作用。联合国教科文组织认为,全球创意城市应该是"创意中心"(creative hubs),即大力发展创意产业,由此促进社会经济发展与文化的发展。同时它又是"社会文化集群"(socio-cultural clusters)。这样的集群将不同的社会文化社区有机连接起来,打造出健康的城市环境,以此促进城市文化的综合发展。从全球创意城市的产生来看,它也是一个由权威机构认定的城市网络平台,有明确具体的评定指标,有既定的申请、退出机制;其建设目标侧重于推动产业发展,核心标准是"文化创意"对文化产业的推动,相关理论主张"用一种全新的方式来思考,用不同寻常的方式来组合不同的资源,更加具有技巧性、战略性地来配置资源";① 全球创意城市网络的七大主题确定了城市文化创意产业前进的具体方向,所有入选城市着重在其中某一个领域整合资源、搭建平台、寻求交流合作。

4. 世界遗产城市

世界遗产城市,是联合国教科文组织认定的,拥有世界级的文化遗产或自然遗产的城市。联合国教科文组织于 1972 年在其总部巴黎举行了第十七届会议,公议通过并颁布了《世界文化和自然遗产保护公约》,对何为"文化遗产"做出了明确的界定。其内容包括:(1)文物:从历史、艺术或科学角度看,具有突出、普遍价值的建筑物、雕刻和绘画,具有考古意义的成分或结构,铭文、洞穴、住区及各类文物的综合体。(2)建筑群:从历史、艺术或科学角度看,因其建筑的形式、同一性及其在景观中的地位,具有突出、普遍价值的单立或相互联系的建筑群。(3)遗址:从历史、美学、人种学或人类学角度看,具有突出、普遍价值的人类工程或自然的杰作以及若干考古遗址地带。根据这一标准,1993 年 9 月,"世界遗产城市联盟"(Organization of World Heritage Cities)在摩洛哥成立。该联盟是联合国教科文组织的一个下属机构,以被列入"联合国教科文组织世

---

① [英]查尔斯·兰德利:《全球创意城市发展趋势和深圳的创意未来》,载陈湘波主编《设计·城市·生活》,广西美术出版社 2011 年版,第 12 页。

界遗产名录"的城市作为会员。从世界遗产城市的定义和世界遗产城市联盟的成立背景可以看出，世界遗产城市仍然是一个由权威机构认定的城市身份。联合国教科文组织建设联盟、进行认定的初衷，是试图通过监督、管理工作，推动对城市遗迹的保护。对中国的部分城市而言，世界遗产城市还兼具未来环境保护、城市再生以至争取实现社会和谐的职能。[①] 同时，认定世界遗产城市的核心条件是城市本身具有的实体文化资源，包括文物、建筑群、遗址三大类，对城市发展的综合指标考虑不多。因此，世界遗产城市就是一个相对宽泛的城市集合体，目前已有 200 余座城市成为联盟会员，它们广泛分布于各个大洲，城市与城市之间，整体发展水平、文化影响力相差很大。

对上述概念进行综合分析，可以发现它们之间的一些共同性。这些概念都属于文化城市的范畴，都密切关注文化在城市发展中的功能与作用。在相关评选、认定中，城市文化资源是否丰富，对这些资源的保护、开发、利用程度，文化对城市某一方面竞争力或综合实力的影响都是重要的参考。同时，这些概念与"世界文化名城"之间又表现出明显的差异性。中国"历史文化名城"、欧洲文化之都、全球创意城市、世界遗产城市都是由较有影响力的权威机构认证产生的，其职能、发展、数量会在权威机构的战略框架下统筹协调。它们都与文化密切相关，但又有不同的侧重：历史文化名城偏向于对历史文化资源的保护开发，欧洲创意之都重在展现城市文化魅力，全球创意网络城市明确地划分了文学之都、电影之都、音乐之都、美食之都等七个类型，世界遗产城市则突出对文物、建筑群、遗迹的保护。

相比而言，世界文化名城的格局则更加开阔：其一，它是城市文化建设的客观成就，是对城市发展层级、城市文化建设水平的总体评价，并非某一权威机构主观认定的结果，也就没有绝对的时间、数量限制。其二，它所依托的核心文化要素并不局限于历史资源，应该涵盖城市发展的过去、现代与未来。其三，世界文化名城是文化引领下对城市经济、社会与空间资源的深度整合，所有的世界文化名城都是在城市发展、城市文化政策制定方面引领全球的世界城市。文化对城市的意义不仅仅停留在资源保护与开发层面，也不局限在文化创意产业层面，城市文化声誉、城市发展持久力、城市文化魅力都是世界文化名城重点考虑的内容，其发展目标具

---

① ［意］弗朗切斯科·班德林：《世界遗产城市——未来之源》，载《中国 2010 上海世博会论坛文集》，东方出版中心 2011 年版，第 68 页。

有多维性，对城市经济社会综合发展发挥更积极的作用。作为现代城市建设目标，它更强调发展的可持续性，所以世界文化名城是对城市总体发展的事实认定，可以作为城市综合发展的长远目标。其四，世界文化名城的建设目标并不特定于某一个领域或几个领域，它需要在一个更广阔的文化范围内考虑城市的全面发展，而且需要时刻关注各个具体领域间的互动联系。因此世界文化名城既可以专注某一个文化领域，以之带动城市文化协调发展，形成世界历史名城、世界旅游名城、世界音乐名城、世界美食名城、世界电影名城、世界文创名城、世界赛事名城等某一方面文化功能相对突出的城市；也可以全面推动城市文化整体发展，形成各项文化功能相互促进的综合性城市。其五，中国"历史文化名城"与"欧洲文化之都"是两个区域性的城市概念，其城市文化的地方特性较为突出。世界文化名城则没有这样的地域限制，是在全球范围内对城市的文化功能进行考察，更加关注城市文化对全人类共同进步所做出的贡献。从这五点差异来看，世界文化名城不仅具有世界城市的基本职能，还能反映城市由发达经济衍生高度文明的普遍规律，建构城市可持续发展的理想图景，代表了世界城市更高位次、更高量级的发展模式。它不仅注重城市经济的增长，还显现出独有的文化特征和城市特征，是世界城市的高级形态。

二 世界文化名城的主要特征

在明确世界文化名城概念内涵的基础上，可以进一步总结它的特征，勾勒其城市形象。一方面，世界文化名城是以文化为导向的，其核心是"文化名城"，尺度是"世界"，用世界级标准来衡量城市的文化建设与管理，它应该具有显著的文化特征。另一方面，任何一个城市都应该具备一定的城市职能，也就是城市应该在一个国家或地区的经济、政治、文化、社会生活中发挥一定的作用和功能。[1] 世界文化名城作为世界城市的一种高级形态，首先应该具备世界城市的基本职能：拥有雄厚的经济实力，能在全球范围内对世界经济产生一定的影响，基础设施建设和保有情况良好，具有国际一流水准的城市管理经验，具有显著的国际知名度和较高的国际地位，成为其他城市的榜样和标杆。[2] 还应显现出独有的文化特征和城市特征。

---

[1] 董利民：《城市经济学》，清华大学出版社2016年版，第5页。
[2] 张云翔：《北京金融产业的定位与发展——基于构建世界城市的思考》，中国言实出版社2016年版，第6—7页。

(一)世界文化名城的文化特征

1. 文化吸引力

世界文化名城以文化魅力享誉世界,文化吸引力是其重要的"软实力"。20世纪90年代初,任教于哈佛大学肯尼迪政治学院的约瑟夫·S.奈院长创造性地提出了"文化软实力"这一概念。依托丰富的文化资源,充分发挥政府和社会的作用,增加文化投入以推动公共文化事业发展,可以充分体现城市文化的吸引力。这种吸引力还体现于知名的媒体,能彰显地方文化特色和国家、民族文化水准的重大文艺项目和艺术团体,重要的物质、非物质文化遗产资源,优秀的民间艺术、地方艺术作品,以及不同地区文化事业的综合协调发展,是世界文化名城最核心的文化特征。在世界范围内来看,美国纽约能成为全球著名的文化名城,主要就是依靠强大的文化吸引力推动整个城市品质显著提升。就中国范围内而言,上海市执行的"上海文化"品牌战略,同样注意到了文化有助于为城市塑形铸魂,有助于提升城市的吸引力、创造力和竞争力,同样将吸引力放在了城市文化建设的核心地位。

2. 文化创造力

创新创造是文化的生命源泉。人类的文明发展史,就是一部各民族、各群体不断通过创新获取文化动力,不断通过创新向前发展的历史。历史已经反复证明:只有把创新作为持久不竭的动力,人类文明才能与时俱进,在文化中及时、高效地融入新的内容和新的时代精神,使其持续绽放出时代的光辉,展现出顺应时代发展和未来需要的新力量。

世界文化名城是最能彰显文化多样性的城市,各种文化在此相互作用最为频繁、最为充分,它们也理所当然地成了世界文化的创造力核心城市。比如伦敦,这座城市是世界科技创新、艺术创新的中心。很多人都惊讶于伦敦人怎么会有那么多奇思妙想。在此之中,教育以及对创新的鼓励当然是重要的因素,但伦敦人生活里的文化因子更给予了他们无数的灵感和启迪,这才是创新的丰富源泉。英国作家创作的《哈利·波特》和《魔戒》风靡全球。在电影制作的胜地好莱坞,由英国人编写的电影剧本、英国演员受到欢迎,是美国各大电影制作公司最为看重的资源,与此相应,伦敦也是最让国际知名导演、编剧、演员向往的城市之一,在这里,他们可以寻求创作和表演的灵感,提升艺术境界。法兰西民族是一个注重创新、自由开放的民族。法国的首都巴黎也是一座拥有悠久的历史,能兼收并蓄世界各国、各地的文化的城市。这种独特的人文历史积淀,与现代文化交相辉映,让巴黎成长为享誉全球国际时尚大都会。同时,巴黎也是一座不断创新进取的城市。巴黎人对时尚和创新的追求体现在大大小小的方方面面。这种崇尚传统又锐意进取的精神特质，深深地影响着整个世界的时尚潮流。

3. 文化参与性

世界文化名城的文化特征还在政府、企业、公众等主体对于文化事业和文化活动的积极参与上有所体现。今天的世界文化名城领导者都懂得一个基本道理：社会的和谐发展、政体的有效运行和文化的兴盛繁荣，都依赖所有社会成员的积极参与。这种参与的前提是相关的主体必须具有最基本的理性思维和价值判断能力，还需要他们具备履行社会责任的能力。培育这种理性和能力，是文化的重要功能。联合国教科文组织《公共图书馆宣言》声称：人类自身的根本价值，是通过人类社会的自由、繁荣以及个人的发展来体现的。欲实现人类的根本价值，需要公民在社会中积极行使民主权利，不断提升其发挥正面作用的能力，需要所有个体积极参与、建设人类社会，推动民主发展。而这一切，都是由人们所受的教育程度和获取利用知识、思想、文化和信息的自由程度、开放程度决定的。

世界文化名城在文化建设方面主要依靠公众的参与，以市场为媒介，通过市场化的运作来实现。地方政府更多的是发挥引领、组织和支持作用。在地方政府中，需要有专门的部门来协调、运作文化事务。政府通常会制定文化发展规划或战略来发挥对社会的引导作用。比如伦敦，就在2004年发布了首个城市文化战略计划书：《伦敦：文化之都》。到了2008年，该城市又发布第二份文化战略草案：《文化大都市——伦敦市长2009—2012年的文化重点》。2010年，伦敦紧接着推出第三个文化战略草案：《文化大都市区——2012年及以后》。2008年的《文化大都市——伦敦市长2009—2012年的文化重点》主要关注12个重点发展领域，其中一个重要发展重点是要打造一个充满活力的公共空间，强调的就是公众对文化的参与性。

4. 文化多样性

2001年11月2日，联合国教科文组织（UNESCO）在其位于巴黎的总部召开了第31届大会。在此次大会上，《世界文化多样性宣言》（下简称《宣言》）得以通过。该《宣言》指出，对于人类社会而言，文化的多样性至关重要，这就像维持生态系统的平衡必须保证生物的多样性一样，文化多样性对人类也必不可少。在此《宣言》的基础上，第33届联合国教科文组织大会于2005年10月进一步通过了《保护和促进文化表现形式多样性公约》（下简称《公约》）。《公约》指出：文化多样性是人类社会的基本特征，也是人类文明进步的重要动力。

世界文化名城的建设目标，就包括了人口结构的多样性和文化生活的多元性。以伦敦为例，种族和文化方面的多样性使它成为一座独具魅力的国际大都市。在伦敦，人们可以找到各种的宗教、人群、语言因子。目前，伦敦约有800万城市人口。其中，海外族裔的总数超过了200万人。在伦敦，有着200个以上的不同族群，他们共同生活在这座古老城市里，平时生活中，却使用着约300种语言进行交流沟通。伦敦最新的人口普查数据表明，传统的英国白人已经不再是伦敦城市人口的主要构成。在现在的伦敦市民中，祖上是英格兰、苏格兰、威尔士人的白人后裔仅仅占到45%，不到伦敦城市人口的一半。同时，从出生地来看，还有37%的伦敦人都是在英国以外出生的。这些数据足以说明，伦敦的城市人口结构已经越来越多样化了。另外，伦敦发展促进署的统计数据表明，仅在2011年一年，伦敦的留学生人数呈现出爆发性增长的态势，留学生人数达到了10万余人，较此前增长了将近5%，增幅、增速均超过了纽约、墨尔本和悉尼等留学生人数较多的城市，位居全球首位。目前，伦敦当地学生总人数的25%以上都是外来的留学生。而伦敦一座城市的留学生人数也占到了英国全体留学生人数的近四分之一。这些国际学生的到来，既为伦敦带来了大量的人才、人力资源，为这座城市带来了每年25亿英镑以上的丰厚收入，同时也大大增强了伦敦城市文化的多样性。文化多样性存在、发展的前提和核心是对价值观多样性的尊崇。世界文化名城在自己的发展过程中体会到应该尊重文化的多样性，求同存异、借鉴共享才是发展自身文化的长久动力，也是实现文化繁荣的必要条件。

5. 文化影响力

世界文化名城的文化特征，还表现为它对周边地区和全世界经济社会文化发展的影响力与控制力。城市文化的集聚程度、城市文化的创新能力以及城市文化的辐射效力共同决定了世界文化名城的影响力。与此同时，城市在经济层面的辐射力、影响力则主要表现为对市场的占有率，表现为商品、资本和技术输出。一座城市之所以能在文化层面上不断保持巨大的影响力，辐射周边的城市和地区，主要是因为它拥有大量具有创造力和影响力的文化人。由他们创造的文化产品、文化商品在传播活动与贸易活动成为其他地区和城市受众追求、仿效的对象，进而深刻影响着相关城市居民的行为方式、生活方式，最终产生思想观念、价值情感方面的认同，由此实现城市文化的跨区域传播。例如，纽约是美国的新闻报刊出版业首屈一指的中心城市。同时，它也是全球新闻报刊出版行业的中心城市，世界上最有影响力的报纸——《纽约时报》，世界财经领域的权威性报纸——《华尔街日报》，都在这里发行。通过发行这两种报纸，美国人倡导的社会观念和经济导向对全球的读者持续产生着影响。在纽约出版的《时代》《美国新闻与世界报道》和《新闻周刊》三大期刊，是全球新闻期刊中的佼佼者，它们共同将纽约打造成了国际新闻行业的高地。与此同时，纽约还出版了《纽约时报书评》《纽约客》等文化类的刊物，它们及时向美国人以及世界上众多英语国家读者传递着关于美国文学、艺术及思潮研究方面的最新动态。不仅如此，纽约当地还发行有1000种以上的世界其他国家及地区的报刊，这些因素使纽约成为世界思想文化新潮流和世界经济文化发展走向的"晴雨表"。

（二）世界文化名城的城市特征

世界文化名城的文化特征在吸引力、创造力、参与性、多元性、影响力等层面得到体现。而作为以文化扬名的世界城市，还因深厚的历史积淀、丰富的文化资源、独特的文化标志、发达的文化产业、活跃的文化氛围而表现出鲜明的城市特征。

1. 享誉世界的人类文明策祥地

英国著名的历史学家汤因比提出：文明是人类社会的一种高级形态，是在人类历史发展的晚近阶段才出现的一种现象。[①] 大约在6000年之前，最早的文明诞生。此后，先后有20多种文明经历起源、成长、衰落、解体和转型，仅有几种古老文明得以在历史长河中传衍下来，这些文明的发祥地在全球文化体系中具有特定的分量。例如，古希腊是西方历史的开源，西方文明的精神源泉，雅典则被称为"希腊的学校"。古代雅典高度重视道德、美学和智力教育，公民文化素养较高。雅典人在古希腊的哲学思想、历史、建筑、文学、戏剧、雕塑等诸多领域都做出了杰出贡献，涌现了苏格拉底、柏拉图、亚里士多德、希罗多德等哲学家和历史学家，以及欧里庇德斯、阿里斯托芬等艺术家，使古代雅典产生了强大的文化吸引力，不仅广泛影响了其他希腊城邦，也是西方文明的重要发祥地，在当时客观上承担了世界文化中心的功能。再如中国西安，是举世闻名的古都，是中华文明的发祥地，中华文化的杰出代表。西安是中国历史上最早对外开放的城市，西汉时期，以长安为起点，一条横跨亚欧大陆的文化交流主动脉——"丝绸之路"，将产自中国的丝绸、茶叶、瓷器等货物持续输送

---

① ［英］阿诺德·汤因比：《历史研究》，上海人民出版社2010年版。

到中亚、西亚乃至欧洲。①汉唐时期,"长安文化"代表着中华文化的主干,吸引了大批外国使节与朝拜者,中外音乐、舞蹈等艺术交融汇聚,西安成为中国与世界各国文化交流的中心。世界文化名城在某种意义上也是强势文明的产物,在历史上曾是世界文明的支配性空间单元,代表着最先进的文化,对世界文明发展产生重要影响。

2. 充满活力的多元文化交汇地

城市是物资、信息和人的交汇点。一个城市如果始终以开放的姿态面向全世界,不断吸引、会聚、容纳来自全世界各个国家的人,成为天南海北的人们"最容易相遇的地方",同时也是"多重文化相汇合的地方",②那么这个城市一定是世界文化名城。文化生活的多元化,以及文化的吸收、变化和发展能力,是衡量城市开放程度的重要指标,"包括工作语言的多语种化、对非本土文化的一视同仁,以及不同背景的居民对市政的参与度"③。在这些指标上的突出表现,可以保证社会文化的多元性、多样性。本土的或外来的人才会因城市文化的多样魅力而被吸引,进而留在该城市中,成为城市的建设者。所以,文化的多样性也是聚合人才的重要因素,也是世界城市提供高质量生活和工作环境的先决条件。世界文化名城具有世界文化的中心性。这种中心性总是体现在:相关城市很多都是具有强大文化吸引力的移民城市,它们以兼收并蓄的文化兼容性作为城市存续发展的文化基础,在其中形成一个跨越种族、宗教界限,具有多阶层、多元文化特征的包容性社会,从而"为文化发展提供了内在的丰富性和生长力"④。纽约的文化基础是美国多种族和多宗教移民,百老汇的歌舞剧、SOHO 的独立艺术家、画廊、大都会博物馆、《纽约时报》和演艺比赛等,树立了纽约多元文化的形象。伦敦是英国民族多元化程度最高的城市,居民来自世界各地,城市使用的语言超过 300 种,剧场超过 1000 个,艺术娱乐形式极为丰富。巴黎的外籍居民占城市总人口的 20%,有剧场 125 个,艺术厅 200 多个,娱乐基地 10 余个。通过对全球文化的非地域化和重新地域化,世界文化名城市形成丰富多彩的文化环境,建立了特色文化形象和品牌。

---

① 蒯大申:《探索世界文化城市形成之谜》,《解放日报》2004 年 11 月 14 日。
② [美] 萨斯基亚·萨森:《全球化及其不满》,包亚明主编,李纯一译,上海书店出版社 2011 年版。
③ 诸大建、王红兵:《构建创意城市——21 世纪上海城市发展的核心价值》,《城市规划学刊》2007 年第 3 期。
④ 张剑涛:《怎样才能成为世界文化中心城市》,《中国经济导报》2016 年 9 月 21 日。

3. 彰显个性的文化魅力展示地

许多闻名全球的文化城市，人口、规模、经济实力都比不上高等级的世界城市，但却以其影响世界的文化艺术创造力，形成了独树一帜的文化特质和城市品格，确立了在世界城市网络中的文化声誉和城市地位。奥地利多瑙河畔的维也纳在人口、规模和经济实力上并不突出，但却是享誉全球的文化名城，是奏响天籁的世界"音乐之都"。莫扎特、施特劳斯以及舒伯特等著名的音乐家都曾在这里度过他们的艺术生涯，博物馆还保留着他们的手迹和创作的乐谱。维也纳歌剧院的金色大厅，是世界歌剧音乐的象征。此外，精神分析学家弗洛伊德，哲学家维特根斯坦、卡尔·波普，经济学家哈耶克、熊彼特，文学家茨威格等世界思想先驱都曾经聚集在维也纳，为这座城市增添了灿烂的文化艺术光辉。德国的法兰克福是大文豪歌德的故乡，在20世纪前半叶，曾经是全球思想界的重镇，聚集了霍克海默、本雅明、阿多诺、马尔库塞、哈贝马斯等一批最具创建和批判精神的有识之士，其影响遍及欧洲乃至整个世界。此外，法兰克福也是世界图书业的中心，每年的国际图书博览会，吸引全球100多个国家和数千家出版商，参观者超过30万人，是全球图书出版盛会。这些城市独特的文化风尚和文化精神，在某一个方面占据全球文化活动的制高点，当之无愧地成为世界文化名城。

第二节 城市转型的文化驱动机制

如果说城市发展的历史就是城市转型的历史，文化发展水平则反映了城市转型的质量。外延扩张式的城市化过程，使城市出现了增长乏力、物质空间冷漠、归属感无依、感染力衰落等文化危机，各类矛盾高度集中、异常激烈。在此背景下，"以文化城""以文化人"被视为一种改变城市困境的范式和话语。从全球实践来看，文化已成为驱策城市转型的一种动力，文化资源、文化资产、文化资本被广泛运用于城市经济增长、社会活力营建和城市形象提振。文化成为城市转型的最终解释变量，一方面体现了城市主体的需求变化和解决问题方式的选择，另一方面又潜在制约和影响着城市的资源配置、制度安排和财富创造。对于一个城市来说，文化既内化为市民的价值观念和行为规范，又外化为一系列城市人工产品的基本标准和表现形式，决定了城市社会结构和组织形态。文化具有民族性、地域性和时代性，不同城市、不同时代，人们的价值观、行为方式和集体人格也不同，表现出明显的时空差异。城市文化通过作用于城市经济、社会、空间三维系统，驱动城市经济增长质量改善、社会网络弹性增强、空间格局形态优化，使其协调运行而实现城市的可持续发展。

一 改善经济增长质量

文化与经济相互介入是世界城市经济发展的共同趋势。文化要素的融入催生以文化创意产业为核心的文化经济，突出文化资源和文化财富的资本性意义，以及文化在消费中的共识符号价值，通过跨界融合提升经济增长质量，促进绿色增长方式的建构和城市经济动能的更新，实现环境的可持续、文化的可持续和经济的可持续。

（一）文化创意：建构绿色低碳增长方式

文化经济学是文化学与经济学相互渗透而成的交叉学科，英国学者约翰·罗斯金（John Ruskin）和威廉·莫里斯（William Morris）倡导的艺术理论，反对实用主义经济学，推崇"创造力的人类劳动"[①] 以及"人性化劳动""生活艺术化"的艺术经济学。[②] 现代城市理论先驱格迪斯（Patrick Geddes）和芒福德（Lewis Mumford）则将其思想引入城市研究，强调"地域环境的潜力和限度对于地方经济体系的影响"[③]，分析"重建城市以实现人类消费和创造性活动"[④]，自此文化与经济关系的研究更加关注生活与环境。美国城市经济学家雅各布斯（Jacobs Jane）则认为城市经济因创新而不断增长，"居于首要地位的是富有创造性和发展潜力的城市地方经济"[⑤]，并将擅长创新和革新的城市称为"创意城市"。此后，文化创意产业在全球勃兴，赋予城市可持续发展新的生命力。

文化创意产业兴起于20世纪末的欧洲，在消费社会和知识经济背景下，迅速成为现代城市广泛存在的一种新产业形态，在城市经济和就业增长、产业结构优化、城市功能转型、空间形态重塑等方面有着特殊的意义和作用。"文化创意产业以人的创造力为核心、满足人的精神文化需求，体现了文化艺术在推进城市从工业经济向知识经济转型中的推动作用。区别于土地、劳动力、资本等工业经济核心要素，文化创意指人的创造力、

---

① ［英］约翰·罗斯金：《建筑的七盏明灯》，谷意译，山东画报出版社2012年版。
② Gary L. Aho, William Morris, *A Reference Guide*, K. G. Hall & Co, 1985.
③ ［英］帕特里克·格迪斯：《进化中的城市：城市规划与城市研究导论》，李浩、吴骏莲、叶冬青、马克尼译，中国建筑工业出版社2012年版。
④ ［美］Lewis Mumford, *The Culture of Cities*, New York: Harvest Book, 1938, pp. 10–30.
⑤ ［美］简·雅各布斯：《城市经济》，项婷婷译，中信出版社2007年版，第155页。

技能和才华等非物质资源，具有独特性、可传承性、非磨损性、流动性、共享性和无限增值性，通过知识产权的有形化，文化创意成为可再生的、取之不尽、用之不竭的可持续资源。"① 文化创意产业具有广泛的文化属性，利用高新技术创新文化生产方式，就业吸纳能力强，社会和市场需求潜力大，与绿色增长方式的总体方略高度契合。因此，"现代城市是创意经济可持续发展的基础，创意经济是现代城市可持续经济的高级形态"②。文化创意产业以文化创意的优势弥补自然资源能源的短缺，有助于克服工业化带来的城市问题，降低城市经济增长对自然资源的依赖性，对环境的胁迫性，为城市经济提供了一条适应性更强、更具包容性的可持续发展的路径。

(二) 跨界融合：更新城市经济动能

"城市转型的核心是建构符合城市发展规律的新产业结构和经济发展模式。"③ 文化要素的融入，有助于激发新型的产业和行业，提升经济的竞争力和形成创造性的商业模式。"一切由创意和创新带来的效率改进，通常体现在全要素生产率这个部分。"④ "文化创意产业通过提高微观生产效率、引导资源重新配置、优化人力资本结构、驱动消费需求升级，提升全要素生产率，从根本上促进城市经济的增长与转型。"⑤ 因此，"依赖人的创造力和现代技术等战略资源，创新型产业逐渐取代常规资源依赖型产业成为主导产业"⑥，城市经济由粗放增长向集约增长、数量型增长向质量型增长转变。

将文化创意元素融入三次产业，能够获得资源重新配置效率，增加传统产业附加值，催生新业态、新产业、新模式。一方面，文化创意在产业交叉领域进行创新活动，使不同行业的相融关系得到强化，"传统产业之间原本分离的技术边界、业务边界、市场边界和运营边界逐渐弱化"⑦，出现产业跨界融合；另一方面，文化创意向其他产业扩散延伸，突破不同产业或同一产业内部多个行业边界，从既有产业中裂变出独立的产业部门。如文化创意产业与传统农业融合催生农业旅游，从制造业中分离出来的设

---

① 尹宏：《创意经济：城市可持续发展的高级形态》，《青海社会科学》2007年第1期。
② 尹宏：《现代城市创意经济发展研究》，中国经济出版社2009年版，第1—2页。
③ 尹宏：《发展文化创意产业 促进城市经济转型》，《宏观经济管理》2016年第3期。
④ 魏后凯：《论中国城市转型战略》，《城市区域规划研究》2011年第1期。
⑤ 尹宏：《发展文化创意产业 促进城市经济转型》，《宏观经济管理》2016年第3期。
⑥ 尹宏：《现代城市创意经济简论》，《城市问题》2007年第8期。
⑦ 尹宏、王苹：《创意设计促进文化产业与实体经济融合》，《西南民族大学学报》2016年第6期。

计业、广告业、咨询服务业等，满足新的市场需求，带动新兴的经济活动和产业部门发展，提高产业分工的复杂程度，促进城市产业内涵式升级。

二　增强社会网络弹性

城市转型本质上是一个社会文明进化的过程。国际经验表明，工业化在创造大量物质财富的同时也造成许多社会问题。无论是发达国家还是发展中国家，许多城市都普遍面临文化疏离、贫富差距大、活力不足等问题。文化最具文明标志性和社会价值性，以文化发展的方式化解城市价值观、社会道德、生活方式等危机，能够塑造市民的价值观念、行为方式、集体人格，缓解"城市病"带来的社会矛盾，提高社会网络弹性，以软力量推动城市从原来的发展轨道平稳进入新的发展轨道。

（一）价值观念：国际化与地方性的平衡

文化与城市具有共生性，城市是文化的"培养基"和"容器"，[1] 文化具有价值引导功能，城市特质的内核就是一个城市独特的地域文化。"文化往往是一种具有鲜明地方特征的现象，因此这些地方特征有助于区分不同的地点。"[2] 地域文化的难以复制性使城市得以辨识和相互区别。一个城市保持对文化的敏锐感，通过建立和完善基础设施、理念精神、文化传统、历史特征、制度管理、标识形象等城市文化系统，对独特的价值观念、生活方式和风俗习惯善加维持，规范和指导市民的思想、行为，如此才能在国际化导向与地方特色之间保持平衡。城市文化获得民众认同，能够将价值规范内化于心、外化于行，增强社会团结意识和市民自豪感，降低犯罪率。

文化具有社会整合功能，"文化是城市发展中具有渗透性、贯通性和提升性的独特元素和对象"[3]，把文化放在城市发展战略的中心地位，从文化的视角评估和定位城市的目标、角色和功能，以文化的思维对城市的各种资源、力量和潜能进行重新配置与整合，能够创造丰富的联想和认同感，将公众注意力引向城市自身的独特性上，形成城市功能跃升的合力。21世纪初，许多世界城市纷纷发布文化宣言，如伦敦颁布了《伦敦市长文

---

[1] ［美］刘易斯·芒福德：《城市发展史——起源、演变和前景》，宋俊岭、倪文彦译，中国建筑工业出版社2004年版。

[2] ［美］艾伦·斯科特：《城市文化经济学》，董树宝等译，中国人民大学出版社2010年版，第5—6、14页。

[3] 宇文利：《包容与城市文化多样性》，中青年社科理论人才"百人工程"学者论坛2011会议论文，2011年。

化战略》,打造"酷城市";新加坡颁布了《文艺复兴城市规划》,建设"文化艺术全球城市",突出文化的"识别度",成功实现了城市品质的推升,提高了国际关注度。

(二)行为方式:传统特质与创新活力的保持

文化的吸张性,决定了城市的包容性和多样性。城市为人类交往提供了文化交流的场所,城市的形成过程本质上是一个文化包容、接纳、创新的过程,从而保持和发展了人们的相互关系。"城市在其起源上就是文化融合的结果,其发展方向也必将沿着文化交汇的方向进行。"① 一个城市的文化总是由不同属性和种类的文化相互渗透凝练而成,既与城市的历史、文化传统息息相关,也离不开外来文化的碰撞和交流。在这个过程中,最适合城市发展的文化传统得以承继和延续,城市状态和文化形态得到丰富和更新。"大城市从来就是各种民族、各种文化相互混合、相互作用的大熔炉……新的种族、新的文化、新的社会形态就是从这些相互作用中产生出来的。"② 历史证明,以文化排斥、文化消除、文化清洗代替文化共存、文化互鉴,一定会导致文化的阻隔和窒息,城市生命力的减退。

文化多样性使城市具有包容特质,容纳新奇的观念、宽容事业的失败、尊重独特的生活方式,吸引来自不同领域、有着不同文化背景的人群的跨界、跨文化交流与合作,优化城市的社会阶层结构并保持活力。作为全球化与地方性要素结合的重要单元,世界城市更加注重"社会文化生活的开放性与多样性,以缓解由于全球要素快速流动带来的社会'碎片化'问题和矛盾"③,保持城市活力。

(三)集体人格:公共品与发展机会的共享

文化既是城市发展的财富,又是城市发展的资本。文化具有社会属性,是"一种社会现象",决定了市民精神和集体人格。文化公共品有助于城市精神财富的分享和传播。城市形成之初,人们就自觉形成了参与文化生产并共享文化成果的意识。文化公共品本质上是精神消费品,具有外部效应急剧放大、文化积累、文明传承和群体共享性等特征。与所有的公共品相同,文化公共品也具有消费的非竞争性和非排他性。文化公共品的供给能力也是城市软实力的一个重要标志,体现了市民的文化素养和城市

---

① [美]刘易斯·芒福德:《城市发展史——起源、演变和前景》,宋俊岭、倪文彦译,中国建筑工业出版社2004年版,第28页。
② [美]R.E.帕克、E.N.伯吉斯、R.D.麦肯齐:《城市社会学》,宋俊岭、吴建华、王登斌译,华夏出版社1987年版,第28页。
③ 尹宏:《创意经济促进现代城市转型的机理和路径》,《社会科学家》2015年第6期。

的文化创造力。

文化有助于提高城市人口就业弹性,提高贫困人群的社会和经济地位。世界城市的实践证明了文化创意对就业增长的突出贡献,文化创意产业作为市场化的行业,相当多的行业是私营企业为主,不仅带来城市就业的增加,"有些还产生了'雇佣替代'效果,即文化创意产业部门吸收或弥补了制造业转移带来的就业问题和雇佣不足"[1]。特别是文化创意产业中小微企业和个人业主占了主导地位,对创造和增加就业岗位,提升人们收入大有裨益。

三 重塑城市空间形态

城市空间形态构成了城市面貌,是一个城市最直观的视觉表达。"城市面貌是城市外在形象与精神内质的有机统一,是一个城市的物质生活、文化传统、地理环境等诸多因素综合作用的产物。"[2] 美国城市学家萨森认为,从世界城市的发展趋势看,城市形态从工业化向后工业化转型。具备现代化、国际化的基础设施和服务之后,城市形态由标准化向差异化转变,由低级审美向高级审美演进,历史特征和地域文化成为提升城市品质和全球识别度的关键。将文化作为空间修补的基础要素,能够突出城市的历史特征和时代价值,延续城市空间的地域特色,实现历史文化保护与城市功能更新的有机结合,驱动城市形态总体上由工业化向人本化转型。

(一)特色化:强化地方性认识

综观国内外城市化进程,主要经历了大拆大建、旧城改造、城市更新三个阶段,因模仿照搬、求新求异,导致传统文脉被割裂、社区邻里被解体、城市记忆消失,许多城市面临文脉危机、特色危机、形象危机。文化资源本身既有社会价值,又有经济价值。对城市历史文化环境的保护和更新,一方面,可以通过历史环境的商业化带动经济发展,为居民创造出更多的就业岗位、更高的收入和更适宜的生活环境;另一方面,能够强化社会网络的吸引力和凝聚力,提升公众对地方文化的认同感,在改善生活品质的同时,实现文化传统和社会习俗的延续。

以文化建立本土维度与全球维度的联系。文化和城市彼此共生。由于地理条件、资源禀赋、地域文化的不同,不同城市的建城历史和资源特色具有天然的异质性。将文化贯穿城市规划过程,根据城市特色寻求适合自

---

[1] 刘平:《文化创意驱动城市转型发展的模式及作用机制》,《社会科学》2012年第7期。
[2] 赵蓓蓓:《城市需要个性和魅力》,《人民日报》2007年10月21日。

身的个性化定位，新建物质载体和空间兼顾功能性和意象性，才有可能建立鲜明的、有竞争力的城市品牌。城市文化建设无论具体目标的差异，都可遵循相似的原则：（1）形成积极进取的社会价值观，推动不同社会阶层和群体之间的多元价值的理解和融合；（2）推动旅游、创意、演艺、会展、影视、娱乐、出版、休闲等文化相关产业的发展，带动经济发展；（3）使城市物质空间和环境在功能合理的基础上，能够有鲜明的个性特征；（4）提升个人、家庭、社区、社会的素养和生活品质，追求文化上的可持续发展；（5）形成城市鲜明的品牌形象，对游客和人才形成吸引力，成为社会经济发展的基础要素之一。

（二）美学化：强化公共空间审美

将文化审美意识融入公共空间，能够密切人与公共空间的联系。公共空间的整体印象以及使人产生的审美感知，是一个城市人与空间关系是否和谐的重要评判标准。审美价值是客体能够满足主体的审美需要、引起主体愉悦感受的某种属性。公共空间的审美性有助于吸引创意人士。将文化审美意识融入城市公共空间，可以提升公众的文化意识，推动多元文化的发展和融合。知识经济背景下，城市社会阶层结构变动分化，出现了以创造力人才、社群为主导的"创意阶层"。作为新型的城市使用者，创意人群以智力密集、创意密集和技术密集为主要特征，对城市空间的人文意蕴有着内在的需求。将文化的审美属性和符号属性广泛渗透到物质空间，使创造性人群对空间的文化需求得以伸张，带来城市对创意人群吸引力的提升，形成文化创意生态。

城市居民的生活质量高度依赖于城市公共空间的品质和开放程度。将文化审美意识融入公共空间，能够提升城市空间的文化依托和审美价值，丰富群体交流融合的精神媒介，使人与公共空间的联系更加紧密。世界城市都高度重视文化元素在城市空间的符号表达，"不论是罗马、雅典还是柏林，为了一堵旧城墙、一座破教堂、一条老街道，都可能不计成本地加以保存修复，为的是保留传统的气质和历史的氛围"[①]。2008年，新一轮伦敦规划《规划更美好的伦敦》出台，张弛有度的城市肌理、宜人的步行环境，以及如珍珠般散落在伦敦街头的博物馆、艺术馆、戏院相互交织，形成了梦幻般的城市空间，凸显了城市形态的文化特色。

（三）共情化：强化建筑的可意象性

文化具有审美属性，融入物质空间对视觉感知具有美化作用。强化城

---

① 蒯大申：《世界文化中心城市何以可能》，《社会观察》2004年第1期。

市环境的文化表现力能够树立城市形象和发展旅游业。"城市形象是城市物质水平、文化品质和市民素质的综合体现。它表现出每个城市过去的丰富历程，也体现着城市未来的追求和发展方向。"① "美好的城市形象不仅可以实现人们对城市景观的追求和丰富形象的体验，而且可以唤起市民的归属感、荣誉感和责任感。"② 在中国城市化进程中，由于在意识形态、文化传统、艺术观念等方面的巨大差异，城市空间形象一度被"妖化"，破坏了原有的城市尺度和轮廓线，削弱了城市的文化特征。在城市品牌形象上，普遍存在粗制滥造、缺乏创意和低俗雷人的倾向，失去了城市独特的文化魅力。

公共空间是人们感知或享受城市最重要的物质依托，也是市民和外来者心中拥有的共同印象。凯文·林奇在其《城市意象》一书中定义了"可意象性"，"即有形物体中蕴含的，对于任何观察者都很有可能唤起强烈意象的特性"。③ 整体生动的物质环境能够形成清晰的意象，美丽的城市环境是独特而不寻常的，不仅可区别、可识别，更能为使用者提供实用的或是情感的意蕴，文化则是其中不可或缺的元素。通过将文化创意融入城市规划设计、建筑空间设计、环境设计，创造出独具审美意象的标志性建筑物、城市公共品，塑造高质量、高品位的生活空间，构建美好的城市视觉生态，能够降低增长带来的物质空间冷漠和文化疏离感，营造令人愉悦的工作、生活、休闲环境，有助于提升市民的自豪感、吸引外来游客，已经成为世界城市塑造城市活力形象的有效途径。

第三节 文化与城市的互动关系

从城市功能、运行机制和发展环境的演进来看，世界城市的发展过程就是城市经济、社会、空间的解构和重构过程。在世界城市理性逐利的过程中，普遍遭遇了环境危机、物质空间冷漠、归属感缺失等各种城市病态，被迫寻求新的驱动力和发展模式，城市战略方向的选择变得更为复杂。彼时文化对于改善城市生存环境、生活品质、城市形象等的独特作用，不仅在城市经济复苏中发挥主动力作用，更成为世界城市破解各种挑

---

① 中国文物学会传统建筑园林委员会主编：《中国古建园林三十年》，天津大学出版社2014年版。
② 单霁翔：《从功能城市走向文化城市》，《中国文物报》2007年11月18日。
③ [美] 凯文·林奇：《城市意象》，方益萍、何晓军译，华夏出版社2009年版，第5页。

战的包容性路径。无论是成熟的世界城市还是正在崛起的世界城市,均呈现出以文化推动城市转型跃升的轨迹,在世界城市的未来图景中,文化仍将扮演不可替代的角色。

一 文化创新与城市经济互促共进

国际金融危机十年之后,世界经济形势和结构正在发生根本性转变,需求和消费力成为制约经济增长的主要矛盾,互联网、数字经济、人工智能飞速发展,消费者日益渴望更多的选择和更快的迭代,后福特①(Post-fordism)模式深化速率加快。一些城市已经在思考发展"经济软实力",实则是将文化发展作为撬动城市经济的重要抓手。例如,台北企业也通过产品设计、宣传在欧洲展示中华文化,辅助了中华文化的对外输出。

一是文化科技融合创新。"以'再工业化'(Reindustrialization)为核心的经济实体化和产业异质化"②,要求世界城市持续"创新速度革命"和"创造性毁灭",维持对价值链高端的控制。世界城市功能竞争的重心从流量枢纽转向创新中心,科技创新、文化创意能够充分集聚和利用城市的各种潜能,被视为城市经济可持续发展主要动力。如伦敦大力推广"高科技城市"(Tech City)、"智慧伦敦"(Smart London),吸引数字科技类和文化创意类小微企业在伦敦东部形成新兴产业集群,提升城市对于新的技术、环境和经济挑战的理解和应对能力,使伦敦成为更好的生活和工作城市。

二是以文化创造增量财富。文化为世界城市增添了巨大的价值,很多时候这种价值是以非货币的形式存在的,主要是文化体验,也有对周边地区的带动。文化创造和放大财富最明显的印证莫过于通过旅游业的发展对城市经济财富产生贡献。全球旅游的1/3以上是以文化体验为主要目的的休闲活动。例如,伦敦每年文化游客就花费73亿英镑(约合110亿美元)。这需要保证文化供给的数量和质量,以吸引游客到来、停留,而不是去别的地方。

三是吸引创新型人才。在全球市场中,仅仅有一个好工作是不能满足现代人的需求的,越来越多的人才都渴望拥有多姿多彩的城市生活经历和都市文化体验。他们喜欢过各种节日、穿行于各类俱乐部和艺术画廊、喜

---

① 后福特主义:是指以满足个性化需求为目的,以信息和通信技术为基础,生产过程和劳动关系都具有灵活性(弹性)的生产模式。20世纪70年代中期,支持福特模式扩展的条件转向对发展的限制,福特主义的累积过程停滞。
② 尹宏:《创意经济促进现代城市转型的机理和路径》,《社会科学家》2015年第6期。

欢吃很棒的食物、会见有趣的人，这对城市创新创意的发展至关重要。

二 以文化多样性弥合"城市鸿沟"

作为全球文化与地方性要素结合的重要单元，世界城市的实践表明，"社会文化生活的开放性与多样性，可以缓解由于全球要素快速流动带来的社会'碎片化'问题和矛盾"①。2000年，联合国人居署提出"包容性城市"的概念，其核心是弥合城市鸿沟，实现城市是"所有人的城市"。随着联合国教科文组织推动"文化多样性"②的保护和发展，以文化多样性为城市特质、丰富多元文化载体、保持文化活力，成为世界城市文化发展的主流趋势。如百老汇的剧院区，已经成为一个繁荣的文化区域，这些文化单元是组成包容性和创新型城市的基本要素。尽管多元化和多样性是文化的重要特质，但是文化的多元和多样会在很大程度上威胁到本土文化的生存与发展。首尔就有这样的隐忧，其正将自己变成一个多元文化社会，但也有越来越多的本土文化在这一过程中被改变和消失；类似的情况在多伦多也存在，并被称为"多伦多的巴尔干化"（即文化的碎片化）。要避免这一点就要做到很好地平衡传统与现代的关系，或当地与全球的关系。

文化可以以迥异的发展方式来应对城市人口增长及其所带来的文化多样性的挑战，怀旧文化通常被用来加强城市的历史身份（如伊斯坦布尔），当代文化则成为现代城市的代言的一种表达（如纽约）。有时候多元化文化也未必导致本土文化的丧失，比较典型的例子是新加坡，作为多种族聚居和多元文化共生反而成为新加坡的文化特色，从而产生出一种共同的新加坡人的认同感。包容性文化规划可以帮助城市保持其独特的品质，这要求改善型项目应多于设计型项目。新建项目好听的名字和宏大的建造计划可能会产生很好的头条新闻，但往往疏远群众和执行乏力。与此相反的例证是，一些忽略多样性文化的城市依然有着独特的魅力，最典型的例子是维也纳。维也纳是一个具有悠久音乐历史和传统的城市，但它往往被定义为"资产阶级的""有名望的"和"昂贵的"，这种文化在一定程度上是具有很高排他性的。因此，坚守传统反而成为这些城市文化制胜的法宝。

---

① 尹宏：《创意经济促进现代城市转型的机理和路径》，《社会科学家》2015年第6期。
② 文化多样性：指各群体和社会借以表现其文化的多种不同形式。

三 以文化发展破解"城市病"挑战

越来越多的城市因为经济增长和人口增长而被认为是成功的城市，高速增长对基础设施、社会系统和环境造成的压力，使世界城市面临社会不平等、不安全风险、水资源短缺和绿色空间不足等持续挑战和新兴挑战，在相当长的一段时期影响城市的文化归属感，迫切需要调和城市"增长的机器"利益需求与"栖息地"情感需求之间的关系。住房需求的快速增长导致房价上涨，城市空间被挤压，用人成本激增，一些人被排除在城市生存门槛之外。城市也丧失了其能够继续成为"拥抱所有人的地方"的功能，城市灵魂出现缺失。尤其值得一提的是城市地产开发的高档化，迫使人们对土地价值上升的兴趣超过了发展艺术和文化生产，直接威胁到城市的创造力。香港、悉尼、伦敦、纽约都曾经遭遇过这样的情境，公寓逐渐取代工作室，银行家逐渐取代艺术家。根据预测，在2016—2019年的4年间，伦敦将失去约30%的现任艺术家的工作空间；而在2007—2015年的8年间，伦敦已经失去了35%的现场音乐表演场地。因此，并非发展中国家的城市，即便是纽约、伦敦这样的文化创意发达的大都市，仍然面临着经济增长带来文化衰退的巨大挑战。一些城市的领导层普遍认为，文化有助于解决世界城市面临的各种挑战，可以改善生活空间、连接人群，并支持公共领域的发展。

一是创造更环保的城市发展环境。随着城市继续成长，城市人口越来越多，各种资源分配都显紧张，迫切需要有效保护和利用自然、人文遗产，开发绿色空间，提供高品质生活环境和可持续发展条件。在自然方面，包括减少雨水径流和城市变暖；在社会方面，通过文化活动连接人。对原有功能区的保护性开发是创造更环保的城市发展环境的重要手段之一，墨尔本就曾经尝试过在最大限度保护花园、公园和其他绿色空间的基础上，避免低密度发展和城市蔓延；多伦多则更是将对工业遗址的利用发挥到极致。

二是保持城市文化活力。文化如何解决城市环境挑战，城市如何理解文化在公民生活、工作和娱乐方面的作用，文化和城市公民之间的联系是什么，这些都是城市活力保持需要解决的问题。对于全球瞩目的世界城市来说，文化活力是共有的DNA；对于成长中的世界城市来说，活泼的文化景象和繁忙的文化生活已经成为城市获取领先地位的必备元素。例如，巴黎受到保护的古建筑有3115座，拥有364个文化艺术和体育中心，体育设施437座,① 在世界城市中名列前茅。在以往对于文化环境的营造上,特别注重音乐厅、图书馆等文化基础设施的建造,而在未来,将重点支持非正式文化场景的空间开发,如生存成本低廉的工作区、酒吧和咖啡馆等。需要注意的是,城市必须持有放松对文化监管的态度,否则可能最终丧失城市文化。

三是以文化破解社会疏离感。有些城市建立了文化与健康和福祉之间的联系:例如,首尔成立了艺术文化基金会,通过特定的文化和艺术活动,辅助公民调节精神情绪,使其生活更加快乐和健康。遗憾的是,在现实中人们更多的还是以权和利为中心来体现城市的价值观,而非通过文化来衡量。

四 文化主线贯穿城市发展战略

为了可持续地实现经济增长和迎接挑战,一些世界城市纷纷将文化作为城市政策的主线来整合其他的政策领域,即以文化贯穿城市战略的全过程和全领域,文化不再是独立的,而是映射到城市经济、社会、政治、生态的各个方面。文化关乎和渗透到每个公民的基本生存需要,如住房、医疗卫生、教育和公共安全等。文化扮演起战略性和变革性角色,并与政策敏感地融合在一起,成为城市的战略主线与整合经济、社会、政治、生态的主要力量。

一是富有远见的城市文化战略。新加坡作为人口高度多样化的城市岛国,制定了"每个人都想来新加坡"的发展战略,特别致力于建设城市人才库,优化初创企业和创业者的生存环境,使新加坡成为一个同时受西方世界和东方世界欢迎的国度。为此,新加坡还鼓励多语言的文化交流环境,并在教育、应用和传播上建立起各种语言之间的"代码转换"机制。斯德哥尔摩作为世界上最宜居的城市之一,其在硬件和软件可用设施上要优于其他很多全球城市。但同时,它又是一个极具多元化的移民城市,加强城市内部联系是其发展的重要任务之一。为此,斯德哥尔摩的发展战略是通过文化规划"建设一个不仅宜居而且可爱的城市"。东京则充分利用其传统文化,致力于"向全世界呈现最好的城市"。作为一个拥有悠久历史的岛国城市,东京恰到好处地展现了日本的岛国文化,又尽可能多地吸收了西方的文化,在进一步接受和参与世界的同时保持独特和真实。东京自己将文化比喻成葡萄藤,强调传承,又在脉络上兼收并蓄。维也纳则提

---

① 白志刚:《巴黎的城市文化》,《前线》2000年第9期。

出让文化"可感知、可接受、可存疑、可讨论",其核心是"获取"和"参与"城市文化的核心部分(高雅艺术)。例如,儿童和年轻人可免费入场博物馆等公共文化设施;低收入者常年持有一些展览的文化通行证;定期举行大型露天文化活动,或者在社区进行舞台布置,进行小型文化表演。这些措施都旨在改善高文化产品报价可能产生的文化隔离,使维也纳有机会成为一座"全民艺术"的旗舰型文化城市。

二是文化引领城市规划。许多城市已经在城市规划制定上体现出文化的主线引领作用。阿姆斯特丹为了应对全球化和文化多元化的挑战,调整了城市规划思路,制定了"与全球保持共同心态"+"坚持本地真实性"的规划主线,并在空间上付诸实施,在城市北部和东南部开展适应文化多元化的"新艺术计划",在城市西部创造坚守本土元素的"新文化史诗"。首尔作为发展中国家城市的后起之秀,为了成为一个真正的世界城市,采取的规划策略是"接近和联系",即充分利用二战后的快速现代化成就(日新月异的基础设施建设、繁荣的经济发展、快速提高的居民收入等),建立区域—全球经济、文化联系通道,引领首尔进入全球盛世和盛事。

第三章 世界文化名城评价指标体系构建

　　世界文化名城评价研究的目的，在于比较世界城市文化发展的成效，反映世界城市文化发展的主流趋势，探寻不同城市增强城市可持续发展能力、提升国际社会显示度的文化着力点。世界文化名城的评价本质上是对世界城市文化发展水平的比较，需要确定评价指标体系和建立评价模型来实现。对世界城市文化发展水平进行比较分析和个案研究，有利于把握中国城市文化发展现状，发现问题，找出差距，更好推进社会主义文化强国建设。本章归纳世界文化名城的六大识别要素，在此基础上建立世界文化名城的评价模型，提出世界文化名城评价体系的构建原则，设计评价指标体系的总体架构，阐释评价指标的基本含义。

第一节 世界城市评价的文化维度

　　并非所有的城市都能成为文化城市，不同的城市产生不同的文化，城市文化决定着城市功能和形态的演进方向。进入后工业化阶段，世界城市的发展逐渐从中心性转向网络性，世界城市的评价维度不断丰富，文化成为衡量一个城市是否是世界城市的重要维度之一，以文化联结构建世界城市体系引起学界关注。

一　世界城市的文化功能

　　20世纪60年代以来，在全球化、信息化不断深化的背景下，学者们对世界城市的内涵和特点的认识不断深化。工业经济时代的世界城市突出国际经济中心地位，服务经济时代强调综合性服务能力，信息经济时代强调对全球信息网络资源的控制能力，世界城市网络化发展成为主流趋势。这就意味着，以单中心城市为主体形成的经济规模、服务能力、资源配置能力等既有优势，已不足以保持持续的竞争力。城市中心性的判别标准不再是其所掌控资源的多少，而是其集聚与扩散的要素质量与能力。"城市的价值与地位取决于其在要素流动中所发挥的作用和与其他城市的联系"①，联结全球城市网络的强度和密度，在世界城市等级评价中变得与其他条件同等重要。在这一背景下，以文化提升城市经济能级与活力，保持城市独特性和核心竞争优势，使城市维持和提升国际地位与影响力更具说服力。

世界城市普遍以文化作为核心战略之一，将文化发展融入城市整体架构，强化城市发展的内生驱动力，"将文化作为核心政策议题和发展机制，与环境、社会、经济等政策一起整合到城市战略规划之中"②。世界城市相继对各自城市的文化生态展开调研，在此基础上提出总体文化战略。尽管具体措施有所不同，但基本思路和立场趋于一致，即把文化多样性及其基础上的创造性发展作为城市文化战略的核心内容。世界城市的实践和理论演进表明，研究视角从城市规模向城市特质深化，从经济地位向文化地位延伸，从单一标准向综合标准拓展。由此，随着更多的中国城市进入全球价值链体系，与世界城市"进行经济、技术、社会、文化和政治互动"③，必然面临如何以"流动中心性"④ 建立城市关系。关注点从如何在世界经济发展格局中拥有硬实力，上升到如何在世界文化发展格局中提升软实力。（见表 3 – 1）

表 3 – 1　　　　　　　　　　世界城市内涵特征的演进

理论	代表学者	主要内容
国家城镇体系理论	Peter Hall（1966）	"全世界或大多数国家发生着全球性经济、政治、文化影响的国际一流大城市"⑤
世界体系理论	J. Friedmann（1986）	基于新国际劳动分工理论，主张"不同世界城市在国际经济秩序中的定位及承担的功能不同，世界城市之间存在一个复杂的等级体系"⑥。从经济、文化、国际交流及发展阶段等角度出发，首次建立世界城市等级体系

---

① 马学广、李贵才：《全球流动空间中的当代世界城市网络理论研究》，《经济地理》2011 年第 10 期。
② 廖志强等：《上海建设国际文化大都市的"文化 +"战略规划研究》，《城市规划学刊》2017 年第 S1 期。
③ 陈维民、李光全：《世界城市发展趋势和中国建设世界城市的意义》，《城市》2015 年第 10 期。
④ ［英］彼得·泰勒、［比利时］本·德鲁德：《世界城市网络：一项全球层面的城市分析》，江苏教育出版社 2018 年版。
⑤ Hall, P. Geoffrey, *The World Cities*, Weidenfeld and Nicolson, 1966.
⑥ J. Friedmann, "The World City Hypothesis", *Development and Change*, 1986, No. 17.

续表

理论	代表学者	主要内容
全球商品链理论	Hopkins & Wallerstein（1986）	主张在经济全球化背景下，城市应该"加强商品链的国际流动，充分利用国际外生资源，以更加开放的姿态融入世界经济体系"①
生产性服务理论	Saskia Sassen（1991）	强调跨国公司对世界经济秩序的影响，提出"信息时代下的全球城市"，主张"金融业、服务业、信息产业是评判世界城市的首要标准"②
流动空间理论	M. Castells（1996）	基于空间"流"理论，主张"每个城市在世界城市网络中都进行着信息、知识、货币、文化等'流'的交换"③，空间流量成为世界城市的另一个评判标准
城市竞争力理论	Kresl etc.（1999）	主张城市应"提高其国际竞争力以吸引全球生产要素等外部资源进行生产并提供就业"④
世界城市网络理论	P. Taylor（2018）	强调"国际化城市间的竞争、互补和协同关系"⑤，基于"中心流动理论"和"互锁网络模型"，对世界城市体系进行实证分析

资料来源：根据相关文献整理。

二 世界城市评价的文化标准

随着对世界城市功能内涵认识的深化，其评价标准也呈现动态变化。在全球化背景下，评价世界城市的基本思路是对全球经济的控制力，也可以理解为经济竞争力。20 世纪末，在网络化、信息化背景下，世界城市的功能被理解为从"控制中心"转向"世界的网络化节点或网络化的过程"，⑥ 强调城市建立网络化机制的能力。在可持续发展的视角下，世界城市凸显出新的问题，社会人文、生存环境、生活品质、城市形象等备受关注，成为影响全球流动性的重要因素。随着城市竞争机制的改变，人们对

---

① Hopkins T. K., Wallerstein I., "Commodity Chains in the World Economy Prior to 1800", *Rewiew*, Vol. 10, No. 1, 1986, pp. 157–170.
② S. Sassen, *The Global City: New York, London, Tokyo*, Princeton University Press, 1991.
③ Castells M., *The Rise of the Network Society*, Oxford: Blackwell, 1996.
④ Peter Karl Kresl, Balwant Singh, "Competitiveness and Urban Economy: Twenty-four Large US Metropolitan Areas", *Urban Studies*, Vol. 36, No. 5–6, 1999, pp. 1017–1027.
⑤ ［英］彼得·泰勒、［比利时］本·德鲁德：《世界城市网络：一项全球层面的城市分析》，江苏教育出版社 2018 年版。
⑥ ［美］曼纽尔·卡斯特：《网络社会的崛起》，夏铸九等译，社会科学文献出版社 2000 年版。

世界城市的评价思路进行了反思,并体现为世界城市等级评价的标准。全球城市领域的权威智库开始将文化因素作为评价世界城市的重要指标,全球化与世界城市研究网络①的"世界城市分级"(The World According to GaWC),文化指标在其评价体系中约占40%,科尔尼全球城市指数则把"文化体验"作为五大考核维度之一,日本"全球城市实力指数"(GPCI)也将文化作为六大评价维度之一。(见表3-2)

表3-2　　　　　　世界城市评价体系中的文化标准

代表学者或智库	评价思路	评价标准
彼得·霍尔 (Peter Hall, 1966)	对全世界或大多数国家产生全球性经济、政治、文化影响	"(1)主要的政治权力中心(2)国家的贸易中心(3)主要银行所在地和国家金融中心(4)各类专业人才聚集的中心(5)信息汇集和传播的地方(6)大的人口中心(7)娱乐业已成为重要的产业部门"②
弗里德曼 (John Friedmann, 1986)	对全球经济的控制力	"(1)主要的金融中心(2)跨国公司总部所在地(3)国际性机构所在地(4)商业部门(第三产业)高速增长(5)重要的制造中心(6)世界交通的重要枢纽(7)城市人口达到一定规模"③
全球化与世界城市研究网络(GaWC, 2000)	全球重要城市之间的相互经济联系,测量城市融入全球城市网络的程度	"(1)国际性、为人熟知(2)积极参与国际事务且具影响力(3)相当大的人口(4)重要的国际机场,作为国际航线的中心(5)先进的交通系统(6)亚洲城市要吸引外来投资,并设有相关的移民社区。西方城市要设有国际文化和社区(7)国际金融机构、律师事务所、公司总部(尤其是企业集团)和股票交易所,并对世界经济起关键作用(8)先进的通信设备,有助于跨国合作(9)蜚声国际的文化机构(10)浓厚的文化气息(11)强大而有影响力的媒体(12)强大的体育社群(13)在近海城市中,拥有大型且繁忙的港口"④

---

① 全球化与世界城市研究网络:Globalization and World Cities Study Group and Network,简称GaWC,由英国拉夫堡大学创建,是全球城市评价领域最为重要和权威的研究之一。自2000年起,GaWC发布"世界城市分级"(The World According to GaWC),将300多个城市分为Alpha、Beta、Gamma和Sufficency(+/-)四个大类,分别对应全球一线、二线、三线、四线城市,以测量一个城市融入全球城市网络的程度。
② Hall, P. Geoffrey, *The World Cities*, Weidenfeld and Nicolson, 1966.
③ J. Friedmann, "The World City Hypothesis", *Development and Change*, No. 17, 1986.
④ The World According to GaWC, 2020-3-10, https://www.lboro.ac.uk/gawc/group.html.

续表

代表学者或智库	评价思路	评价标准
美国外交政策杂志、科尔尼管理咨询公司《全球城市指数》（Global Cities Index，GCI，2008）	城市对全球市场、文化和创新力量的影响及其融合程度	"（1）商务活动，资本流动、市场动态和主要公司现状（2）人力资本，教育水平（3）信息交流，通过互联网和其他媒体来源获取信息（4）文化体验，各种体育赛事、博物馆和其他博览会（5）政治参与，政治事件、智库和使馆"①
东京墨里基金会的城市战略研究所《全球城市实力指数》（2008）	全球城市未来发展方向	"（1）经济（2）研究与发展（3）文化活动（4）新的内涵（5）生态和自然环境（6）容易接近的程度"②
普华永道《机遇之都》（2012）	通过跨领域、多维度的数据分析考察城市发展程度和未来机遇	"（1）改变世界的工具，智力资本和创新、技术成熟度以及城市作为全球枢纽应有的开放度（2）生活质量，反映城市内在及外在活力，交通运输、医院以及文化活力（3）经济影响力，商业和金融中心的表现"③

资料来源：根据相关文献资料整理。

从世界城市权威评价看，英国拉夫堡大学"全球化与世界城市研究小组与网络"（Globalization and World Cities Study Group and Network，GaWC），依据的世界城市网络理论，自2000年起，通过对全球重要城市之间的相互经济联系的定量研究，发布"世界城市分级"，将300多个城市分为Alpha、Beta、Gamma和Sufficiency（+/-）四个大类，分别对应全球一线、二线、三线、四线城市，以测量一个城市融入全球城市网络的程度，得到国际社会公认。在其13个主要评价依据中，文化领域达五个之多，包括国际文化和社区、蜚声国际的文化机构（如博物馆和大学）、浓厚的文化气息（如电影节、首映、热闹的音乐或剧院场所，交响乐团、歌剧团、美术馆和街头表演者）、强大而有影响力的媒体、强大的体育社群

---

① 《2019全球城市指数及最具潜力报告》（2019年6月16日），2020年3月10日，https：//www.sohu.com/a/320939046_376259。

② 金元浦、王林生：《北京世界城市与国家文化中心建设研究综述》，《北京联合大学学报》（人文社会科学版）2012年第10期。

③ 祝碧衡：《〈机遇之都〉系列报告之上篇：普华永道把脉全球30座经济和文化枢纽城市》（2014年2月24日），2020年6月22日，http：//www.istis.sh.cn/list/list.aspx?id=8155。

(如体育设施、本地联赛队伍,以及举办国际体育盛事的能力和经验)。此后,文化体验、文化活动等内容逐步纳入多个世界城市权威评价系统。这种从综合方面遴选、分析、评价世界城市的研究模式,在一定程度上弥补了全球化条件下淡化地域性的不足。

各类榜单排名显示,越来越多的中国城市进入世界城市行列,标志着中国城市连接世界城市网络的能力正不断上升。如美国外交政策杂志、科尔尼管理咨询公司(A. T. Kearney)2019 年发布的《全球城市指数》,中国共有 11 个城市进入全球城市前 100 名,26 个城市进入全球潜力城市前 100 名。世界城市的形成并非只有一种途径,重点是在互联互通的城市网络中发挥独有的作用,文化可能是连接地方与世界、平衡传统与现代最具包容性的路径。随着中国迈入新时代,将有更多的中国城市在世界城市体系中发挥支撑和引领作用,而全球性标准的衔接和创造是关键环节,其中最具优势的是城市文化,而最难界定的也是城市文化。时至今日,对世界文化名城评价进行探讨和研究,显得前所未有的迫切和重要。

第二节 世界文化名城评价模型与指标体系

评价是"评定价值"的简称,"即评价主体基于某种特定的目的角度,按照某种价值标准,对评价客体的属性进行定性及定量测定,并用以度量客体的行为过程"。[①] 价值则是评价主体对评价对象的认识(主观感受)和估计。因此,世界文化名城评价是指评价主体根据特定的评价指标,按照一定的程序,采取特定的评价方法,对世界文化名城进行价值评定。

一 世界文化名城评价模型

世界文化名城的评价必须建立在一定的理论模型基础上,理论模型的建构应基于世界文化名城的价值内涵,反映世界文化名城的主要特征和识别要素,才能形成具体指标所依赖的基本框架,进而把众多的评价指标组成一个有机整体。因此,评价结果必然带有一定的主观性。

(一)世界文化名城识别要素

基于对世界文化名城概念、特征和趋势的研究,以及相关评价指标体系的综述,可以进一步提炼世界文化名城的核心识别要素。这些要素是世

---

① 璐羽:《科技政策词汇》,中国标准出版社 2001 年版,第 80—81 页。

界文化名城区别于一般世界城市，成为世界城市高级形态的标志所在，也是综合评价世界文化名城文化发展水平的理论基点。

1. 丰富优质的文化资产

世界文化名城以文化为导向，文化资产是构筑整个城市文化体系，决定城市发展高度的基础性要素。与普通城市相比，世界文化名城凭借文化资产的庞大数量、优良品质为城市腾飞筑基。众多的世界自然遗产和世界文化遗产，世界级非物质文化遗产，享誉全球的文化遗迹，举世知名的文化景观，这些都是体现城市文化积淀的重要资源；同时，众多的国家博物馆，大型综合图书馆，顶级会议、展览场馆，大型体育赛事场馆，著名音乐演奏厅、剧院、电影院、文化公共体等，则是支撑城市文化发展的主要设施。这两类资产的数量，将影响城市文化的成长性，进而影响整个城市的未来发展。与文化资产数量同样重要的，是它们的质量，这将直接决定世界文化名城所能达到的高度。文化资源是否在世界上被普遍认可，是否得到国际权威组织机构的积极肯定，是否在一个广阔的空间范围内产生重大影响，文化设施是否现代化，在规模上、功能上、技术上是否达到世界顶级水平，将决定该城市能否承担推动全人类文化进步、促进多元文化交汇融合、彰显城市文化魅力的重任。

2. 高度聚集的文化要素

世界文化名城是高度发达、功能强大的世界城市，对各种文化要素具有普通城市无可比拟的吸收、整合能力，是文化要素荟萃聚集之地。世界文化名城拥有大量的文化专业研究、创作、推广人才，拥有众多的人才培养、培训学校，有深厚的知识储备和技术储备，有发达的信息交流网络，有充裕的研发资金保障和成熟的成果转化机制，能够持续产出高质量的文化产品、文艺作品，保证知识产权、文化技术专利等重大成果向此地汇聚，并通过高效的传播平台实现宣传推广。就文化要素的聚集程度考量，世界文化名城应该拥有大量的文化、艺术、体育学校及培训机构，能培养众多的相关专业学生，形成庞大的文化专业从业人口，不断创生的文化发明专利和文化知识产权，并通过遍及城市的知名媒体对本领域的成就进行广泛宣传。

3. 具有竞争力的文创经济

今天，几乎所有的城市领导者、管理者都已经意识到文创经济在城市发展中正扮演着越来越重要的角色。对于世界文化名城而言，以文化创意产业为主导，带动教育、文化、旅游、餐饮、休闲等产业协调发展而形成的文创经济，更是应对"城市病"挑战，破解城市二元结构，提升城市品质的重要驱动力。除此以外，世界文化名城想要在国际城市竞争中脱颖而出，更需要构建现代化、全体系的文化产业链，推动文创经济高速健康发展，以增强城市竞争力。当然，文创经济是一个非常庞大的体系，涉及艺术设计、工艺产品、文化展演、音乐绘画、影视动漫、广播出版、广告创意、休闲娱乐等诸多领域。在这个庞大的体系中，世界文化名城文创经济的综合竞争力主要体现在两个方面：一是强大的文化创意产品设计、创作、生产能力，二是突出的相关产品推广、传播、销售能力。这两项能力可以在城市知识产权高效创生、高效转化，文化产品国内、国际贸易量增大等不同层次得到生动的体现。

4. 广泛活跃的文化参与

世界文化名城位列世界城市前线，引领潮流、开风气之先，其文化活动（包括非营利性质的公益文化活动和基于市场的文化消费活动）丰富而活跃，充分彰显出时尚魅力和城市特色。在世界文化名城，市民会以更大的热情，积极地参与到公益性、消费性的教育、艺术、文学活动中，营造独属于这座城市的文化氛围，产生强大的文化魅力、文化吸引力，进而提升城市综合实力。这种参与性可以由若干更具体的要素构成：如众多的国际性文化展会、国际文化品牌节庆活动，市民积极参与大型音乐会、画展、比赛等大型文化活动，被高效利用的图书馆、艺术馆、电影院、博物馆，大量的城市志愿者，随处可见的、充满特色的餐厅、夜店、咖啡馆、茶馆、广场、公园、绿地等公共文化活动空间等。同时，世界文化名城居民文化消费支出金额应该在其家庭总支出中占据相当大的比重。这些要素共同构成了世界文化名城的文化活力。

5. 积极前瞻的文化战略

文化战略代表了领导者、管理者对城市未来发展的构想与规划，决定了一座城市是否具有全面、持续前进的动能。与普通世界城市相比，世界文化名城在发展战略的构建方面明显更具有引领性、前瞻性。它们更加关注文化在引导城市进步中的积极作用，更综合地考虑文化对城市全面发展、长期发展的影响，由此树立科学合理、充分体现文化价值的未来目标，并通过积极的文化愿景、高效的文化政策、卓越的文化项目、强力的文化投资，激发文化活力，为城市带来强劲澎湃的动力。

6. 富有感染力的文化形象

以文化资产、文化要素为基础，文化战略为引领，文化参与、文化经济为动力，世界文化名城最终将打造一个整体性、综合性的，极具感染力的文化形象。这种形象一部分是实体的：包括全球知名的城市文化地标,在国际上受到广泛关注的城市文化景观,被高度肯定的城市建筑风貌等。另一部分则是无形的声誉:比如拥有获得高美誉度的世界级文化品牌,获得国际权威机构认证的重大文化项目,获得享誉世界的文化城市名誉,拥有众多全球知名的文化、艺术、体育团体和具有国际影响力的文化、艺术、体育名人,与全世界其他城市保持高频、密切的文化交流等。

(二) 世界文化名城评价模型

基于对世界文化名城的内涵特征和识别要素的研究,本书提出"功能—声誉"评价模型。构建世界文化名城的评价体系,可把城市视为具有内部文化整体性和外部文化影响力的完整系统,多角度、多目标评价文化的创造、投入、运行、产出、影响等综合性行为。基于供给—消费、行为—价值视角,将文化的"功能"(Functions)和"声誉"(Reputation)作为审视世界文化名城的基本界面,综合评测文化在城市发展中所发挥的有利作用,以及文化为城市带来的正面印象和声望。文化功能指城市文化能够在经济、社会、城市建设中发挥重要作用,文化声誉指城市文化发展得到世界共同认可。文化功能和文化声誉是世界文化名城的一体两面,两者相互支撑、相互促进。

与现有的相关评价研究相比,本书首次将文化声誉视角融入世界文化名城评价。文化功能评价的是城市在文化保存展示、创新创造、生产消费、交流传播等方面的能力现状,是体现文化作用于城市转型的内生性指标;而文化声誉评价的是城市的文化识别度、知名度、美誉度现状,是体现城市文化影响社会公众的广度和深度的外显型指标。一个城市仅仅具有较强的文化功能,但缺乏全球的知晓和认同,总体上也难以进入世界文化名城行列。因此,对世界文化名城的比较评价,不仅要考察其文化功能水平,文化声誉水平也不可或缺。从"供给—需求"的视角,文化功能可聚焦到文化资产、文化要素、文化经济、文化氛围四个方面,既考察资源、要素、就业等文化供给水平,也兼顾参与者的规模、特点与活跃度等消费水平;从"行为—价值"视角,文化声誉可聚焦到文化战略、文化形象两个方面,既考察文化体制、政策、投资等运行行为,也兼顾品牌、战略、空间塑造等价值创造,形成世界文化名城综合评价的六大评价维度。

"功能—声誉"模型由六项指数构成,包括文化资产指数(Cultural Assets Index)、文化要素指数(Cultural Elements Index)、文化经济指数(Cultural Economy Index)、文化氛围指数(Cultural Atmosphere Index)、文

化治理指数（Cultural Governance Index）和文化形象指数（Cultural Image Index）。其中，世界文化名城的文化功能由文化资产指数（Cultural Assets Index）、文化要素指数（Cultural Elements Index）、文化经济指数（Cultural Economy Index）、文化氛围指数（Cultural Atmosphere Index）评价，文化声誉由文化战略指数（Cultural Strategy Index）、文化形象指数（Cultural Image Index）评价。六大指数是识别和衡量世界文化名城的量化工具，它们相互作用、互为支撑，共同构成世界文化名城评价体系。（见图3-1）

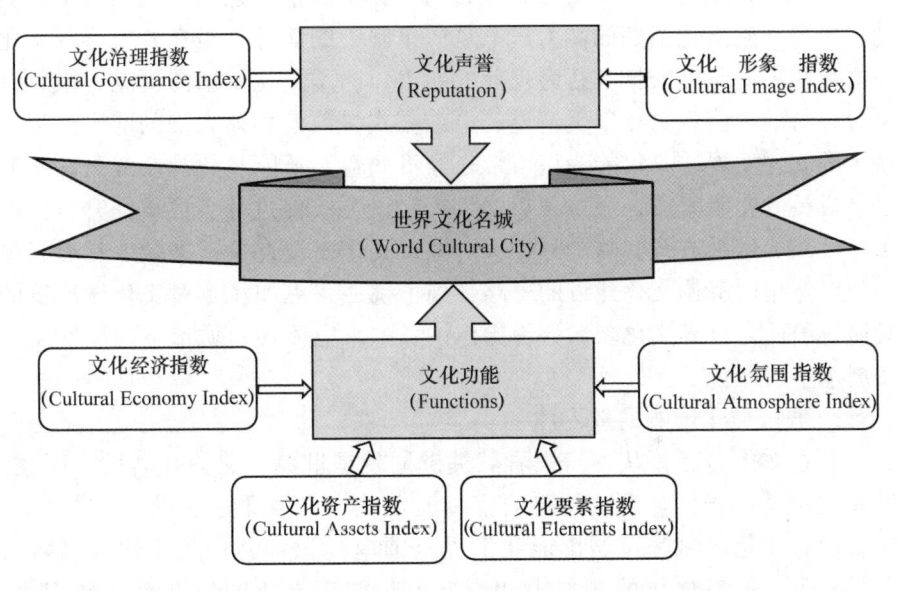

图3-1 世界文化名城"功能—声誉"评价模型框架

综上，对世界文化名城进行概括性评价，需要以"功能—声誉"模型为基础，在两大基本界面和六大评价维度的基础上，通过构建评价指标体系，运用统计学方法对各级指标数据进行系统处理，得出一个综合指数对世界文化名城建设进行整体衡量。

二 世界文化名城评价指标体系构建的原则

无论是城市的文化功能，还是世界知名度，要进行测度评价都是相当困难的。国内外相关理论研究和实践探索虽然取得了进展，但是对世界文化名城的评价尚未形成一套普遍接受的测度方法及指标体系，需要明确评价的要点和指标体系的构建原则。世界文化名城评价指标体系的设计，不仅要体现世界城市文化发展的主流趋势，更要从不同侧面观照世界城市的特点和文化发展的需要，力求较为全面和客观地反映世界文化名城的内涵和特征。

（一）评价要点

1. 城市文化发展的层次性

城市文化具有多样性和独特性，文化发展水平可从四个维度进行观察：一是文化器物的层累，指城市保护创造可触知的具有物质实体的文化事物、文化产品，吸引集聚流动性文化要素的能力；二是文化行为的生发，指吸引市民的日常生活方式，参与礼俗、民俗、艺术、时尚等文化活动，以及产生文化消费的能力；三是文化制度的演进，指在城市形成优化与文化相关的制度安排和行为规范的能力；四是文化价值的凝结，指城市孕育独特的价值观念、审美情趣、思维方式，创建集体人格的能力。世界城市的文化发展，不仅能为城市带来经济效益，还能教化社会成员，提升社会成员的文明素质，通过"以文化人"的方式促进社会成员提升自己的生产技能和生活方式。从国际组织对城市文化发展评价框架的变动看，单纯从经济角度解构文化建设的思路受到了挑战，更加注重对文化软环境的观照。因此，世界文化名城评价指标体系中，应体现对城市不同层次文化发展水平的评价。

2. 城市文化影响的世界性

世界文化名城，从本身来看其关键词就是世界、文化和名城。因此，世界文化名城指标体系的构建要点就是突出文化功能、文化声誉的世界性。世界文化名城强调城市能在世界范围内被识别并产生文化的辐射力和影响力。城市文化的辐射力和影响力与城市文化的先进性息息相关。先进文化在与落后文化的相互影响中，总是占据主导地位。因此，先进的城市文化在世界范围的声誉更高，有更多的人认可这样的文化。因此，世界文化名城指标中必然要包含衡量文化辐射影响的指标，通过城市文化的辐射范围和产生的影响来衡量世界文化名城在世界范围内的知名度和美誉度。

3. 文化驱动城市的全面性

世界文化名城是世界城市发展的高级阶段，其主要标志是以文化作为城市发展的核心驱动力。因此，对世界城市文化发展水平的评价，与政治城市、经济城市等其他类型城市的不同之处，就在于体现文化的独特性、创造力及其对城市经济社会发展的牵引作用。因此，在世界文化名城评价指标体系中必然要强调文化在城市长远发展规划中的作用，以及文化资源的开发利用、文化创意产业发展等内容。

(二) 评价原则

1. 整体性原则

世界性的文化名城具有复杂系统特征，其水平取决于文化功能和文化声誉各个子系统的综合作用。如果只是强调其中一个因素或几个因素，就会产生盲目性和片面性。因此，世界文化名城的评价是一个多目标、多层次的综合评价体系，必须从不同层面、不同角度反映世界性文化名城的主要特征和水平，进行整体性的分析和评价。基于对复杂系统的分解，指标体系形成有序层次结构，构成组分相互联系，指标设置按照其层次高低和作用的大小进行细分，测度指标的门类具体，指标体系自下而上综合、自上而下分解，以整体的最优化为目标。

2. 独立性原则

评价指标的选择应具有关键性、代表性。世界文化名城涉及面广泛，各指标含义清晰，相对独立，不存在歧义，指标信息的采集和测度符合相关规范，能够客观、准确反映评价对象的特征。避免出现指标信息交叉重叠的情况，既不能遗漏关键指标，也不能有所偏向。指标内容不宜过于庞杂和冗长，少量含义相近的测度变量可以互相替代，如文化氛围中咖啡厅和茶馆的数量等。

3. 可比性原则

世界文化名城的评价具有相对性和动态性，测度和衡量重在比较而非标准的设定，需要聚焦关键性领域进行综合评价，通过与其他城市的比较才能显示出来。世界各国在城市规模、文化多样性、管理体制等方面各不相同，评价体系的设计要体现全球视野，必须选取最常用、最易获得、综合信息量大的可比性指标，才能使评价结果得到认可。因此，充分考虑对评价结果的影响程度，选取简单明了、便于理解、规定性明确的绝对指标和相对指标，避免使用复杂、意义重复、关联性强的指标，使数据指标在口径范围和计算方法上与国际通用统计体系一致，确保评价体系在世界范围具有可比性。

4. 可操作性原则

世界文化名城评价体系的设计既要符合评价目的，又要简明扼要、层次清晰，避免指标的简单堆砌和相互交叉，将世界文化名城各个识别要素转化为规范化的指标。评价体系的框架设计应建立在已有的基础统计之上，尽可能选取能够体现指标内涵的第三方数据，不可片面地追求理想完美。所选取的指标必须是可度量的，可借助统计数据进行检测，确保数据的可获取性和可比性。也可结合新媒体和大数据技术，前瞻性地选取一些特色指标，例如酒吧、茶馆、夜店等。评价所采用的数理方法简便可行，评价整体过程操作规范。

三 世界文化名城评价体系基本架构

（一）评价指标选取

评价指标的选取直接影响最终评价结果，指标的筛选既不能交叉重复也不能以偏概全。世界文化名城评价指数采用量化指标进行分析，基于"功能—声誉"评价模型设置三级评价指标，对各指数采取量化指标进行分析。设定文化资产指数、文化要素指数、文化经济指数、文化氛围指数为"文化功能指数"的4个组分，文化治理指数、文化形象指数为"文化声誉指数"的2个组分，构成6个评价维度，共同组成一级指标。将一级指标分解为最直接反映其内涵的二级指标。预设中的一级指标、二级指标是不能直接测度的潜变量，需要选择合理的可测量指标对其反映和呈现，即三级指标。三级指标的选取尽可能反映二级指标的内涵和实际，且不受地域因素的影响，满足研究的需要。首先，参考国内外文化城市相关评价体系，将其中以一级指标意义相同或相近的指标进行罗列、对比、归类，通过频度统计分析，寻找二级指标，并初步确定可研究的三级指标；其次，结合世界文化名城评价的研究对象和研究目标，增加和修改上述指标，甄选出最具代表性、可获得性的指标；最后，对各种变量进行详细的采样，尽量与国内外权威机构的统计口径和统计结果直接对接，原则上可借助统计数据进行检测，便于实施和检查。需要说明的是，任何一个指标体系都是有缺陷的，只能尽可能客观反映评价对象，避免直接主观选取评价指标带来的不真实性。

（二）评价指标修正

初选的评价指标趋于理想设置，覆盖面较广，能够比较全面地反映世界文化名城建设水平。但在具体操作中发现，由于样本城市地域分布广泛，各个变量的数据采集颇为困难，且信息带有一定非标准性和动态性，顾及数据可获得性和全面性，则难以追求数据的客观精准。因此，考虑测度评价的可操作性，着重对三级测度指标的准确性和指向性进行修正，对于统计口径不统一、数据获得性低、缺乏可比性的指标进行改写和替换。

其一，去除相关性较强的指标。通过分析发现，某些指标间的相关性较强、统计上相近，根据数据采集的满意度，进行反复筛选，保留最具代表性的指标。其二，将无法获得的指标以相近的指标替代。所选取的数据指标应尽可能是可度量的，而且能够取得实际数据。经过指标数据采集，发现部分初选指标的统计数据在现有研究条件下难以获取，则选取与其含义相近且能获取统计数据的指标予以替代。其三，将无法获得且无法替代的指标舍弃。对初选指标尝试进行数据获取后发现，有些指标虽然理想但缺乏数据来源，或者虽然有数据来源但可信度低，且暂无合适的指标可以替代，则选择将其放弃，不宜片面地追求理论层次上的完美。经过以上调整，最终筛选出世界文化名城评价的42个测度指标。尽管如此，依然不能保证本书的评价指标体系能够恰如其分地反映世界文化名城建设水平，只是基本做到了代表性和普适性，能在一定程度上反映城市文化功能和文化声誉的世界性。正因为指标选择方面的局限，部分城市的评价得分可能与感性认识存在一定差异。

（三）评价指标体系基本架构

基于世界文化名城"功能—声誉"评价模型，本书构建包含6个评价维度、12个比较领域、42个测度变量的层次性评价指标体系。维度、领域、变量共同构成立体视角，使观察结果更能贴近世界文化名城的本来面目。第一层次6个一级指标，对世界文化名城的文化功能和文化声誉进行多维度描述，与理论模型相对接，即文化资产指数（Cultural Assets Index）、文化要素指数（Cultural Element Index）、文化经济指数（Cultural Economy Index）、文化氛围指数（Cultural Atmosphere Index）、文化治理指数（Cultural Governance Index）、文化形象指数（Cultural Image Index）。第一层次指标覆盖第二层次指标。第二层次12个二级指标是对六大评价维度在不同层次和类别上进行诠释衡量和规范化分解。文化资产指数包括文化遗产指数和文化设施指数，文化要素指数包括文化人才指数和文化科技指数，文化经济指数包括文创产业指数和文创从业人员指数，文化氛围指数包括文化活力指数和文化消费指数，文化治理指数包括文化战略指数和文化管理指数，文化形象指数包括文化品牌指数和文化标志指数。第二层次指标覆盖第三层次指标。第三层次包含42个三级指标，是对二级指标进行具体测度的数据指标，具有可测量性。指标总共包括39个可测度的定量指标和3个定性指标。具体内容如表3-3所示。

表 3-3　　世界文化名城评价指标体系基本架构

总指标	评价维度	一级指标	二级指标	三级指标
世界文化名城指数（G）	文化功能	文化资产指数（A）	文化遗产指数（A1）	世界自然遗产数量（A11）
				世界文化遗产数量（A12）
				世界自然和人文双遗产数量（A13）
				世界文化景观遗产数量（A14）
				世界灌溉工程遗产数量（A15）
				其他遗产和历史遗迹数量（A16）
			文化设施指数（A2）	人均博物馆拥有量（A21）
				人均公共图书馆拥有量（A22）
				人均剧院拥有量（A23）
				人均音乐厅拥有量（A24）
				人均电影院拥有量（A25）
				大型体育场馆数量（A26）
		文化要素指数（B）	文化人才指数（B1）	文化艺术体育高校及培训机构数量（B11）
				高等院校数量（B12）
			文化科技指数（B2）	年 R&D 经费投入强度（B21）
				年 PCT 专利申请量（B22）
				年高校 PCT 专利申请量（B23）
		文化经济指数（C）	文创产业指数（C1）	文创产业增加值（C11）
				文创产业增加值占 GDP 比重（C12）
			文创从业人员指数（C2）	文创从业人员规模（C21）
				文创从业人员占就业总人数比重（C22）

续表

总指标	评价维度	一级指标	二级指标	三级指标
世界文化名城指数（G）	文化功能	文化氛围指数（D）	文化活力指数（D1）	年入境国际游客人数（D11）
				国际学生人数（D12）
				节庆活动数量（D13）
				人均酒吧/咖啡厅/茶馆拥有量（D14）
				人均餐厅拥有量（D15）
				人均夜店拥有量（D16）
			文化消费指数（D2）	人均书店拥有量（D21）
				人均电影银幕拥有量（D22）
				年剧院入场人次（D23）
				年艺术表演场次（D24）
		文化治理指数（E）	文化战略指数（E1）	城市文化发展愿景（E11）
				参与国际性文化组织和项目（E12）
			文化管理指数（E2）	政府文化组织机构（E13）
				公共文化支出占总支出比（E14）
		文化形象指数（F）	文化品牌指数（F1）	国际旅游目的地（F11）
				年国际会议数量（F12）
				国际体育赛事数量（F13）
				世界一流大学数量（F14）
				全球知名媒体数量（F15）
			文化标志指数（F2）	世界级文化地标数量（F21）
				城市绿地率（F22）

第三节　世界文化名城评价指标释义

本书建构的世界文化名城评价指标体系，系统涵盖了世界文化名城的核心识别要素,本节对六大维度指数及指标含义进行具体阐释。

一 文化资产指数(Cultural Assets Index)

该类指标反映城市文化资源量级和层级。文化资产是指城市拥有或控制的具有现实价值和潜在价值的文化资源和文化财产。本书将文化资产作为城市文化功能的一个组分,度量一个城市文化资产对其融入世界城市网络的价值和贡献度。城市文化资产的数量越多、品质越高,其成为世界文化名城的条件优势越突出。文化资产指数分为文化遗产指数和文化设施指数两个二级指标。(见图3-2)

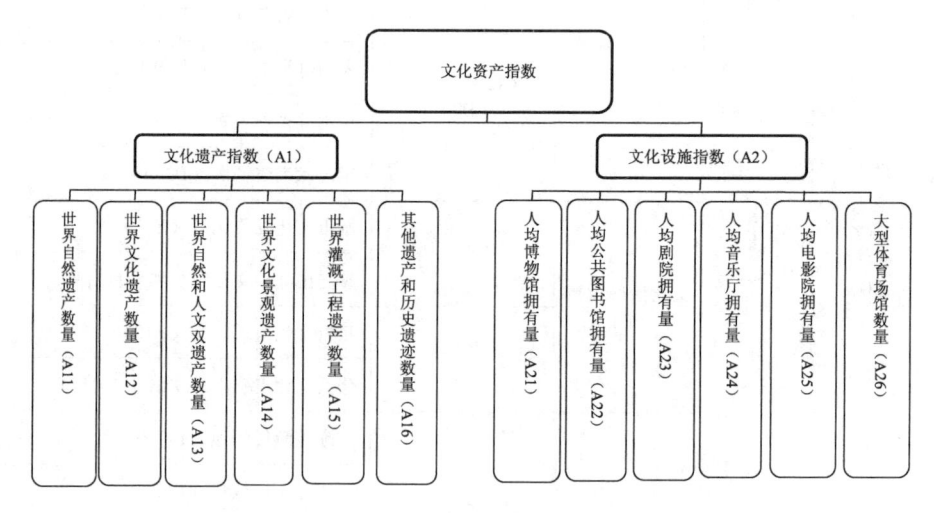

图3-2 文化资产指数评价指标

(一)文化遗产指数(A1)

"文化遗产"(Cultural Heritage)源自西方古代"纪念物"(monument)概念,即"引起记忆的物体",也称"文化财产""历史文物"等,广泛用于国际层次的文化保护运动。文化遗产是历史留给人类的宝贵财富。文化遗产指数重点考察城市历史文化遗产的数量和质量,采用绝对值进行比较,反映城市历史遗产的保护水平和世界识别度。由于非物质文化遗产很难以城市为界定边界,此处重点衡量有形历史遗产对城市的价值和贡献。一是资源层级,即获得世界组织认可的文化遗产。本书采用世界自然遗产数量(A11)、世界文化遗产数量(A12)、世界自然和人文双遗产数量(A13)、世界文化景观遗产数量(A14)、世界灌溉工程遗产数量

(A15)；二是资源量级，采用其他遗产和历史遗迹数量（A16）指标。文化遗产指数共有6个变量予以测度，文化遗产指数值越高，说明该城市历史资源的识别度和价值越高。

（1）世界自然遗产数量（A11）：指城市拥有的进入联合国教科文组织《世界遗产名录》的自然遗产项目的总数。

（2）世界文化遗产数量（A12）：指城市拥有的进入联合国教科文组织《世界遗产名录》的文化遗产项目的总数。

（3）世界自然和人文双遗产数量（A13）：自然与人文双遗产也称"混合遗产（Mixed Site）""复合遗产""双重遗产"。指城市拥有的进入联合国教科文组织《世界遗产名录》的自然和人文双重遗产项目的总数。

（4）世界文化景观遗产数量（A14）：指城市拥有的进入联合国教科文组织《世界遗产名录》的文化景观遗产项目的总数。

（5）世界灌溉工程遗产数量（A15）：指城市拥有的进入国际灌溉与排水委员会《世界灌溉工程遗产名录》的灌溉工程遗产项目的总数。

（6）其他遗产和历史遗迹数量（A16）：指城市拥有的所在国家和地区各级各类遗产和历史遗迹的总数，包括遗迹不可移动的文物、古建筑物、名胜古迹、人类生活遗址等。

（二）文化设施指数（A2）

文化设施指"向公众开放用于文化娱乐活动的建筑物、场地和设备，包括图书馆、博物馆、剧院、电影院等"①。文化设施是文化活动的物质载体，具有公共性、公益性、开放性等特征。文化设施是世界文化名城形成的硬件支撑，承担着不同的公共文化服务功能。各类文化设施往往是激发城市形态更新的"触媒体"，对于城市环境优化具有"导入效应"。考虑城市人口规模的差异，文化设施指数采用相对值进行比较，重点考察城市现有各类公共文化设施的人均水平，综合衡量城市公共文化服务供给水平。本书采用人均博物馆拥有量（A21）、人均公共图书馆拥有量（A22）、人均剧院拥有量（A23）、人均音乐厅拥有量（A24）、人均电影院拥有量（A25）、大型体育场馆数量（A26）6个测度变量。文化设施指数值越高，说明该城市的文化服务功能越强。

（1）人均博物馆拥有量（A21）：指城市平均每十万人拥有的博物馆数量。"博物馆"一词，源于希腊语"缪斯神庙"（museion），原意为"祭

---

① 何丹等：《北京市公共文化设施服务水平空间格局和特征》，《地理科学进展》2017年第9期。

祀缪斯的地方"。作为一种反映"人类及其环境的物证"的文化现象,博物馆能够适应多元化形态,世界上近 200 个国家或地区,均已拥有博物馆类型的机构。① 博物馆人均量的计算公式为:

$$每十万人博物馆拥有量 = \frac{城市博物馆总数}{城市年末常住人口数} \times 100000$$

(2) 人均公共图书馆拥有量(A22):指城市平均每十万人拥有的公共图书馆数量。公共图书馆是城市化进程的产物,具有市民教育和文化传播功能,是城市文明的结晶,也是社会文明程度的标志。公共图书馆人均量计算公式为:

$$每十万人公共图书馆拥有量 = \frac{城市公共图书馆总数}{城市年末常住人口数} \times 100000$$

(3) 人均剧院拥有量(A23):指城市平均每十万人拥有的剧院数量。剧院也称剧场,词源出自希腊文"Theatron",意为观看的地方,指由特定的建筑构成的表演场所。剧院介于舞台与社会之间,通过创作主体的感知与行为,借助剧场艺术的演绎与传达,折射城市的精神与风貌,传达社会的精髓与内涵,② 是城市气质和文化品位提升的重要标志。剧院人均量计算公式为:

$$每十万人剧院拥有量 = \frac{城市剧院总数}{城市年末常住人口数} \times 100000$$

(4) 人均音乐厅拥有量(A24):指城市平均每十万人拥有的音乐厅数量。"有音乐的地方,城市氛围、人文素养以及社会时尚,其艺术气息都会在整个城市流淌出芳香。"③ 音乐厅是一种独特的文化象征与符号空间,也是一个城市最耀眼和最有代表性的艺术殿堂,不仅是展示城市雄心的地标建筑,更是城市营销的重要手段。音乐厅人均量的计算公式为:

$$每十万人音乐厅拥有量 = \frac{城市音乐厅总数}{城市年末常住人口数} \times 100000$$

(5) 人均电影院拥有量(A25):指城市建成电影院的总数,以及平均每十万人拥有的电影院数量。电影院(Cinema/Movie Theater)是为放映电影而建造,适合观众观影的场所。电影院是城市大众娱乐的代表性设施,也是衡量城市电影放映市场发展水平的显性指标之一。电影院的建设

---

① 段勇:《多元文化:博物馆的起点与归宿》,《中国博物馆》2008 年第 3 期。
② 杨子:《城市中的剧院 剧院中的城市》,《上海艺术评论》2018 年第 5 期。
③ 《音乐家说十周年:音乐厅是城市文化不可或缺的一部分》(2019 年 9 月 24 日),2020 年 3 月 25 日,https://www.sohu.com/a/343229907_ 692669。

通常与"城市经济规模、居民收入、人口基数、消费习惯、可替代品等因素"① 相关。人均电影院拥有量的计算公式为：

$$每十万人电影银幕拥有量 = \frac{城市电影院总数}{城市年末常住人口数} \times 100000$$

（6）大型体育场馆数量（A26）：指城市建成的容纳观众人数在2000人以上的大型体育场和体育馆的总数。以体育文化扬名世界已成为城市营销的重要手段，大型体育场馆是必备的硬件设施。许多世界文化名城都拥有全球知名的大型体育场馆，兴建标志性体育场馆，对城市基础设施水平往往具有快速拉升效应，并为所在城市带来显著的社会效益和可观的经济收益。

二 文化要素指数（Cultural Element Index）

该类指标反映城市文化发展所需核心要素的供给能力和水平。文化要素是指城市维持其文化系统运行和文化生产所必须具备的基本因素。本书将文化要素作为城市文化功能的第二个组分，度量一个城市文化要素的中心性。城市文化要素的涵育能力和转化能力越强，其文化发展的动力和可持续性越强。考虑数据可获得性和可比性，本研究将文化要素指数分为文化人才指数和文化科技指数两个二级指标。（见图3-3）

（一）文化人才指数（B1）

文化人才指具有一定的文化艺术专业知识或专门技能，以从事文化艺术表演创作活动并为城市文化发展做出贡献的人。世界文化名城往往是具有世界影响力的文化名人的聚集地。教育是人力资本最重要的投资途径，"人力资本丰厚的城市也是人力资本投资渠道畅通的城市"②。文化艺术教育承担着艺术人才培养和文化传承发展的义务，不但为文化人才的成长提供良好土壤，而且也是"提升市民整体审美能力、创新思维和促进受教育者全面发展"③的重要途径。文化人才指数重点考察城市文化艺术教育培训机构数量和学生数量，采用绝对值进行比较，反映城市文化人才供给的能力。本书采用文化艺术体育高校及培训机构数量（B11）、高等院校数量（B12）两个变量予以测度。文化人才指数值越高，说明该城市积累文化人

---

① 李满：《城市电影票房影响因素的经验与实证研究》，《传媒观察》2018年第7期。
② 尹宏：《现代城市创意经济发展研究》，中国经济出版社2009年版，第214页。
③ 王晨、米如群：《国家文化战略与艺术人才培养的关系研究》，《美术与设计》2014年第6期。

```
                        ┌─────────────────┐
                        │  文化要素指数    │
                        └────────┬────────┘
                ┌────────────────┴────────────────┐
        ┌───────┴────────┐               ┌────────┴────────┐
        │ 文化人才指数(B1)│               │ 文化科技指数(B2) │
        └───────┬────────┘               └────────┬────────┘
        ┌──────┴──────┐              ┌────────┬──┴─────┬────────┐
   ┌────┴────┐  ┌─────┴────┐   ┌─────┴───┐ ┌──┴───┐ ┌──┴──────┐
   │文化艺术体│  │高等院校数│   │年R&D经费│ │年PCT │ │年高校   │
   │育高校及培│  │量(B12)   │   │投入强度 │ │专利申│ │PCT专利  │
   │训机构数量│  │          │   │(B21)    │ │请量  │ │申请量   │
   │(B11)     │  │          │   │         │ │(B22) │ │(B23)    │
   └─────────┘  └──────────┘   └─────────┘ └──────┘ └─────────┘
```

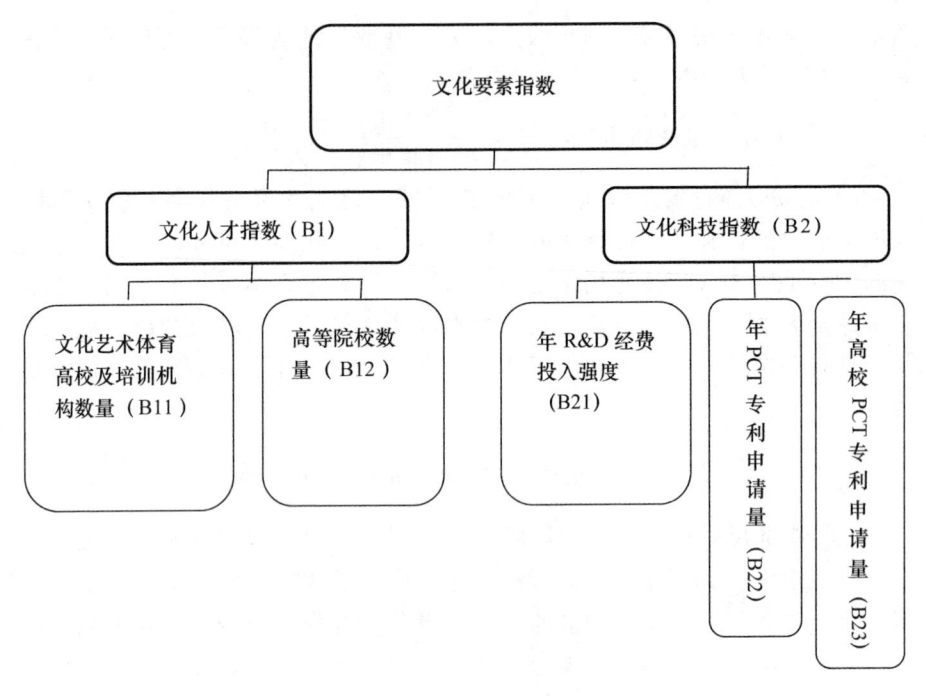

图 3-3 文化要素指数评价指标

力资本的能力越强。

（1）文化艺术体育高校及培训机构数量（B11）。指城市所拥有的各类文化艺术体育类院校数与专业培训机构数之和。主要包括艺术、设计、时装、传媒、戏剧、体育等高等院校、职业院校和专业培训机构，城市文化艺术体育类教育培训机构数量越多，说明其对文化创意人才的涵育和供给能力越强。

（2）高等院校数量（B12）。指城市拥有的各类实施高等教育的学校数量之和。作为重要的文化教育机构，高等院校承担着输送智力人才、聚集科研资源、驱动科技创新、传承城市文化等多重功能，影响和决定着城市形象、品位、吸引力。高等院校的多少通常是衡量人才要素供给水平高低的重要指标，城市高校的数量越多，则人才供给越充足，多层次人才培养能力越强。

（二）文化科技指数（B2）

文化科技是指在文化保护传承、创新创造、生产消费、交流传播过程中所需要的技术要素。"科技与文化的本体形态相互融合，更新文化的技术形态，改变文化的经济形态，催生新的文化业态。"① 世界文化名城通常也是科技创新中心或技术革命的发源地。研究表明，"新一波的城市创新表现为技术与艺术的结合"②，"以文化—技术创新为核心内容"③。技术创新包括研发和应用两个方面，是新技术的研发并获得实际应用进而产生经济、社会效益的各类活动的总称。文化科技指数重点考察城市技术创新的成效，高新技术产业占比、独角兽企业数量、创投基金活跃度等可能是更为理想的测度指标，但考虑数据可获得性和可比性，本书采用解释性指标，间接反映城市文化科技创新的活跃度。采用年 R&D 经费投入强度（B21）和年 PCT 专利申请量（B22）、年高校 PCT 专利申请量（B23）3个测度变量。文化科技指数值越高，说明城市文化科技创新能力越强。

（1）年 R&D 经费投入强度（B21）。指城市研究与试验发展（R&D）经费支出与地区生产总值的比值。研发强度是国际上用于衡量一国或一个地区对科技创新能力的常用指标，反映一个城市整体的研发意愿，体现其科研实力和发展潜力。研发投入强度对研发要素集聚存在正向影响关系，能进一步提升研发效率。"研发投入越高获得的产出效率也越高，可能的解释是高研发投入可使研发人员的积极性提高，同时也可以购买高质量设备和工具，研发系统效率也随之提高。"④ 年 R&D 经费投入强度的计算公式为：

$$年\ R\&D\ 经费投入强度 = \frac{年\ R\&D\ 经费投入额}{当年城市地区生产总值}$$

（2）年 PCT 专利申请量（B22）。指特定年度内由城市公民或组织通过 PCT 途径递交国际专利申请的件数，用以衡量城市文化创新成果的转化利用水平。PCT 是《专利合作条约》（*Patent Cooperation Treaty*）的英文缩写，是有关专利的国际条约。一般来说，研发投入水平高并不代表科技创新活动的综合效益就高，还需要考察科技创新活动的产出。国际专利申请量衡量创新的活跃程度，反映一个城市文化科技研发能力和研发效率。

（3）年高校 PCT 专利申请量（B23）。指特定年度内由城市高等院校通过 PCT 途径递交国际专利申请的件数，用以衡量高校参与城市文化创新的活跃度。

---

① 尹宏：《文化科技融合促进文化产业发展研究》，《江西社会科学》2015 年第 4 期。
② Hall P. G., *Cities of Civilization*, New York：Pantheon Books, 1998, pp. 13 – 20.
③ 周振华：《崛起中的全球城市理论框架及中国模式研究》，格致出版社 2017 年版。
④ 杨安文、潘泽江、陈池波：《中国民族八省区 R&D 投入相对效率的 SFA 分析》，《西藏大学学报》（社会科学版）2014 年第 2 期。

三 文化经济指数（Cultural Economy Index）

该类指标反映城市文化活动的经济增长效益。文化经济指与文化相关的经济活动，其核心是文化创意产业。本书将文化经济作为城市文化功能的第三个组分，度量文化创意产业对城市经济增长的贡献。文化与经济的相互介入是世界城市迭代的显著特征，城市文化产品全球供给能力越强，文化创意产业在城市经济的地位越高，表明文化对城市产业结构和要素结构的优化作用越强。世界各国对文化产业的行业分类和统计口径各不相同，可能涉及文化产业、创意产业、内容产业、版权产业等多个概念，这些概念界定的视角各异，但外延分类的交叉明显，具有一定的可比性。文化经济指数分为文创产业指数和文创从业人员指数两个二级指标。（见图3-4）

```
                      文化经济指数
                    /              \
         文创产业指数（C1）      文创从业人员指数（C2）
          /          \            /            \
  文创产业增加值  文创产业增加值占  文创从业人员   文创从业人员占就业总人
    （C11）      GDP比重（C12）   规模（C21）      数比重（C22）
```

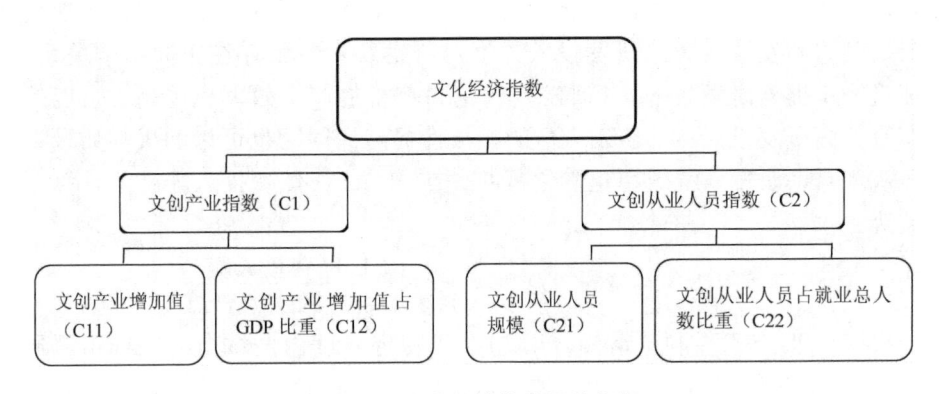

图3-4 文化经济指数评价指标

（一）文创产业指数（C1）

文创产业是文化创意产业的简称，文化创意产业是衡量城市可持续经济的重要指标。国际上尚未形成文化产业和创意产业的共识性定义，相关的概念有版权产业、内容产业、休闲产业等，其产品和服务本质上都具有文化属性，基本经济价值都是来源于文化价值，满足消费者的精神文化需求。本书在上述概念基础上取其并集，统称为文化创意产业，泛指"以人的创造力为核心进行文化创新而形成的知识产业"[①]。文创产业指数重点考察城市文化创意产品和服务的供给能力，采用绝对值和相对值进行综合比较，反映文化创意产业在城市经济中的地位和作用。本研究采用文创产业

---

① 尹宏：《现代城市创意经济发展研究》，中国经济出版社2009年版，第182页。

增加值（C11）、文创产业增加值占 GDP 比重（C12）、文创从业人员规模（C21）和文创从业人员占就业总人数比重（C22）4 个变量予以测度。文创产业指数值越高，说明文化创意产业对城市经济的贡献越大。

（1）文创产业增加值（C11）。指特定年度城市文创产业营业收入的数值，用以衡量城市文化创意产业的市场规模。由于国际上并无权威、统一的文化创意产业概念和分类，因此也就没有严格的统计数据。各国的统计分类标准虽不完全等同，但普遍交叉重叠，具有一定参考价值。国际权威智库多采用所掌握的文创行业数据来进行规模估算，如普华永道采用娱乐和传媒业的市场规模数据进行比较。

（2）文创产业增加值占 GDP 比重（C12）。指城市文创产业增加值占当年城市地区生产总值（GDP）的比重，用以衡量文创产业对城市经济增长的贡献。由于各国和城市文创产业分类不同，造成数据不可比较。文创产业增加值占 GDP 比重的计算公式为：

$$\text{文创产业增加值占 GDP 比重} = \frac{\text{文创产业增加值}}{\text{城市地区生产总值}} \times 100000$$

（二）文创从业人员指数（C1）

文创从业人员指城市从事文化创意劳动并取得劳动报酬或经营收入的各类人员。文创产业属于以创造性为核心的知识密集型产业，高度依赖具备文化创造力的创意人群，也就是文创产业发展所需的艺术、技术、经营和管理等专业性从业人员。城市的竞争力在很大程度上取决于其吸引、保留和发展创意人才的能力。文创产业的发展能够创造更多的就业机会，已成为全球的共识。文创从业人员指数重点考察一定时期内文创产业对城市全部劳动力资源的利用能力和水平，采用绝对值与相对值进行综合比较，反映文创就业规模以及文创产业创造城市就业的能力。本书采用文创从业人员规模（C21）和文创从业人员占就业总人数比重（C22）两个变量进行测度。文创从业人员指数值越高，说明文化创意产业发展对城市就业增长的贡献越大。

（1）文创从业人员规模（C21）。指一定时期城市人口中从事文化创意劳动并取得工资或其他形式的劳动报酬的全部人员总数，用以衡量城市文化创意产业就业吸纳能力。文创产业与解决劳动就业有着良性互动关系，文创从业人员数量的增减从微观层面反映了城市文化经济发展态势。

（2）文创从业人员占就业总人数比重（C22）。指一定时期文创从业人员数量占城市全部就业人数的比重，用以衡量文化创意产业对城市就业增长的贡献。就业人数是反映城市经济状况的重要维度，大多城市统计

15—16岁以上人口就业情况。文创从业人员占就业总人数比重的计算公式为：

$$\text{文创从业人员占就业总人数比重} = \frac{\text{文创从业人员数}}{\text{城市就业总人数}} \times 100000$$

四　文化氛围指数（Cultural Atmosphere Index）

该类指标反映城市构筑文化景象、气氛、情调的成效。文化氛围是一个城市区别于其他城市显著特质，也是影响地方认知的重要因素。本书将文化氛围作为城市文化功能的第四个组分，度量城市的文化生命力和公众文化行为的活跃度。国内外许多学者认为，文化氛围是文化城市、创意城市的重要构成要素，如佛罗里达的"领域资产"（Territory assets）、兰德利的"创意情景"（creative milieu）、梅里克的"创意氛围"（Creative atmosphere）等。基于城市自然环境、设施场景而生发鲜活的城市生活。文化氛围的形成在很大程度上取决于城市生活的丰富性、多样性，以及文化空间的塑造能力。文化氛围指数分为文化活力指数和文化消费指数两个二级指标。（见图3-5）

（一）文化活力指数（D1）

文化活力指令人振奋、充满渴望并产生文化行动的力量。有活力的文化生活被视为城市营销国际化策略的重要组成部分，如果没有吸引大众的文化生活，就不会有持久的城市活力。世界知名的文化城市，往往以富有文化生命力和活力而闻名。兰德利（Landry）将"活力与生命力"作为创意城市的评价维度，活力因素包含"活动的层次、使用的程度、表现的层次，生命力因素包括自给自足、永续性、适应性和自我革新性"[①]。这种文化活力不仅成就了绵密的人际网络，也使得城市创新动能得以维持。文化活力指数重点考察城市文化开放度和包容性，通过绝对值与相对值进行综合比较，反映城市文化活力的层次水平。本书采用年入境国际游客人数（D11）、国际学生人数（D12）、节庆活动数量（D13）、人均酒吧/咖啡馆/茶馆拥有量（D14）、人均餐厅拥有量（D15）、人均夜店拥有量（D16）6个变量进行测度。文化活力指数值越高，说明城市联结世界、整

---

① ［英］查尔斯·兰德利：《创意城市——如何打造都市创意生活圈》，杨幼兰译，清华大学出版社2009年版，第202页。

```
                        ┌─────────────┐
                        │ 文化氛围指数 │
                        └──────┬──────┘
              ┌────────────────┴────────────────┐
      ┌───────┴────────┐                ┌───────┴────────┐
      │ 文化活力指数(D1) │                │ 文化消费指数(D2) │
      └────────┬───────┘                └────────┬───────┘
```

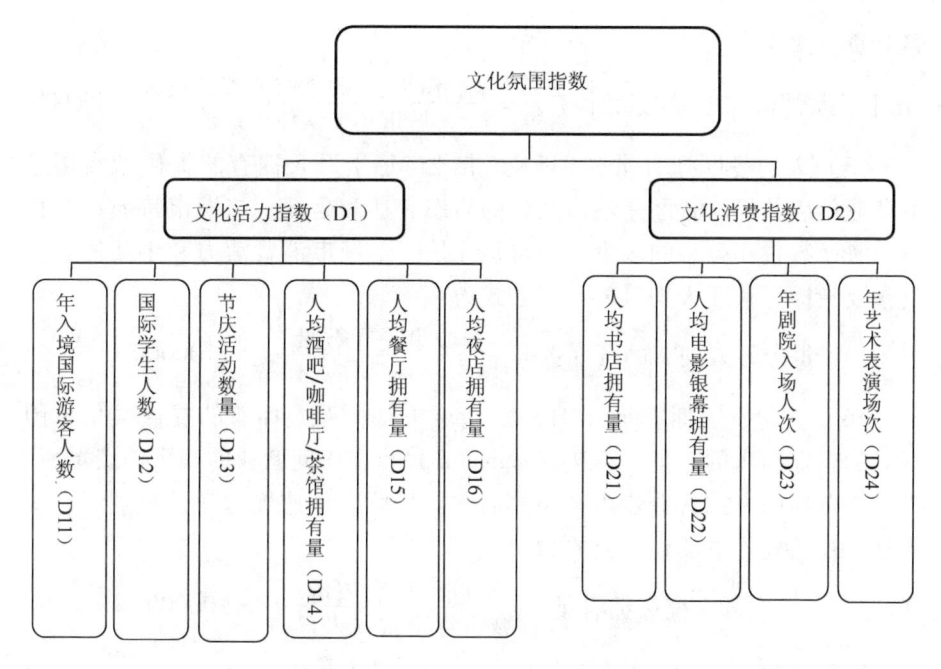

图 3-5　文化氛围指数评价指标

文化活力指数 (D1) 下设：年入境国际游客人数 (D11)、国际学生人数 (D12)、节庆活动数量 (D13)、人均酒吧/咖啡厅/茶馆拥有量 (D14)、人均餐厅拥有量 (D15)、人均夜店拥有量 (D16)。

文化消费指数 (D2) 下设：人均书店拥有量 (D21)、人均电影银幕拥有量 (D22)、年剧院入场人次 (D23)、年艺术表演场次 (D24)。

合全球资源要素的能力越强。

(1) 年入境国际游客人数 (D11)。指一定时期城市接待的入境旅游的国际游客人数。开放度越高的文化城市，对国际游客的吸引力越大。

(2) 国际学生人数 (D12)。指城市中各类学校就读的非本国国籍的留学生人数。通常一座城市对外籍学生越有吸引力，表明城市越具有文化包容性、较高的生活品质和安全系数。

(3) 节庆活动数量 (D13)。指城市中举行的各类文化艺术节庆活动的数量。世界城市实践证明，文化艺术体育节会活动能够产生强大的聚集效应和辐射效应，激发城市活力，营造生机勃勃的文化氛围，快速提升城市品位和知名度。

(4) 人均酒吧/咖啡馆/茶馆拥有量 (D14)。指城市每十万人拥有的能够提供酒类、咖啡类、茶类饮品服务的营业门店的数量。咖啡馆文化代表人们对都市休闲生活的追求，是开放性、公共性、品味化、格调化生活气质的标志。茶馆 (Tea house) 具备大众休闲、民间社交、娱乐消遣、商贾集会等多重社会功能，构建了独特的民众社会生活体系。作为现代都市生活方式和消费文化的重要构成，酒吧、咖啡馆、茶馆构成大众时尚消费的重要场景，成为现代都市生活品质的重要标志。酒吧/咖啡馆/茶馆人均量计算公式为：

$$每十万人酒吧/咖啡馆/茶馆拥有量 = \frac{城市酒吧/咖啡馆/茶馆数量}{城市年末常住人口数} \times 100000$$

（5）人均餐厅拥有量（D15）。指城市每十万人拥有的提供饮食服务的营业门店数量。餐厅是城市文化的活态表达和延续，与城市特质一脉相承。餐厅数量和类型的多少，通常是评估一个城市消费活力和生活便利度的重要指标。餐厅人均量的计算公式为：

$$每十万人拥有的餐厅数 = \frac{城市餐厅数量}{城市年末常住人口数} \times 100000$$

（6）人均夜店拥有量（D16）。指城市每十万人拥有的提供娱乐休闲服务的营业门店的数量。夜店（nightclub）指在夜间营业的娱乐消费场所，以夜晚营销的方式打造自由与释放的体验场所，是捕捉时尚、跟随潮流的象征。夜店人均量的计算公式为：

$$每十万人夜店拥有量 = \frac{城市夜店数量}{城市年末常住人口数} \times 100000$$

（二）文化消费指数（D2）

文化消费指"消费主体在文学、艺术、教育、科学等方面的支出和消费活动"[1]。文化消费是人们生活水平达到一定富裕状态时才产生的消费意愿和行为，具有高收入弹性、强消费惯性和消费层次性的特征。美国经济学家加尔布雷斯曾预测，"消费发展到某一限度时，凌驾一切的兴趣也许在于美感"[2]。习惯形成理论认为，文化消费习惯的形成是由于过去的消费对当前以及未来的消费有正向且显著的影响，即"有益的致瘾"[3]。文化消费是都市生存状态和生活方式在消费行为上的投射，在消费过程中影响受众的情感世界、价值观念和审美情趣，增加个体满意度和社会福利，提高城市包容性、文化活力和外界认同度。文化消费指数重点考察城市文化消费规模、结构和层次水平，采用绝对值与相对值进行综合比较，反映城市文化消费意愿和消费能力。本研究采用人均书店拥有量（D21）、人均电影银幕拥有量（D22）、年剧院入场人次（D23）、年艺术表演场次（D24）4个变量进行测度。文化消费指数值越高，说明城市消费层次越高。

---

[1] 张晓明、胡慧林、章建刚主编：《2006 年：中国文化产业发展报告》，社会科学文献出版社 2006 年版。

[2] ［美］约翰·肯尼思·加尔布雷斯：《富裕社会》，赵勇译，江苏人民出版社 2009 年版。

[3] Becker, Gary S. Murphy, Kevin M., "A Theory of Rational Addiction", *The Journal of Political Economy*, Vol. 96, No. 4, 1988, pp. 675–700.

（1）人均书店拥有量（D21）。指城市每十万人拥有的提供书籍销售服务的营业门店数量。作为基础性文化消费设施，书店兼具公共阅读、文化社交、零售服务多重功能，承载着城市气质和时尚生活方式。如果说"场所精神的形成就是利用一些空间上的特质、生活体验与人产生亲密的关系"[①]，那么书店数量越多，就意味着城市的阅读氛围越浓厚，城市气质越优雅。书店人均量的计算公式为：

$$每十万人书店拥有量 = \frac{城市书店数量}{城市年末常住人口数} \times 100000$$

（2）人均电影银幕拥有量（D22）。指城市建成电影院的银幕总数，以及平均每十万人拥有的电影银幕数。作为衡量电影市场供需水平的关键指标之一，电影银幕数量与电影生产、消费需求、放映能力等密切相关，是影响观影人次和票房收入的重要因素。电影银幕人均量的计算公式为：

$$每十万人电影银幕拥有量 = \frac{城市电影银幕总数}{城市年末常住人口数} \times 100000$$

（3）年剧院入场人次（D23）。指一定时期城市所有演艺剧院入场观众的人数。入场人次是到剧院现场观看演出的观众的总人次数，反映了观众对演出的需求和喜爱程度。进入剧场的观众人次综合反映了城市演艺市场的活力，以及城市公众的文化素养和消费习惯，也间接体现了城市的文化品位和生活品质。

（4）年艺术表演场次（D24）。指一定时期城市各种公众艺术表演的场次数量。许多世界闻名的文化城市，在街道、广场、公园、地铁、集市等随处可见各具风情的街头音乐表演。例如街头音乐（street music），是在某些商业地点等场所进行音乐表演，作为一种流动的艺术表演形式和城市生活方式，展示了城市独特的艺术魅力和精神风貌，丰富了现代城市文明的视觉感。

五 文化治理指数（Cultural Governance Index）

该类指标反映城市在文化领域的目标愿景和制度安排的前瞻性和世界影响力。文化治理指将文化发展作为治理的目标和手段，用以克服与解决城市发展中的问题。本书将文化治理作为城市文化声誉的第一个组分，度量文化目标和发展手段的现代化和国际化水平。"文化治理"（cultural governance）

---

① ［挪威］诺伯舒兹：《场所精神——迈向建筑现象学》，施植明译，华中科技大学出版社2010年版。

是治理理论在文化领域的延伸和应用，是城市治理体系的重要组成部分。"随着'治理性'观念在文化领域获得新的发展，文化治理发展也成为一种新型的文化管理机制。文化治理的核心是寻求政府、社会、市场三者之间的合作互动，达到公共文化事务得以'善治'的方式。"① 文化治理指数分为文化战略指数和文化管理指数两个二级指标。（见图3-6）

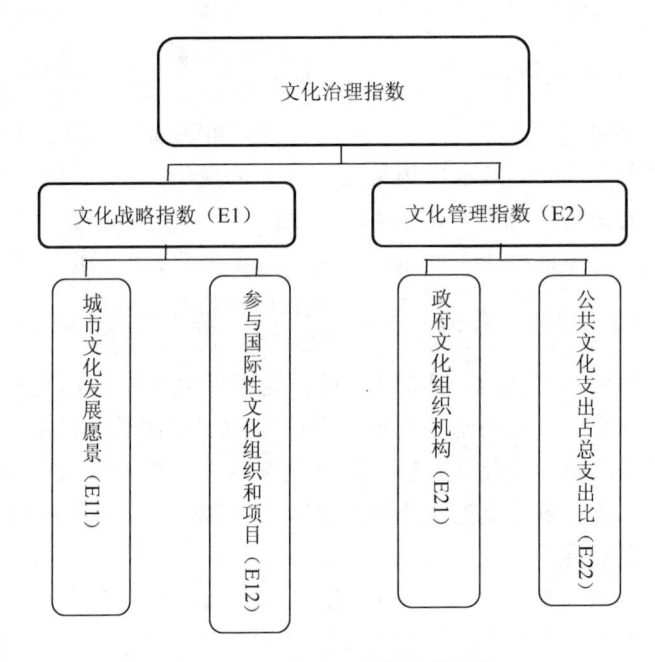

图3-6 文化治理指数评价指标

（一）文化战略指数（E1）

文化战略是对城市文化发展一系列带有根本性的方针策略的总体概括，具有持久性和稳定性。作为指导城市文化发展的指南和纲领，文化战略关注城市文化整体和长远发展的问题。一个城市的文化自信和文化自觉，可以通过城市文化战略得以识别。世界城市文化战略"总体上呈现从文化保护走向刺激文化经济，从城市复兴走向城市营销的演进轨迹"②。实践表明，前瞻性的文化战略能够塑造文化城市形象，提高国际知名度和美

---

① 尹宏：《推进文化治理能力现代化，提升城市文化软实力》，载阎星主编《成都治理之路》，四川人民出版社2017年版，第155—176页。
② 张敏、刘学、汪飞：《城市文化战略的空间性与空间效应》，载中国城市规划学会《2008生态文明视角下的城乡规划》，大连出版社2008年版，第1—7页。

誉度。文化战略指数重点考察城市文化战略目标和战略举措，采用主观评价与客观评价相结合的方法，反映文化战略的国际化水平。本研究采用"城市文化发展愿景"（E11）和"参与国际性文化组织和项目"（E12）两个变量进行测度。文化战略指数值越高，说明文化引领城市发展的能力越强，得到国际社会的认可度越高。

（1）城市文化发展愿景（E11）。指城市以政府名义制定并公开发布文化发展的长远目标。文化愿景是指城市文化发展的未来情景和意象描绘，是城市核心价值观和文化使命的高度凝练。前瞻性文化愿景往往能够使一个城市获得良好的文化声誉，如伦敦提出建设"卓越的具有世界影响力的文化创意都市"①，纽约发布为期十年的"创造纽约"（CreateNYC）文化发展规划等，反映了城市的文化抱负，彰显世界文化中心的地位。

（2）参与国际性文化组织和项目（E12）。指城市加入国际社会公认的文化组织或国际性文化项目，并成为其中的一员。从声誉管理的角度看，搭建权威平台或依托权威平台传播信息，是获得组织声誉最有效的途径。本研究重点考察城市加入"世界遗产城市""全球创意城市网络"和"世界城市文化论坛"三个国际公认的文化组织和项目的情况，衡量城市以文化项目融入国际社会的能力。

（二）文化管理指数（E2）

文化管理是指政府依据法规制度，对文化事务进行规划、组织、调控、规范的行政行为。"规范文化管理秩序是文化治理现代化的基础。尽管文化治理强调治理主体的多元化，但并不否认政府的重要作用。"②即便是市场主导模式下的世界城市，政府在文化服务管理中仍然扮演着"元主体"的角色。全球知名的文化城市大都在文化发展方面形成了相对稳定的法律制度和体制机制。文化管理指数重点考察政府在文化领域的体制机制建设和制度建设能力，采用主观评价与客观评价相结合的方法，反映城市文化管理在世界范围的现代化和先进性水平。本书采用"政府文化组织机构"（E21）和"公共文化支出占总支出比"（E22）两个变量进行测度。文化管理指数值越高，说明城市文化领域制度建设的现代化水平越高，政府文化治理能力越强。

（1）政府文化组织机构（E21）。指城市政府设立的专门负责城市文

---

① 陈琦：《伦敦城市文化发展战略及其对上海的启示》（2015年5月7日），2020年4月20日，上海外国语大学，http://www.cbs.shisu.edu.cn/05/6a/c3025a66922/page.htm。
② 蔡武进：《文化治理需要健全法律机制》，《人民日报》2014年10月9日。

化事务的工作部门或机构。文化组织机构是政府文化管理体制的主要构成,发达世界城市政府大都设置了文化事务部门,如纽约设有政府文化事务局专门负责城市文化管理,联合文化艺术行业组织和基金会,共同开展文化资助和服务。伦敦文化事务由市政厅负责,按照"一臂之距"(Arm's Length Principle)的原则实施文化管理,促进文化行业机构与非文化机构的协调合作。

(2) 公共文化支出占总支出比(E22)。指特定年度政府用于文化发展的公共支出在城市财政支出中的占比。公共文化支出指公共财政中用于增加文化福利部分的支出,通常用于衡量城市文化投入的能力。

$$公共文化支出占总支出比 = \frac{年度公共文化支出}{年度城市财政总支出} \times 100$$

六 文化形象指数(Cultural Image Index)

该类指标反映世界城市建构文化形象的成效。文化形象指人们对一个城市文化个性和气质的整体认知与印象,是大众声誉的重要标志。"形象"本质上具有文化意义,既是城市特征的外在表现,又是"内外部公众对城市综合实力、外显活力和未来发展前景的复合评价和整体印象"[1]。文化形象反映了一个城市的自然地理特色、人文历史样态和魅力品格活力,具有世界知名度和美誉度的文化形象,是持久的、不可替代的竞争优势。世界知名的文化城市往往形成了充满个性魅力和生命活力的文化形象。从受众的角度看,文化形象感知中的认知因素和情感因素,主要来源于对城市价值观念、生活品质和行为方式的综合识别,包括视觉形象、行为形象、观念形象三个层次的识别体系。文化形象指数分为文化品牌指数和文化标志指数两个二级指标。(见图3-7)

(一) 文化品牌指数(F1)

文化品牌是公众对一个城市在某个文化领域的印象性认知。文化品牌是特有的、抽象化、长期性的识别系统,体现了城市的文化底蕴和创造能力,是城市形象传递的重要媒介和载体,能够给城市带来溢价和增值。拥有国际化文化品牌是世界知名文化城市的共性特征,象征着与众不同的个性表达。文化品牌指数重点考察城市文化品牌的国际塑造和传播能力,采用显性指标与解释指标相结合的评价方法,反映城市文化品牌的世界知名度和美誉度。本书采用"国际旅游目的地"(F11)、"年国际会议数量"

---

[1] 李珍刚:《中国城市形象建设初探》,《社会科学》1997年第2期。

```
                    ┌─────────────┐
                    │ 文化形象指数 │
                    └──────┬──────┘
            ┌──────────────┴──────────────┐
    ┌───────┴────────┐            ┌───────┴────────┐
    │文化品牌指数(F1)│            │文化标志指数(F2)│
    └───────┬────────┘            └───────┬────────┘
```

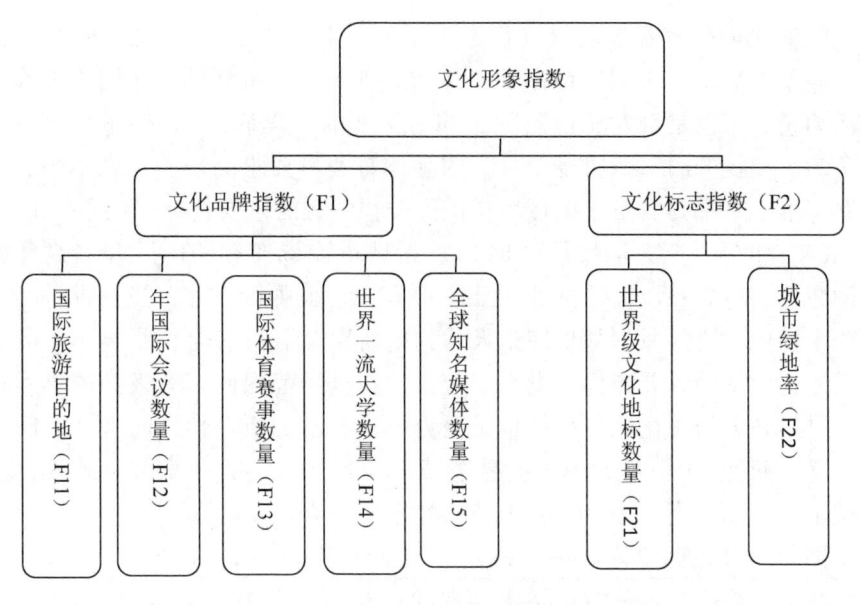

图 3-7　文化形象指数评价指标

（F12）、"国际体育赛事数量"（F13）、"世界一流大学数量"（F14）、"全球知名媒体数量"（F15）5 个变量进行测度。文化品牌指数值越高，说明城市文化形象的全球识别度和认可度越高。

（1）国际旅游目的地（F11）。指城市被国际社会公认的机构和组织认定为旅游目的地城市。国际旅游目的地即吸引国际游客前往的旅游目的地，具有目的地形象鲜明、国际吸引力强的特征。独特优质的旅游品牌是城市形象的重要因子，具有"功能上（Functional）、象征性（Symbolic）和体验上（Experiential）三种作用"[①]。国际旅游目的地是城市国际化和旅游业发展的产物，也是城市文化形象的重要标志。

（2）年国际会议数量（F12）。指一定时期城市举行的国际性会议的数量。召开国际会议的多少，是衡量一个城市国际化水平的重要指标，世界知名的文化城市往往是重要的国际会议目的地城市。目前，国际权威会议组织主要有国际协会联合会（Union of International Associations，UIA）和国际大会与会议协会（International Congress and Convention Association，ICCA），分别发布年度统计报告。

---

① Juergen Gnoth, "Leveraging Export Brands Through a Tourism Festination Brand", *Brand Management*, Vol. 9, No. 4/5, 2002, pp. 262-280.

（3）国际体育赛事数量（F13）。指一定时期城市举行的国际性重大体育赛事的数量。大型体育赛事"作为一种源自城市外部而作用于内部发展的力量，不仅是触发城市国际影响力扩散的'爆破源'，还是城市核心竞争力大幅提升的'助推器'"①。国际体育赛事要求高规格、高水平、高办赛标准，其举办数量是衡量城市国际交往能力的重要指标。

（4）世界一流大学数量（F14）。指城市市域拥有的国际知名高等院校的数量。世界一流大学指"主要学科有一批大师级人才，能够批量培养出产生世界一流的原创基础理论人才的创新性大学"②，是衡量城市高等教育国际化水平的重要指标。世界一流大学在世界范围内享有极高的学术声誉，世界知名的文化城市往往也是世界一流大学的所在地，两者在空间上具有高匹配度。"根据 GaWc 世界级城市排名，71% 的一流大学地处世界级城市"③，其中伦敦和纽约拥有 6% 的世界一流大学。

（5）全球知名媒体数量（F15）。指城市市域拥有的国际知名媒体机构的数量。媒体品牌是城市文化品牌的重要构成，"媒体形象在某种程度上主导了城市形象"④，城市以知名媒体展现个性气质，伴随着媒体品牌走向世界。

（二）文化标志指数（F2）

文化标志指城市整体的公众印象在视觉、行为、观念上的集中体现。文化标志具有"易识别性"（Legibility）和"可认知性"（Imaginability），具有特定的分类系统，其中物质形态的视觉标志体系具有独特性、价值性、多样性和动态性的特点，自然场所和人文场所是当今城市视觉标志的两个重要构成维度。文化标志指数重点考察城市文化空间的塑造能力，采用相对指标与绝对指标相结合的评价方法，反映文化标志的塑造能力和国际知名度。本书采用"世界级文化地标数量"（F21）和"城市绿地率"（F22）两个变量进行测度。文化标志指数值越高，说明城市空间的全球识别度现代化水平越高。

（1）世界级文化地标数量（F21）。指城市拥有的世界知名的文化标

---

① 姚颂平、刘志民、肖锋：《国际体育大赛与国际化大城市发展之关系》，《上海体育学院学报》2004 年第 5 期。
② 孟凡蓉等：《世界一流科技社团综合能力评估指标体系设计研究》，《科学学研究》2020 年第 11 期。
③ 陈星、张学敏：《世界一流大学与城市的共生关系及启示》，《教育发展研究》2018 年第 Z1 期。
④ 张国良：《现代大众传播学》，四川人民出版社 1998 年版，第 58 页。

志性建筑物的数量。"地标"（Land Mark）概念最早由美国建筑学家凯文·林奇提出，指地区标志。文化地标是一个城市的名片，享誉全球的标志性建筑往往具有穿越时空的生命力，让人产生最直接的视觉印象和城市联想，感受到城市文化的魅力，在城市文化形象的塑造和传播中都有着不可取代的作用。

（2）城市绿地率（F22）。指城市建成区各种绿化用地面积占城市总面积的百分比。"城市建成区绿地率用于衡量城市绿地空间规模与建成区空间规模之间关系"[①]，反映城市绿地建设水平和城市环境质量，作为相对指标适合于国内外城市比较。世界城市特别注重城市绿色空间心理感知，灵活运用多样的城市空间增加绿化总量，实现"高密度城市绿色空间的存量更新与创新发展，引导城市绿色空间趋于生态化、精细化、人性化"[②]。城市绿地率的计算公式为：

$$城市绿地率 = \frac{建成区绿地面积}{城市建成区面积} \times 100\%$$

[①] 邢琳琳、刘志强：《中国城市建成区绿地率与人均公园绿地面积失调特征及差异》，《规划师》2015年第6期。
[②] 王敏、彭唤宇：《绿视率引导下的城市绿色空间发展探析》，《住宅科技》2018年第9期。

第四章 世界文化名城评价实证研究设计

本章是全书实证研究的重要组成部分，在运用主客观综合赋权法确定评价指标权重的基础上，对全球 31 个样本城市进行综合评价，包括评价方法说明、参数与样本城市的选取，以及指标数据来源与处理、信度与效度检验、指标赋权评分等世界文化名城评价过程。

第一节 评价方法与步骤

世界文化名城评价并非单一目标系统，而是多维度、高阶次、非线性的复杂系统，带有明显的结构性、模糊性和主观性。运用多个关键变量指标对多个对象进行测评，权重值的确定是量化评价的关键环节。本节重点说明世界文化名城评价指标权重确定所采用的方法和步骤。

"指标权重"是一个相对概念，即单项指标在整体评价中所占比例的大小量化值，根据指标的重要程度确定。权重可分为绝对权重和相对权重，绝对权重表现为绝对数值，即测评指标的分数，所有测评指标的绝对权重之和得到总分。相对权重表现为百分比、小数等相对数值，所有测评指标的相对权重之和为 1。综合评价系统中指标权重的衡量方法分为主观赋权法和客观赋权法，主观赋权法能够兼顾决策意图，但对参与者的知识储备和经验积累要求较高，评价结果具有较强的主观性，影响评价结果的信度。主观赋权常用的方法有德尔菲法、层次分析法、模糊综合评判法、优序图法等，让专家从不同角度对研究对象打分。相对而言，优序图法的互补检验方法比较简单，回收的调查表往往符合要求，比较适合大样本调查，结果较为准确可靠。客观赋权法有效地解决人为因素影响可能造成的偏差，但过分依赖统计数据或数学模型，通用性和可参与性差。客观赋权常用的方法有主成分分析法、熵值法、变异系数法、坎蒂雷赋权法等，避免人为因素带来的偏差。相比而言，坎蒂雷赋权法则通过变量与合成值之间的相关程度来确定各变量的权重，最大限度地减少信息的损失，使赋权的结果尽可能地与实际结果接近，适用于指标间存在相关关系的综合评价研究。

世界文化名城的评价指标体系是一个结构性的综合评价系统，即运用多个指标对多个样本城市进行评价，并转化为一个综合评价指标。综合考虑主观赋权和客观赋权在实际应用中的优点和局限，本研究采用主客观组合赋权方法，将专家判断与客观分析相结合，运用优序图法评价指标的相对重要性，用坎蒂雷法确定指标的相对差异性，经过对比检验、并和修正，对评权指标进行综合赋权，得到较为理想且实际的指标权重值。

一 优序图法的原理和步骤

（一）优序图法的基本原理

优序图法（Precedence Chart，PC）是用来计算权重值的一种方法，由美国人穆蒂（P. E. Moody）在1983年提出，即通过对多个指标或目标进行两两相对比较给出重要性或优先性的次序。其基本方法是利用优序图对各项指标进行优劣排序，适用于多因素多指标的调查，应用简单，既能处理定量问题，又能处理定性问题。优序图是一个棋盘格的图示，图的左方数列为比较者，上方横行为被比较者。设 n 为比较对象（如方案、目标、指标）的数目，共有 $n \times n$ 个空格，在进行两两比较时可选择 1、0.5、0 三个数字来表示何者为优先程度和重要程度。"1"表示两两比较中相对"优先的""重要的"，"0.5"表示"同等重要的"，而"0"表示相对"次要的""不重要的"。相同序号的格子表示同一指标相比，空格中无须填写数字。完成棋盘格填写后需要进行互补检验，满足互补检验后，把优序图各行每个格子所填的数字横向相加，然后分别与总数 T（$T = n(n-1)/2$）相除，可以得到各指标的权重。运用优序图法确定权重，专家对各项指标重要性的把握相对清晰，打分占用时间较短，且填写完成后即可进行互补检验方法，回收的调查表基本有效。此外，运用优序图获取的数据可以一次性输入数据库，节省数据处理时间。

（二）优序图法赋权步骤

运用优序图法对世界文化名城评价体系的三级指标进行主观赋权。邀请历史、文化、经济、社会等学科领域多个专家对三级指标进行两两对比，最终确定指标重要程度，并打分得出结果。具体操作如下。

1. 专家对指标进行重要程度比较

若指标 X_i 比指标 X_j 重要，则 X_i 得 1 分；若同等重要，则 X_i 得 0.5 分；若指标 X_j 比指标 X_i 重要，则 X_i 得 0 分。

指标	X_1	X_2	...	X_n
X_1				
X_2				
...				
X_n				

假设专家对指标评分结果如下所示：

指标	X_1	X_2	...	X_n
X_1	A_{11}	A_{12}		A_{1n}
X_2	A_{21}	A_{22}		A_{2n}
...				
X_n	A_{n1}	A_{n2}		A_{nn}

2. 计算各指标得分

将每项指标的评分进行横向求和，得到三级指标的最终得分。

指标	X_1	X_2	...	X_n	指标得分
X_1	a_{11}	a_{12}		a_{1n}	$\sum_{k=1}^{n} a1k = A1$
X_2	a_{21}	a_{22}		a_{2n}	$\sum_{k=1}^{n} a2k = A2$
...					
X_n	a_{n1}	$an2$		a_{nn}	$\sum_{k=1}^{n} ank = An$

3. 优序图互补检验

如果第 i 行第 j 列数字与第 j 行第 i 列数字相互互补，则满足互补检验，表示填表数字有效。

4. 求指标权重

在得到每个专家的指标分数后，运用多输入加权优序图（Multiple-input weighted precedence chart），将多位专家优序图中相应格子的数字分别相加，根据得分排序确定指标重要性。根据得分计算三级指标的重要性权重。设三级指标得分分别为 A_1、A_2、$A_3 \cdots A_n$，则指标的权重为 $\alpha_i = \dfrac{A_i}{\sum_{k=1}^{n} A_k}$，经计算得到三级指标最终权重。

二 坎蒂雷赋权法的原理和步骤

（一）坎蒂雷赋权法的基本原理

坎蒂雷赋权法由艾玛·坎蒂雷（Amal Kantiray）提出，也称"艾玛法"，常用于多个指标间存在相关关系的综合评价系统，适用范围较广。该方法的核心是认为"权数与合成值之间的相关系数成比例关系，各变量权重的高低应该由变量与合成值之间的相关程度来确定"[①]。坎蒂雷赋权法充分利用指标信息进行赋权，"一是各指标变异程度上的差异信息，通过各指标的标准差或者变异系数来反映，二是各指标间相互影响程度上的差异信息，通过各指标所构成的相关关系矩阵来反映"[②]。"通过求矩阵 RS 的最大特征根所对应的特征向量来确定指标权数，矩阵 R 包含了各指标间的相互影响，S 反映的是各指标的变异程度。"[③] 因此，RS 矩阵包含了原始数据提供的两种信息，使赋权结果更加合理。根据这一思想，各评价指标的权值可以通过下式导出：

$$(RS - \lambda I)W = 0$$

式中，R 为原始变量的相关系数矩阵，S 为各变量标准差的对角矩阵，λ 为 RS 的最大特征根。"权向量 W 正是 RS 的最大特征根所对应的特征向量，W 受标准差与相关系数的共同影响。所以，RS 矩阵既包含了反映原始数据中各指标间的相互影响的信息，又包括了反映各指标的变异程度的信息。"[④] 对原始数据做标准化后，则 $S = I_p$ 为 P 阶单位矩阵，此时权数的矩阵 R 的最大特征根所对应的特征向量。理论上可以证明，由这些权数所构

---

① 马辉：《综合评价系统中的客观赋权方法》，《合作经济与科技》2009 年第 9 期。
② 王硕平：《中国金融风险的系统分析》，博士学位论文，西南财经大学，2000 年。
③ 陈述云：《综合评价中指标的客观赋权方法》，《上海统计》1995 年第 6 期。
④ 马辉：《综合评价系统中的客观赋权方法》，《合作经济与科技》2009 年第 17 期。

成的综合指标 Y 能够最大限度地反映原始信息。对 Y 个完全不相关的评价指标来说有 $R = I$，则 RS 的特征根即为各指标的标准差，而且特征向量的分量均为 0 或 1，因此所有权数均集中在所选择的特征根所对应的那个指标上。

（二）坎蒂雷法赋权步骤

运用坎蒂雷赋权法对三级指标进行客观赋权。设指标 X_i 的权数 W 同 X_i 与综合指标 $Y = \sum_{i=1}^{p} W_i X$ 之间的相关系数 $Cor(x_i, y)$ 是成比例的，即 $W_i Cor(x_i, y)$。因此，根据原始数据所提供的信息进行赋权，具体步骤如下。

（1）消除指标数值量纲。对指标原始数据进行标准化处理，采用离差标准化方法（Min-max normalization）对原始数据的线性变换，消除各项指标数值的量纲。

（2）计算相关系数矩阵。用 Matlab 软件计算原始数据的相关系数矩阵 R，获得各指标间相互影响性的差异，R 是 i 指标和 j 指标两列数据的相关系数。公式如下：

$$R = R_i(j)$$

（3）计算标准差对角矩阵。用 Matlab 软件计算原始数据的标准差对角矩阵 S，获得同一指标下不同评价对象间的变异性。公式如下：

$$S = \sqrt{\frac{1}{n-1} \sum_{i=1}^{n} (X_i(j) - X_j)^2}$$

（4）建立乘积矩阵。综合相关性和变异性两种因素，得到矩阵 R 和 S 的乘积矩阵 RS。公式如下：

$$RS = R \times S$$

（5）求指标权重。用 Matlab 软件求取 RS 的最大特征值和所对应的特征向量 $\bar{W}$，所有向量均为正值，将 $\bar{W}$ 做归一化处理后，得到各三级指标的权重。公式如下：

$$\bar{W} = (\theta_1, \theta_2, \theta_3, \theta_4 \cdots \theta_n)$$

指标 K 的权重值 $W_k = \dfrac{\theta_k}{\sum_{i=1}^{n}}$

三　主客观规范化综合赋权

世界文化名城评价指标赋权的关键是确定主观赋权和客观赋权的权重

分配。"首先，假设某项指标的主观权重等于客观权重，意味着主观与客观的统一，则该指标理想的综合权重等于主观权重（或客观权重）；其次，当某项指标主观权重不等于客观权重，则判定该指标的综合权重介于主观权重与客观权重之间，意味着对两种评权结果的权衡和修正。"① 如此，使综合评价结果趋于更加真实、可靠、有效。计算公式如下：

$$\delta_i = \frac{\omega_i + \theta_i}{\sum_{i=1}^{n}(\omega_i + \theta_i)}$$

因为 $\sum_{i=1}^{n}(\omega_i + \theta_i) = \sum_{i=1}^{n}\omega_i + \sum_{i=1}^{n}\theta_i = 2$，所以，$\delta_i = \frac{\omega_i + \theta_i}{2}$。其中，$\omega_i$ 表示第 i 个指标的主观权重，θ_i 表示第 i 个指标的客观权重，δ_i 表示第 i 个指标的综合指标权重，n 为指标数。也就是说，计算主观权重和客观权重的算术平均值得出世界文化名城评价三级指标的综合权重。最后，采用"代数和法"得出世界文化名城评价二级指标和一级指标的组合权重。

第二节　样本城市选择

世界文化名城是以文化功能或文化声誉被识别的城市，具有文化吸引力、文化创造力、文化参与性、文化多样性、文化影响力，是享誉世界的人类文明策源地、充满活力的多元文化交汇地、彰显个性的文化魅力展示地。因此，世界文化名城评价研究，应重点选择全球各个国家的重要文化名城，对其文化功能和文化声誉进行综合评价。

一　选择原则

一是国际权威组织认定。这一标准是样本城市选取的重要导向，所有样本城市必须是经过国际权威组织认定在文化方面具有显著建树的世界城市。本书中对世界文化名城样本的选取主要来源于进入 GaWC "世界城市分级"（The World According to GaWC）的城市，以及世界文化名城论坛成员城市、全球创意城市网络成员城市，或荣获"世界遗产城市""欧洲文化之都""世界旅游目的地"等称号的城市。

---

① 董洁、陈祖功：《主客观组合赋权法在科技成果转化评价分析中的应用》，《科学管理研究》2009 年第 5 期。

二是空间上覆盖全球。世界文化名城样本的选取既要突出世界城市文化的建设和发展，也要体现全球观。因此，在选取国外样本城市时注重空间均衡，覆盖美洲、欧洲、亚洲、澳洲和非洲，选取具有代表性的文化名城进行评价比较，体现不同自然环境、经济水平、历史人文在文化发展上的独特表达。

三是突出国内城市比较。本书的一个重要研究目的是通过对世界文化名城的评价比较，一方面找到中国城市的发展差距，指导国内城市文化发展走向世界前沿；另一方面通过与世界城市的比较，为全球贡献世界文化名城建设的中国经验。国内样本城市的选取，注重空间均衡，从中国东部、中部、西部、东北地区选择文化发展相对领先的城市，在获得国际权威组织认定的文化城市基础上，重点考虑国家历史文化名城。

四是包容多类型文化城市。世界文化名城是人类文明生成化育的汇聚体，以时间和空间合成丰富而复杂的交响变奏，极大丰富了城市文化的类型及其表达方法。自古至今，出现了若干以文化为标志，并对城市经济社会和生态发展起到积极推动作用，在全球产生广泛影响的城市。样本城市的选取兼顾历史文化名城和现代文化名城，综合文化名城和主题文化名城，体现空间上的异质性和时间上的继起性。

二 样本城市

结合 GaWC 世界城市排名位次，筛选五大洲各个国家的重要文化名城，充分考虑城市经济和文化发展水平，以及数据获取的可行性，选取17个国家31个具有代表性的城市作为实证研究对象，通过查阅各种统计资料，获取三级指标2017年的数据。从区域分布来看，样本城市覆盖亚洲、欧洲、美洲、澳洲、非洲五大洲，其中亚洲城市15个，服从研究目的适当扩大中国样本城市数量，分别是东京、迪拜、新加坡、首尔、香港、北京、上海、广州、深圳、成都、杭州、武汉、西安、哈尔滨和郑州；欧洲城市6个，分别是巴黎、伦敦、都柏林、爱丁堡、米兰、莫斯科；美洲城市5个，分别是纽约、洛杉矶、蒙特利尔、圣菲波哥大、布宜诺斯艾利斯；非洲城市3个，分别是约翰内斯堡、开普敦、开罗；大洋洲城市2个，分别是悉尼、墨尔本。从发展水平来看，除中国城市哈尔滨之外，样本城市均进入高收入经济体行列，其中世界一线城市21个，二线城市5个，三线城市3个，四线城市2个。具体如表4-1所示。

表 4-1　　　　　　世界文化名城评价样本城市一览

区域	国家	城市
亚洲 （Asia）	中国（China）	北京（Beijing）、上海（Shanghai）、广州（Guangzhou）、香港（Hong Kong）、深圳（Shenzhen）、杭州（Hangzhou）、武汉（Wuhan）、郑州（Zhengzhou）、成都（Chengdu）、西安（Xian）和哈尔滨（Harbin）
	日本（Japan）	东京（Tokyo）
	韩国（South Korea）	首尔（Seoul）
	新加坡（Singapore）	新加坡（Singapore）
	阿联酋（The United Arab Emirates）	迪拜（Dubai）
美洲 （America）	美国（United States）	纽约（New York City）、洛杉矶（Los Angeles）
	阿根廷（Argentina）	布宜诺斯艾利斯（Buenos Aires）
	加拿大（Canada）	蒙特利尔（Montreal）
	哥伦比亚（Columbia）	圣菲波哥大（Santafé de Bogotá）
非洲 （Africa）	南非（South Africa）	约翰内斯堡（Johannesburg）、开普敦（Cape Town）
	埃及（Egypt）	开罗（Cairo）
欧洲 （Europe）	法国（France）	巴黎（Paris）
	英国（United Kingdom）	伦敦（London）、爱丁堡（Edinburgh）
	俄罗斯（Russia）	莫斯科（Moscow）
	意大利（Italia）	米兰（Milan）
	爱尔兰（Ireland）	都柏林（Dublin）
大洋洲 （Oceania）	澳大利亚（Australia）	悉尼（Sydney）、墨尔本（Melbourne）

三　样本城市基本情况

（一）国外城市

1. 大洋洲文化名城——悉尼、墨尔本

悉尼（Sydney）。悉尼是澳大利亚最大城市及港口，有 200 多年的建城史，面积 12368.193 平方公里，2018 年常住人口约 482.3991 万，实现 GDP 2698.72 亿美元，人均 GDP 5.59 万美元，澳大利亚商业、贸易、金融、旅游和教育中心，亚太地区重要的金融枢纽和航运中心，2018 年 GaWC 排名世界一线城市第 10（Alpha +）。

悉尼是世界知名的国际大都市，拥有丰富的多元文化底蕴，蜚声全球的地标性建筑悉尼歌剧院被列入世界文化遗产,曾举办多项国际重大体育赛事。步入后工业化阶段后,悉尼确定城市文化战略,2008 年公布的《永续发展的悉尼 2030 策略规划》提出要成为"一个有文化和创意的城市"的目标愿景。"政府努力丰富居民文化体验,鼓励发展土著居民的传统及文化,提供文化基础设施,支持创新行业、文化活动、文化参与及文化交流。"① 作为世界电影之都、世界设计之都,悉尼的城市创意实力非凡,也是悉尼国际电影节等多项重要国际文化盛事的举办城市,连续多年上榜全球最宜居的城市,全球知名旅游网站猫途鹰(TripAdvisor)公布的"2019 全球最受欢迎的旅游目的地"排行榜,悉尼居澳洲首位。

墨尔本(Melbourne)。墨尔本是澳大利亚第二大城市,有 180 余年的建城史,面积 9991 平方公里,2018 年常住人口 485.074 万,实现 GDP 2043.46 亿美元,人均 GDP4.21 万美元,澳大利亚文化、工业中心,世界著名的旅游城市和国际大都市,2018 年 GaWC 排名世界一线城市第 28(Alpha -)。

墨尔本是南半球最负盛名的文化名城,随 19 世纪中叶淘金潮而勃兴,是澳大利亚的文化首都,城市人文气息浓厚。墨尔本注重通过文化发展保持市民活力与地区繁荣,制订公共艺术计划和整体策划,强调参与、交流、生活和多元,用文化艺术活动打造艺术之都,支撑城市文化的可持续发展。作为联合国教科文组织认定的世界"文学之城"(City of Literature),墨尔本是澳大利亚书店最多的城市,"文学传统积淀深厚,拥有繁荣的创作、出版和图书市场,教育、娱乐、旅游等文化产业发达"②。"墨尔本重视文化生态的多样性"③,既有工艺文化和高雅文化,也有大量的大众娱乐和民俗文化,文化艺术活动非常丰富,也是许多国际著名赛事的举办地。"墨尔本城市绿地率高达 40%,连续多年被联合国人居署评为'全球最适合人类居住的城市'。"④

2. 欧洲文化名城——伦敦、巴黎、莫斯科、米兰、都柏林、爱丁堡

伦敦(London)。伦敦是英国首都,有近 2000 年的建城史,面积 1572 平方公里,2018 年常住人口 900.6352 万,实现地区生产总值 6950 亿美元,人均 GDP7.25 万美元,英国政治、经济、文化、金融中心,世界领先

---

① 梁凝:《可持续发展的悉尼 2030 计划》(2015 年 12 月 21 日),2020 年 6 月 5 日,http://www.istis.sh.cn/list/list.aspx?id=9754/。
② 静水:《"创意城市":走向国际化的通行证》,《中国文化报》2010 年 6 月 26 日。
③ 郭珉媛、陈昌洪:《天津都市文化功能开发》,《环渤海经济瞭望》2012 年第 4 期。
④ 《连续多年被联合国评为"全球最适合人类居住的城市",文化享誉全球》(2019 年 3 月 23 日),2020 年 6 月 5 日,https://www.sohu.com/a/303325316_100093652。

的国际大都市之一，2018 年 GaWC 排名世界一线城市首位（Alpha + +）。

伦敦历经"工业之都""金融之都""创意之都"的跃升，巩固文化在全球的领先地位是伦敦的战略重点。① 伦敦提出建设"卓越的创新文化国际中心"的宏伟目标，以其独特丰富的文化和遗产资源构建"所有伦敦人的文化"②，是全世界博物馆和体育馆数量最多、人均拥有公共图书馆最多的城市。伦敦注重以高端智库建设引领全球城市与文化发展，创建了世界城市权威智库"全球化与世界城市研究网络"（Globalization and World Cities Study Group and Network，GaWC），2012 年伦敦市政府发起成立世界顶级文化智库"世界城市文化论坛"（WCCF）。作为顶尖的全球城市和全球文化的动力源和标杆之一，在世界文化、传媒、广告、时尚行业占据主导地位。2019 年，伦敦被正式确认为世界上第一个"国家公园城市"，位居"2019 年世界旅游城市"综合排行第 3，是全球接待国际游客人次最多的城市之一。

巴黎（Paris）。巴黎是法国首都和最大城市，1400 多年的建都史，面积 12012 平方公里，2018 年常住人口 1224.62 万，实现地区生产总值 8218.16 亿美元，人均 GDP 6.71 万美元，法国文化、教育事业的中心，西欧政治、经济、文化中心，联合国教科文组织、经济合作与发展组织等国际组织的总部所在地，世界领先的国际大都市之一，2018 年 GaWC 排名世界一线城市第 5（Alpha +）。

巴黎是全球拥有世界文化遗产最多的历史文化名城，世界遗产总部设在巴黎，先后诞生了《世界文化和自然遗产保护公约》《世界文化多样性宣言》《保护和促进文化表现形式多样性公约》等全球文化议题和倡议，极大增强了巴黎在世界的文化影响力。巴黎以"世界时尚之都""艺术之都""博物馆城市"著称，文化设施享誉全球，是欧洲拥有博物馆和剧院数量最多的城市，全世界拥有图书馆和电影院数量最多的城市，时尚产业发达，节日庆典、文艺演出全球领先。巴黎也是"世界第一会议之都"，曾举办过 7 次世界博览会和两届奥运会，也是 2024 年第 33 届夏季奥运会的主办城市，位居"2018 全球十大最受欢迎旅游目的地"之首，2019 年世界旅游城市发展排行榜第四。

莫斯科（Moscow）。莫斯科是俄罗斯联邦的首都，始建于 12 世纪中叶，有

---

① 《如何建设文化大都市？学习伦敦经验》（2017 年 10 月 25 日），2020 年 10 月 22 日，https://www.sohu.com/a/200286796_999931442。
② Mayor of London, *Mayor of London's Culture Strateg*, London：London City Hall, 2018.

800 多年的建都史，面积 2561 平方公里，2018 年常住人口 1250.6468 万，实现 GDP 2452.43 亿美元，人均 GDP1.96 万美元，国际大都市，俄罗斯政治、经济、文化、金融、交通中心以及最大的综合性城市，亚欧大陆交通枢纽，2018 年 GaWC 排名世界一线城市第 16（Alpha）。

莫斯科历史悠久，是俄罗斯科教文化中心，二战后城市重建和新建，迅速成长为一座国际化大都市。莫斯科拥有克里姆林宫和红场两项世界文化遗产。作为全俄最大的综合性工业城市、科技文化中心，莫斯科拥有 1000 多所科研机构，芭蕾、歌剧、出版、旅游等文化产业较为发达，艺术氛围浓厚。莫斯科也是多项国际大型文化活动和体育赛事的举办地，创办于 1959 年的"莫斯科国际电影节"是国际 A 类电影节。莫斯科曾主办 1980 年第 22 届夏季奥运会、2013 年第 14 届世界田径锦标赛、2018 年第 21 届世界杯足球赛等国际重大赛事，在国际上享有广泛的文化声誉。莫斯科被誉为"森林中的首都"。2018 年获得 World Travel Awards"最佳旅游目的地城市"奖。

米兰（Milan）。米兰是意大利第二大城市和最大都会区，有 2400 年的建城史，面积 182 平方公里，2018 年常住人口 138.0873 万，实现地区生产总值 2053.05 亿美元，人均 GDP14.87 万美元，意大利经济中心，世界著名的"时尚之都"，2018 年 Gawc 排名世界一线城市第 12（Alpha）。

米兰是文艺复兴的重镇，世界公认的历史文化名城和时尚之都。米兰时尚教育资源丰富，时尚和设计学院众多，拥有全球半数以上的知名时装品牌，聚集了全球 50% 的时装大牌总部和世界时尚名品。米兰时尚文化产业发达，设计、建筑设计、出版业、广告业、电影广播、文化娱乐等创新经济活跃，是从工业中心转型为创意城市的典范。作为世界上展览、展会最多的城市之一，1906 年、2015 年两届世界博览会都在米兰举行，并获得 2026 年冬季奥运会的主办权，极大促进了城市经济社会的快速发展。米兰是著名的足球之城，AC 米兰、国际米兰两大足球俱乐部世界闻名。独特的文化情怀和艺术氛围吸引着全球游客前往体验，2018 年居欧睿国际"全球最受欢迎旅行目的地"欧洲前十。

都柏林（Dublin）。都柏林是爱尔兰共和国首都，形成于公元前 1 世纪，面积 918 平方公里，2018 年常住人口 134.7459 万，实现地区生产总值 1635.1 亿美元，人均 GDP 12.13 万美元，国家政治、经济、文化、旅游和交通中心，2018 年 Gawc 排名世界一线城市第 29（Alpha - ）。

都柏林是一座文化之都，加入联合国教科文组织"创意城市网络"，被授予世界"文学之城"（City of Literature）的称号，散文、诗歌、剧本创作和歌曲创作等闻名于世，4 位诺贝尔文学奖获得者诞生于此，当代文学也拥有极高的国际声望。作为欧洲重要的音乐中心，都柏林的民歌和戏剧尤为突出。此外，都柏林有"欧洲硅谷"的称号，聚集了全球许多知名高科技企业，以文化、科技为核心的软件业全球领先。爱尔兰体育运动组织的总部都设在都柏林，许多流行运动项目深受大众喜爱。爱尔兰也是国际知名的夜生活城市，酒馆、夜总会和酒吧众多，被《国家地理杂志》评为"2018 年全球 21 个最佳旅游目的地"之一。

爱丁堡（Edinburgh）。爱丁堡是英国苏格兰首府，政治、经济、文化中心，始建于公元 6 世纪，面积 263 平方公里，2018 年常住人口 51.321 万，实现地区生产总值 279.58 亿美元，人均 GDP 5.45 万美元，2018 年 GaWC 排名世界二线城市第 76（Beta-）。

爱丁堡是英国著名的文化古城，联合国教科文组织认定的首个世界"文学之城"（City of Literature），素有"北方雅典"的美名，聚集了许多具有世界影响力的作家、哲学家、经济学家、艺术家。爱尔兰坚持以文化营造优雅的城市，将商业和艺术结合，带动文化创意产业发展。爱丁堡被称为"节日之城"，汇聚世界各种艺术形式的节庆活动，诞生于第二次世界大战后的"爱丁堡国际艺术节"，是"世界上规模最大、影响最广、水平最高的国际大型综合艺术节之一"，[①] 对城市经济社会发展产生了巨大的推动作用。独具苏格兰风土人情和人文环境，使众多国际时尚品牌汇聚爱丁堡，是吸引游客的购物天堂，在猫途鹰（TripAdvisor）发布的由旅者票选的"2017 年最佳旅游目的地榜单"中，爱丁堡排名英国第二。

3. 非洲文化名城——约翰内斯堡、开普敦、开罗

约翰内斯堡（Johannesburg）。约翰内斯堡是南非共和国最大的城市，1886 年建城，面积 269 平方公里，2017 年常住人口 388.81 万，实现 GDP 约 1165 亿美元，人均 GDP 约 3 万美元，南非经济、政治、文化、旅游中心，非洲最重要的门户枢纽，全球最大的黄金出产中心，世界著名的国际大都市，2018 年 GaWC 排名世界一线城市第 20（Alpha），非洲唯一的世界一线城市，2019 年全球城市 500 强榜单第 51 名。

约翰内斯堡因黄金开采而兴起，20 世纪初确立了"世界级非洲城市"[②] 的发展愿景，努力融合全球化和非洲文化，营造社会文化氛围，充

---

① 夏一梅：《商业与艺术的完美结合——爱丁堡国际艺术节对发展文化创意产业的启示》，《上海商业》2008 年第 9 期。
② 汤伟：《金砖国家新兴世界城市发展规划研究》，《上海对外经贸大学学报》2019 年第 7 期。

分发挥非洲文化特性，吸引跨国资本。约翰内斯堡政府实施文化旅游发展战略，制定公共艺术政策，优先发展文化产业、创意产业和旅游业，促进城市经济转型。一年一度的约翰内斯堡都艺术季（Arts Alive Festival），吸引世界各地的艺术家参与其中。约翰内斯堡被称为"南非的硅谷"，会聚了来自160多个国家的企业家、投资者、研发人员。约翰内斯堡也是世界知名的旅游城市，公园和草地占城市面积的1/10左右，2016年获评万事达卡"非洲最热门目的地城市"，位列Cvent"2019年中东和非洲十大会议目的地"榜单第四。

开普敦（Cape Town）。开普敦是南非共和国立法首都，非洲第二大城市，始建于1652年，面积2456平方公里，2018年常住人口417.451万，实现GDP 291.89亿美元，人均GDP 0.699万美元，南非重要的金融和工商业中心，2018年GaWC排名世界二线城市第24（Beta +）。

开普敦探索以新兴的艺术促进城市转型，成为蕴含文化气息的新都会。通过改造工业区老厂房形成艺术特区，打造"蔡茨非洲当代艺术博物馆"等文化设施，街头艺术使当地人文环境得到明显改善，绽放的文化、艺术与设计在这里蓬勃发展，彰显了开普敦南非文化中心的地位。开普敦重视通过设计给城市带来新活力，以创新的设计改造市容并振兴社区发展，2014年获选国际工业设计联合会"世界设计之都"，成为非洲第一座被授予这项荣誉的城市。开普敦是南非旅游胜地，市内的罗本岛是世界文化遗产，桌山被评为世界新七大自然奇观，连续7年获评英国《每日电讯报》"全球最佳旅游城市"，位列Cvent"2019年中东和非洲十大会议目的地"榜单第三。

开罗（Cairo）。开罗是埃及首都及最大的城市，有5000多年的城市文明史，1000多年的建都史，面积3085平方公里，2018年常住人口2280万，实现GDP 836.3亿美元，人均GDP 3668美元，非洲及阿拉伯世界最大城市，阿拉伯国家联盟总部所在地，中东地区政治、经济、文化、商业中心和交通枢纽，2018年GaWC排名世界二线城市第18（Beta +），2019年全球城市500强榜单第97名。

开罗世界上最古老的城市之一，地处亚非大陆的陆地交通要冲，各种文明博弈交融，是世界著名的文化古都。开罗重视文化遗产的保护，传承伊斯兰文化和城市形态，市内有800多座建于不同时期和年代的清真寺，世界珍奇文物建筑众多，金字塔和狮身人面像是蜚声全球的古代世界奇迹之一。新建的"大埃及博物馆"被誉为世界上最大的单一文明博物馆。艾资哈尔大学图书馆是世界上最大的伊斯兰知识和文化宝库。开罗也是中东最现代化的城市,有上千所各类普通学校和技术学校,开罗国际电影节(Cairo International Film Festival)具有全球影响力。开罗是中东地区国际性会议和文化活动中心,国际知名的旅游城市,位居美国国家地理评选的"2019全球十大最佳旅行目的地"榜单第6。

4. 美洲文化名城——纽约、洛杉矶、布宜诺斯艾利斯、蒙特利尔、波哥大

纽约(New York City)。纽约是美国第一大城市,纽约都会区核心,有300多年的建城史,面积783.8平方公里,2018年常住人口约862.2698万人,实现GDP 6783亿美元,人均GDP 7.87万美元,世界金融中心和娱乐产业中心,联合国总部所在地,2018年GaWC排名世界一线城市第2(Alpha++)。

纽约是美国文化、艺术、音乐和出版中心,全美文化设施最多、最集中的城市,世界知名高校众多。"其经济实力、对思想和移民的开放以及世界级的文化资源成为强有力的城市动力。"[1] 大都会艺术博物馆等艺术博物馆和展览馆,以及帝国大厦、克莱斯勒大厦等地标建筑全球知名。纽约是世界时尚之城和娱乐之城,"百老汇演艺群是美国文化的标志"[2]。创办于1943年的纽约时装周是世界四大时装周之一,是世界上历史最悠久的时装周。纽约科技创新活跃,与商业、时尚、传媒等领域深度融合,文创产业是城市经济的重要支柱。中央公园、高线公园(High Line)、河滨公园(Riverside Park)等全球知名的城市公园众多,各种新潮商店、餐馆、咖啡店不计其数,入围万事达卡"2017全球十大最受欢迎的旅游目的地"、TripAdvisor"2018年度全球十大最受欢迎旅游目的地"榜单,2019年世界旅游城市发展排行榜首位。

洛杉矶(Los Angeles)。洛杉矶是美国第二大城市,200多年的建城史,面积约10510平方公里,2018年常住人口1016.3507万,实现地区生产总值6699.75亿美元,人均GDP约为6.59万美元,世界领先的商业、国际贸易、科学、教育、娱乐和体育中心,2018年GaWC排名世界一线城市第28(Alpha)。

洛杉矶文化教育事业发达,博物馆和剧院数量居全美首位,世界知名高校众多,是美国现代艺术作品第二大交易市场,众多科技与文化、娱乐和媒体融合的研发机构和企业聚集。洛杉矶有着丰富的体育文化,拥有许

---

[1] Center for An Urban Future. Creative New York, 2019-05-18, 2020-10-22, https://nycfuture.org/pdf/Creative_New_York.pdf.

[2] Mayor of New York. Greate NYC, 2019-05-18, 2019-05-18, https://wwwl.nyc.gov/assets/dcla/downlads/pdf/cultureplan/createnyc-finalplan.pdf.

多世界知名的大型体育场馆和职业体育俱乐部,曾主办1932年和1984年两届夏季奥运会,获得2028年第34届夏季奥运会的主办权。洛杉矶是"世界娱乐之都",电影产业是洛杉矶的全球产业之一,"洛杉矶及其城市圈内较高的经济发展水平和强劲的文化消费能力,成就了'好莱坞'在电影产业中的霸主地位"①。"好莱坞环球影城"是全球最大的电影主题公园,洛杉矶迪士尼乐园是世界上最大的综合游乐场。奥斯卡金像奖(Oscars)是全世界最具影响力的电影类奖项,文化地标"好莱坞星光大道"(Walk of Fame)全球瞩目。洛杉矶旅游业连续八年保持增长,国际游客数量持续增长。

布宜诺斯艾利斯(Buenos Aires)。布宜诺斯艾利斯是阿根廷的首都,有400多年的建城史,面积200平方公里,2018年常住人口304.9229万,实现GDP 987.61亿美元,人均GDP 3.24万美元,阿根廷政治、经济、科技、文化和交通中心,南美最大的港口城市之一,2018年GaWC排名世界一线城市第37(Alpha-)。

布宜诺斯艾利斯是阿根廷及拉丁美洲重要文化中心,被称为"南美洲巴黎"。城市历史悠久,多民族、多元文化特征突出,兼具开放性和包容性的城市文化品格。② 布宜诺斯艾利斯的舞台剧产业位于拉美前列,街头艺术十分活跃,被称为"探戈之城"。布宜诺斯艾利斯确立"国际设计标杆城市"的目标定位,以设计产业推动城市经济发展,2005年被联合国教科文组织评定为全球第一个"设计之城"(City of Design)。布宜诺斯艾利斯是阿根廷最大的文教中心和出版中心,2011年被联合国教科文组织评为"世界图书之都"(World Book Capital)。布宜诺斯艾利斯生态环境良好,城市绿化面积约占市区面积的15%,保留着欧式风格的城市景观,获评2018年全球"最具吸引力的城市",被全球旅行社区爱彼迎评为"2019年最受欢迎的19个旅游目的地"③ 之一。

蒙特利尔(Montreal)。加拿大面积第二大城市,400多年的建城史,大都市区面积499平方公里,2018年常住人口约194.2044万(2016

---

① 齐骥:《中国文化产业集群的发展和治理——以国际经验为视角》,《发展研究》2013年第8期。
② 陈芳等:《阿根廷布宜诺斯艾利斯的创意城市发展路径及其实践研究》,《现代城市研究》2013年第11期。
③ 《2019年最受欢迎的19个旅游目的地》(2019年1月21日),2020年1月18日,http://finance.sina.com.cn/roll/2019-01-21/doc-ihqfskcn9052464.shtml。

年），① 实现地区生产总值 1036.48 亿美元，人均 GDP 5.34 万美元，加拿大重要的经济中心之一和国际港口，航空、金融、设计和电影等行业发达，2018 年 GaWC 排名世界二线城市第 31（Beta）。

蒙特利尔是加拿大文化中心之一，全球第二大法语城市，博物馆、公共图书馆、影剧院艺术品画廊众多，各种风格和类型的书店不计其数，是"世界图书之都"（World Book Capital）。蒙特利尔曾举办 1967 年世界博览会和 1976 年夏季奥运会，每年举行"一级方程式赛车"等赛事，创办于 1977 年的"蒙特利尔国际电影节"是北美唯一的国际 A 类电影节，极具全球知名度。蒙特利尔将设计产业确定为城市经济发展的战略行业，以设计城市的形象登上世界舞台，既是经济增长的动力，也提升了城市生活质量和国际知名度，被联合国教科文组织授予的首批世界"设计之都"（City of Design）。蒙特利尔街头文化活动和艺术狂欢节丰富多彩，2019 年获评万事达卡"北美十大旅游目的地"之一。

波哥大（Bogotá）。波哥大是哥伦比亚首都，最大城市，始建于 1538 年，面积 1636 平方公里，2018 年常住人口 818.1047 万，实现地区生产总值 726 亿美元，人均 GDP 8870 美元，哥伦比亚重要的交通枢纽和政治、经济、文化、工业中心，拉丁美洲最大最现代化、南美洲发展最快的大都市之一，2018 年 GaWC 排名世界一线城市第 42（Alpha-）。

波哥大是南美洲艺术和文化中心，素有"伊比利亚文化之都"（Iberoamerican Capital of Culture）之称，拥有世界上最大的黄金博物馆，被誉为"南美的雅典"。波哥大文化事业发达，哥伦比亚 50% 的书籍都在这里诞生，2007 年被联合国教科文组织授予"世界图书之都"（World Book Capital）的称号。波哥大以音乐活力而闻名世界，是重要的区域性音乐中心。这里举办许多国际知名的文化盛会，伊比利亚美洲戏剧节（Iberoamerican Theater Festival）是世界上规模最大的戏剧节之一，2012 年波哥大被联合国教科文组织授予世界"音乐之城"（City of Music）称号。波哥大有 4500 个公园，市中心的西蒙·玻利瓦尔公园是世界上最大的城市公园，举办各种免费音乐节，是拉丁美洲著名的旅游目的地。

5. 亚洲文化名城——东京、首尔、新加坡、迪拜

东京（Tokyo）。日本首都，最大城市，东京都市圈中心城市。400 多年的建城史，面积 2194 平方公里，2018 年东京都区部常住人口 1351.3734 万，

---

① 中华人民共和国驻蒙特利尔总领事馆：《魁省主要城市情况》（2018 年 12 月 13 日），2020 年 6 月 22 日，http://montreal.chineseconsulate.org/chn/lqgkjsbjwgj/ksjk/t1621643.htm。

实现 GDP 10153.42 亿美元，人均 GDP 7.51 万美元，日本政治、经济、文化、交通等枢纽中心，世界商业金融、流行文化与时尚重镇，世界上经济最发达的都市之一，2018 年 GaWC 排名世界一线城市（Alpha+）第 10。

东京重视以文化独特性提升城市国际地位和形象，提出"以文化开拓东京未来，建设世界上独一无二的文化都市"①的愿景，文化是保持其世界城市地位的重要支撑。特别注重传统文化的保护、外来文化的本土化以及现代城市的文化建设，积极推动文化艺术国际化。创办于 1985 年的"东京国际电影节（T.I.F.F）"，是国际 A 类电影节之一，也是亚洲最大的电影节。东京曾举办第 18 届奥林匹克运动会（1964 年），也是 2020 年夏季奥林匹克运动会的主办城市。东京"实施以增强城市文化活力和魅力为导向的文化战略，通过发展现代文化产业，展示东京多样性的文化形态和国际前沿的文化视野"②，文化创意产业规模和产值约占全国的 60%。东京建设了上万个城市公园，位居万事达卡"2018 年全球旅游目的地城市"第 9，2019 年世界旅游城市发展排行榜首位。

首尔（Seoul）。首尔是韩国首都，朝鲜半岛最大的城市，有 600 多年的建都史，面积 605.77 平方公里，2018 年常住人口 981.4 万，实现 GDP 4109.63 亿美元，人均 GDP4.19 万美元，韩国的政治、经济、科技、教育、文化中心，世界金融中心之一，世界上人口密度极高的城市之一，2018 年 GaWC 排名世界一线城市第 22（Alpha）。

首尔历史悠久，文化遗产丰富。为了跻身世界城市，首尔"坚持以文化为中心的城市发展战略，实施以'历史和文化共存的城市'为目标的文化政策，打造拥有秀丽景观的健康生态之都、安全与美丽共存的'软首尔'"③。首尔在 1986 年举办了亚运会，1988 年举办了夏季奥运会，2002 年与东京合办了世界杯足球赛，全方位提升城市现代化、国际化水平。2005 年首尔制定了《为创建"文化城市——首尔"文化艺术部门十年规划（案）》，2008 年公布了《Seoul,"Culturenomics"-Vision&Strategy》城市文化发展规划，制定《创意文化城市规划大纲》，实施系列政策支持文化产业发展，启动"设计首尔"计划，向"艺术城市、设计城市、创意城

---

① 东京都生活文化局：《东京文化愿景》（2019 年 5 月 18 日），2020 年 3 月 10 日，http://www.seikatubunka.metro.tokyo.jp/bunka/bunka_seisaku/houshin_torikumi/0000000210.html222222。
② 王林：《国际重要首都城市与北京文化战略比较分析》，《西部学刊》2013 年第 7 期。
③ 李奎泰：《首尔和上海的城市发展战略和城市文化政策之比较》，《当代韩国》2006 年春季号。

市及世界城市"迈进,① 2010 年被联合国教科文组织认定为世界"设计之城"(City of Design)。首尔位居 2017 年全球会议目的地城市排名第 10,2019 世界旅游城市发展排行榜第 8。

新加坡(Singapore City)。新加坡是东南亚城市国家,有 1000 多年的城市文明史,面积 720 平方公里,2018 年常住人口 561.23 万,实现 GDP 3610.5 亿美元,人均 GDP 6.43 万美元,东南亚重要的金融及转口贸易中心,亚洲重要的服务和航运中心,国际金融中心,2018 年 GaWC 排名世界一线城市第 5 (Alpha +),"2019 年全球城市经济竞争力榜单"第 3 位(中国社科院和联合国人居署),"2019 年全球可持续竞争力榜单"首位。

新加坡由外贸驱动城市从工业经济向知识经济转型,在这一过程中文化艺术发挥了重要作用。从 1999 年起,新加坡连续推出三部"文艺复兴城市计划"(Renaissance City Plan),确立打造"国际艺术之都""世界文化之都""创意城市"的发展蓝图。新加坡将创意产业提升为 21 世纪战略产业,公布《创意产业发展策略》②,为城市经济注入动力。通过制订"文艺复兴城市""设计新加坡""媒体 21"战略计划,逐步树立"新亚洲创意中心""世界级文化中心"的国际声誉。③ 新加坡有"花园城市"的美誉,是亚太地区城市中召开国际会议数量最多的城市,位居万事达卡(Mastercard)"2018 年度全球旅游目的地城市"第 5,被全球旅游资讯网站 INSIDER travel 评为"2018 年最佳旅游目的地"。

迪拜(Dubai)。迪拜是阿拉伯联合酋长国人口规模最大的城市,有 200 多年的建城史,面积 4114 平方公里,2018 年常住人口 305.2 万,实现 GDP 1084 亿美元,人均 GDP 3.55 万美元,中东地区的经济金融中心和运输枢纽,2018 年 GaWC 排名世界一线城市第 9 (Alpha +)。

迪拜依靠石油经济完成资本的原始积累之后,积极推动经济多元化发展,打造观光型城市,完成了从资源输出向贸易旅游经济的转型,迅速成长为国际大都市。迪拜凭借大型现代建筑吸引世界目光,建设了大量超高层建筑和人工岛群,开发高级酒店、购物中心及主题公园等观光旅游资源,酒店文化和旅游文化举世闻名。拥有世界上最高的人工建筑"哈利法塔",世界上面积最大的人工岛"棕榈岛",全球唯一的七星级酒店"阿拉伯塔酒店"(又称迪拜帆船酒店)。迪拜是首个获得世界博览

---

① 金世源:《首尔,引领创意城建》,《上海经济》2011 年第 11 期。
② 钟婷:《新加坡产业发展战略之六——成为新亚洲创意中心》(2006 年 1 月 10 日),2020 年 3 月 10 日,http://www.istis.sh.cn/list/list.aspx? id = 2513。
③ 刘江华等:《国家中心城市功能比较与广州发展转型之路》,中国经济出版社 2016 年版。

会（2020）举办权的中东城市，拥有世界上最大的赛马场，创建于1996年的迪拜赛马世界杯是全球最昂贵的比赛。迪拜在2019世界旅游城市发展排行榜中居第6名，位列Cvent"2019年中东和非洲十大会议目的地"榜单首位。

(二) 国内城市

1. 东部文化名城——北京、上海、杭州、哈尔滨

北京（Beijing）。北京是中国首都，超大城市，有3000多年的建城史，800余年建都史，面积16410.54平方公里，2018年常住人口2154.2万，实现GDP 4581.85亿美元，人均GDP 2.13万美元，中国政治中心、文化中心、国际交往中心、科技创新中心，世界著名文化古都和现代化国际城市，2018年GaWC排名世界一线城市第6（Alpha+）。

北京是中国国家历史文化名城，是全球拥有世界遗产最多的城市，被誉为"博物馆之都""书店之都"。北京高度重视塑造文化竞争优势，2010年发布《"人文北京"行动计划（2010—2012年）》；2016年北京发布《"十三五"时期加强全国文化中心建设规划》；2020年北京发布《推进全国文化中心建设中长期规划（2019—2035年）》，提出建设具有世界影响力的文化中心城市，"向世界文化名城、世界文脉标志"的目标迈进，[①] 不断增强文化中心功能。北京举办多项国际文化盛事和体育赛事，推动中外文明交流互鉴，全球影响力不断扩大。随着北京创意设计、动漫游戏、网络视听等新业态的快速发展，文化产业对城市经济增长的贡献突出。北京也是全球重要的国际旅游目的地，位居2019世界旅游城市发展排行榜第5。

上海（Shanghai）。上海是中国超大城市，有1200多年的建城史，面积6340.5平方公里，2018年常住人口2432.78万，实现GDP 4938.47亿美元，人均GDP 2.03万美元，中国国际经济、金融、贸易、航运、科技创新中心，重要的国际航运中心，上海合作组织所在地，2018年GaWC排名世界一线城市第9（Alpha+），2019年位列全球城市500强榜单排名第12。

上海是中国国家历史文化名城，全球知名的现代化国际大都市。上海政府重视城市文化遗产的保护，将设计纳入可持续经济增长与发展规划的核心，赋予传统文化新的时代内涵和现代表现形式，2010年联合国教科文

---

① 《北京市人民政府关于印发〈北京市"十三五"时期加强全国文化中心建设规划〉的通知》（京政发〔2016〕20号）2016年6月3日。

组织授予世界"设计之城"(City of Design)的称号。在上海《城市总体规划》中,先后提出建设国际文化大都市、更富魅力的幸福人文之城等发展目标,以文化引领促进城市转型。2018年发布《全力打响"上海文化"品牌加快建成国际文化大都市三年行动计划》[①],实施一系列促进政策,推动创意产业发展成为上海的支柱产业。上海举办的国家会展数量居中国前列,主办了2010年世界博览会,每年举办F1(世界一级方程式锦标赛)、ATP1000网球大师赛等国际体育赛事。作为一座国际化旅游城市,上海在2019年世界旅游城市发展排行榜位列第9。

杭州(Hangzhou)。杭州是中国特大城市,杭州都市圈核心城市,有2200多年的郡县史,面积16853.57平方公里,2018年常住人口980.6万,实现GDP 2041.46亿美元,人均GDP 2.08万美元,中国长江三角洲重要中心城市和东南部重要交通枢纽,国际电子商务中心,2018年GaWC排名世界三线城市第10(Gamma+),2017年世界特色魅力城市200强。

杭州是中国国家历史文化名城、著名古都之一,是世界上第一个以城市整体区域入选世界遗产名录的城市。杭州坚持推动城市文化传承、文化发展和特色塑造,将传统特色与时代特征相结合,使"创新活力之城"和"历史文化名城"相得益彰。1999年发布了《关于杭州建设文化名城的若干意见》,2001年发布《关于加快发展杭州文化产业的若干意见》,提出建设具有深厚历史底蕴的文化名城的目标愿景,将文化产业作为建设文化名城的突破口。杭州是联合国教科文组织认定的世界"手工艺和民间艺术之城"(City of Crafts and Folk Art),文化创意产业成为重要支柱产业。杭州先后举办G20杭州峰会、第三届中国—中东欧国家文化合作部长论坛,已获得2022年亚运会主办权,跻身2018年国际大会与会议协会(ICCA)"全球会议目的地城市100强",2018年入选WFBA"世界特色魅力城市200强"(The 200 strong city of the world with charismas)。

哈尔滨(Harbin)。哈尔滨是中国特大城市,哈尔滨都市圈核心城市,面积5.31万平方公里,有900多年的建城史,2018年常住人口1098万,实现GDP 1058.12亿美元,人均GDP 0.96万美元,东北亚区域中心城市,中国东北地区中心城市,国家重要制造业基地,沿边开发开放中心城市及"对俄合作中心城市",2018年GaWC排名世界四线城市第91(Sufficiency)。

---

① 上海市委、市政府办公厅:《全力打响"上海文化"品牌 加快建成国家文化大都市三年行动计划(2018—2020年)》2018年4月22日。

哈尔滨是中国国家历史文化名城，国际冰雪文化名城，素有"冰城""东方莫斯科""东方小巴黎"之称。作为中国老牌重工业基地，文化建设为哈尔滨城市转型注入活力。2012年哈尔滨发布《关于加强文化名城建设的实施意见》，提出打造"东北亚地区具有鲜明文化特色和一流文化影响力与竞争力的文化名城"①的目标。哈尔滨坚持以城市历史文脉和文化传统为根基彰显城市文化特色，依托深厚的音乐积淀打造音乐名城、时尚之都，着力发挥文化产业对城市经济社会发展的引领作用。创办于1985年的"哈尔滨国际冰雪节"是世界四大冰雪节之一，也是国家级、国际性大型经贸博览会"中国—俄罗斯博览会"的中国永久性举办城市，2010年被联合国教科文组织授予世界"音乐之城"（City of Music）的称号，2018年当选"东亚文化之都"，是中国"人气最高冰雪游目的地"。

2. 华南文化名城——香港、广州、深圳

香港（Hong Kong）。香港是中华人民共和国特别行政区，粤港澳大湾区中心城市，100余年的开埠史，面积2755平方公里，2018年常住人口740.98万，实现GDP 4299.74亿美元，人均GDP 5.8万美元，全球重要的国际金融、贸易、航运中心和国际创新科技中心，2018年GaWC排名世界一线城市第4（Alpha+），2017世界特色魅力城市200强，2018年全球城市可持续竞争力排名第6。

香港有着"东方之珠"的美誉，自古是中西方文化交融之地，形成了东方与西方、传统与现代交融互补的多元文化独特环境。城市经济历经从转口贸易向工业化、从制造业向服务经济两次转型，二战后经济社会迅速发展，成为全球经济最发达的国际大都市之一。特区政府重视香港文化发展，确立"文化创意之都""国际文化都会"的目标愿景，推动文化、康乐、体育各项文化事业发展，被称为"盛事之都"。香港数码娱乐、电影、艺术等在亚洲占据重要位置，"文创产业在香港经济转型中发挥着巨大的催化和推动作用，促进了整体经济向知识型经济迈进"②。香港是著名的国际旅游城市，位居市场调查公司欧睿全球"2017最受欢迎旅游目的地"榜首，2019世界旅游城市发展排行榜第7。

广州（Guangzhou）。广州是中国超大城市，粤港澳大湾区中心城市，

---

① 张建友：《向文化名城迈进》，《中国文化报》2012年11月20日。
② 曹琪：《香港文化产业的道路、经验与成果》（2017年6月28日），2020年5月12日，http://news.cnr.cn/zt2017/xghuigui/ygjj/20170626/t20170626_523819639.shtml。

有2800多年的城市文明史,面积7434平方公里,2018年常住人口1490.44万,实现GDP 3454.43亿美元,人均GDP 2.32万美元,中国通往世界的南大门,国际商贸中心和综合交通枢纽,世界著名的东方港口城市,位居2016年联合国《世界城市化前景》报告"全球发展最快的十个超大城市"首位,2018年GaWC排名世界一线城市第40(Alpha-),2017世界特色魅力城市200强。

广州是中国首批国家历史文化名城,城市历史悠久,文化个性鲜明。作为中国高等教育最发达的城市之一,广州在校大学生总量居全国第一。广州重视保护城市历史文脉,塑造立体多元的历史文化名城形象。2011年广州提出建设"世界文化名城"的发展目标,2018年提出建设全球区域文化中心城市的发展愿景,实施文化发展国际化战略。通过推动文化产业发展,网游动漫、工业设计、新媒体、广告、数字出版、电影影视等领域形成竞争优势,全球高端文化资源配置能力得到提升。广州是中国会展发源地,被誉为"花城",是全球发展最快的旅游城市之一,位列欧睿国际"2017年度全球百大旅游目的地城市"排行榜第18。

深圳(Shenzhen)。深圳是中国特大城市,有1700多年的郡县史,面积1997.47平方公里,2018年常住人口1190.84万,实现GDP 3660.34亿美元,人均GDP 3.07万美元,中国华南地区中心城市,中国经济特区,国际性综合交通枢纽,国际科技产业创新中心,2018年GaWC排名世界二线城市第36(Beta),2017世界特色魅力城市200强。

深圳是中国设立的第一个经济特区,特别重视文化建设,推动城市文化创新发展。2003年提出"文化立市"发展战略,推动打造与城市定位相匹配的文化强市。2011年出台《深圳文化创意产业振兴发展政策》,2015年发布《深圳文化创新发展2020(实施方案)》("2020方案"),提出"打造国际文化创意先锋城市"[1]。深圳是联合国教科文组织认定的世界"设计之城"(City of Design)和"全球全民阅读典范城市",中国重要的会展中心城市之一,中国(深圳)国际文化产业博览交易会被誉为"中国文化产业第一展会"。作为中国的未来之城,深圳是全球热门旅游目的地,位居欧睿国际"2017年全球百大(旅游)目的地城市"排行榜第9。

---

[1] 蔡励敏:《〈深圳文化创新发展2020实施方案〉:深圳未来五年文化创新发展指南》(2016年1月18日),2020年5月27日,http://gdsz.wenming.cn/wmbb/201601/t20160118_2276664.htm。

3. 西部文化名城——成都、西安

成都（Chengdu）。成都是中国特大城市，成渝城市群核心城市，有4500年的城市文明史，2300多年的建城史，面积14312平方公里，2018年常住人口1604.47万，实现GDP 2318.55亿美元，人均GDP 1.45万美元，中国西部地区中心城市，国家重要的高新技术产业基地、商贸物流中心和综合交通枢纽，全球重要的电子信息产业基地，2018年GaWC排名世界二线城市第51（Bata－），2017世界特色魅力城市200强。

成都是中国国家历史文化名城，古蜀文明发祥地，历史文脉底蕴深厚。成都在21世纪初确立文化在城市发展中战略地位，保护传统空间格局，不断提升城市品质。成都地处中国内陆，但高度重视文化战略的国际化。2011年出台《关于深化文化体制改革　加快建设文化强市的意见》，提出建设"中西部最具影响力、全国一流和国际知名的文化之都"的发展目标，推动文化创意产业发展。在《城市总体规划（2016—2035）》中，成都首次确立"世界文化名城"①的战略定位。成都是联合国教科文组织"中国成都国际非物质文化遗产节"的永久举办地，2018年、2019年成都与世界城市文化论坛合作举行两届"世界文化名城论坛·天府论坛"，2017年成都被美国国家地理学会出版的《国家地理旅行者》评选为21个"全球最佳旅游目的地"。

西安（Xian）。西安是中国特大城市，关中平原城市群核心城市，有5000多年的文明史、3100多年的建城史和1100多年的建都史，面积10752平方公里，2018年常住人口1000.37万，实现GDP 1261.8亿美元，人均GDP 1.26万美元，中国西部地区中心城市，国家重要的科研、教育、工业基地，2018年GaWC排名世界三线城市第79（Gamma－），2017世界特色魅力城市200强。

西安是中国国家历史文化名城，文化遗存资源密度大、保存好、级别高，历史积淀和人文气息深厚，古都特色鲜明，拥有2项5处世界文化遗产，1981年被联合国教科文组织确定为"世界历史名城"②。西安将文化作为城市第一优势，实施文化强市战略，把历史文化名城保护纳入城市总体规划，提出建设"具有历史文化特色的国际化大都市"的战略目标，建设以文化产业和旅游产业为主导的城市新区，彰显城市文化

---

① 《成都市城市总体规划（2016—2035）》。
② 阿敏：《试析大遗址保护中的修复与开发——基于陕西省西安市的个案研究》，《经济研究导刊》2011年第14期。

特色。2017年提出打造成书香之城、音乐之城、博物馆之城，以文化品牌升级提升西安在世界的城市形象，努力跻身世界名城行列。2018年西安入围"年度全球会议目的地城市"100强排行榜，当选2019年"东亚文化之都"，入选全球民宿预订平台爱彼迎发布的"2020年20个热门旅游目的地"城市。

4. 中部文化名城——武汉、郑州

武汉（Wuhan）。武汉是中国特大城市，有3500多年的城市文明史，面积8569.15平方公里，2018年常住人口1108.1万，实现GDP 2243.67亿美元，人均GDP 2.02万美元，中国中部地区中心城市，全国重要的工业基地、科教基地和综合交通枢纽，中国内陆最大的水陆空交通枢纽和长江中游航运中心，2018年GaWC排名世界三线城市第60（Gamma-），2017世界特色魅力城市200强。

武汉是中国国家历史文化名城，中国智力密集区和科教中心城市之一。作为中国近代工业文明的发祥地，武汉注重发挥文化在城市转型中的动力作用，从传统工业之都向创新创意城市迈进。2003年制订了《武汉市文化产业发展计划》，把发展文化产业提升为城市经济社会发展新战略，推动文化产业成为武汉发展的新动力和支柱产业，创意设计、艺术会展、动漫游戏等行业形成优势。2009年武汉提出打造工程设计之都，逐步形成以综合设计为核心的产业竞争优势，2017年被联合国教科文组织授予世界"设计之都"（World Design Capital）的称号。武汉是中国首批沿江对外开放城市之一，被称为"百湖之市"，是中国国家湿地公园最多的城市，2018年上榜"一带一路"入境游客热衷的十大旅游目的地之一。

郑州（Zhengzhou）。郑州是中国特大城市，中原城市群核心城市，有3600多年的建城史，面积7446平方公里，2018年常住人口1013.6万，实现GDP 1352.23亿美元，人均GDP 1.51万美元，中国中部地区重要中心城市，国家铁路、航空、电力、邮政电信主枢纽城市，2018年GaWC排名世界四线城市第83（Sufficiency），2017世界特色魅力城市200强。

郑州是中国国家历史文化名城，华夏文明的重要发祥地，文物数量和规模在中国城市中领先。为发挥文化在城市经济社会发展中的积极作用，2005年郑州提出"把郑州建设成为全国重要的文化产业基地和具有鲜明华夏历史文明特色的国际知名文化城市"，2012年提出"打造中国华夏历史文明传承创新核心区"。2016年制定了《郑州历史文化名城保护与发展战略规划》，将历史文化保护与城市建设相结合，延续千年古城格局。推动演艺娱乐、新闻出版、动漫游戏、软件网络、广告会展、工艺美术、设计服务等重点行业发展，培育城市经济支柱，促进文化资源大市向文化强市跨越。郑州重视会展业、旅游业在促进城市国际化进程中的作用，加快向"国际会展名城"迈进，打造国际旅游目的地城市，入围"2019年中国最受欢迎旅游城市TOP10"。

综上，本研究所选取的样本城市涉及世界文明的多元形态，普遍将文化战略作为城市可持续发展的重要取向，推动文化在城市转型跃升过程中发挥重要作用，且以自身努力积极融入经济全球化和世界城市网络，文化功能的识别度和层级差异较为显著，在所在国家乃至世界范围享有较高知名度。因此，以上31座世界城市作为世界文化名城实证研究的样本具有较强的代表性和说服力。基本情况如表4-2所示。

表4-2　　　　　　　31个样本城市基本情况一览

区域	序号	城市	GDP（亿美元）	人均GDP（万美元）	年末常住人口数（万人）	土地面积（平方公里）
大洋洲（Oceania）	1	悉尼（Sydney）	2698.72	5.59	482.4	12368
	2	墨尔本（Melbourne）	2043.46	4.21	485.07	9991
欧洲（Europe）	3	巴黎（Paris）	8218.16	6.71	1224.62	12012
	4	伦敦（London）	6950	7.25	900.64	1572
	5	莫斯科（Moscow）	2452.43	1.96	1250.65	2561
	6	米兰（Milan）	2053.05	14.87	138.09	182
	7	都柏林（Dublin）	1635.1	12.13	134.75	918
	8	爱丁堡（Edinburgh）	279.58	5.45	51.32	263
非洲（Africa）	9	约翰内斯堡*（Johannesburg）	1165	3	388.81	269
	10	开罗（Cairo）	836.3	0.367	2280	3085
	11	开普敦（Cape Town）	291.89	0.699	417.45	2456
美洲（America）	12	纽约（New York）	6783	7.87	862.27	783.8
	13	洛杉矶（Los Angeles）	6699.75	6.59	1016.35	10510
	14	蒙特利尔（Montreal）	1036.48	5.34	194.20	499
	15	布宜诺斯艾利斯（Buenos Aires）	987.61	3.24	304.92	200
	16	波哥大（Bogotá）	726	0.887	818.11	1636

续表

区域	序号	城市	GDP（亿美元）	人均GDP（万美元）	年末常住人口数（万人）	土地面积（平方公里）
亚洲（Asia）	17	东京（Tokyo）	10153.42	7.51	1351.37	2194
	18	上海（Shanghai）	4938.47	2.03	2432.78	6340.5
	19	北京（Beijing）	4581.85	2.13	2154.2	16410.54
	20	香港（Hong Kong）	4299.74	5.8	740.98	2755
	21	首尔（Seoul）	4109.63	4.19	981.4	605.77
	22	深圳（Shenzhen）	3660.34	3.07	1190.84	1997.47
	23	新加坡（Singapore）	3610.5	6.43	561.23	720
	24	广州（Guangzhou）	3454.43	2.32	1490.44	7434
	25	成都（Chengdu）	2318.55	1.45	1604.47	14312
	26	武汉（Wuhan）	2243.67	2.02	1108.1	8569.15
	27	杭州（Hangzhou）	2041.46	2.08	980.6	16853.57
	28	郑州（Zhengzhou）	1352.23	1.51	1013.6	7446
	29	西安（Xian）	1261.8	1.26	1000.37	10752
	30	迪拜（Dubai）	1084	3.55	305.2	4114
	31	哈尔滨（Harbin）	1058.12	0.96	1098	53100

注：标注"*"的城市为2017年数据，其余城市均为2018年数据。

第三节 参数选择与评价过程

一 参数选择

根据本研究的理论分析及所形成的"功能—声誉"评价模型，设定世界文化名城指数受到文化资产指数（A）、文化要素指数（B）、文化经济指数（C）、文化氛围指数（D）和文化治理指数（E）、文化形象指数（F）6个因素影响。这6个因素为世界文化名城指数的一级指标。具体指标构成说明如下。

(一) 文化资产指数 (A)

文化资产指数 (A) 由文化遗产指数 (A1)、文化设施指数 (A2) 两个二级指标构成 (见表4-3)。

(1) 文化遗产指数 (A1)。文化遗产指数包括6个测度指标,即世界自然遗产数量 (A11,单位:个)、世界文化遗产数量 (A12,单位:个)、世界自然和人文双遗产数量 (A13,单位:个)、文化景观遗产数量 (A14,单位:个)、世界灌溉工程遗产数量 (A15,单位:个)、其他遗产和历史遗迹 (A16,单位:个)。

(2) 文化设施指数 (A2)。文化设施指数包括6个测度指标,即人均博物馆拥有量 (A21,单位:个)、人均公共图书馆拥有量 (A22,单位:个)、人均剧院拥有量 (A23,单位:个)、人均音乐厅拥有量 (A24,单位:个)、人均电影院拥有量 (A25,单位:个)、大型体育场馆数量 (A26,单位:个)。

表4-3 文化资产指数 (A) 指标构成

一级指标		二级指标		三级指标	
代码	名称	代码	名称	代码	名称
A	文化资产指数	A1	文化遗产指数	A11	世界自然遗产数量 (个)
				A12	世界文化遗产数量 (个)
				A13	世界自然和人文双遗产数量 (个)
				A14	文化景观遗产数量 (个)
				A15	世界灌溉工程遗产数量 (个)
				A16	其他遗产和历史遗迹 (个)
		A2	文化设施指数	A21	人均博物馆拥有量 (个)
				A22	人均公共图书馆拥有量 (个)
				A23	人均剧院拥有量 (个)
				A24	人均音乐厅拥有量 (个)
				A25	人均电影院拥有量 (个)
				A26	大型体育场馆数量 (个)

(二) 文化要素指数 (B)

文化要素指数 (B) 由文化人才指数 (B1)、文化科技指数 (B2) 两个二级指标构成 (见表4-4)。

(1) 文化人才指数 (B1)。文化人才指数 (B1) 包括2个测度指标,即文化艺术体育高校及培训机构数量 (B11,单位:个)、高等院校数量 (B12,单位:个)。

(2) 文化科技指数（B2）。文化科技指数（B2）包括 3 个测度指标，即年 R&D 经费投入强度（B21，单位:%）、年 PCT 专利申请量（B22，单位：件）、年高校 PCT 专利申请量（B23，单位：件）。

表 4-4　　　　　　　文化要素指数（B）指标构成

一级指标		二级指标		三级指标	
代码	名称	代码	名称	代码	名称
B	文化要素指数	B1	文化人才指数	B11	文化艺术体育高校及培训机构数量（个）
				B12	高等院校数量（个）
		B2	文化科技指数	B21	年 R&D 经费投入强度（%）
				B21	年 PCT 专利申请量（件）
				B23	年高校 PCT 专利申请量（件）

（三）文化经济指数（C）

文化经济指数（C）由文创产业指数（C1）、文创从业人员指数（C2）两个二级指标构成（见表 4-5）。

（1）文创产业指数（C1）。文创产业指数（C1）包括两个测度指标，即文创产业增加值（C11，单位：亿美元）、文创产业增加值占 GDP 比重（C12，单位:%）。

（2）文创从业人员指数（C2）。文创从业人员指数（C2）包括两个测度指标，即文创从业人员规模（C21，单位：万人）、文创从业人员占就业总人数比重（C22，单位:%）。

表 4-5　　　　　　　文化经济指数（C）指标构成

一级指标		二级指标		三级指标	
代码	名称	代码	名称	代码	名称
C	文化经济指数	C1	文创产业指数	C11	文创产业增加值（亿美元）
				C12	文创产业增加值占 GDP 比重（%）
		C2	文创从业人员指数	C21	文创从业人员规模（万人）
				C21	文创从业人员占就业总人数比重（%）

（四）文化氛围指数（D）

文化氛围指数（D）由文化活力指数（D1）、文化消费指数（D2）两个二级指标构成（见表 4-6）。

（1）文化活力指数（D1）。文化活力指数（D1）包括 6 个测度指标，即年入境国际游客人数（D11，单位：万人）、国际学生人数（D12，单位：人）、节庆活动数量（D13，单位：次）、人均酒吧/咖啡厅/茶馆拥有量（D14，单位：个）、人均餐厅拥有量（D15，单位：个）、人均夜店拥有量（D16，单位：个）。

（2）文化消费指数（D2）。文化消费指数（D2）包括4个测度指标，即人均书店拥有量（D21，单位：个）、人均电影银幕拥有量（D22，单位：块）、年剧院入场人次（D23，单位：人次）、年艺术表演场次（D24，单位：场）。

表4-6　　　　　　　　文化氛围指数（D）指标构成

一级指标		二级指标		三级指标	
代码	名称	代码	名称	代码	名称
D	文化氛围指数	D1	文化活力指数	D11	年入境国际游客人数（万人）
				D12	国际学生人数（人）
				D13	节庆活动数量（次）
				D14	人均酒吧/咖啡厅/茶馆拥有量（个）
				D15	人均餐厅拥有量（个）
				D16	人均夜店拥有量（个）
		D2	文化消费指数	D21	人均书店拥有量（个）
				D22	人均电影银幕拥有量（块）
				D23	年剧院入场人次（人次）
				D24	年艺术表演场次（场）

（五）文化治理指数（E）

文化治理指数（E）由文化战略指数（E1）、文化管理指数（E2）两个二级指标构成（见表4-7）。

（1）文化战略指数（E1）。文化战略指数（E1）包括两个测度指标，即城市文化发展愿景（E11，主观判断是或否）、参与国际性文化组织和项目（E12，单位：个）。

（2）文化管理指数（E2）。文化管理指数（E2）包括两个测度指标，即政府文化组织机构（E21，客观判断有或无）、公共文化支出占财政总支出比（E22，单位:%）。

表 4-7　　　　　　　文化治理指数（E）指标构成

一级指标		二级指标		三级指标	
代码	名称	代码	名称	代码	名称
E	文化治理指数	E1	文化战略指数	E11	城市文化发展愿景（有/无）
				E12	参与国际性文化组织和项目（个）
		E2	文化管理指数	E21	政府文化组织机构（有/无）
				E21	公共文化支出占财政总支出比（%）

（六）文化形象指数（E）

文化形象指数（F）由文化品牌指数（F1）、文化标志指数（F2）两个二级指标构成（见表4-8）。

（1）文化品牌指数（F1）。文化品牌指数（F1）包括5个测度指标，即国际旅游目的地（F11，客观判断是或否）、年国际会议数量（F12，单位：个）、国际体育赛事数量（F13，单位：个）、世界一流大学数量（F14，单位：个）、全球知名媒体数量（F15，单位：个）。

（2）文化标志指数（F2）。文化标志指数（F2）包括2个测度指标，即世界级文化地标数量（F21，单位：个）、城市绿地率（F22，单位:%）。

表 4-8　　　　　　　文化形象指数（F）指标构成

一级指标		二级指标		三级指标	
代码	名称	代码	名称	代码	名称
F	文化形象指数	F1	文化品牌指数	F11	国际旅游目的地（是/否）
				F12	年国际会议数量（个）
				F13	国际体育赛事数量（个）
				F14	世界一流大学数量（个）
				F15	全球知名媒体数量（个）
		F2	文化标志指数	F21	世界级文化地标数量（个）
				F22	城市绿地率（%）

二　指标数据获取

（一）数据来源

世界文化名城评价指标的数据获取难度较大，世界城市文化发展缺乏一致的统计口径，部分城市数据未公开发布或集中发布，数据的采集和整理是一件耗时且费力的工作。根据评价指标体系的指标内容，本研究的指标数据全部来源于公开渠道，通过不同的途径收集。具体如下：

1. 数据库

联合国教科文组织（UNESCO）统计数据，https://en.unesco.org/；

联合国教科文组织创意城市（UCCN）数据，http://www.unesco.org/；

世界城市文化论坛①（WORLD CITIES CULTURE FORUM，WCCF）统计数据，http://www.worldcitiescultureforum.com/；

世界银行数据库，https://www.worldbank.org/en/home；

全球化与世界城市网络（The World According to GaWC，GaWC）统计数据，https://www.lboro.ac.uk/gawc/group.html，2020-03-10；

世界知识产权组织，https://www.wipo.int/portal/en/index.html；

国际大会与会议协会，https://www.iccaworld.org/；

中华人民共和国国家统计局，http://www.stats.gov.cn/；

中华人民共和国文化和旅游部，https://www.mct.gov.cn/。

2. 统计数据

中华人民共和国国家统计局《国际统计年鉴2018》；

中华人民共和国国家统计局、科学技术部、财政部《2018年全国科技经费投入统计公报》；

国家统计局城市社会经济调查司《中国城市统计年鉴2018》；

中华人民共和国文化和旅游部《中国文化文物统计年鉴2018》；

中华人民共和国文化和旅游部《中国旅游统计年鉴2018》；

中华人民共和国住房和城乡建设部《中国城市建设统计年鉴2018》；

香港特别行政区政府统计处《2018年香港创新活动统计报告》；

国内样本城市北京、上海、广州、深圳、杭州、武汉、郑州、西安、成都、哈尔滨和香港统计年鉴。

3. 智库报告

中国社会科学院与联合国人居署《全球城市竞争力报告2018—2019》；

科尔尼管理咨询公司（A.T. Kearney）《2019全球城市指数及最具潜力报告》；

世界旅游业理事会（WTTC）《2018年城市旅游和旅游业影响》报告；

---

① 世界城市文化发展论坛（WCCF）由伦敦、纽约、东京、香港等全球知名文化城市于2012年创建，已有38个成员城市，出具的系列文化报告被广泛援引。

万事达卡国际组织《全球旅游目的地城市指数（2018）报告》；

国际大会与会议协会（International Congress and Convention Association，ICCA）《2018 ICCA 国际会议统计报告》；

体育市场情报服务商 Sportcal《全球赛事影响力（GSI）报告》；

世界媒体实验室 2018 年度《世界媒体 500 强》；

夸夸雷利·西蒙兹公司（Quacquarelli Symonds）2018 年度《QS 世界大学排名》；

"中国城市图书馆比较研究"课题组《中国城市图书馆 2017 年度报告》；

中国演出行业协会《2018 中国演出市场年度报告》；

中国书店大会《2019—2020 中国实体书店产业报告》。

4. 互联网数据

分众晶视、艺恩数据《2018 年中国电影市场城市热度趋势报告》；

美团点评和餐饮老板内参《中国餐饮报告 2019》；

百度地图《2018 年度中国城市活力研究报告》[①]；

大众点评《中国城市酒吧数量排行榜》《2019 饮品行业数据报告》；

中国书刊发行业协会和百道网《2019—2020 中国实体书店产业报告》。

（二）数据采集

由于测度指标内容的复杂性、数据来源的多样性，需采用可操作、可信赖且适用于评价对象的数据采集程序，处理好数据搜集中可能存在的问题。具体步骤如下。

第一，保证数据权威性和准确性，尽量做到可靠、科学、可信。在一手数据难以获得的情况下，利用权威的二手数据保证科学性。以权威数据库、统计数据、智库报告为主要数据来源。对于无法获取的少数指标，利用互联网大数据对指标数据进行完善。所有样本城市测度指标数据搜集完毕后，详细对指标数据进行核对检查，完善数据具体来源的标注和说明。

第二，确定数据采集的时间节点。所采集数据为 2018 年到 2020 年产生的公开数据。由于数据统计信息在时间上的滞后性，2017 年数据的获取情况最为理想。若样本城市的数据发布时间不同步，或相关数据库未收录该城市数据，则采集该样本城市前后 5 年内的数据进行替代，数据节点尽可能接近 2017 年，以使评价结果有较大参考价值。

---

① 百度地图：《2018 年度中国城市活力研究报告》，2019 年 1 月 8 日，http://huiyan.baidu.com/cms/report/2018nianduchengshi/。

第三，确定最终样本城市数量。通过对测度指标数据进行统计分析，检查样本城市数据的缺失值和分布特征。检查发现非洲、南美洲的部分样本城市，测度指标的缺失值较多，不利于比较评价。按照三级指标数据的有效收集率达到90%，确定最终有效样本数为31个。

第四，数据合理性验证。对数据进行整体分析、清洗和筛查，并进行数据检验对比，减少误差和偏离。对评估后不符合要求的数据，采用同类指标替换补充。例如，根据中外城市消费习惯的差异，同时采用咖啡馆数量和茶馆数量，可相互补充。对于个别城市数据披露不足的情况，利用所在国家相关统计数据推算得出。少量难以收集的缺失数据，采用中位数替换填写的方式处理，或采用稳定性较好的均值差补法进行替换。

三 指标数据预处理

在多指标综合评价中，由于各项指标的量纲不同，首先需要对所有原始数据进行标准化（normalization）处理。一般而言，"数据标准化处理主要是数据同趋化（convergence）处理和无量纲化（nondimensionalization）处理两个方面。数据标准化的方法很多，常用的有'最小—最大标准化（Min-Max Normalization）''Z-score 标准化'和'按小数定标标准化（Decimal Scaling）'等"[1]。经过标准化处理，原始数据均转换为无量纲化指标测评值，即只有各指标值都处于同一个数量级别、同一作用力上，才可以进行综合测评分析。具体步骤如下。

（一）指标类型一致化

数据趋同化处理主要针对逆指标与适度指标，解决不同趋向的数据加总问题，"尤其是不同性质的数据问题，改变逆指标数据性质，使所有指标对测评方案的作用力趋同化，再加总得出正确结果"[2]。世界文化名城的文化功能的强弱和文化声誉的高低，与评价指标体系中的三级指标（测度变量）的大小正相关，如数量、产值、增加值、占比等，客观上越大越好，称为极大型指标。因此，本书评价指标体系中的定量指标均为极大型指标。

---

[1] Akdemir. Bayram., S. Gunes and S. Yosunkaya, "New Data Pre-processing on Assessing of Obstructive Sleep Apnea Syndrome: Line Based Normalization Method (LBNM)", International Conference on Advanced Intelligent Computing Theories & Applications with Aspects of Conteporary Intelligent Computing Techniques, 2008, pp. 185 – 191.

[2] 刘佳骏、董锁成、李泽红：《中国水资源承载力综合评价研究》，《自然资源学报》2011年第2期。

（二）指标无量纲化

指标数据的无量纲化，主要解决数据量纲不统一，无法进行比较、加权及综合评价的问题。通过标准化处理，可对其指标属性值进行量化，即统一变化在［0，1］范围内。本研究选取全球31个城市数据作为分析样本，每个样本包含42个测度变量，这些指标数据的量纲、量级各异，存在不可共度性。例如文创产业产值可能高达数十亿美元，而世界遗产、一流大学的数量可能只有数个，不能直接进行计算。在数据分析前需要消除测度变量因指标单位不同而造成的差异。即将数据转化为均值为0，方差为1的标准化数据，使其无量级上的差异。对世界文化名城评价体系的三级指标采用极值法进行指数化处理，以标准观测值替代原观测值。计算方法为：

$$x_i = \frac{x - x_{\min}}{x_{\max} - x_{\min}}$$

其中，x_i是指数化后的数据，x是原始数值，$x_{\max}$是该指标所有样本城市中原始数值的最大值，$x_{\min}$是该指标所有样本城市中原始数值的最小值，处理后的指标值x_i映射到［0，1］的区间内，同时能保证数据的单调性和平移、缩放无关性。

（三）定性指标模糊量化

对定性指标进行模糊综合评价，这种方式在综合集成评价中对定性指标的处理是比较常用和有效的。首先，可设定如优、好、尚可等不同级别的评价表述词，并设定与之对应的数值，如0、0.5、1；其次，由多个专家或评价人对指标进行评价，并根据权重赋予的分值转化为数值；最后，得到综合的评价值。

（四）最终数据集成化

对获取的定性和定量指标进行适当的集成方法（如加权和法）进行计算，最终得到综合数据。同时，还要将最终结果与实际情况进行比较，对误差进行分析或修正，让评价结果更加客观公正。

（五）效度与信度检验

本书的指标选择借鉴了与世界文化名城评价相关的研究成果，但是，由于评价对象具有独特性，评价维度具有较强的探索性，需要对变量进行信度和效度分析，以保证研究的准确性和可操作性。"效度（Validity）是指测量指标的有效性和准确性，即指标能够测度到预想测度的特质的程度"[1]，包

---

[1] 陶建杰：《传媒与城市软实力——基于结构方程模型的研究》，上海交通大学出版社2011年版。

括测度的目的、准确度与真实性。本研究选择的指标，是在梳理国内外文献的基础上，参考借鉴相关研究成果，并根据世界文化名城的概念内涵提炼而成，内容效度可以得到保证。信度（Reliability）是指测量的可靠性，即测度结果的一致性或稳定性。由于本研究中所有数据，都来自统计年鉴、公开出版物或权威机构，测度指标内部一致性符合所设定的信度标准，无法考察再测信度和复本信度。

四 指标赋权和评分

（一）确定指标权重

第一步：邀请历史学、经济学、社会学、管理学等领域 10 位专家，填写优序图调查表，对世界文化名城三级指标的重要性进行评价。回收的调查表进行互补检验全部符合要求，运用多输入加权优序图（Multiple-input weighted precedence chart），将 10 位专家优序图中相应格子的数字横向相加，根据得分排序确定指标重要性，计算三级指标的重要性权重。设三级指标得分分别为 A_1、A_2、$A_3 \cdots A_n$，则指标的权重为 $\alpha_i = \dfrac{A_i}{\sum_{k=1}^{n} A_k}$，经计算得到三级指标最终权重。

第二步：对原始数据进行标准化处理，处理后的数据量纲统一，其最大值为 1，最小值为 0，所有数据缩放在 0—1 之间变动，不同量纲的特征处于同一数值量级。

第三步：用 Matlab 软件计算 i 指标和 j 指标两列数据的相关系数 R（$R = R_i(j)$），标准差对角矩阵 S（$S = \sqrt{\dfrac{1}{n-1} \sum_{i=1}^{n} (X_i(j) - X_j)^2}$），获得各三级指标间相互性和变异性。与文化功能和文化声誉综合指标强相关的三级指标，赋予较大的权数，与文化功能和文化声誉综合指标弱相关的三级指标，则赋予较小的权数。综合考虑两种因素得到乘积矩阵 RS（$RS = R \times S$）。用 Matlab 软件求取 RS 的最大特征值和所对应的特征向量 $\bar{W}$，所有向量均为正值，将 $\bar{W}$（$\bar{W} = (\theta_1, \theta_2, \theta_3, \theta_4 \cdots \theta_n)$）做归一化处理后，由公式 $W_k = \dfrac{\theta_k}{\sum_{i=1}^{n}}$ 得到每个三级指标的实际权重。

第四步：根据上述两种方式评权结果的验证并合，对三级指标进行综合赋权，是世界文化名城评价指标体系建立的最后环节。两种不同的方法就同一组对象进行比较，虽然指标的权重值略有差异，但指标重要程度的顺序完全一致，其相关系数 $r = 0.9778$，$p < 0.01$，具有统计学意义。对主观权重与客观权重不一致的情况，由公式 $\delta_i = \dfrac{\omega_i + \theta_i}{\sum\limits_{i=1}^{n}(\omega_i + \theta_i)}$ 进行修正，得出各三级指标的综合权重。

第五步：采用"代数和法"得出二级指标和一级指标的组合权重。（见表4-9）

表4-9　　世界文化名城评价指标权重

一级指标			二级指标			三级指标		
名称	代码	权重	名称	代码	权重	名称	代码	权重
文化资产指数	A	0.305	文化遗产指数	A1	0.176	世界自然遗产数量（个）	A11	0.0388
						世界文化遗产数量（个）	A12	0.0388
						世界自然和人文双遗产数量（个）	A13	0.0388
						文化景观遗产数量（个）	A14	0.0225
						世界灌溉工程遗产数量（个）	A15	0.0225
						其他遗产和历史遗迹（个）	A16	0.0146
			文化设施指数	A2	0.129	人均博物馆拥有量（个）	A21	0.0377
						人均公共图书馆拥有量（个）	A22	0.0377
						人均剧院拥有量（个）	A23	0.0135
						人均音乐厅拥有量（个）	A24	0.0135
						人均电影院拥有量（个）	A25	0.0135
						大型体育场馆数量（个）	A26	0.0135
文化要素指数	B	0.113	文化人才指数	B1	0.028	文化艺术体育高校及培训机构数量（个）	B11	0.0141
						高等院校数量（个）	B12	0.0141
			文化科技指数	B2	0.085	年R&D经费投入强度（%）	B21	0.0349
						年PCT专利申请量（件）	B21	0.0152
						年高校PCT专利申请量（件）	B23	0.0349
文化经济指数	C	0.096	文创产业指数	C1	0.053	文创产业增加值（亿美元）	C11	0.0186
						文创产业增加值占GDP比重（%）	C12	0.0349
			文创从业人员指数	C2	0.043	文创从业人员规模（万人）	C21	0.0118
						文创从业人员占就业总人数比重（%）	C22	0.0315

续表

一级指标			二级指标			三级指标		
名称	代码	权重	名称	代码	权重	名称	代码	权重
文化氛围指数	D	0.208	文化活力指数	D1	0.150	年入境国际游客人数（万人）	D11	0.0349
						国际学生人数（人）	D12	0.0113
						节庆活动数量（次）	D13	0.0158
						人均酒吧/咖啡厅/茶馆拥有量（个）	D14	0.0377
						人均餐厅拥有量（个）	D15	0.0377
						人均夜店拥有量（个）	D16	0.0127
			文化消费指数	D2	0.058	人均书店拥有量（个）	D21	0.0127
						人均电影银幕拥有量（块）	D22	0.0152
						年剧院入场人次（人次）	D23	0.0152
						年艺术表演场次（场）	D24	0.0152
文化治理指数	E	0.091	文化战略指数	E1	0.075	城市文化发展愿景（有/无）	E11	0.0377
						参与国际性文化组织和项目（个）	E12	0.0377
			文化管理指数	E2	0.016	政府文化组织机构（有/无）	E21	0.00776
						公共文化支出占财政总支出比（%）	E22	0.0078
文化形象指数	F	0.187	文化品牌指数	F1	0.141	国际旅游目的地（是/否）	F11	0.0377
						年国际会议数量（个）	F12	0.0197
						国际体育赛事数量（个）	F13	0.0377
						世界一流大学数量（个）	F14	0.0242
						全球知名媒体数量（个）	F15	0.022
			文化标志指数	F2	0.046	世界级文化地标数量（个）	F21	0.0366
						城市绿地率（%）	F22	0.0101

（二）计算综合指数和评价得分

运用线性加权求和模型对上一级指标进行逐级加权合成，求得世界文化名城评价综合指数。计算公式如下：

$$G_i = \sum_{i=1}^{n} X_{ij} \times W_j$$

其中 G_i 表示第 i 个城市世界文化名城指数的综合评价值，X_{ij} 表示第 i 个城市的第 j 项指标无量纲后的评价值，W_j 表示第 j 项指标的权重。

世界文化名城的评价具有动态性和复杂性，为了更加清晰地反映各城市在文化功能和文化声誉上的差异，增强数据的可比性，本书以各评价维度指数最大值的城市为相对标杆，其他样本城市的最终得分为该城市在某一维度的评价指数,与标杆城市在该项上评价指数(标杆值)的比值。该得分能够体现其与最大值之间的差距,体现样本城市在文化功能和文化声誉方面的发展水平。需要说明的是,分值转换结果只是相对结果,各指标数据的最大值变化会影响各城市的评价得分。如果改变样本城市数量,评价得分也会发生变化,但并不会影响各城市评价得分的排名顺序。

第五章 世界文化名城总体评价

本章基于数据结果,评价全球 31 个样本城市世界文化名城建设总体情况,并进行层级和类型分析,对五大洲世界文化名城指数、文化资产指数、文化要素指数、文创经济指数、文化氛围指数、文化治理指数、文化形象指数的综合表现进行区域比较。

第一节 世界文化名城指数比较分析

一 世界文化名城指数指标综合比较

运用线性加权求和模型可计算全球 31 个样本城市世界文化名城各指数综合得分排序,具体内容如表 5-1 所示。

表 5-1 样本城市世界文化名城各指数综合得分与排名

城市	世界文化名城指数(G)	排序	文化资产指数(A)	排序	文化要素指数(B)	排序	文化经济指数(C)	排序	文化氛围指数(D)	排序	文化治理指数(E)	排序	文化形象指数(F)	排序
伦敦	0.919	1	0.800	3	0.439	16	0.566	7	0.641	8	0.644	14	0.902	1
北京	0.873	2	0.728	11	0.802	4	0.850	2	0.656	6	0.640	15	0.736	4
纽约	0.863	3	0.738	8	0.873	3	0.458	11	0.608	10	0.666	13	0.758	3
巴黎	0.861	4	0.728	10	0.554	9	0.404	13	0.665	4	0.932	1	0.798	2
东京	0.860	5	0.774	7	0.970	1	0.441	8	0.738	3	0.638	16	0.576	9
首尔	0.848	6	0.793	4	0.740	5	0.479	10	0.771	2	0.775	7	0.522	12
洛杉矶	0.846	7	0.695	15	0.890	2	0.671	4	0.549	20	0.636	19	0.704	5

续表

城市	世界文化名城指数（G）	排序	文化资产指数（A）	排序	文化要素指数（B）	排序	文化经济指数（C）	排序	文化氛围指数（D）	排序	文化治理指数（E）	排序	文化形象指数（F）	排序
蒙特利尔	0.813	8	0.675	17	0.350	21	0.353	19	0.863	1	0.772	10	0.526	11
上海	0.798	9	0.585	25	0.589	8	0.759	3	0.607	11	0.774	8	0.633	6
深圳	0.774	10	0.649	19	0.607	7	0.610	6	0.596	14	0.773	9	0.478	15
布宜诺斯艾利斯	0.753	11	0.725	12	0.297	25	0.361	18	0.643	7	0.835	4	0.463	16
成都	0.751	12	0.790	5	0.457	15	0.382	14	0.661	5	0.914	2	0.193	26
米兰	0.750	13	0.806	2	0.457	14	0.379	15	0.552	19	0.564	27	0.428	19
香港	0.744	14	0.587	24	0.669	6	0.370	16	0.579	18	0.638	17	0.593	8
爱丁堡	0.742	15	0.852	1	0.350	20	0.248	27	0.637	9	0.842	3	0.240	24
杭州	0.739	16	0.708	14	0.465	13	0.882	1	0.599	13	0.636	18	0.152	29
莫斯科	0.726	17	0.692	16	0.372	18	0.408	12	0.478	24	0.776	6	0.480	14
墨尔本	0.719	18	0.669	18	0.348	22	0.277	25	0.593	15	0.626	22	0.556	10
都柏林	0.707	19	0.708	13	0.335	23	0.251	26	0.536	22	0.780	5	0.434	18
悉尼	0.706	20	0.784	6	0.368	19	0.263	23	0.449	27	0.628	21	0.450	17
广州	0.702	21	0.584	26	0.527	10	0.648	5	0.588	16	0.561	28	0.375	21
新加坡	0.679	22	0.630	21	0.395	17	0.238	28	0.397	29	0.632	20	0.613	7
西安	0.642	23	0.630	20	0.474	12	0.272	21	0.538	21	0.553	29	0.270	22
迪拜	0.637	24	0.580	28	0.288	24	0.182	30	0.463	26	0.586	26	0.509	13
开普敦	0.630	25	0.734	9	0.271	28	0.212	29	0.369	30	0.771	11	0.223	25
武汉	0.629	26	0.534	31	0.498	11	0.433	12	0.529	23	0.615	24	0.258	23
哈尔滨	0.622	27	0.561	30	0.328	24	0.365	17	0.586	17	0.617	23	0.180	27
开罗	0.606	28	0.587	23	0.260	30	0.165	31	0.401	28	0.604	25	0.402	20
郑州	0.601	29	0.582	27	0.294	26	0.264	22	0.601	12	0.547	30	0.148	30
波哥大	0.592	30	0.574	29	0.244	31	0.261	24	0.468	25	0.770	12	0.170	28
约翰内斯堡	0.553	31	0.617	22	0.262	29	0.252	25	0.363	31	0.500	31	0.135	31

由表 5-1 可知，全球世界文化名城指数 G 指标综合排名前十的样本城市依次是伦敦、北京、纽约、巴黎、东京、首尔、洛杉矶、蒙特利尔、上海和深圳；文化资产指数 A 综合排名前十的城市依次是爱丁堡、米兰、伦敦、首尔、成都、悉尼、东京、纽约、开普敦、巴黎；文化要素指数 B

综合排名前十的样本城市依次是东京、洛杉矶、纽约、北京、首尔、香港、深圳、上海、巴黎、广州；文化经济指数 C 综合排名前十的样本城市依次是杭州、北京、上海、洛杉矶、广州、深圳、伦敦、东京、莫斯科、首尔；文化氛围指数 D 综合排名前十的样本城市依次是蒙特利尔、首尔、东京、巴黎、成都、北京、布宜诺斯艾利斯、伦敦、爱丁堡、纽约；文化治理指数 E 综合排名前十的样本城市依次是巴黎、成都、爱丁堡、布宜诺斯艾利斯、都柏林、莫斯科、首尔、上海、深圳、蒙特利尔；文化形象指数 F 综合排名前十的样本城市依次是伦敦、巴黎、纽约、北京、洛杉矶、上海、新加坡、香港、东京、墨尔本。依据得分可绘制 31 个样本城市世界文化名城指数 G 指标综合得分折线图（见图 5-1）。

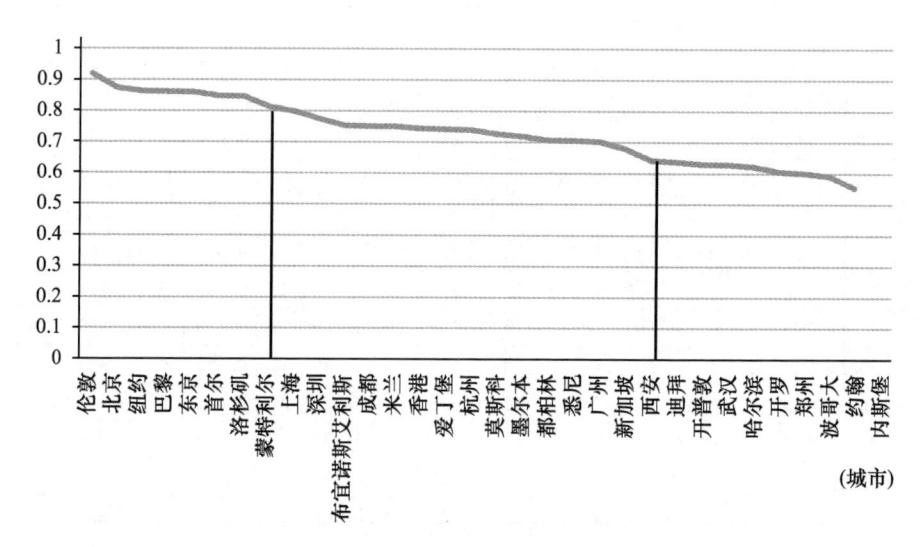

图 5-1 样本城市世界文化名城指数（G）指标得分

依据折线图的平滑趋势与显著转折点可划分出样本城市的三个层级：第一层级是欧洲、美洲、亚洲的 8 个城市，分别是伦敦、北京、纽约、巴黎、东京、首尔、洛杉矶和蒙特利尔。这些城市世界文化名城指数整体较高，区位优势突出，经济实力较强，城市文化特质明显，文化发展进入成熟期，文化资产、文化战略、文化要素、文化经济、文化形象、文化氛围全面发展且水平相当，各指标得分出现标杆值或是靠近标杆值，世界文化名城建设整体水平较高。第二层级是欧洲、美洲、亚洲、大洋洲的 15 个城市，分别是上海、深圳、布宜诺斯艾利斯、成都、米兰、香港、爱丁堡、杭州、莫斯科、墨尔本、都柏林、悉尼、广州、新加坡和西安。这些城市经济较为发达，文化发展进入加速期，文化资产、文化战略、文化要素、文化经济、文化形象、文化氛围的发展的整体性和协调性不断提升，部分指标得分靠近标杆值，尚需持续推进世界文化名城建设。第三层级是亚洲、非洲、南美洲的8个城市，分别是迪拜、开普敦、武汉、哈尔滨、开罗、郑州、波哥大和约翰内斯堡。这些城市具有较好的经济基础，文化发展进入自觉期，文化资产、文化战略、文化要素、文化经济、文化形象、文化氛围指标得分相对偏低，与标杆值有较大距离。但这些城市在文化发展某些领域的优势突出，具有建成世界文化名城的潜力。总体上看，欧洲、北美洲、亚洲城市的世界文化名城指数综合得分相对较高，在样本城市中处于领先位置，南美洲、非洲城市世界文化名城指数综合得分较低，在样本城市中的位置相对靠后。（见图5-2）

```
第一层级      伦敦 北京
              纽约 巴黎 东京
              首尔 洛杉矶 蒙特利尔

第二层级      上海 深圳 布宜诺斯艾利斯
              成都 米兰 香港 爱丁堡 杭州 莫斯科
              墨尔本 都柏林 悉尼 广州 新加坡 西安

第三层级      迪拜 开普敦 武汉 哈尔滨 开罗 郑州 波哥大 约翰内斯堡
```

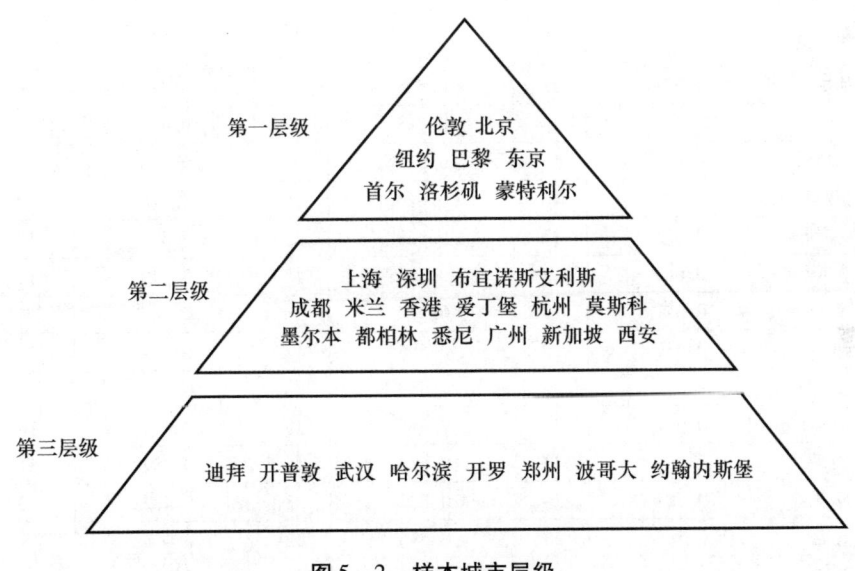

图5-2 样本城市层级

二 世界文化名城指数分项指标比较

（一）文化资产指数（A）指标

根据各城市文化资产指数指标综合得分与排名，可分析全球31个样本城市文化资产指数（A）和2项分指标（文化遗产指数A1、文化设施指数A2）的现状水平。样本城市文化资产指数各项指标综合得分与排名如表5-2所示。

表 5-2　　样本城市文化资产指数各项指标综合得分与排名

城市	文化资产指数	排名	文化遗产指数	排名	文化设施指数	排名
爱丁堡	0.852	1	0.584	13	0.982	1
米兰	0.806	2	0.556	18	0.912	2
伦敦	0.800	3	0.698	7	0.703	7
首尔	0.793	4	0.618	11	0.896	3
成都	0.790	5	0.914	1	0.385	29
悉尼	0.784	6	0.806	2	0.517	15
东京	0.774	7	0.777	3	0.533	14
纽约	0.738	8	0.635	9	0.641	9
开普敦	0.734	9	0.777	4	0.440	20
巴黎	0.728	10	0.658	8	0.866	4
北京	0.728	11	0.760	5	0.447	19
布宜诺斯艾利斯	0.725	12	0.556	17	0.718	6
都柏林	0.708	13	0.523	26	0.719	5
杭州	0.708	14	0.738	6	0.436	21
洛杉矶	0.695	15	0.522	27	0.695	8
莫斯科	0.692	16	0.624	10	0.548	13
蒙特利尔	0.675	17	0.528	25	0.637	10
墨尔本	0.669	18	0.561	15	0.579	12
深圳	0.649	19	0.519	28	0.587	11
西安	0.630	20	0.595	12	0.424	25
新加坡	0.630	21	0.559	16	0.494	16
约翰内斯堡	0.617	22	0.548	19	0.463	18
开罗	0.587	23	0.584	14	0.354	31
香港	0.587	24	0.532	23	0.432	22
上海	0.585	25	0.535	22	0.428	24
广州	0.584	26	0.529	24	0.430	23
郑州	0.582	27	0.544	20	0.401	27
迪拜	0.580	28	0.503	31	0.471	17
波哥大	0.574	29	0.538	21	0.390	28
哈尔滨	0.561	30	0.511	30	0.378	30
武汉	0.534	31	0.515	29	0.417	26

由表 5-2 可知，文化资产指数排名前 10 的城市依次是爱丁堡、米兰、伦敦、首尔、成都、悉尼、东京、纽约、开普敦、巴黎。其中，欧洲 4 个

城市，美洲1个城市，亚洲3个城市，大洋洲1个城市，非洲1个城市。这些城市大都有着悠久的历史，文化积淀丰厚，文化设施健全，在全球享有较高的声誉。依据文化资产指数（A）指标综合得分，可得到全球31个样本城市的文化资产指数（A）指标得分折线图，如图5-3所示。

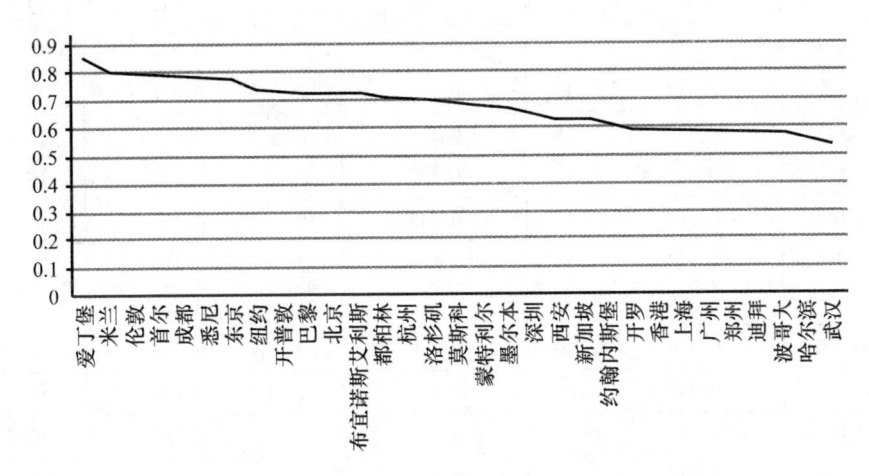

图5-3 样本城市文化资产指数（A）指标得分折线图

（二）文化要素指数（B）指标

根据各城市文化要素指数指标综合得分与排名，可分析全球31个样本城市文化要素指数（B）和两项分指标（文化人才指数B1、文化科技指数B2）的现状水平。样本城市文化要素指数各项指标综合得分与排名如表5-3所示。

表5-3 样本城市文化要素指数各项指标综合得分与排名

城市	文化要素指数	排名	文化人才指数	排名	文化科技指数	排名
东京	0.970	1	0.892	1	0.729	3
洛杉矶	0.890	2	0.414	16	0.847	1
纽约	0.873	3	0.700	5	0.729	2
北京	0.802	4	0.671	4	0.612	5
首尔	0.740	5	0.414	17	0.647	4
香港	0.669	6	0.379	18	0.565	6
深圳	0.607	7	0.307	25	0.506	7
上海	0.589	8	0.593	7	0.488	8
巴黎	0.554	9	0.743	3	0.359	11

续表

城市	文化要素指数	排名	文化人才指数	排名	文化科技指数	排名
广州	0.527	10	0.593	8	0.406	9
武汉	0.498	11	0.600	6	0.300	16
西安	0.474	12	0.557	11	0.347	12
杭州	0.465	13	0.450	15	0.371	10
米兰	0.457	14	0.707	2	0.241	22
成都	0.457	15	0.557	10	0.324	13
伦敦	0.439	16	0.557	9	0.300	15
新加坡	0.395	17	0.343	19	0.312	14
莫斯科	0.372	18	0.521	12	0.218	23
悉尼	0.368	19	0.340	21	0.276	18
爱丁堡	0.350	20	0.236	30	0.288	17
蒙特利尔	0.350	21	0.338	22	0.265	19
墨尔本	0.348	22	0.329	23	0.260	20
都柏林	0.335	23	0.318	24	0.253	21
哈尔滨	0.328	24	0.521	13	0.192	25
布宜诺斯艾利斯	0.297	25	0.450	14	0.147	30
郑州	0.294	26	0.342	20	0.202	24
迪拜	0.288	27	0.301	27	0.182	26
开普敦	0.271	28	0.282	28	0.171	28
约翰内斯堡	0.262	29	0.236	31	0.171	27
开罗	0.260	30	0.271	29	0.159	29
波哥大	0.244	31	0.305	26	0.124	31

由表5-3可知，文化要素指数排名前10的样本城市依次是东京、洛杉矶、纽约、北京、首尔、香港、深圳、上海、巴黎、广州。其中，欧洲1个城市，美洲2个城市，亚洲7个城市。这些城市文化创意人才供给充足，或是高育发达，或是科新活跃，具备良好的要素生成机制。可以发现，亚洲城市正在成为吸纳聚集全球文化要素的中心地。依据文化要素指数（B）指标综合得分可得到全球31个样本城市的文化要素指数（B）指标得分折线图，如图5-4所示。

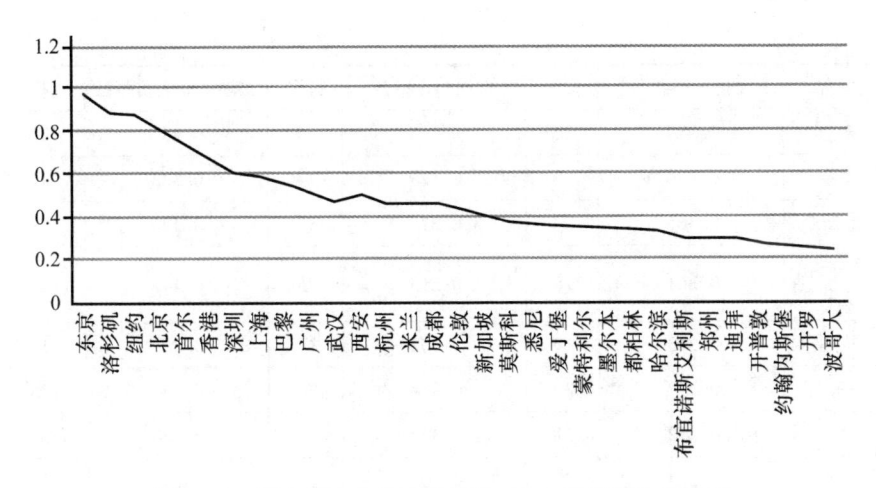

图 5-4　样本城市文化要素指数（B）指标得分折线图

（三）文化经济指数（C）指标

根据各城市文化经济指数指标综合得分与排名，可分析全球 31 个样本城市文化经济指数（C）和 2 项分指标（文创产业指数 C1、文创从业人员指数 C2）的现状水平。样本城市文化经济指数各项指标综合得分与排名如表 5-4 所示。

表 5-4　　样本城市文化经济指数各项指标综合得分与排名

城市	文化经济指数	排名	文创产业指数	排名	文创从业人员指数	排名
杭州	0.882	1	0.932	1	0.821	2
北京	0.850	2	0.828	2	0.921	1
上海	0.759	3	0.768	3	0.649	5
洛杉矶	0.671	4	0.651	5	0.595	7
广州	0.648	5	0.677	4	0.512	9
深圳	0.610	6	0.574	6	0.556	8
伦敦	0.566	7	0.417	9	0.649	4
东京	0.541	8	0.309	16	0.726	3
莫斯科	0.508	9	0.500	8	0.419	12
首尔	0.479	10	0.296	18	0.605	6
纽约	0.458	11	0.519	7	0.284	20
武汉	0.433	12	0.366	10	0.416	13
巴黎	0.404	13	0.315	15	0.413	14
成都	0.382	14	0.326	13	0.349	16

续表

城市	文化经济指数	排名	文创产业指数	排名	文创从业人员指数	排名
米兰	0.379	15	0.215	24	0.481	10
香港	0.370	16	0.323	14	0.323	17
哈尔滨	0.365	17	0.328	12	0.290	19
布宜诺斯艾利斯	0.361	18	0.215	25	0.442	11
蒙特利尔	0.353	19	0.302	17	0.317	18
墨尔本	0.277	20	0.264	20	0.194	25
西安	0.272	21	0.362	11	0.060	30
郑州	0.264	22	0.208	27	0.234	22
悉尼	0.263	23	0.226	22	0.208	23
波哥大	0.261	24	0.104	31	0.356	15
约翰内斯堡	0.252	25	0.240	21	0.167	26
都柏林	0.251	26	0.211	26	0.199	24
爱丁堡	0.248	27	0.164	28	0.251	21
新加坡	0.238	28	0.289	19	0.075	28
开普敦	0.212	29	0.219	23	0.104	29
迪拜	0.182	30	0.138	29	0.136	27
开罗	0.165	31	0.136	30	0.01	31

由表5-4可知，文化经济指数排名前10的样本城市依次是杭州、北京、上海、洛杉矶、广州、深圳、伦敦、东京、莫斯科、首尔。其中，欧洲2个城市，美洲1个城市，亚洲7个城市。这些城市文化创意产业发达，就业吸纳能力较强，文创产业是城市经济的重要支柱，对稳定就业的贡献突出。数据表明，亚洲城市文化经济活跃度较高，部分文创行业在全球具有市场竞争优势。依据文化经济指数（C）指标综合得分，可得到全球31个样本城市的文化经济指数（C）指标得分折线图，如图5-5所示。

（四）文化氛围指数（D）指标

根据各城市文化氛围指数指标综合得分与排名，可分析全球31个样本城市文化氛围指数（D）和2项分指标（文化活力指数C1、文化消费指数C2）的现状水平。样本城市文化氛围指数各项指标综合得分与排名如表5-5所示。

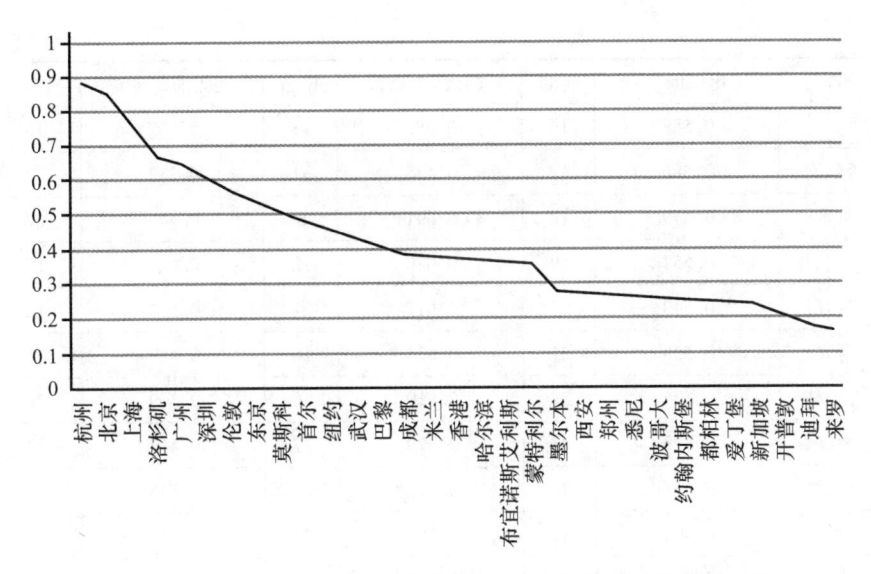

第五章 世界文化名城总体评价 151

图 5-5 样本城市文化经济指数（C）指标得分折线图

表 5-5　　样本城市文化氛围指数各项指标综合得分与排名

城市	文化氛围指数	排名	文化活力指数	排名	文化消费指数	排名
蒙特利尔	0.863	1	0.870	1	0.459	19
首尔	0.771	2	0.789	3	0.879	1
东京	0.738	3	0.848	2	0.613	8
巴黎	0.665	4	0.705	7	0.717	4
成都	0.661	5	0.771	4	0.526	14
北京	0.656	6	0.633	15	0.872	2
布宜诺斯艾利斯	0.643	7	0.758	5	0.565	10
伦敦	0.641	8	0.660	14	0.752	3
爱丁堡	0.637	9	0.715	6	0.597	9
纽约	0.608	10	0.626	18	0.717	5
上海	0.607	11	0.620	19	0.676	7
郑州	0.601	12	0.670	13	0.472	18
杭州	0.599	13	0.688	9	0.531	13
深圳	0.596	14	0.687	10	0.521	15
墨尔本	0.593	15	0.613	22	0.695	6

续表

城市	文化氛围指数	排名	文化活力指数	排名	文化消费指数	排名
广州	0.588	16	0.682	11	0.507	16
哈尔滨	0.586	17	0.435	31	0.312	27
香港	0.579	18	0.691	8	0.441	22
米兰	0.552	19	0.680	12	0.476	17
洛杉矶	0.549	20	0.617	21	0.531	12
西安	0.538	21	0.633	16	0.450	21
都柏林	0.536	22	0.619	20	0.309	28
武汉	0.529	23	0.629	17	0.417	23
莫斯科	0.478	24	0.513	25	0.545	11
波哥大	0.468	25	0.587	23	0.321	25
迪拜	0.463	26	0.580	24	0.321	26
悉尼	0.449	27	0.507	26	0.459	20
开罗	0.401	28	0.456	29	0.222	31
新加坡	0.397	29	0.477	27	0.350	24
开普敦	0.369	30	0.463	28	0.283	30
约翰内斯堡	0.363	31	0.449	30	0.303	29

由表5-5可知，文化氛围指数排名前10的样本城市依次是蒙特利尔、首尔、东京、巴黎、成都、北京、布宜诺斯艾利斯、伦敦、爱丁堡、纽约。其中，欧洲3个城市，美洲3个城市，亚洲4个城市。这些城市文化底蕴深厚，魅力特色鲜明，公众参与文化活动的机会较多，城市文化消费繁荣，文化与城市发展的融合度较高，在全球城市中具有突出的吸引力。依据文化氛围指数（D）指标综合得分，可得到全球31个样本城市的文化氛围指数（D）指标得分折线图，如图5-6所示。

（五）文化治理指数（E）指标

根据各城市文化治理指数指标综合得分与排名，可分析全球31个样本城市文化治理指数（E）和2项分指标（文化战略指数E1、文化管理指数E2）的现状水平。样本城市文化治理指数各项指标综合得分与排名如表5-6所示。

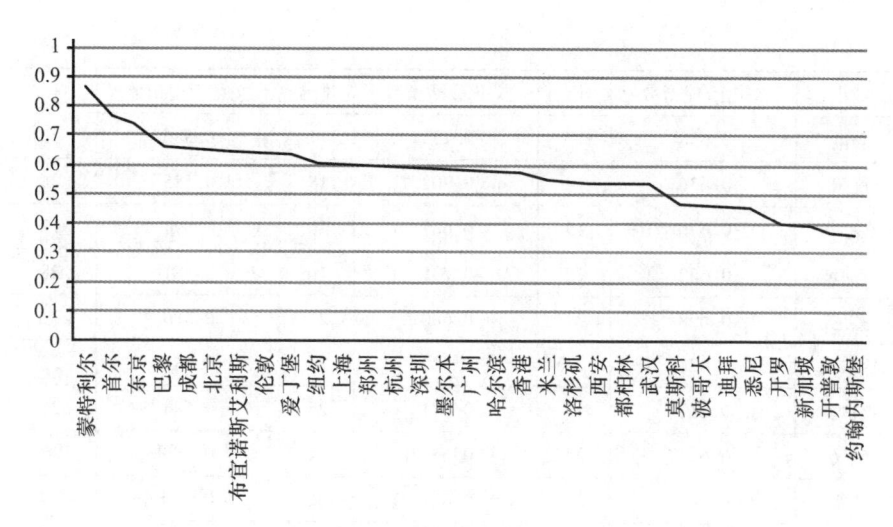

第五章 世界文化名城总体评价 153

图 5-6 样本城市文化氛围指数（D）指标得分折线图

表 5-6 **样本城市文化治理指数各项指标综合得分与排名**

城市	文化治理指数	排名	文化战略指数	排名	文化管理指数	排名
巴黎	0.932	1	0.945	1	0.713	3
成都	0.914	2	0.940	3	0.587	19
爱丁堡	0.842	3	0.942	2	0.200	30
布宜诺斯艾利斯	0.835	4	0.868	8	0.887	1
都柏林	0.780	5	0.839	11	0.625	7
莫斯科	0.776	6	0.875	5	0.612	10
首尔	0.775	7	0.872	6	0.592	14
上海	0.774	8	0.892	4	0.591	15
深圳	0.773	9	0.872	7	0.644	5
蒙特利尔	0.772	10	0.864	9	0.590	16
开普敦	0.771	11	0.843	10	0.583	26
波哥大	0.770	12	0.836	12	0.619	9
纽约	0.666	13	0.671	23	0.788	2
伦敦	0.644	14	0.789	14	0.631	6
北京	0.640	15	0.791	13	0.681	4
东京	0.638	16	0.768	15	0.600	11

续表

城市	文化治理指数	排名	文化战略指数	排名	文化管理指数	排名
香港	0.638	17	0.733	17	0.586	23
杭州	0.636	18	0.702	18	0.585	24
洛杉矶	0.636	19	0.687	20	0.594	12
新加坡	0.632	20	0.735	16	0.581	28
悉尼	0.628	21	0.680	22	0.586	21
墨尔本	0.626	22	0.682	21	0.586	22
哈尔滨	0.617	23	0.671	25	0.584	25
武汉	0.615	24	0.671	24	0.589	17
开罗	0.604	25	0.671	26	0.580	29
迪拜	0.586	26	0.503	28	0.623	8
米兰	0.564	27	0.695	19	0.188	31
广州	0.561	28	0.503	27	0.588	18
西安	0.553	29	0.503	29	0.593	13
郑州	0.547	30	0.503	30	0.586	20
约翰内斯堡	0.500	31	0.503	31	0.582	27

由表5-6可知，文化治理指数排名前10的样本城市依次是巴黎、成都、爱丁堡、布宜诺斯艾利斯、都柏林、莫斯科、首尔、上海、深圳、蒙特利尔。其中，欧洲4个城市，美洲2个城市，亚洲4个城市。这些城市将文化发展纳入城市发展战略，突出政府的宏观引导和作用，注重文化愿景的塑造和顶层设计，善用政府、市场、社会多元共治模式，以文化治理现代化提升城市的全球声誉。依据文化治理指数（E）指标综合得分，可得到全球31个样本城市的文化治理指数（E）指标得分折线图，如图5-7所示。

（六）文化形象指数（F）指标

根据各城市文化形象指数指标综合得分与排名，可分析全球31个样本城市文化形象指数（F）和2项分指标（文化品牌指数F1、文化标志指数F2）的现状水平。样本城市文化形象指数各项指标综合得分与排名如表5-7所示。

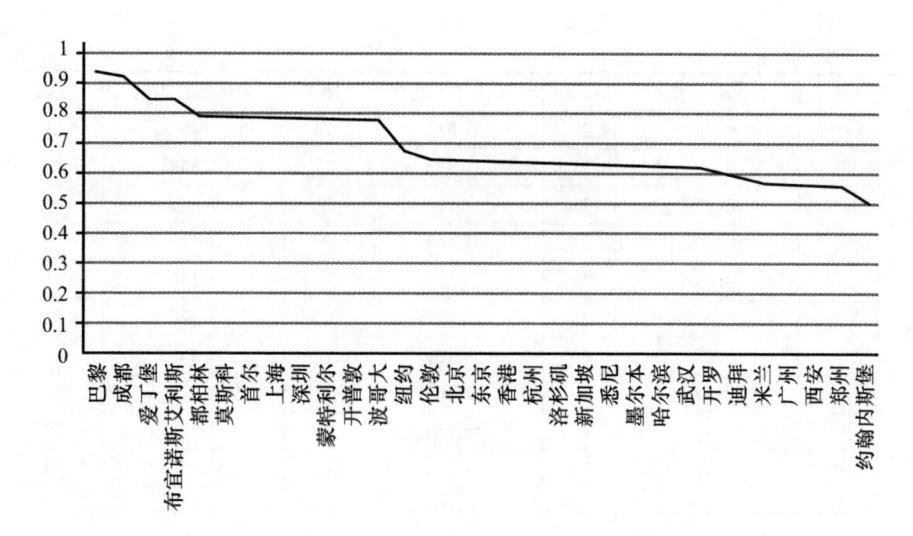

图 5-7 样本城市文化治理指数（E）指标得分折线图

表 5-7　　样本城市文化形象指数各项指标综合得分与排名

城市	文化形象指数	排名	文化品牌指数	排名	文化标志指数	排名
伦敦	0.902	1	0.958	1	0.628	6
巴黎	0.798	2	0.751	3	0.839	1
纽约	0.758	3	0.726	4	0.759	2
北京	0.736	4	0.848	2	0.698	3
洛杉矶	0.704	5	0.695	5	0.635	5
上海	0.633	6	0.679	6	0.491	10
新加坡	0.613	7	0.659	7	0.472	13
香港	0.593	8	0.591	10	0.598	7
东京	0.576	9	0.617	9	0.452	16
墨尔本	0.556	10	0.638	8	0.304	27
蒙特利尔	0.526	11	0.591	11	0.326	26
首尔	0.522	12	0.515	14	0.543	8
迪拜	0.509	13	0.517	13	0.483	11
莫斯科	0.480	14	0.526	12	0.341	25
深圳	0.478	15	0.489	15	0.443	18
布宜诺斯艾利斯	0.463	16	0.464	17	0.459	15
悉尼	0.450	17	0.474	16	0.376	21
都柏林	0.434	18	0.452	18	0.376	22
米兰	0.428	19	0.412	19	0.476	12

续表

城市	文化形象指数	排名	文化品牌指数	排名	文化标志指数	排名
开罗	0.402	20	0.382	21	0.461	14
广州	0.375	21	0.384	20	0.348	23
西安	0.270	22	0.116	26	0.641	4
武汉	0.258	23	0.199	23	0.437	19
爱丁堡	0.240	24	0.206	22	0.346	24
开普敦	0.223	25	0.131	25	0.526	9
成都	0.193	26	0.109	29	0.450	17
哈尔滨	0.180	27	0.101	31	0.420	20
波哥大	0.170	28	0.134	24	0.280	29
杭州	0.152	29	0.113	27	0.270	30
郑州	0.148	30	0.103	30	0.285	28
约翰内斯堡	0.135	31	0.112	28	0.207	31

由表5-7可知，文化形象指数排名前10的样本城市依次是伦敦、巴黎、纽约、北京、洛杉矶、上海、新加坡、香港、东京、墨尔本。其中，欧洲2个城市，美洲2个城市，亚洲5个城市，大洋州1个城市。这些城市在历史、艺术、教育、设计等领域，形成了世界性的文化品牌，拥有独特性、标志性建筑，城市文化形象具有世界知名度和美誉度。依据文化形象指数（F）指标综合得分，可得到全球31个城市的文化形象指数（F）指标得分折线图，如图5-8所示。

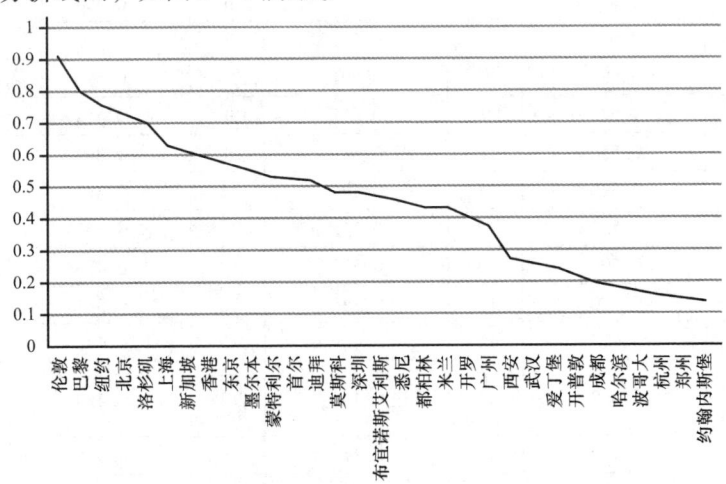

图5-8 样本城市文化形象指数（F）指标得分折线图

第二节　世界文化名城建设类型划分

运用世界文化名城"功能—声誉"模型构建三级指标体系，对全球 31 个样本城市世界文化名城建设水平进行综合评价，得到样本城市世界文化名城指数得分及排名，进而可以计算样本城市文化功能和文化声誉综合得分。基于象限分析，可对样本城市世界文化名城建设进行类型划分，便于不同特点的城市更有针对性地推进世界文化名城建设。

一　世界文化名城建设类型划分依据

依据世界文化名城"功能—声誉"综合得分对世界文化名城建设类型进行划分。赋予文化功能、文化声誉综合评价分值为 100 分，对各分项指标指数加权平均并进行百分制转换。依据样本城市各指数指标的综合得分，依据 31 个样本城市文化功能各指标（A 指数、B 指数、C 指数、D 指数）和文化声誉各指标（E 指数、F 指数）得分，计算出样本城市文化功能和文化声誉的综合得分，以反映和比较样本城市的世界文化名城"功能—声誉"水平。

以文化功能为横轴，以文化声誉为纵轴，根据样本城市文化功能得分和文化声誉得分找到相应的数据标注点，以样本城市得分中位数为原点，可绘制样本城市世界文化名城"功能—声誉"象限图（见图 5-9）。横轴向右延伸，表明文化功能强；横轴向左延伸，表明文化功能弱。纵轴向上延伸，表明文化声誉高；纵轴向下延伸，表明文化声誉低。象限图的右上区域为第Ⅰ象限，位于象限Ⅰ的样本城市，表明其文化功能和文化声誉均高于样本城市平均水平；象限图的左上区域为第Ⅱ象限，位于象限Ⅱ的样本城市，表明其文化声誉高于样本城市平均水平，但文化功能低于样本城市平均水平；右下为第Ⅲ象限，位于象限Ⅲ的样本城市，表明其文化功能高于样本城市平均水平，但文化声誉低于样本城市平均水平；左下为第Ⅳ象限，位于象限Ⅳ的样本城市，表明其文化功能和文化声誉均低于样本城市平均水平。

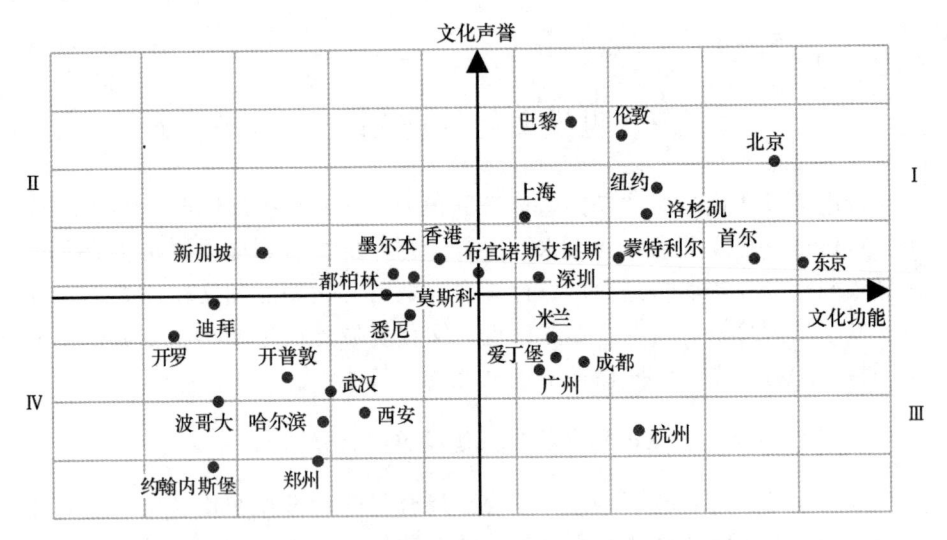

图 5-9 样本城市世界文化名城"功能—声誉"象限图

二 世界文化名城建设类型

由图 5-9 可见,样本城市文化功能和文化声誉的相关性较高,落点在第Ⅰ象限和第Ⅳ象限的样本城市相对集中。按照所处象限的位置,可以发现,部分城市文化功能和文化声誉较为均衡,世界文化名城建设的整体性和协调性较好,在世界城市中的文化识别度较高;部分城市更加注重文化功能的建设,文化资产丰厚,文化经济发达,文化活力较强,但在世界城市中的文化知名度和美誉度较低;部分城市更加注重文化声誉建设,文化发展在国际社会的显示度较高,但文化对城市可持续发展作用相对偏弱;有些城市文化功能和文化声誉虽然相对均衡,但世界文化名城建设水平总体较低,文化在促进城市可持续发展中的作用还相对有限。根据样本城市文化功能和文化声誉特点,可以归纳出世界文化名城建设四大类型:均衡协调型、功能优势型、声誉优势型和低度均衡型。下面对各类型的特点进行具体分析。

(一)均衡协调型城市的特点

均衡协调型城市指分布在世界文化名城"功能—声誉"象限图第Ⅰ象限的样本城市,伦敦、北京、纽约、巴黎、东京、首尔、洛杉矶、蒙特利尔、上海和深圳 10 个城市进入世界文化名城建设均衡协调型行列,反映该类城市的雷达图如图 5-10 所示。这些城市文化竞争优势突出,世界文化名城建设"功能强—声誉高",呈现高水平均衡特征,文化资产、文化要素、文化经济、文化氛围、文化治理和文化形象六个方面出现或靠近标杆值，世界文化名城建设水平在所有类型中表现最好。这些城市均进入发达经济体行列，文化促进城市可持续发展的成效突出，文化发展的整体性和协调性较好，基本实现了文化功能和文化声誉的同步提升，在全球世界文化名城建设中发挥引领作用。数据显示，除上海的文化资产水平欠佳之外（排名全部样本城市第25位），该类型城市各指标指数排名相对靠前，处于全部样本城市第一层级或第二层级。

均衡协调型城市虽然整体排名相对领先，但"均衡发展"只是相对于其他样本城市而言，该类城市的文化功能和文化声誉仍然存在一定程度的偏离，文化发展某些领域的短板还比较明显。因此，均衡协调型城市需要在现有的基础上，保持文化发展的良好势头，稳固和提升世界文化名城的地位，弥补和克服短板劣势，提升全面协调发展水平。例如，巴黎的文化经济对城市经济和就业增长的贡献相对偏低，蒙特利尔文化要素的供给能力相对偏弱，深圳的文化资产水平还有较大提升空间。总体而言，伦敦、北京、纽约、巴黎、东京是进入成熟期的世界文化名城，文化发展的优势领域相对较多；首尔、洛杉矶、蒙特利尔、上海、深圳是处于快速成长期的世界文化名城，文化发展的优势领域相对偏少。

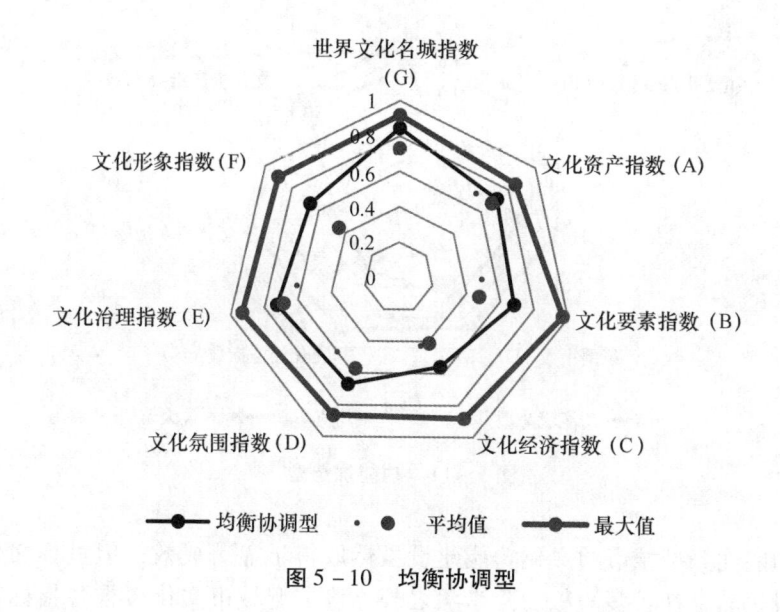

图 5-10　均衡协调型

(二) 功能优势型城市的特点

功能优势型城市指分布在世界文化名城"功能—声誉"象限图第Ⅲ象限的样本城市，成都、米兰、爱丁堡、杭州和广州5个城市进入世界文化名城建设功能优势型行列，反映该类城市的雷达图如图5-11所示。这些城市将文化视为重要的竞争资源，世界文化名城建设"功能强—声誉低"，文化发展的整体性较好，但协调性欠佳。此类城市文化功能优势较为突出，文化资产、文化要素、文化经济、文化氛围四个方面出现或靠近标杆值，文化治理、文化形象处于中偏低水平，基于自身特点探索世界文化名城建设取得明显成效。此类城市既有发达经济体，也有发展中经济体，城市经济处于转型发展期，文化要素市场配置效率较高，自觉以文化连接世界，部分领域在全球形成比较优势。例如，爱丁堡、米兰在文化资产建设水平居全部样本城市前列，杭州以发展文化创意产业带动产业结构优化升级，实现城市经济可持续发展，成都的文化氛围则更为浓郁。数据显示，除广州的文化资产水平稍低之外（排名全部样本城市第26位），该类型城市文化功能各指标得分相对靠前，处于全部样本城市第二层级。

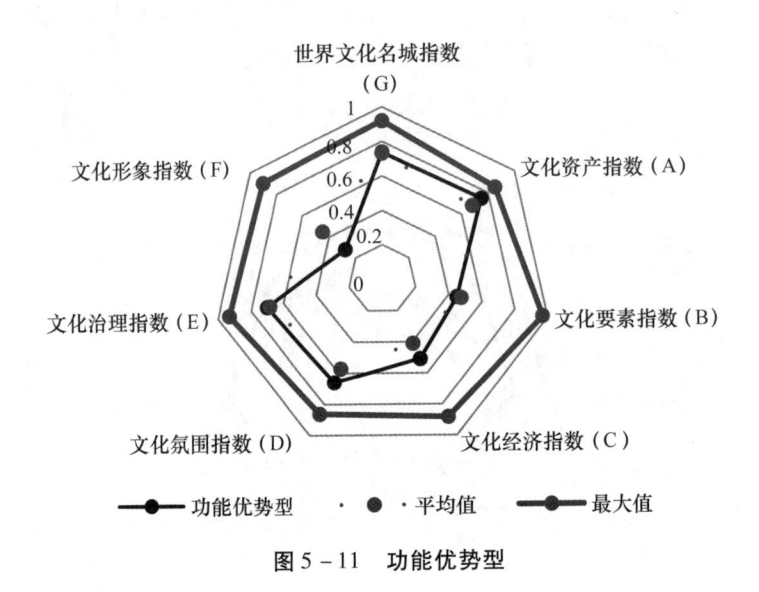

图 5-11 功能优势型

功能优势型城市的文化功能建设虽然取得了显著成效，但世界文化名城建设仍然存在较多短板。除米兰之外，该类型城市文化声誉各指标得分均明显偏低，文化功能与文化声誉呈现不均衡状态，文化功能的优势领域相对偏少，在世界城市中的文化识别度和显示度相对偏低。因此，功能优势型城市需要持续提升城市文化发展的国际化水平，实施开放的文化发展战略，增强文化发展的整体性和协调性，快速融入国际社会，提升文化城市知名度和美誉度。例如，米兰的文化投入在公共支出中的比重相对偏低，杭州的文化形象水平还有较大提升空间。总体而言，此类城市文化发展处于快速变动期，世界文化名城建设既有可能跃升为均衡协调型，也可能向声誉优势型或低度均衡型转变。

（三）声誉优势型城市的特点

声誉优势型城市指分布在世界文化名城"功能—声誉"象限图第Ⅱ象限的样本城市，布宜诺斯艾利斯、香港、莫斯科、墨尔本、都柏林和新加坡6个城市进入世界文化名城建设声誉优势型行列，反映该类城市的雷达图如图5-12所示。这些城市文化软实力突出，世界文化名城建设"功能弱—声誉高"，文化发展的整体性较好，但协调性欠佳，文化治理、文化形象两个方面出现或靠近标杆值，文化资产、文化要素、文化经济、文化氛围处于中等偏下水平。此类城市均为发达经济体，是一个国家重要的经济中心或文化中心，国际化程度较高，文化生态相对健全，文化投入能力较强，部分领域在全球形成突出优势，享有较高的知名度和美誉度。例如，布宜诺斯艾利斯、都柏林、莫斯科的文化治理水平在世界城市中领先，新加坡、香港成功塑造了在全球具有美誉度的文化形象。数据显示，除墨尔本文化治理水平偏低之外（排名全部样本城市第22位），该类型城市文化声誉各指标得分相对靠前，处于全部样本城市第二层级。

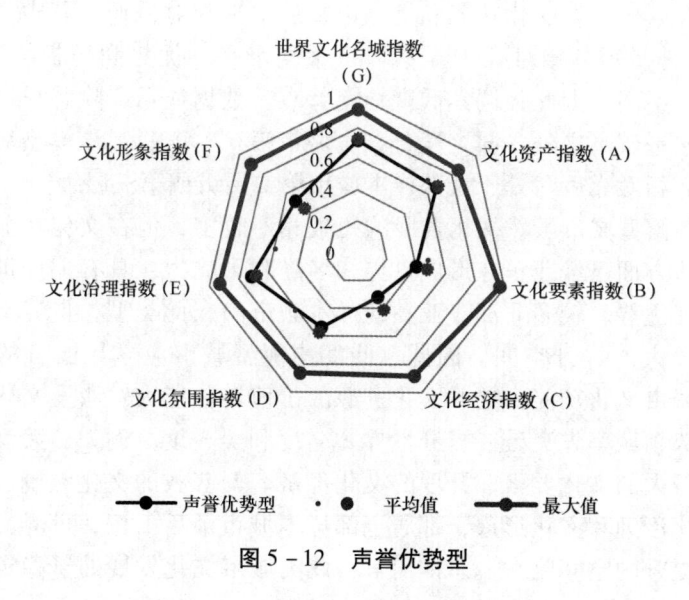

图 5-12　声誉优势型

声誉优势型城市的文化声誉建设虽然取得显著成效，但世界文化名城建设的短板仍然突出。除布宜诺斯艾利斯之外，该类型城市文化功能各指标得分相对偏低，文化功能与文化声誉呈现不均衡状态，文化声誉的优势领域偏少，文化在城市可持续发展中的作用相对偏弱。因此，声誉优势型城市需要保持和提升城市文化的知名度和美誉度，将文化融入城市可持续发展，全面增强文化发展的整体性和协调性，增强城市文化发展的世界影响力。例如，布宜诺斯艾利斯文化要素的配置效率较低，香港的文化资产积淀相对薄弱，新加坡、都柏林文化经济对城市的贡献还有较大提升空间。总体而言，此类城市文化发展处于快速变动期，世界文化名城建设既有可能跃升为均衡协调型，也可能向功能优势型或低度均衡型转变。

（四）低度均衡型城市的特点

低度均衡型城市指分布在世界文化名城"功能—声誉"象限图第Ⅳ象限的样本城市，悉尼、西安、迪拜、开普敦、武汉、哈尔滨、开罗、郑州、波哥大、约翰内斯堡10个城市进入世界文化名城建设低度均衡型行列，反映该类世界文化名城的雷达图如图5-13所示。这些城市的文化软实力相对偏弱，世界文化名城建设"功能弱—声誉低"，呈现低水平均衡特征，文化发展的整体性和协调性欠佳，文化资产、文化要素、文化经济、文化氛围、文化治理和文化形象六个方面各项指标出现或靠近最低值，世界文化名城建设相对滞后。此类城市大多为发展中经济体，由于经济发展或地理、历史原因，文化建设与经济发展的矛盾较为突出，优势突出的文化领域较少，文化功能和文化声誉的水平相对偏低，其中，悉尼的"功能—声誉"得分相对处于样本城市平均水平，优势和短板均不明显，但整体水平不高，因此强调其低度均衡特点。数据显示，除悉尼、开普敦文化资产水平较高之外（排名全部样本城市第6、第9），该类型城市各指标指数排名相对靠后，处于全部样本城市第二层级或第三层级。

低度均衡型城市虽然文化发展的短板相对较多，但在文化功能和文化声誉的某些方面已经或正在形成世界知名度和影响力，具有建设世界文化名城的潜在优势。较多非洲、亚洲的样本城市归入此类型，世界文化名城建设还有较大的提升空间。因此，低度均衡型城市应立足已有的文化声誉，增强城市文化功能，提升文化资源的价值转化能力，激发文化生态活力，在优势领域率先突破，提升世界知名度和美誉度。例如，武汉的文化资产、波哥大的文化要素、开罗的文化经济、开普敦的文化氛围、约翰内斯堡的文化治理和文化形象，都居全部样本城市最后1位，世界文化名城建设水平提升的空间巨大。总体而言，此类城市文化发展处于稳定期或自觉期，世界文化名城建设的后发优势明显，具有向功能优势型、声誉优势型或均衡协调型转变的基础条件。

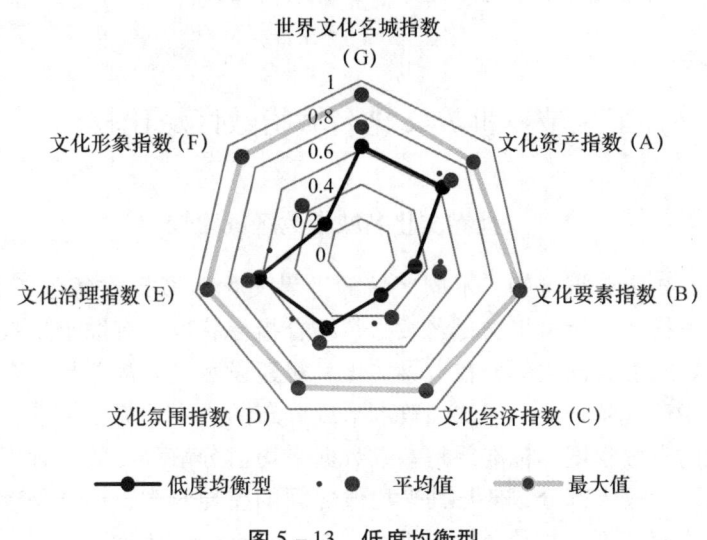

图 5-13　低度均衡型

需要说明的是，上述划分是为了比较世界文化名城建设的不同类型，目的是把握全球世界文化名城建设的特点和差异性，便于中国城市更好地制定世界文化名城建设策略。其一，世界文化名城建设类型只是对样本城市情况的大致划分，虽然四种类型可以基本表明各城市文化发展的显著特点，但不可能完全对应。例如，巴黎、东京属于均衡协调型，巴黎文化声誉优势突出，东京文化功能优势突出，得分为全部样本城市标杆值，但巴黎文化功能得分排名第10，东京文化声誉得分排名第11，"功能—声誉"存在一定程度的偏离。但考虑其文化发展水平相对较高，基于划分类型的需要，强调其文化发展均衡协调的特点。迪拜、开罗属于低度均衡型，两个城市文化声誉排名居全部样本城市第17、第19，而文化功能排名居倒数第1、第3，文化功能的劣势更为突出，"功能—声誉"存在一定程度的偏离。但考虑其文化发展水平整体偏低，基于类型划分的需要，侧重反映其文化发展低水平均衡的特点。其二，样本城市评价指数与指标体系和计分方式有关，类型划分是基于指标综合得分和排名而确定，受样本城市相互比较的影响，并非城市文化发展的绝对结果。世界文化名城建设更应立足自身的比较优势和潜在优势，提升文化功能和文化声誉水平，进而在与其他城市的相互借鉴中促进文化的繁荣发展。其三，类型划分只是对样本城市世界文化名城建设情况的概括性反映,不同类型城市也存在亚型或其他特点,如成熟型、新兴型、传统型、现代型、主题型、综合型等,建设世界文化名城应结合城市特点选择切实有效的路径。

第三节 世界文化名城指数区域比较

一 世界文化名城指数区域比较

由上节初步分析可知,不同区域的世界文化名城指数存在高低差异。分析五大洲样本城市世界文化名城指数综合指标状况,有助于反映五大洲与全球,以及五大洲之间,在世界文化名城建设水平上的差异。在统计学中,均值用于反映现象总体的一般水平或分布的集中趋势,标准差反映一个数据集的离散程度。标准差是一组数据平均值分散程度的一种度量。标准差较大,代表大部分数值与其平均值之间的差异较大;标准差较小,代表这些数值较接近平均值。变异系数(Coefficient of Variation)①是原始数据标准差与原始数据平均值的比,是概率分布离散程度的一个归一化量度,变异程度越大,则变异系数值越高,反之越小。根据全球31个样本城市文化名城指数(G)指标得分,整理出全球五大洲世界文化名城指数(G)指标统计量。具体内容如表5-8所示。

表5-8 样本城市世界文化名城综合指数(G)区域统计量表

区域	平均值	标准差	最大值	最小值	变异系数
全球	0.732	0.096	0.919	0.553	13.11%
欧洲	0.784	0.079	0.919	0.707	10.08%
美洲	0.773	0.098	0.863	0.592	12.68%
亚洲	0.727	0.088	0.873	0.601	12.1%
大洋洲	0.713	0.007	0.719	0.706	0.98%
非洲	0.596	0.032	0.630	0.553	5.37%

从全球及五大洲综合指数平均值分析,欧洲的世界文化名城综合指数最高,美洲次之,均位于全球平均水平之上。亚洲、大洋洲和非洲世界文化名城综合指数均低于全球平均水平。

---

① 变异系数计算公式为:变异系数 C·V =(标准偏差SD/平均值Mean)× 100%。

其中，非洲综合指数最低，与全球平均水平差距较大。以美洲综合指数得分最高的城市纽约和非洲综合指数得分最高的城市开普敦为例，依据分项指数指标得分雷达图（见图5-14），可以发现两个城市文化发展水平差距较大，纽约在文化资产、文化要素、文化经济、文化氛围、文化治理、文化形象六个维度上相对均衡，开普敦的文化资产指数和文化治理指数得分更接近标杆值。

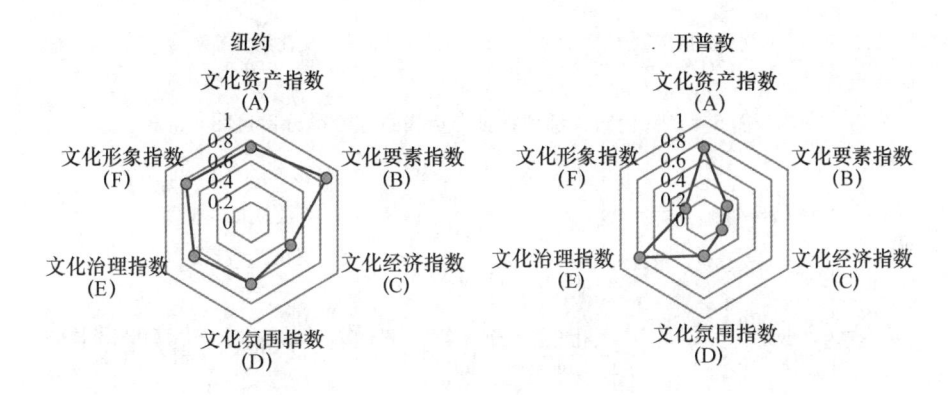

图5-14 纽约、开普敦各指标指数综合得分雷达图

从全球及五大洲综合指数变异系数分析，欧洲、美洲、亚洲综合指数的变异程度较高，表明各样本城市综合指数的离散程度较大，文化发展水平参差不齐。以伦敦和都柏林为例比较欧洲样本城市差异，依据两个城市分项指数指标得分得到雷达图如图5-15所示。可以发现，两个城市世界文化名城建设水平存在一定差距，伦敦多个指标指数得分相对领先，都柏林文化治理指数得分更接近标杆值。

以布宜诺斯艾利斯和波哥大为例比较美洲样本城市差异，依据两个城市分项指数指标得分得到雷达图如图5-16所示。可以发现，两个城市世界文化名城建设整体水平差距较大，布宜诺斯艾利斯明显领先，波哥大的文化治理指数得分更靠近标杆值。

以北京和郑州为例比较亚洲样本城市差异，依据两个城市分项指数指标得分得到雷达图如图5-17所示。可以发现，两个城市世界文化名城建设水平差距悬殊，北京文化资产、文化要素、文化经济、文化氛围、文化治理、文化形象六个指标都明显领先，郑州整体水平偏低。

大洋洲和非洲综合指数的变异程度相对较低，表明各样本城市综合指数离散程度较小。以悉尼和墨尔本为例比较大洋洲样本城市差异，依据两

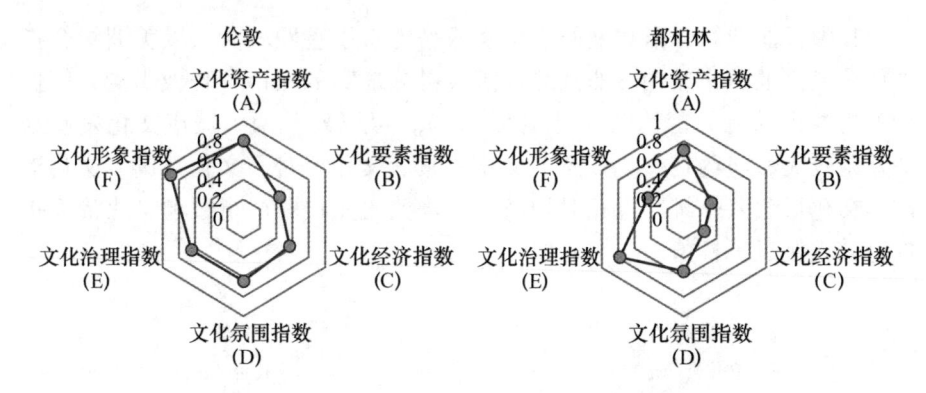

图 5-15　伦敦、都柏林各指标指数综合得分雷达图

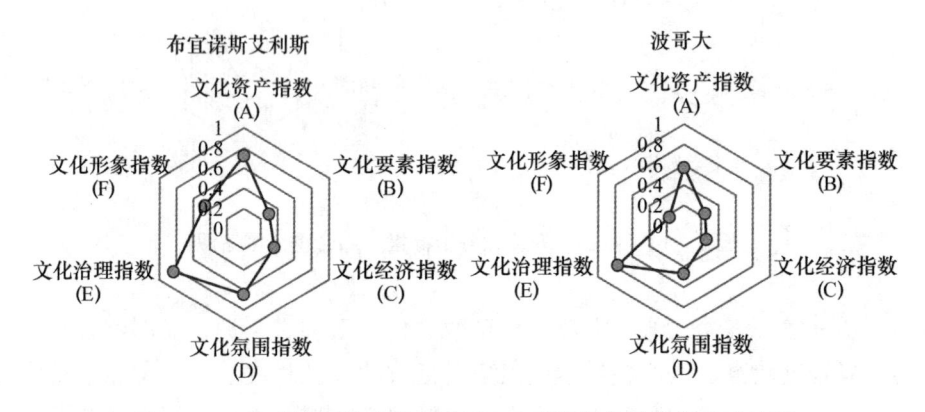

图 5-16　布宜诺斯艾利斯、波哥大各指标指数综合得分雷达图

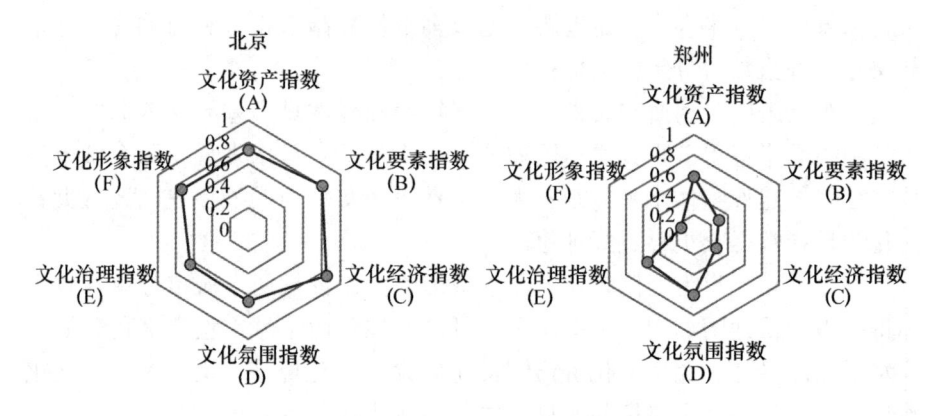

图 5-17　北京、郑州各指标指数综合得分雷达图

个城市分项指数指标得分得到雷达图如图5-18所示。可以发现,两个城市世界文化名城建设水平基本相当,世界文化名城各个领域发展层次相对一致。

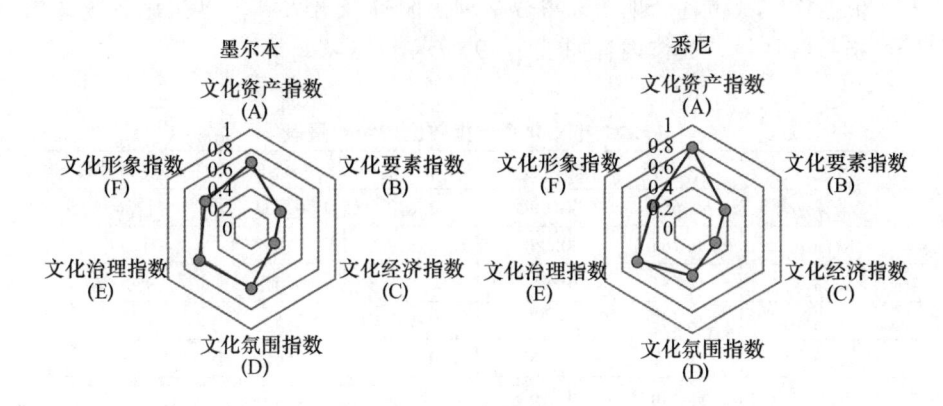

图5-18 墨尔本、悉尼各指标指数综合得分雷达图

以开罗和约翰内斯堡为例比较非洲样本城市差异,依据两个城市分项指数指标得分得到雷达图如图5-19所示。可以发现,非洲样本城市世界文化名城建设总体水平处于同一层次,但分项指标水平有所差异,开罗的文化形象指数相对领先,约翰内斯堡的文化经济指数相对领先,两个城市的文化资产指数和文化治理指数水平基本相当。

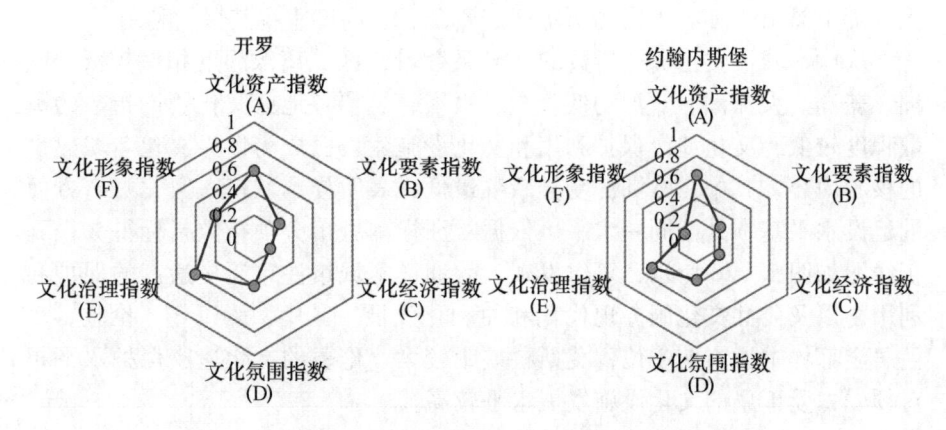

图5-19 开罗、约翰内斯堡各指标指数综合得分雷达图

二 世界文化名城指数分项指标区域比较

(一) 文化资产指数 (A)

依据样本城市各分项指标得分整理出全球及五大洲世界文化名城文化资产指数统计量,具体内容如表 5-9 所示。

表 5-9　　　　　样本城市文化资产指数区域统计量表

区域	平均值	标准差	最大值	最小值	变异系数
全球	0.681	0.086	0.852	0.534	12.63%
欧洲	0.764	0.058	0.852	0.692	7.59%
美洲	0.681	0.058	0.738	0.574	8.52%
亚洲	0.648	0.085	0.793	0.534	13.12%
大洋洲	0.727	0.057	0.784	0.669	7.84%
非洲	0.646	0.063	0.734	0.587	9.75%

从样本城市文化资产指数平均值分析,全球整体水平较高,表明文化资产的管理和运营普遍成为世界文化名城建设的重要内容,标杆值出现在欧洲。其中,欧洲、大洋洲高于全球平均水平,美洲与全球水平相当,亚洲和非洲则低于全球平均水平。可见,欧洲、大洋洲和美洲文化名城在历史遗产保护利用方面取得显著成效,其文化设施建设水平更高。亚洲和非洲样本城市文化资产指数低于欧洲和大洋洲,但接近全球平均水平,在很大程度上是由于拥有丰富的历史遗产资源,并高度重视其保护利用。

从样本城市文化资产指数的变异系数看,区域离散程度相对较低。欧洲、美洲、大洋洲、非洲均低于全球水平,表明各地区文化资产指数的离散程度较低,文化遗产保护利用和文化设施建设已成为世界文化名城建设的核心内容。其中,欧洲的变异系数最低,表明样本城市在文化资产方面的建设水平基本处于同一水平。依据欧洲样本城市分项指数指标得分得到折线图如图 5-20 所示,可以发现,欧洲样本城市注重历史遗产的保护和利用,以及公共文化服务现代化和便利化发展。其中,爱丁堡、伦敦、米兰居全部样本城市前 3 位,莫斯科差距较大。伦敦的文化遗产保护水平相对领先,爱丁堡的文化设施发展水平较高。

(二) 文化要素指数 (B)

依据样本城市各分项指标得分整理出全球及五大洲世界文化名城文化要素指数统计量,具体内容如表 5-10 所示。

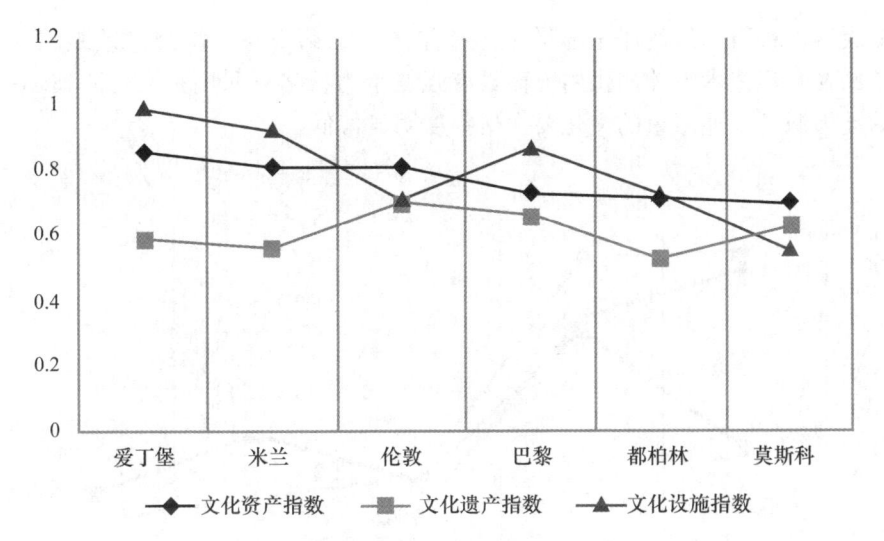

图 5-20　欧洲样本城市文化资产指数及分项指标指数比较

表 5-10　　　　　　　　样本城市文化要素指数区域统计量表

区域	平均值	标准差	最大值	最小值	变异系数
全球	0.476	0.1995	0.970	0.244	41.9%
欧洲	0.418	0.075	0.554	0.335	17.94%
美洲	0.531	0.288	0.890	0.244	54.24%
亚洲	0.539	0.188	0.970	0.288	34.88%
大洋洲	0.358	0.010	0.368	0.348	2.79%
非洲	0.265	0.004	0.271	0.262	1.51%

从样本城市文化要素指数平均值分析，全球平均水平偏低，标杆值出现在亚洲。表明部分城市在人才、科技、资本等文化发展要素的生成机制较为成熟，要素供给吸纳能力较强。其中，亚洲、美洲高于全球平均水平，表明亚洲、美洲样本城市文化艺术教育繁荣，文化科技创新活跃，要素收益水平高于全球平均水平。欧洲、大洋洲、非洲则低于全球平均水平，特别是非洲城市要素集聚的竞争力相对较弱。

从样本城市文化要素指数的变异系数看，区域离散度较高，文化要素在城市聚集的区域指向较为明显。欧洲、亚洲、大洋洲和非洲均低于全球水平，非洲和大洋洲尤为突出，可能的原因是城市文化要素供给和需求处于低水平均衡状态。美洲、亚洲的变异系数最高，表明这两个地区样本城市文化要素指数的离散程度大。依据美洲样本城市分项指数指标得分得到折线图如图 5-21 所示，可以发现，美洲样本城市文化要素聚集水平差距

170 世界文化名城评价研究

较大,洛杉矶、纽约居全部样本城市第1位、第2位,波哥大差距较大。纽约在文化艺术人才的供给方面具有强竞争力,洛杉矶则是文化科技创新的动力源,其他城市的文化要素聚集度明显偏低。

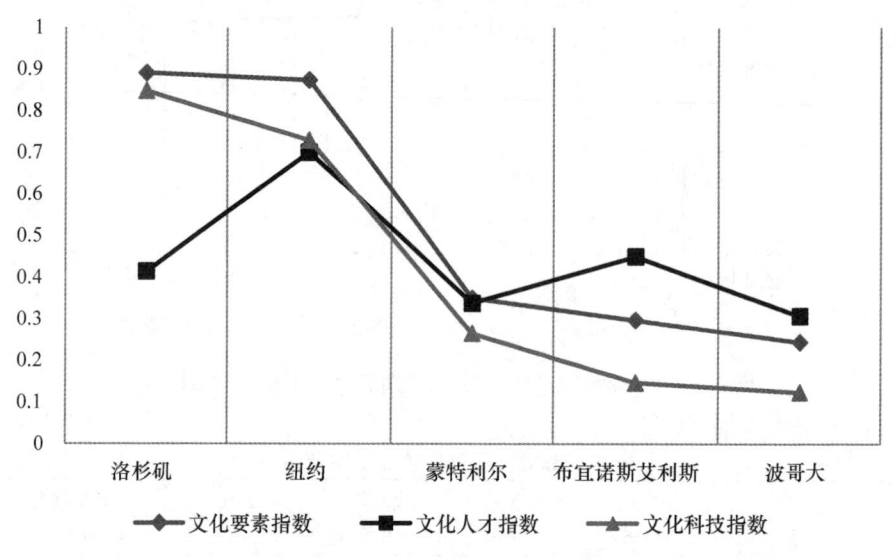

图 5-21　美洲样本城市文化要素指数及分项指标指数比较

（三）文化经济指数（C）

依据样本城市各分项指标得分整理出全球及五大洲世界文化名城文化经济指数统计量,具体内容如表5-11所示。

表 5-11　　　　　样本城市文化经济指数区域统计量表

区域	平均值	标准差	最大值	最小值	变异系数
全球	0.410	0.189	0.882	0.165	46.1%
欧洲	0.376	0.108	0.566	0.248	28.72%
美洲	0.421	0.140	0.671	0.261	33.25%
亚洲	0.478	0.216	0.882	0.182	45.19%
大洋洲	0.270	0.007	0.277	0.263	2.59%
非洲	0.210	0.036	0.252	0.165	17.14%

从样本城市文化经济指数平均值分析,全球平均水平偏低,标杆值出现在亚洲。表明各地区文化经济发展水平不平衡,部分城市文化创意产业发达,行业竞争力和就业吸纳能力强。其中,亚洲、美洲高于全球平均水

平，表明这两个地区的样本城市的文化经济总体发展较快，文化创意产业对城市经济增长和就业增长的贡献相对突出。欧洲接近全球平均水平，表明文化创意产业保持稳定发展态势。大洋洲、非洲则低于全球平均水平，表明文化创意产业在城市经济中尚未发挥支柱作用。

从样本城市文化经济指数的变异系数看，区域离散度较高，城市文化经济发展水平总体差距较大。其中，亚洲、美洲、欧洲的离散程度较高，非洲、大洋洲的离散程度较低。可能的原因是大洋洲和非洲的样本城市数量偏少，且文化经济发展水平基本相当。亚洲城市的变异系数最高，表明各城市文化要素指数的离散程度大。依据亚洲样本城市分项指数指标得分得到折线图如图 5-22 所示，可以发现，亚洲样本城市文化经济发展水平差距较大，杭州、北京、上海居全部样本城市前 3 位，西安、郑州、新加坡差距较大。杭州、北京、上海、广州、深圳的文创产业对城市经济增长的贡献更为突出，郑州、迪拜相对滞后；北京、杭州、东京、上海、首尔的文创就业对城市就业增长的贡献更为突出，新加坡、西安相对滞后。

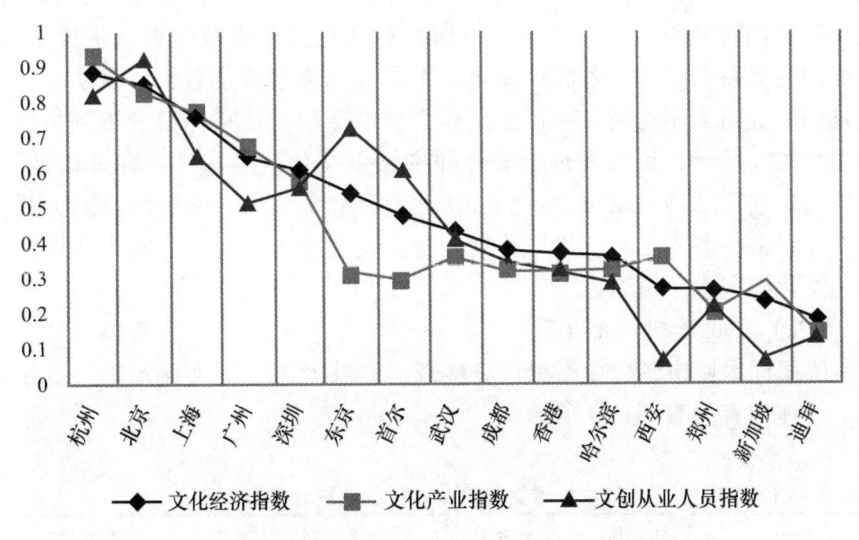

图 5-22 亚洲样本城市文化经济指数及分项指标指数比较

(四) 文化氛围指数 (D)

依据样本城市各分项指标得分整理出全球及五大洲世界文化名城文化氛围指数统计量，具体内容如表 5-12 所示。

表5-12　　　　　样本城市文化氛围指数区域统计量表

区域	平均值	标准差	最大值	最小值	变异系数
全球	0.572	0.112	0.863	0.369	19.58%
欧洲	0.585	0.067	0.665	0.478	11.45%
美洲	0.626	0.132	0.863	0.468	21.09%
亚洲	0.594	0.091	0.771	0.397	15.32%
大洋洲	0.521	0.072	0.593	0.449	13.82%
非洲	0.378	0.017	0.401	0.369	4.5%

从样本城市文化氛围指数平均值分析，全球平均水平居中，标杆值出现在美洲。表明各地区城市因地制宜营造不同特色的文化氛围，公众文化参与和文化消费总体较为活跃。其中，美洲、亚洲、欧洲均高于全球水平，表明这些地区的样本城市具有较强的文化活力，文化消费能力和水平总体领先。大洋洲、非洲样本城市文化氛围指数均值相对偏低。

从样本城市文化氛围指数的变异系数看，区域离散度较低，城市文化氛围都具有不同程度的全球吸引力。其中，亚洲、大洋洲、欧洲、非洲的变异系数相对较小，城市文化活力指数和文化消费指数的离散程度不高。美洲的变异系数最高，各城市文化氛围指数的离散程度较大，表明城市文化氛围的吸引力不均衡。依据美洲样本城市分项指数指标得分得到折线图如图5-23所示，可以发现，美洲样本城市文化氛围水平存在一定差距，蒙特利尔居全部样本城市之首，波哥大差距较大，南、北美洲空间分异并不明显。蒙特利尔、布宜诺斯艾利斯更具文化活力，纽约、布宜诺斯艾利斯的文化消费水平更高。

（五）文化治理指数（E）

依据样本城市各分项指标得分整理出全球及五大洲文化治理指数统计量，具体内容如表5-13所示。

表5-13　　　　　样本城市文化治理指数区域统计量表

区域	平均值	标准差	最大值	最小值	变异系数
全球	0.685	0.110	0.932	0.500	16.06%
欧洲	0.756	0.122	0.932	0.564	16.14%
美洲	0.736	0.074	0.835	0.636	10.05%
亚洲	0.660	0.100	0.914	0.547	15.12%
大洋洲	0.627	0.001	0.682	0.680	0.16%
非洲	0.625	0.112	0.843	0.503	17.92%

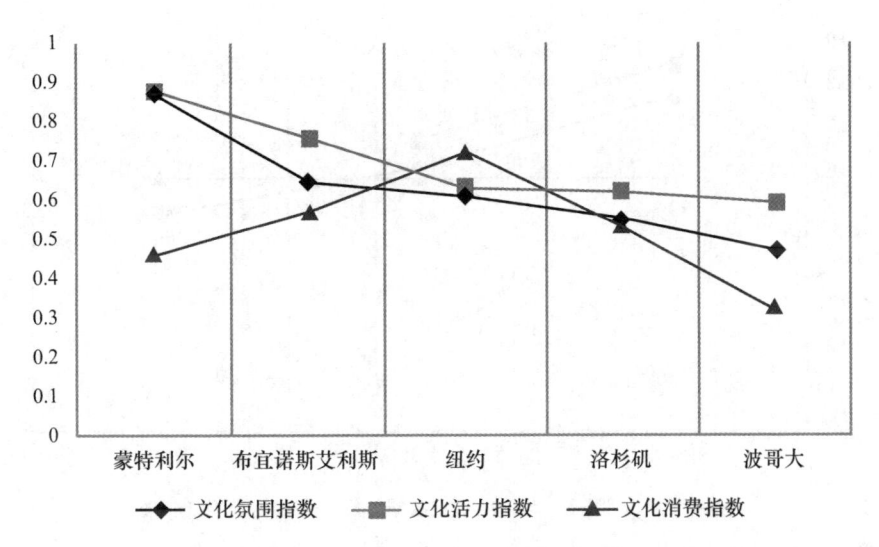

图 5-23　美洲样本城市文化氛围指数及分项指标指数比较

从样本城市文化治理指数平均值分析，全球整体水平较高，标杆值出现在欧洲。表明提升文化治理的现代化水平已成为全球共识，注重将文化治理纳入城市治理体系。其中，欧洲、美洲高于全球水平，表明这些地区的样本城市实施积极的文化发展战略，采取有效的治理模式，整合政府、市场、社会资源投入文化发展。亚洲、大洋洲、非洲世界文化名城文化治理指数均值相对偏低，但总体接近全球水平。

从样本城市文化治理指数的变异系数看，区域离散程度较低，城市文化治理都具有一定的基础，形成了相应的制度安排。其中，欧洲、亚洲、大洋洲、美洲的变异系数较小，大洋洲世界文化名城文化治理水平基本相当。非洲的变异系数相对最高，样本城市文化治理指数的离散程度较大，表明城市文化治理的能力和水平尚不均衡。依据非洲样本城市分项指数指标得分得到折线图如图 5-24 所示，可以发现，非洲样本城市文化治理水平差距较大，开普敦居全部样本城市第 11 位，约翰内斯堡则居末位。开普敦和约翰内斯堡同为南非城市，文化管理体制相似，但前者文化战略指数较为领先，更加注重文化品牌的塑造和传播。

（六）文化形象指数（F）

依据样本城市各分项指标得分整理出全球及五大洲世界文化名城文化形象指数统计量，具体内容如表 5-14 所示。

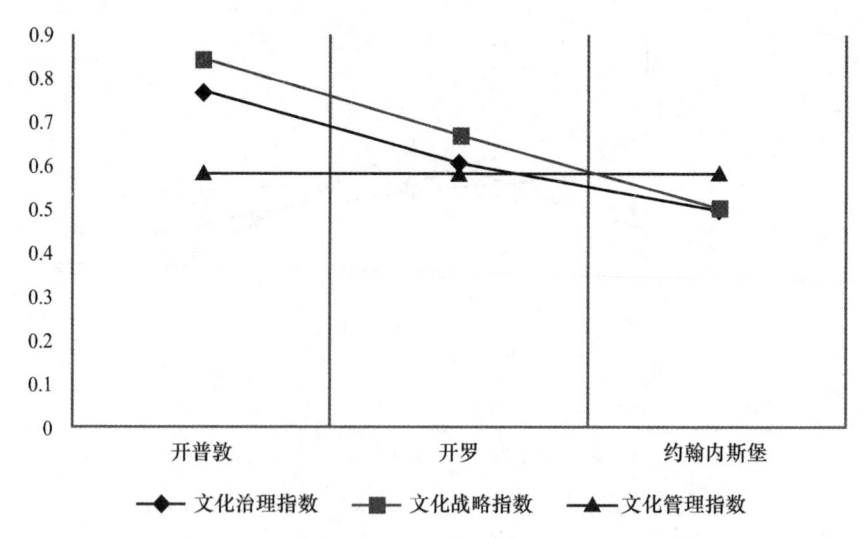

图 5-24　非洲样本城市文化治理指数及分项指标指数比较

表 5-14　样本城市文化形象指数区域统计量表

区域	平均值	标准差	最大值	最小值	变异系数
全球	0.449	0.209	0.902	0.135	46.55%
欧洲	0.547	0.229	0.902	0.240	41.86%
美洲	0.524	0.208	0.758	0.170	39.69%
亚洲	0.416	0.194	0.736	0.148	46.63%
大洋洲	0.503	0.053	0.556	0.450	10.54%
非洲	0.253	0.111	0.402	0.135	43.87%

从样本城市文化形象指数均值分析，全球平均水平偏低，标杆值出现在欧洲。表明各地区世界文化名城文化形象水平参差不齐，文化声誉建设处于不同发展阶段。其中，欧洲、美洲、大洋洲高于全球水平，表明这些地区的样本城市拥有具有全球影响力的文化品牌，文化标志的全球识别度较高。亚洲和非洲低于全球水平，可能的原因是亚洲样本城市文化形象建设水平的差距较大，非洲城市的文化形象建设处于从自发到自觉的起步阶段。

从样本城市的变异系数看，区域离散程度较高，城市文化形象水平有显著差异。其中，大洋洲的变异系数最低，表明样本城市文化形象建设水平基本相当。亚洲、非洲、欧洲、美洲的变异系数均偏高，表明这些地区样本城市文化形象的全球影响力不均衡，领先城市实施积极的文化形象建设策略，在全球取得了显著的文化声誉。亚洲城市的变异系数最高，样本城市文化形象指数的离散程度较大，表明文化形象建设水平差距较大。依据亚洲样本城市分项指数指标得分得到折线图如图5-25所示，可以发现，亚洲样本城市文化形象指数差距悬殊，发展水平极不均衡。北京、上海、新加坡、香港、东京进入全部样本城市前10之列，哈尔滨、杭州、郑州差距较大。北京、上海、新加坡、东京、香港文化品牌的世界声誉更为突出，北京、西安、香港、首尔、上海文化标志的世界声誉更具优势。

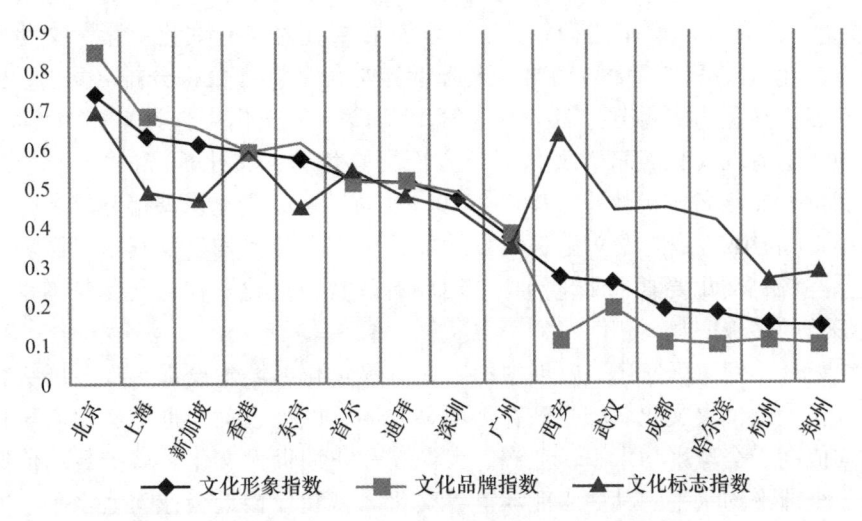

图5-25 亚洲样本城市文化形象指数及分项指标指数比较

综上，本章利用世界文化名城"功能—声誉"评价模型和指标体系，计算了全球31个样本城市世界文化名城指数得分及排名。分城市、区域两个层面，从世界文化名城指数、文化资产指数、文化要素指数、文化经济指数、文化氛围指数、文化治理指数、文化形象指数七个方面，对比分析全球31个样本城市以及五大洲世界文化名城建设情况。根据样本城市文化功能和文化声誉综合得分，运用象限分析方法对世界文化名城建设进行类型分析，以把握全球世界文化名城建设特点，便于中国城市制定更为有效的世界文化名城建设策略。

总体而言，根据世界文化名城指数可将样本城市划分为三个层次，欧洲、美洲和亚洲发达国家的城市在世界文化名城体系中仍然具有优势地位，但是亚洲、南美洲、非洲的发展中国家世界文化名城建设显现出强劲势头。中国仅有北京1个城市入围第一层次，也是唯一一个发展中国家入围的城市；有7个城市跻身第二层次，分别是上海、深圳、成都、香港、杭州、广州、西安；其余 3 个样本城市居第三层次，分别是武汉、哈尔滨、郑州。

世界文化名城指数排名前 10 的样本城市分别是伦敦、北京、纽约、巴黎、东京、首尔、洛杉矶、蒙特利尔、上海和深圳，以发达国家中心城市和一线世界城市为主，基本代表了所在国家文化发展的成就与特征。中国城市北京、上海、深圳跻身前十之列，北京世界文化名城指数得分排名第 2，文化功能、文化声誉得分排名分别为第 2 和第 3，世界文化名城"功能—声誉"高水平均衡；其中，北京在文化经济、文化要素、文化形象、文化氛围等方面优势突出。上海世界文化名城指数得分排名第 9，文化功能、文化声誉得分排名分别为第 15 和第 6，文化声誉具有相对优势；其中，上海在文化经济、文化形象方面更具优势，文化资产的短板突出。深圳世界文化名城指数得分排名第 10，文化功能、文化声誉得分排名分别为第 13 和第 15，世界文化名城"功能—声誉"相对均衡；其中，深圳在文化经济、文化要素、文化治理方面具有优势，文化资产、文化氛围、文化形象的短板明显。

无论是发达国家还是发展中国家，世界文化名城建设都呈现多层级特点。五大洲世界文化名城指数存在明显差距，欧洲、美洲世界文化名城指数均值高于全球平均水平，亚洲、大洋洲和非洲世界文化名城指数均值则低于全球平均水平。其中，亚洲世界文化名城建设接近全球均值水平，非洲与全球平均水平差距较大。美洲、亚洲、欧洲世界文化名城指数的标准差偏高，指数分布相对离散，表明样本城市之间差异较大，文化发展不平衡。非洲、大洋洲标准差较低，指数分布相对集中，表明样本城市之间差距较小。几乎所有国家的世界文化名城建设都存在相对的优势和短板，欧洲城市在文化资产、文化氛围、文化治理、文化形象方面高于样本城市平均水平，但在文化人才、文创产业方面有待提升。亚洲城市在文化要素、文化经济、文化氛围方面高于样本城市平均水平，但在文化设施、文化战略、文化品牌、文化标志方面短板明显。美洲城市在文化要素、文化经济、文化氛围、文化治理、文化形象方面整体较好，在文化资产方面与样本城市平均水平持平。大洋洲城市在文化资产、文化形象方面高于样本城市平均水平，但在文化人才、文创从业人员、文化活力方面还有待提升。非洲城市世界文化名城建设的各项指标都远低于样本城市平均水平，但部分城市的文化遗产、文化战略、文化标志指标表现较好，文化促进城市可持续发展水平总体滞后。

根据样本城市文化功能和文化声誉特点，世界文化名城建设可分为四大类型，即均衡协调型、功能优势型、声誉优势型和低度均衡型。均衡协调型指世界文化名城"功能强—声誉高"的城市，功能优势型指世界文化名城"功能强—声誉低"的城市，声誉优势型指世界文化名城"功能弱—声誉高"的城市，低度均衡型指世界文化名城"功能弱—声誉低"的城市。中国有3个城市进入均衡协调型行列，分别为北京、上海、深圳；有3个城市进入功能优势型行列，分别是成都、杭州、广州；仅有香港1个城市进入声誉优势型行列；有4个城市进入低度均衡型行列。世界文化名城建设呈现不同特点，中国城市文化经济优势突出，除郑州之外，文化经济指数排名全部进入前20之列，表明中国城市正在成为吸纳聚集全球文化要素的中心地，文化经济活跃度较高；但中国城市在文化资产、文化治理、文化形象方面的短板仍然明显，上海、深圳、广州、香港、武汉、哈尔滨、郑州的文化资产指数，成都、杭州、哈尔滨、郑州的文化形象指数，广州、西安、武汉、哈尔滨、郑州的文化治理指数，得分排名均在20位之后。相对来说，中国城市更加重视文化促进城市经济的可持续发展，文化声誉建设相对滞后，文化发展在国际社会的显示度、知名度、美誉度亟待提升。

研究发现，世界文化名城的形成是自发行为与自觉行为共同作用的结果，世界文化名城的建设是一个动态的过程，具有阶段性特征，可以选择某一个或几个方面实现率先突破，这是世界文化名城建设的重要经验。均衡协调型城市以世界文化名城建设推动城市可持续发展，提升城市的世界影响力和美誉度，形成持久的竞争优势，是世界文化名城建设的重要方向。一是以文化发展优化城市定位，厚植城市文化资产，丰富世界级文化遗产的数量和类型，注重文化设施的现代化改造提升，促进城市历史遗产的价值转化，建设世界级文化地标，创造世界级文化品牌，巩固和提升世界文化中心的地位。二是以文化创意引领城市转型。从聚集物质生产要素向聚集文化创新要素转变，构筑国际化的人才教育体系，聚集全球高素质文化人才，培育文创国际品牌和外向型文创企业，提升文化创意产业竞争优势，完成最具包容性的城市转型。三是以文化共享满足消费需求升级，发挥文化在社区发展、城市更新、氛围营造、环境优化中的作用，提升城市生活品质。四是以文化开放提升世界显示度，实施国际化文化战略，引入世界级的文化机构，设置世界文化发展议题，打造世界级文化主题城市，举办世界级大型体育赛事，培育国际文创活动品牌，凸显城市在国际社会的文化话语权。

第六章　均衡协调型城市世界文化名城建设评价

本章是全书实证分析的主要部分之一，基于世界文化名城"功能—声誉"评价模型的框架，对均衡协调型城市世界文化名城建设进行评价。评价步骤是按照两大基础维度和六大评价维度，首先分析均衡协调型样本城市世界文化名城总指数，并根据分析结果，对均衡协调型城市世界文化名城建设做出总体评价。其次分析文化功能和文化声誉的得分及排名，比较一级指标和二级指标综合得分的排名，对均衡协调型城市世界文化名城建设做出具体评价。

第一节　均衡协调型城市世界文化名城指数（G）评价

均衡协调型城市指世界文化名城"功能强—声誉高"的样本城市，具体包括伦敦、巴黎、北京、纽约、上海、洛杉矶、蒙特利尔、首尔、东京和深圳10个城市，其中伦敦、巴黎位于欧洲，北京、东京、首尔、上海、深圳位于亚洲，纽约、洛杉矶、蒙特利尔位于北美洲。这些城市的文化功能和文化声誉总体呈现较高水平，文化资产、文化要素、文化经济、文化氛围、文化治理和文化形象六个维度相对协调，整体靠近标杆值。以此10个样本城市为代表，运用世界文化名城"功能—声誉"评价模型对其分别进行分析，借以对均衡协调型城市世界文化名城建设进行总体评价。

一　世界文化名城总指数（G）评价过程

世界文化名城指数（G）是由文化资产指数（A）、文化要素指数（B）、文化经济指数（C）、文化氛围指数（D）、文化治理指数（E）、文化形象指数（F）六个评价指标构成的总指标，计算各分项指标指数综合得分的代数和可得到世界文化名城指数最终得分,通过世界文化名城指数可以方便地比较样本城市世界文化名城建设总体情况。依据世界文化名城指数的综合得分及排名对比,可对均衡协调型样本城市进行比较评价。

二 世界文化名城指数(G)指标得分及排名

均衡协调型样本城市世界文化名城指数得分及排名具体数据如表6-1所示。

表6-1 均衡协调型城市世界文化名城指数(G)得分及排名

城市	伦敦	北京	纽约	巴黎	东京	首尔	洛杉矶	蒙特利尔	上海	深圳
得分	0.919	0.873	0.863	0.861	0.860	0.848	0.846	0.813	0.798	0.774
排名	1	2	3	4	5	6	7	8	9	10

由表6-1可知,均衡协调型样本城市世界文化名城建设整体处于全球领先水平,城市文化发展梯度不明显,城市之间差距不大。样本城市世界文化名城指数得分平均值达到0.846,伦敦得分为最高值,深圳得分为最低值。从世界文化名城指数(G)综合得分来看,可分为三个层次,伦敦分值居于0.9—1分段;北京、纽约、巴黎、东京、首尔、洛杉矶、蒙特利尔相对接近,分值居于0.8—0.9分段;上海、深圳相对靠后,分值居于0.7—0.8分段。从城市排名来看,均衡协调型城市囊括全部样本城市前10,其中伦敦、北京、纽约、巴黎、东京位居前5。可见,均衡协调型城市世界文化名城建设水平整体较高,其中亚洲城市占5席,美洲城市占3席,欧洲城市占2席。均衡协调型样本城市世界文化名城指数(G)得分比较,如图6-1所示。

第二节 均衡协调型城市文化功能建设评价

世界文化名城文化功能由文化资产指数(A)、文化要素指数(B)、文化经济指数(C)、文化氛围指数(D)4个指标来衡量。本节将依据文化功能各指标指数综合得分及排名、分项指标指数得分及排名,对均衡协调型样本城市的文化功能建设水平进行比较评价。

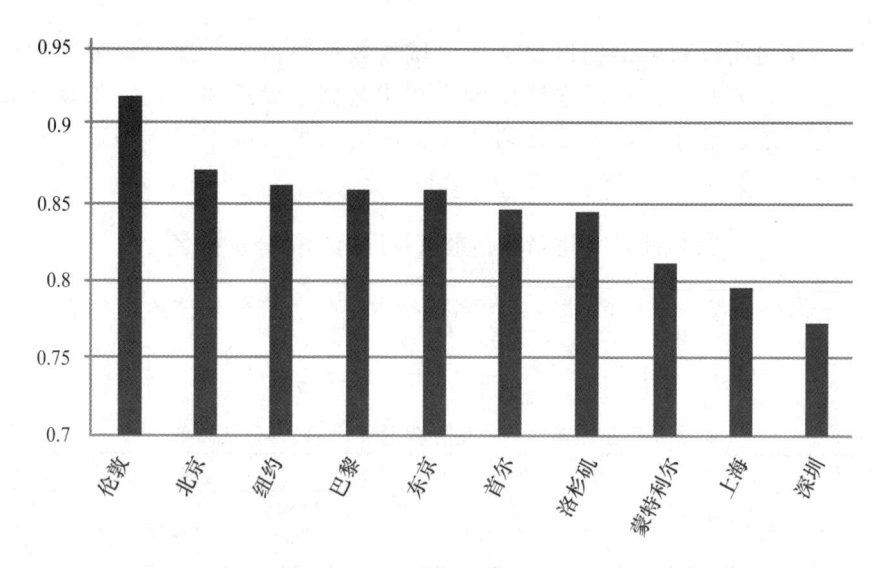

图 6-1　均衡协调型城市世界文化名城指数（G）比较

一　文化功能总体评价

赋予文化功能综合评价分值为 100 分，对各分项指标指数加权平均并进行百分制转换，计算出均衡协调型样本城市文化功能得分，以反映和比较各城市世界文化名城文化功能建设的整体水平和情况。均衡协调型样本城市文化功能得分及排名如表 6-2 所示。

表 6-2　　　　　均衡协调型城市文化功能得分及排名

城市	东京	北京	首尔	纽约	洛杉矶	伦敦	蒙特利尔	巴黎	深圳	上海
得分	86.3	84.8	83.7	78.4	78.0	76.7	76.5	74.0	72.2	71.5
排名	1	2	3	4	5	7	8	10	13	15

由表 6-2 可知，均衡协调型样本城市文化功能得分排名与世界文化名城指数综合得分排名有一定差异，城市排名略有变动。从城市位序看，东京、洛杉矶、首尔位序前移，伦敦、纽约、巴黎、深圳、上海位序后移，北京、蒙特利尔位序不变。样本城市文化功能得分平均值为 78.21，东京得分为最高值，上海得分为最低值。东京、北京、首尔的分值居于 80—90 分段，其余城市分值居于 70—80 分段。从城市排名看，东京、北京、首尔、纽约、洛杉矶、伦敦、蒙特利尔、巴黎 8 个城市进入全部样本城市前 10 之列，深圳、上海进入前 15 之列。可见，均衡协调型样本城市

第六章 均衡协调型城市世界文化名城建设评价 181

文化功能建设整体处于世界领先水平，其中东京、北京、首尔的文化功能均居于世界标杆水平。均衡协调型样本城市文化功能得分比较，如图 6-2 所示。

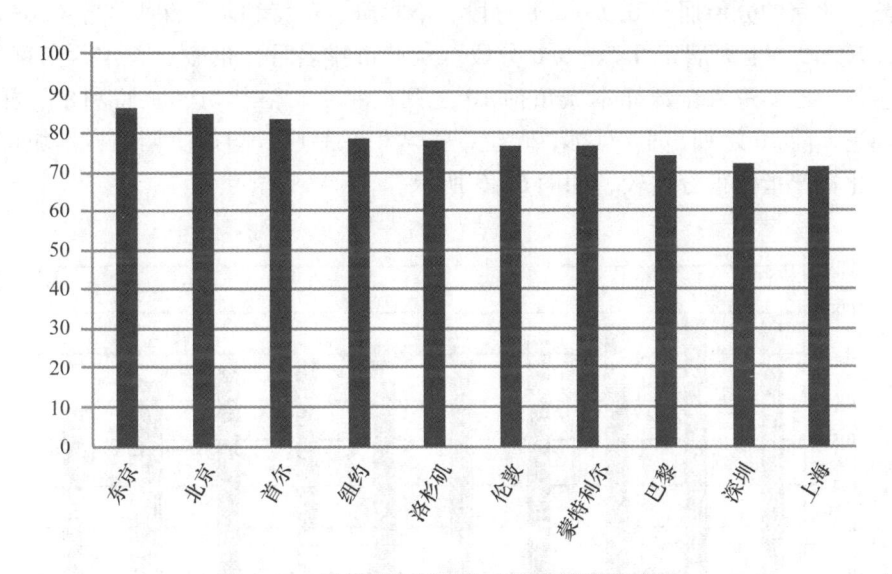

图 6-2 均衡协调型城市文化功能得分比较

二 文化资产指数（A）评价

文化资产指数（A）由文化遗产指数（A1）、文化设施指数（A2）两个二级指标构成，反映一个城市文化资产的丰度和厚度。下文将对均衡协调型样本城市的文化资产指数总指标和各二级指标分别进行分析评价。

（一）文化资产指数（A）总指标得分及排名

均衡协调型样本城市文化资产指数总指标得分及排名的具体数据，如表 6-3 所示。

表 6-3 均衡协调型城市文化资产指数（A）得分及排名

城市	伦敦	首尔	东京	纽约	巴黎	北京	洛杉矶	蒙特利尔	深圳	上海
得分	0.800	0.793	0.774	0.738	0.728	0.728	0.695	0.675	0.649	0.585
排名	3	4	7	8	10	11	15	17	19	25

由表 6-3 可知，均衡协调型样本城市文化资产指数总指标得分排名与文化功能得分排名有较大差异，城市排名整体后移。从城市位序看，伦

敦、首尔、巴黎位序前移，东京、北京、洛杉矶、蒙特利尔位序后移，深圳、上海位序不变。样本城市文化资产指数总指标得分的平均值为 0.717，伦敦得分为最高值，上海得分为最低值。伦敦、首尔、东京、纽约、巴黎、北京的分值居于 0.7—0.8 分段，洛杉矶、蒙特利尔、深圳居于 0.6—0.7 分段，上海居于 0.5—0.6 分段。从城市排名看，伦敦、首尔、东京、纽约、巴黎进入全部样本城市前 10 之列，北京、洛杉矶、蒙特利尔、深圳进入前 20 之列，上海居第 25 位，排名相对靠后。均衡协调型样本城市文化资产指数得分比较，如图 6-3 所示。

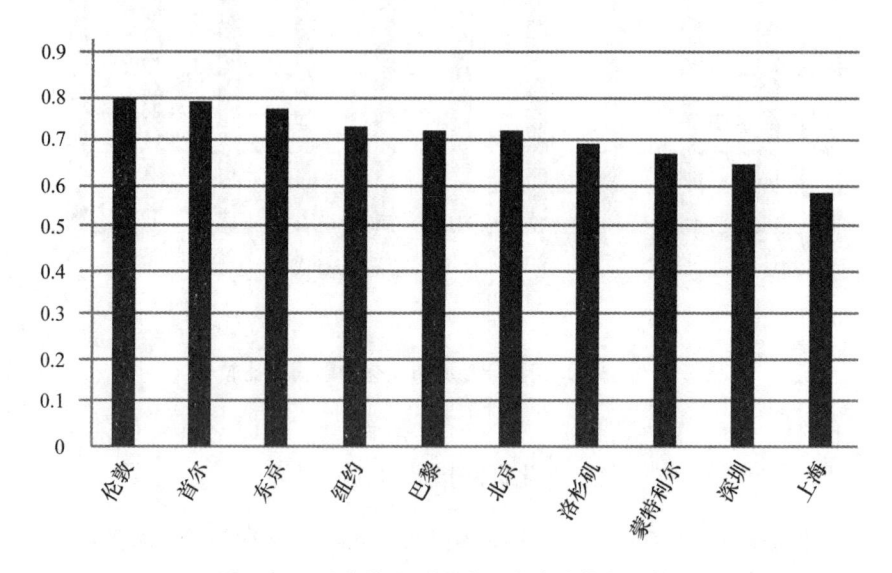

图 6-3 均衡协调型城市文化资产指数比较

总体来看，均衡协调型样本城市文化资产建设的整体水平较高。该类城市大多有悠久的历史，文化遗产积淀丰厚，文化基础设施和公共服务体系较为成熟，能够为城市带来利益、资产性文化资源较为丰厚，公众的文化福利更为优越。文化资产指数得分虽然呈现一定的梯度，但城市之间差距不大，总体居于世界领先水平，为世界城市文化资产建设提供了标杆和示范。

（二）文化遗产指数（A1）得分及排名

文化遗产指数用来衡量城市拥有的历史文化遗产的数量和质量，主要反映城市历史环境、文化传统的价值、生机活力与世界识别度，比较城市积淀、储存历史文化资源的成效。采用 6 个测度指标，包括"世界自然遗产数量""世界文化遗产数量""世界自然和人文双遗产数量""文化景观遗产数量""世界灌溉工程遗产数量"以及"其他遗产和历史遗迹数量"。均衡协调型样本城市文化遗产指数得分及排名的具体数据,如表6-4所示。

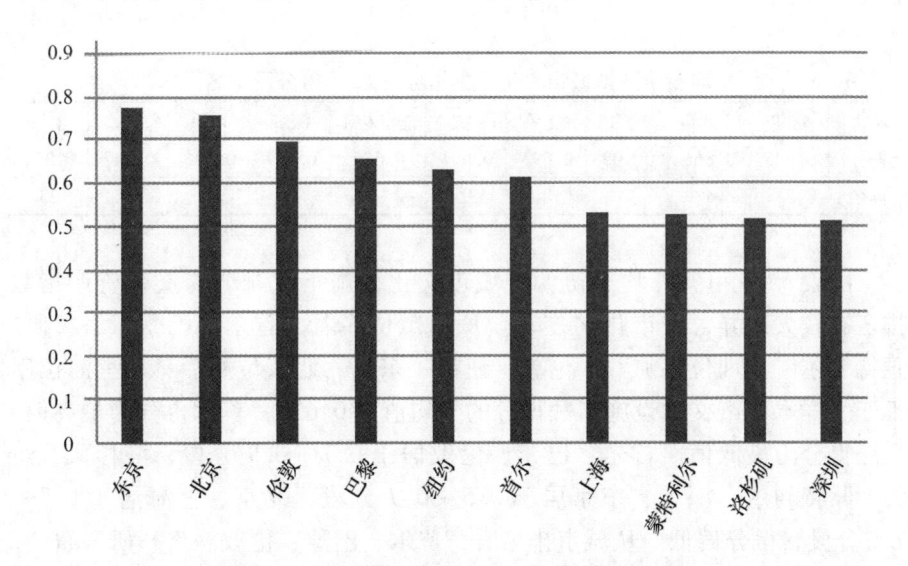

表6-4 均衡协调型城市文化遗产指数（A1）得分及排名

城市	东京	北京	伦敦	巴黎	纽约	首尔	上海	蒙特利尔	洛杉矶	深圳
得分	0.777	0.760	0.698	0.658	0.635	0.618	0.535	0.528	0.522	0.519
排名	3	5	7	8	9	11	22	25	27	28

由表6-4可知,均衡协调型样本城市文化遗产指数排名与文化资产指数排名有一定差异,部分城市排名变动。从城市位序看,东京、北京、巴黎、上海、位序前移,伦敦、首尔、纽约、洛杉矶、深圳位序后移,蒙特利尔位序不变。样本城市文化遗产指数得分的平均值为0.625,东京得分为最高值,深圳得分为最低值。东京、北京居于0.7—0.8分段,伦敦、巴黎、纽约、首尔居于0.6—0.7分段,上海、蒙特利尔、洛杉矶、深圳居于0.5—0.6分段。从城市排名看,东京、北京、伦敦、巴黎、纽约进入全部样本城市前10之列,首尔位进入前20之列,上海、蒙特利尔、洛杉矶、深圳均列20位之后,深圳居第28位,排名相对靠后。均衡协调型样本城市文化遗产指数得分比较,如图6-4所示。

图6-4 均衡协调型城市文化遗产指数比较

可见，均衡协调型城市文化遗产保护利用的整体处于中上水平，各样本城市存在一定的梯度，但城市之间差距相对较小。得分较高的样本城市大多历史悠久，文物古迹数量多，且具有世界公认的突出意义和普遍价值。得分较低的城市建城史相对较短，历史遗产遗迹较为薄弱。其中，东京既有世界文化遗产，又有世界自然遗产，遗产类型较为完整；北京拥有7项世界文化遗产，数量居全球之冠。伦敦、巴黎拥有的世界文化遗产数量、其他遗产和历史遗迹数量为欧洲样本城市之最，积淀了丰厚的文化遗产。伦敦一直保持着自古罗马帝国以来的悠久城市传统，拥有伦敦塔、格林尼治海岸地区、威斯敏斯特宫、邱氏皇家植物园4处世界文化遗产，是欧洲拥有世界文化遗产数量最多的城市。伦敦以其历史遗产吸引了数百万游客，中心城区的哥特式古建筑，勾勒了伦敦气势恢宏的主体特征，彰显着历史文化名城的风采。

（三）文化设施指数（A2）得分及排名

文化设施指数用来衡量城市公共文化设施的建设水平，以及满足公众文化需求的能力，主要比较城市已建成的各类文化设施的人均拥有量，来评价城市文化服务的现代化水平，以及公众的文化福利水平。采用6个测度指标，包括"人均博物馆拥有量""人均公共图书馆拥有量""人均剧院拥有量""人均音乐厅拥有量""人均电影院拥有量"和"大型体育场馆数量"。均衡协调型样本城市文化设施指数得分及排名的具体数据，如表6-5所示。

表6-5　　　　均衡协调型城市文化设施指数（A2）得分及排名

城市	首尔	巴黎	伦敦	洛杉矶	纽约	蒙特利尔	深圳	东京	北京	上海
得分	0.896	0.866	0.703	0.695	0.641	0.637	0.587	0.533	0.447	0.324
排名	3	4	7	8	9	10	11	14	19	23

由表6-5可知，均衡协调型城市文化设施指数排名与文化资产指数排名有较大差异，城市排名变动。从城市位序看，首尔、巴黎、洛杉矶、蒙特利尔、深圳位序前移，伦敦、纽约、东京、北京位序后移，上海位序不变。样本城市文化设施指数得分的平均值为0.633，首尔得分为最高值，上海得分为最低值。首尔、巴黎、伦敦居于0.7—0.9分段，洛杉矶、纽约、蒙特利尔、深圳、东京居于0.5—0.7分段，北京、上海居于0.3—0.5分段，得分偏低。从城市排名看，首尔、巴黎、伦敦、洛杉矶、纽约、蒙特利尔进入全部样本城市前10之列，深圳、东京、北京进入前20之

列，上海居第 23 位，排名相对靠后。均衡协调型样本城市文化设施指数得分比较，如图 6-5 所示。

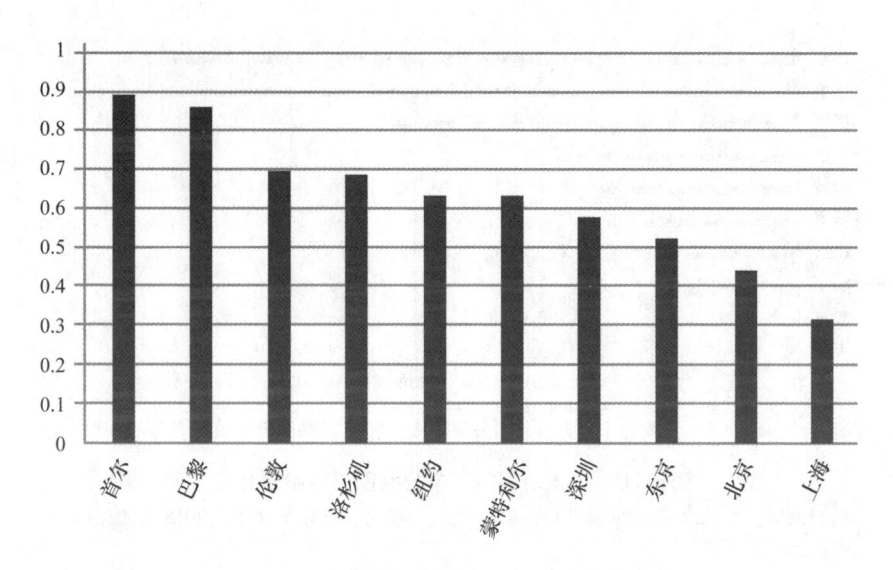

图 6-5 均衡协调型城市文化设施指数比较

可见，均衡协调型城市经济发展水平和社会文明程度较高，文化设施建设水平总体居于世界前列，但也存在明显梯度，末位上海得分仅为首位首尔得分的 36% 左右，城市之间差距较大。表明均衡协调型城市重视以文化设施建设促进世界文化名城建设，文化基础设施和公共文化服务体系成熟且现代化，公共文化服务的社会全覆盖程度较高。由于本书采用人均指标进行比较，人口规模大城市，可能存在文化设施数量虽多但人均水平偏低的情况。其中，首尔、巴黎位列全部样本城市第 3、第 4，文化设施建设水平世界领先。首尔通过建设"文化城市"跻身亚洲特大城市，文化投资在首尔公共文化建设中占有很大比重，在东亚艺术市场占有重要地位。2003—2006 年，城市文化保护和文化基础设施建设方面投入达 11658 亿韩元（约合人民币 90 亿元）。首尔优先考虑新的文化基础设施和旧建筑的再利用，以此来鼓励创造力。市政府在每个季节都举办节日活动，例如首尔鼓乐节、首尔文化夜、首尔街头艺术节和首尔泡菜节等。巴黎是一座有着千年历史积淀的世界名城，也是欧洲博物馆、图书馆、剧院数量最多的城市，艺术之都的盛誉与其丰富的文化设施密不可分。作为法国文化中心，文化设施一直是巴黎市政建设的重点，巴黎歌剧院、卢浮宫博物馆、蓬皮杜艺术中心等文化地标展示了高雅的建筑艺术，彰显了文化的肃穆与庄重，成为高品位城市文化的载体。

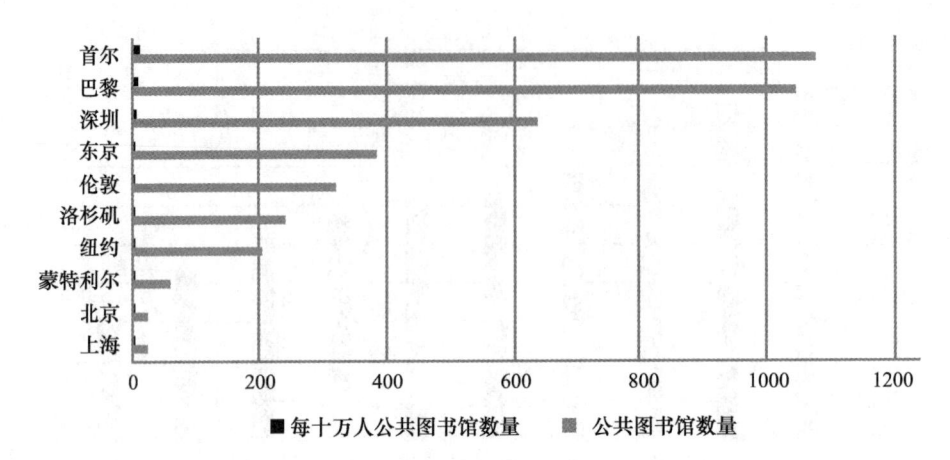

图6-6 均衡协调型城市公共图书馆数量比较

资料来源：World Cities Cultural Forum 官网，《中国文化文物统计年鉴2018》，国内样本城市统计年鉴（2018）。

三 文化要素指数（B）评价

文化要素指数（B）由文化人才指数（B1）、文化科技指数（B2）两个二级指标构成，反映一个城市文化要素的供给能力和聚集度。下文将对均衡协调型样本城市的文化要素指数总指标和各二级指标分别进行分析评价。

（一）文化要素指数（B）总指标得分及排名

均衡协调型样本城市文化要素指数总指标得分及排名的具体数据，如表6-6所示。

表6-6　　均衡协调型城市文化要素指数（B）得分及排名

城市	东京	洛杉矶	纽约	北京	首尔	深圳	上海	巴黎	伦敦	蒙特利尔
得分	0.970	0.890	0.873	0.802	0.740	0.607	0.589	0.554	0.439	0.350
排名	1	2	3	4	5	7	8	9	16	21

由表6-6可知，均衡协调型样本城市文化要素指数总指标得分排名与文化功能得分排名大体一致，城市整体排名略为后移。从城市位序看，纽约、洛杉矶、深圳、上海位序前移，北京、伦敦、首尔、蒙特利尔位序后移，东京、巴黎位序不变。样本城市文化要素总指标指数得分的平均值

为 0.681，东京得分为最高值，蒙特利尔得分为最低值。东京、洛杉矶、纽约、北京、首尔居于 0.7—1 分段，深圳、上海、巴黎居于 0.5—0.7 分段，伦敦、蒙特利尔居于 0.3—0.5 分段。从城市排名看，东京、洛杉矶、纽约、北京、首尔、深圳、上海、巴黎进入样本城市前 10 之列，伦敦进入前 20 之列，蒙特利尔居第 21，排名相对靠后。均衡协调型样本城市文化要素指数得分比较，如图 6-7 所示。

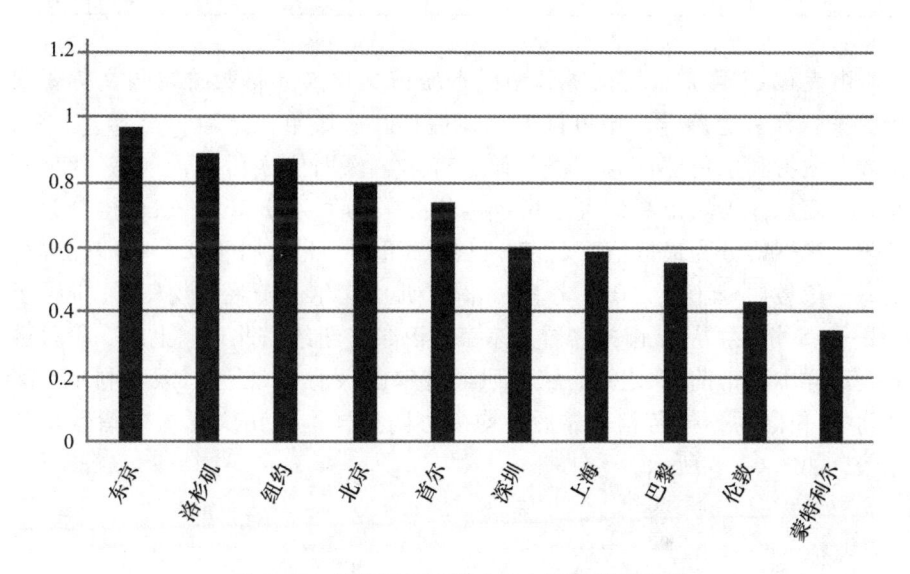

图 6-7 均衡协调型城市文化要素指数比较

可见，均衡协调型样本城市文化要素建设整体处于世界领先水平，梯度特征明显，亚洲城市和美洲城市对文化要素的吸纳集聚力更为强劲，欧洲城市存在一定差距。表明均衡协调型城市已经形成较为成熟的、多层次的文化艺术教育体系，文化科技创新活跃，科技研发投入力度大，要素收益率超出全球平均水平且相对稳定。东京、洛杉矶、纽约、北京、首尔居全部样本城市前 5，其中，东京的文化要素生成机制更为成熟，是全球文化要素供给和聚集能力最强的城市。

(二) 文化人才指数 (B1) 得分及排名

文化艺术人才是世界文化名城重要的战略资源，也是重要的标志之一。一个城市拥有的文化艺术人才的数量与质量，是影响其文化发展水平的重要因素，也决定了城市能否占据世界文化中心地位。文化人才指数采用"文化艺术体育高校及培训机构数量""高等院校数量"两个测度指标，用于衡量城市在文化艺术人才方面的供给能力。均衡协调型样本城市文化人才指数得分及排名的具体数据，如表6-7所示。

表6-7　　均衡协调型城市文化人才指数（B1）得分及排名

城市	东京	巴黎	纽约	北京	上海	伦敦	洛杉矶	首尔	蒙特利尔	深圳
得分	0.892	0.743	0.700	0.671	0.593	0.557	0.414	0.414	0.338	0.307
排名	1	3	4	5	7	9	16	17	22	25

由表6-7可知，均衡协调型样本城市文化人才指数排名与文化要素指数排名有一定差异，城市排名总体后移。从城市位序看，巴黎、上海、伦敦、蒙特利尔位序前移，洛杉矶、首尔、深圳位序后移，东京、纽约、北京不变。样本城市文化人才指数得分的平均值为0.563，东京得分为最高值，深圳得分为最低值。东京、巴黎、纽约、北京居于0.6—0.9分段，上海、伦敦居于0.5—0.6分段，洛杉矶、首尔、蒙特利尔、深圳居于0.3—0.5分段。从城市排名看，东京、巴黎、纽约、北京、上海、伦敦进入全部样本城市前10之列，洛杉矶、首尔进入前20之列，蒙特利尔、深圳列20位之后，排名相对靠后。均衡协调型样本城市文化人才指数得分比较，如图6-8所示。

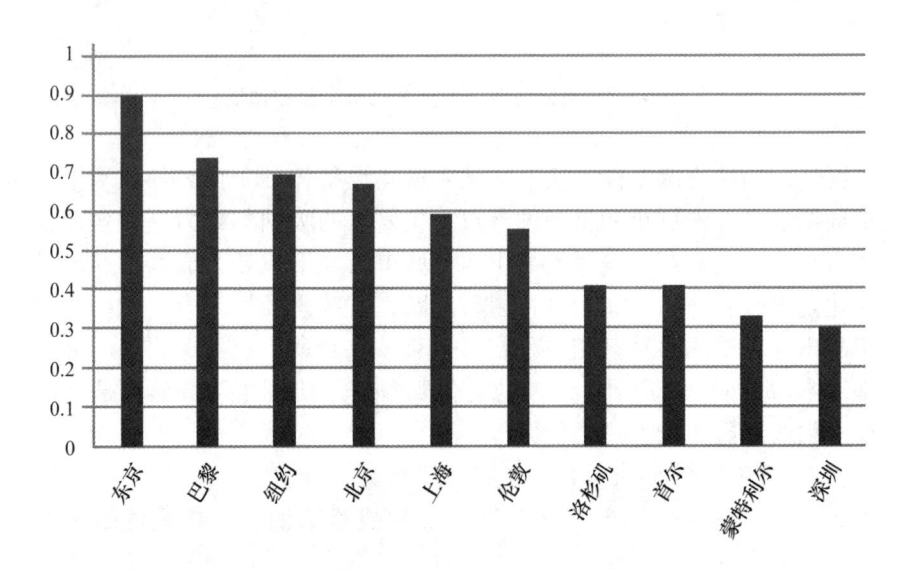

图6-8　均衡协调型城市文化人才指数比较

可见，均衡协调型样本城市文化人才供给总体居中上水平，梯度特征明显,东京、巴黎、纽约、北京、上海、伦敦相对领先,洛杉矶、首尔、蒙特利尔、深圳差距较大。其中,末位深圳得分仅为首位东京的34%;文化人才供给能力相对偏弱。表明均衡协调型城市文化艺术教育资源相对集中,但教育资源的数量和质量存在较大差距。东京高等教育资源和人才资源富集,2017年文化艺术专业在校大学生超过1万人,将人才培养作为文化发展的重要支撑。通过强化学校的培育机制,建立发掘和奖励新生文化艺术家的人才机制,加强青少年的艺术鉴赏力与创造力,推进支持社会文化机构的发展。例如,"政府与民间团体合作设立新人奖,为区、市、町、村及民间团体主办的文艺比赛获奖者提供正式表演的机会,改革东京都文化奖和市民文化荣誉奖章制度,鼓励年轻文化人才的培育"[①]。巴黎艺术院校众多,2017年文化艺术专业在校大学生有2.9万余人,文化人才供给能力突出。巴黎鼓励青少年进入博物馆和艺术馆欣赏艺术品,鼓励艺术家参与教学,形成了以丰富的艺术资源为支撑的高质量艺术教育体系,得到世界广泛认可。

(三)文化科技指数(B2)得分及排名

文化和科技历来如影随形、密不可分。科技创新是城市文化发展的引擎,也是影响世界文化名城是否能够历久弥新的重要因素。文化科技指数采用"年R&D经费投入强度""年PCT专利申请量""年高校PCT专利申请量"3个测度指标,来衡量城市文化科技创新的成效。均衡协调型样本城市文化科技指数得分及排名的具体数据,如表6-8所示。

表6-8 均衡协调型城市文化科技指数(B2)得分及排名

城市	洛杉矶	纽约	东京	首尔	北京	深圳	上海	巴黎	伦敦	蒙特利尔
得分	0.847	0.729	0.729	0.647	0.612	0.506	0.488	0.359	0.300	0.265
排名	1	2	3	4	5	7	8	11	15	19

由表6-8可知,均衡协调型样本城市文化科技指数排名与文化要素指数排名有一定差异,城市排名整体前移。从城市位序看,洛杉矶、纽约、首尔位序前移,东京、北京位序后移,深圳、上海、巴黎、伦敦、蒙特利尔位序不变。样本城市文化科技指数得分的平均值为0.548,洛杉矶得分为最高值,蒙特利尔得分为最低值。洛杉矶、纽约、东京、首尔、北京居于0.6—0.9分段,深圳、上海、巴黎、伦敦、蒙特利尔居于0.2—

---

① 张暄:《魅力与活力:东京的文化发展战略》,《环球市场信息导报》2017年第27期。

0.6分段。从城市排名看，洛杉矶、纽约、东京、首尔、北京、深圳、上海进入全部样本城市前10之列，巴黎、伦敦、蒙特利尔进入前20之列。均衡协调型样本城市文化科技指数得分比较，如图6-9所示。

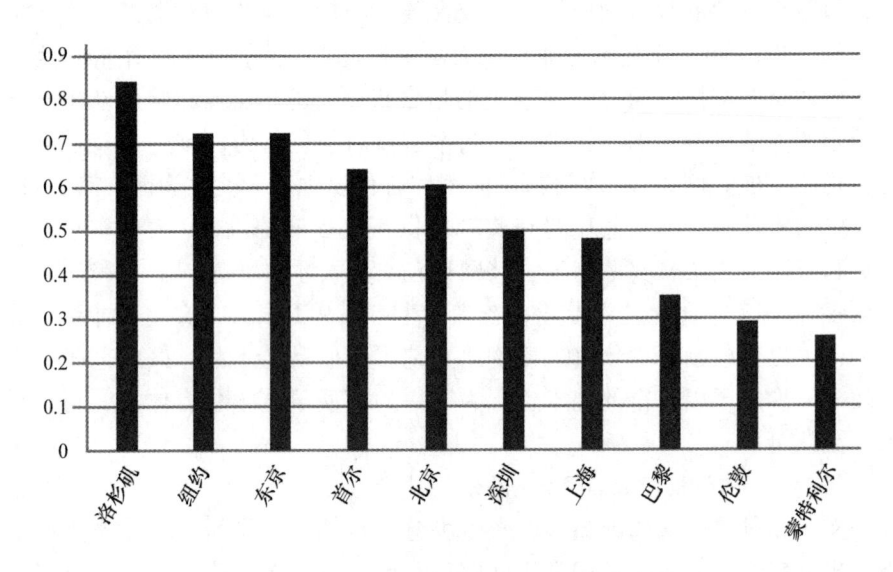

图6-9 均衡协调型城市文化科技指数比较

可见，均衡协调型样本城市文化科技发展整体处于较高水平，但也存在明显梯度，末位蒙特利尔得分仅为首位洛杉矶的31%，城市间差距较大。美洲城市和亚洲城市得分较高，洛杉矶得分为全部样本城市标杆值，蒙特利尔分值偏低。表明均衡协调型样本城市科教资源丰富，研发创新投入能力基本相当，更加偏重艺术资源的培植，科技创新对文化发展的促进作用相对有限。洛杉矶、纽约是美国两大科技创新区域的核心引擎，文化创意和科技创新禀赋优势突出，聚集全球顶尖技术、人才、信息，汇聚多所世界一流大学、高科技企业总部和研究机构，创新竞争力和创新效率全球领先，是世界前沿文创和科技创业最为活跃之地，全球文化科技创新的源头和引领者。(见图6-10)

四 文化经济指数（C）评价

文化经济指数（C）由文创产业指数（C1）、文创从业人员指数（C2）两个二级指标构成，反映一个城市文化经济对城市经济的贡献。下

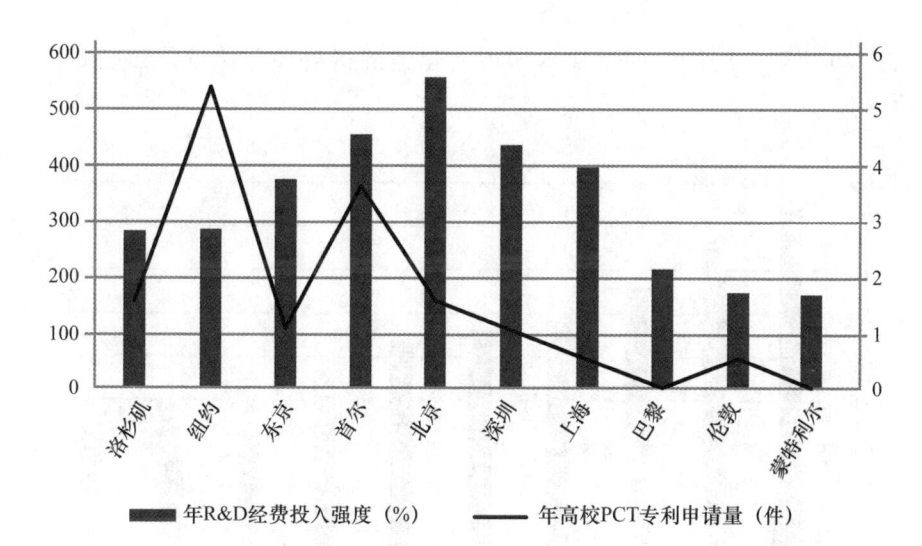

图 6-10　均衡协调型城市研发强度和高校 PCT 专利申请数量比较

资料来源：World Intellectual Property Organization（世界知识产权组织）官网，中国国家统计局、科学技术部、财政部《2018 年全国科技经费投入统计公报》。

文将对均衡协调型样本城市文化经济指数总指标和各二级指标分别进行分析评价。

（一）文化经济指数（C）总指标得分及排名

均衡协调型样本城市文化经济指数总指标得分及排名的具体数据，如表 6-9 所示。

表 6-9　　　均衡协调型城市文化经济指数（C）得分及排名

城市	北京	上海	洛杉矶	深圳	伦敦	东京	首尔	纽约	巴黎	蒙特利尔
得分	0.85	0.759	0.671	0.61	0.566	0.541	0.479	0.458	0.404	0.353
排名	2	3	4	6	7	8	10	11	13	19

由表 6-9 可知，均衡协调型样本城市文化经济指数总指标得分与文化功能得分排名有较大差异，城市排名整体前移。从城市位序看变动较大，北京、上海、洛杉矶、伦敦、深圳位序前移，东京、首尔、纽约、巴黎、蒙特利尔位序后移。样本城市文化经济指数总指标得分的平均值为 0.569，北京得分为最高值，蒙特利尔得分为最低值。北京、上海、洛杉矶、深圳居于 0.6—0.9 分段，伦敦、东京、首尔、纽约、巴黎、蒙特利尔居于 0.3—0.5 分段。从城市排名看，北京、上海、洛杉矶、深圳、伦敦、东京、首尔进入全部样本城市前 10 之列，纽约、巴黎、蒙特利尔进

入前20之列。均衡协调型样本城市文化经济指数得分比较，如图6-11所示。

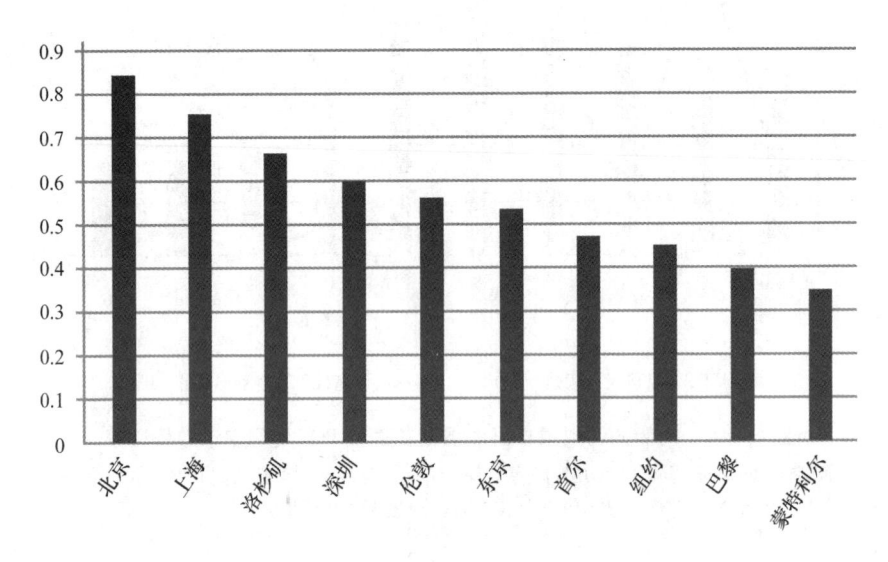

图6-11 均衡协调型城市文化经济指数比较

可见，均衡协调型样本城市文化经济发展水平整体领先，梯度特征明显，7个城市进入全部样本城市前10，其余城市也稳居前20之列。表明均衡协调型城市文化创意活动的经济增长效应明显，对城市经济贡献突出。首位北京文化经济指数得分是全部样本城市的标杆值，末位蒙特利尔得分仅为北京的42%，城市差距仍然较大。亚洲城市、美洲城市文创产业竞争力相对较强，其中，北京、上海、洛杉矶文创产业增加值占地区生产总值的比重、文创从业人员占城市就业人数的比重均超过10%，文化经济在城市经济中发挥重要支柱作用。2018年，洛杉矶创意产业实现产值207.8亿美元，提供就业岗位超过86万个，占到洛杉矶就业人数的19.7%。[①]

（二）文创产业指数（C1）得分及排名

文创产业是文化经济的核心。文化创意产业的兴起和发展，是为了破解工业化带来的城市问题，通过产业创意化、创意产业化放大文化创意活动的经济效应，实现城市经济的可持续发展。考虑到各个国家和城市对文化创意产业的界定和统计差异，文创产业指数采用"文创产业产值""文

---

① 2019-LA Otis Creative Economy Report-digital.

创产业增加值占 GDP 比重"两个测度指标，来反映文创产业在城市经济中的地位，衡量文创产业发展水平。均衡协调型样本城市文创产业指数得分及排名的具体数据，如表 6-10 所示。

表 6-10　　均衡协调型城市文创产业指数（C1）得分及排名

城市	北京	上海	洛杉矶	深圳	纽约	伦敦	巴黎	东京	蒙特利尔	首尔
得分	0.828	0.768	0.651	0.574	0.519	0.417	0.315	0.309	0.302	0.296
排名	2	3	5	6	7	9	15	16	17	18

由表 6-10 可知，均衡协调型样本城市文创产业指数排名与文化经济指数排名大体一致。从城市位序来看，纽约、巴黎、蒙特利尔位序前移，伦敦、东京、首尔位序后移，北京、上海、洛杉矶、深圳位序不变。样本城市文创产业指数得分的平均值为 0.498，北京得分为最高值，首尔得分为最低值。北京、上海、洛杉矶居于 0.6—0.9 分段，深圳、纽约、伦敦居于 0.4—0.6 分段，巴黎、东京、蒙特利尔、首尔居于 0.2—0.4 分段。从城市排名看，北京、上海、洛杉矶、深圳、纽约、伦敦进入全部样本城市前 10，其余城市进入前 20 之列。均衡协调型样本城市文创产业指数得分比较，如图 6-12 所示。

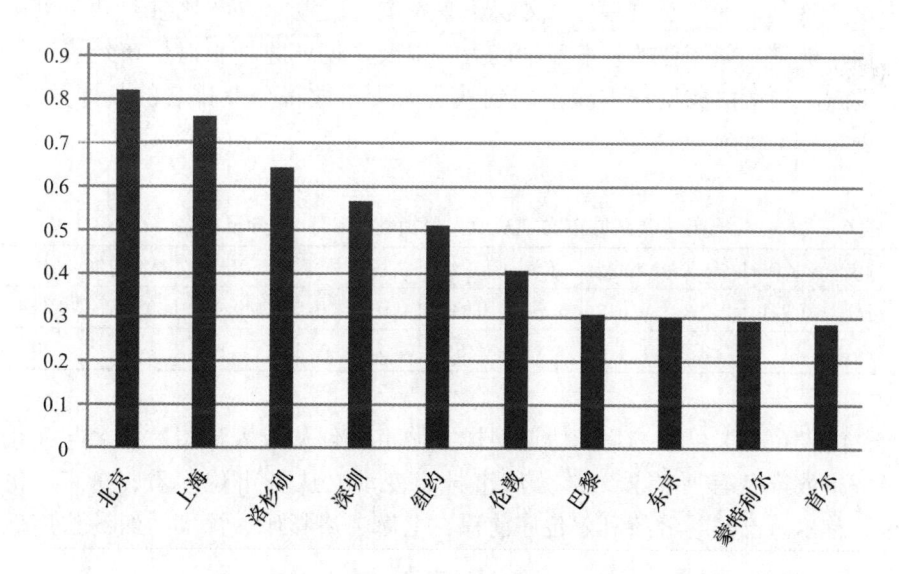

图 6-12　均衡协调型城市文创产业指数比较

可见,均衡协调型样本城市文创产业发展水平整体较高,梯度特征明显,亚洲城市相对领先,末位首尔得分仅为首位北京的36%,城市之间差距较大。表明均衡协调型城市文化创意产业的体量规模、发展速度、行业结构等各不相同,巴黎、东京、首尔文创产业尚未成为城市支柱产业。中国城市文化创意产业发展较快,北京、上海、深圳3个城市进入样本城市前10之列。北京立足全国文化中心的城市定位,健全现代文化产业体系,2017年文化创意产业增加值占地区生产总值的比重达到14.3%,在城市经济中发挥重要支柱作用。进入21世纪,上海"以创意产业集聚区为抓手,以研发设计、建筑设计、文化艺术、时尚消费和咨询策划五大创意行业为重点"[①],推动新一轮城市经济和文化发展。2018年上海出台《加快文化创意产业创新发展的若干意见》("文创50条"),发挥财政资金的杠杆作用和放大效应,推动文化创意产业创新发展。同年文化创意产业增加值占地区生产总值的比重达到12.3%[②],在城市经济中发挥支柱作用,成为上海创新驱动发展、经济转型升级的重要动力。

(三)文创从业人员指数(C2)得分及排名

文创从业人员是文化创意产业的核心要素,也是城市创意阶层的主体构成。文创从业人员指数用于反映城市文创产业的就业弹性和就业空间,采用"文创从业人员规模""文创从业人员占就业总人数比重"两个测度指标,衡量文创产业的就业吸纳能力,以及文创就业增长对城市经济增长的贡献。均衡协调型样本城市文创从业人员指数得分及排名的具体数据,如表6-11所示。

表6-11 均衡协调型城市文创从业人员指数(C2)得分及排名

城市	北京	东京	伦敦	上海	首尔	洛杉矶	深圳	巴黎	蒙特利尔	纽约
得分	0.921	0.726	0.649	0.649	0.605	0.595	0.556	0.413	0.317	0.284
排名	1	3	4	5	6	7	8	14	18	20

由表6-11可知,均衡协调型样本城市文创从业人员指数排名与文化经济指数排名有所差异,部分城市排名变动。从城市位序看,东京、伦敦、首尔、巴黎、蒙特利尔位序前移,上海、洛杉矶、深圳、纽约位序后

---

① 章琦:《上海离世界创意之都还有多远》,《解放日报》2008年4月22日。
② 《2018年实现增加值4227.72亿元,今年一季度同比增7.2%,文创产业跻身上海八大重点产业》,《文汇报》2019年7月26日。

第六章　均衡协调型城市世界文化名城建设评价　195

移，北京位序不变。样本城市文创从业人员指数得分的平均值为0.572，北京得分为最高值，纽约得分为最低值。北京、东京、伦敦、上海、首尔居于0.6—1分段，洛杉矶、深圳、巴黎、蒙特利尔、纽约居于0.2—0.6分段。从城市排名看，北京、东京、伦敦、上海、首尔、洛杉矶、深圳进入全部样本城市前10之列，巴黎、蒙特利尔、纽约进入前20之列。均衡协调型样本城市文创从业人员指数得分比较，如图6-13所示。

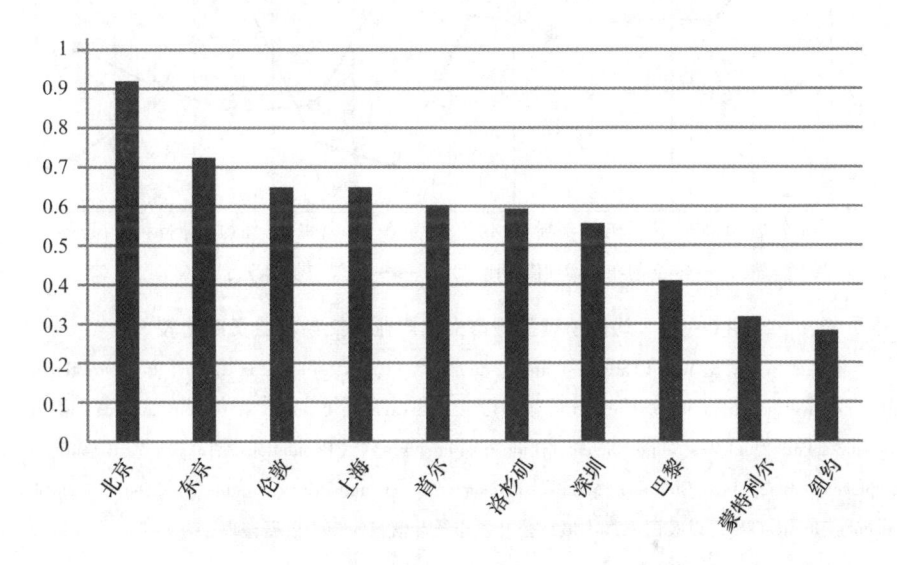

图6-13　均衡协调型城市文创从业人员指数比较

可见，均衡协调型样本城市的文创产业就业水平整体领先，梯度特征明显，末位纽约得分不足首位北京的三分之一，城市间差距较大。表明均衡协调型城市因产业结构、文创行业结构的不同，文创产业直接和间接就业吸纳能力有所差异，各城市就业吸纳能力与文创产业发展水平存在结构性偏离。北京、上海、深圳、伦敦、首尔、蒙特利尔文创产业的经济贡献和就业贡献基本一致，洛杉矶、纽约文创产业对城市经济增长的贡献更为突出，东京、巴黎文创产业的就业贡献更为突出。伦敦是全球创意产业的发源地，在电影、时尚、设计和科技产业等领域具有全球影响力，并带动旅游业发展，每年为英国经济创造470亿英镑的收入，提供全英国六分之一的就业岗位。东京文创产业就业吸纳能力较强，在日本实施"文化立国"战略的背景下，东京积极推动"包括时尚产业、休闲产业、内容产业等在内的文创产业发展，其中，动漫、游戏、音乐等行业快速发展，并带

动相关产业的发展"①，吸纳了大量人口就业。2017年，东京文创产业从业人员占全部就业人数的13%。（见图6-14）

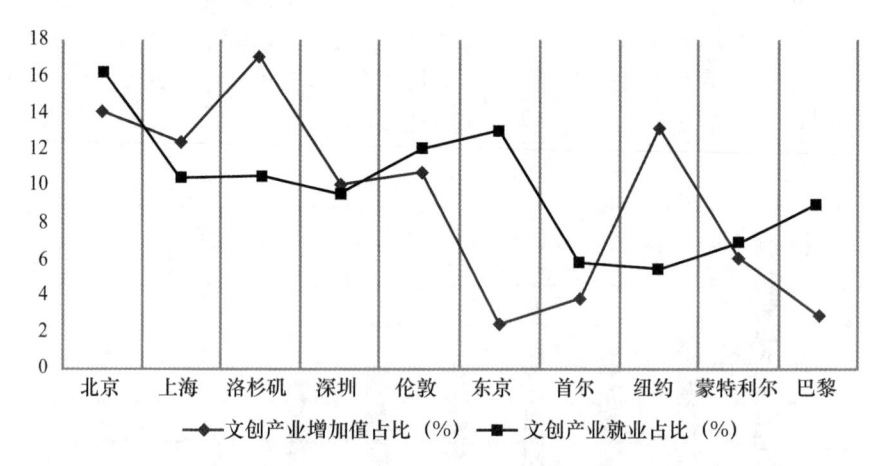

图6-14　均衡协调型城市文创产业和文创就业贡献比较

资料来源：根据 World Cities Cultural Forum 官网、《2019 - LA Otis Creative Economy Report》、《The creative industries in London2015》、《2019 - NYC Creative Economy》、《Nouveaux regards sur leconomie a Paris Quelques filieres davenir: Industries creatives》、《Population of Tokyo》②、《South Korea Employment Rate》③、《Culture in Montreal-Economic Impacts and Private Funding》、《Statistics and Publications-Montréal》④，以及国内样本城市公开发布统计信息的相关数据整理。

五　文化氛围指数（D）评价

文化氛围指数（D）由文化活力指数（D1）、文化消费指数（D2）两个二级指标构成，反映城市的生活品质和城市宜居性，以及公众的感知度、参与度和认同度。下文将对均衡协调型样本城市文化氛围指数总指标和各二级指标分别进行分析评价。

---

① 崔岩、庞楚：《浅析日本文化创意产业》，《文艺生活·文海艺苑》2011年第10期。
② Population of Tokyo, TOKYO METROPOLITAN GOVERNMENT, 2020年10月22日，https://www.metro.tokyo.lg.jp/english/about/history/history03.html#:~:text=Population%20Summary，the%20total%20area%20of%20Japan。
③ South Korea Employment Rate, TRADING ECONOMICS, 2020年10月22日，https://tradingeconomics.com/south-korea/employment-rate#:~:text=Employment%20Rate%20in%20South%20Korea%20is%20expected%20to%20be%202059.30，60.90%20in%202012%20months%20time。
④ Statistics and Publications-Montréal, Institut de la statistique Québec, 2019年9月16日，2020年10月22日，https://www.stat.gouv.qc.ca/statistiques/profils/region_06/region_06_00_an.htm。

第六章　均衡协调型城市世界文化名城建设评价　197

（一）文化氛围指数（D）总指标得分及排名

均衡协调型样本城市文化氛围指数总指标得分及排名的具体数据，如表6-12所示。

表6-12　　　　均衡协调型城市文化氛围指数（D）得分及排名

城市	蒙特利尔	首尔	东京	巴黎	北京	伦敦	纽约	上海	深圳	洛杉矶
得分	0.863	0.771	0.738	0.665	0.656	0.641	0.608	0.607	0.596	0.549
排名	1	2	3	4	6	8	10	11	14	20

由表6-12可知，均衡协调型样本城市的文化氛围指数总指标得分与文化功能得分排名有一定差异，部分城市排名变动。从城市位序看，蒙特利尔、首尔、巴黎、上海位序前移，东京、北京、纽约、洛杉矶位序后移，伦敦、深圳位序不变。样本城市文化氛围指数总指标得分的平均值为0.669，蒙特利尔得分为最高值，洛杉矶得分为最低值。蒙特利尔、首尔、东京居于0.7—0.9分段，巴黎、北京、伦敦、纽约、上海居于0.6—0.7分段，深圳、洛杉矶居于0.5—0.6分段。从城市排名看，蒙特利尔、首尔、东京、巴黎、北京、伦敦、纽约进入全部样本城市前10之列，上海、深圳、洛杉矶进入前20之列。均衡协调型样本城市文化氛围指数得分比较，如图6-15所示。

可见，均衡协调型样本城市文化氛围建设水平整体较高，梯度特征不明显，样本城市文化氛围在全球具有突出的识别度、感知度和美誉度。其中，蒙特利尔的文化氛围最为浓郁，洛杉矶有一定差距。表明均衡协调型城市普遍重视城市文化软环境的营造和培育，城市文化魅力的外显性较强，公众的文化参与能力较强，社会文明素养和市民文明素质较高。

（二）文化活力指数（D1）得分及排名

文化活力是城市文化生命力旺盛与否的外在表现。凯文·林奇在其《城市意象》中，将城市活力作为评价空间质量的重要基准，文化活力反映了城市文化品格和市民生活状态。文化活力指数采用6个测度指标，包括"年入境国际游客数""国际学生人数""节庆活动数量""人均酒吧/咖啡厅/茶馆拥有量""人均餐厅拥有量""人均夜店拥有量"，用于衡量城市文化的吸引力和参与度。均衡协调型样本城市文化活力指数得分及排名的具体数据，如表6-13所示。

198　世界文化名城评价研究

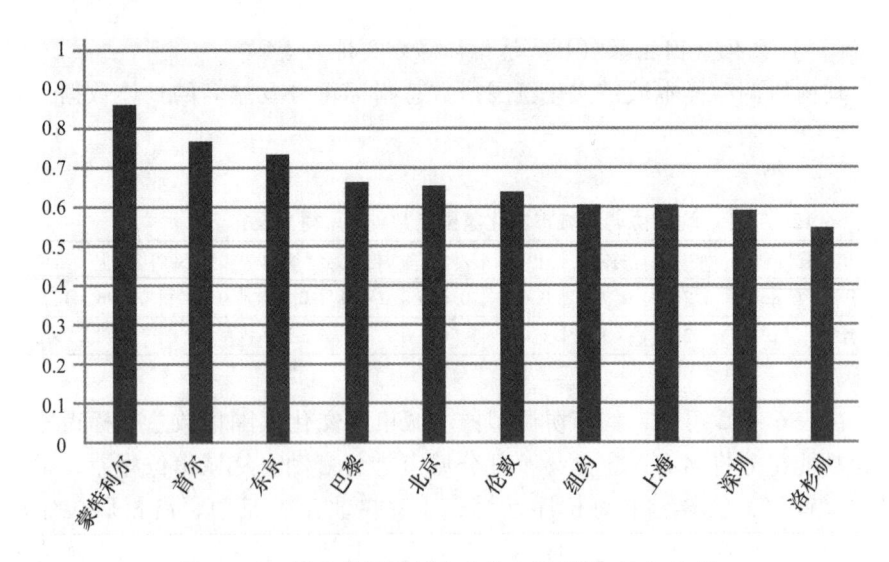

图 6-15　均衡协调型城市文化氛围指数（D）比较

表 6-13　　　　均衡协调型城市文化活力指数（D1）得分及排名

城市	蒙特利尔	东京	首尔	巴黎	深圳	伦敦	北京	纽约	上海	洛杉矶
得分	0.870	0.848	0.789	0.705	0.687	0.660	0.633	0.626	0.620	0.617
排名	1	2	3	7	10	14	15	18	19	21

由表 6-13 可知，均衡协调型样本城市文化活力指数得分排名与文化氛围指数总指标得分排名基本一致，部分城市排名略为后移。从城市位序看，东京、深圳位序前移，首尔、北京、纽约、上海位序后移，蒙特利尔、巴黎、伦敦、洛杉矶位序不变。样本城市文化活力指数得分的平均值为 0.706，蒙特利尔得分为最高值，洛杉矶得分为最低值。蒙特利尔、东京、首尔、巴黎居于 0.7—0.9 分段，深圳、伦敦、北京、纽约、上海、洛杉矶居于 0.6—0.7 分段。从城市排名看，蒙特利尔、东京、首尔、巴黎进入全部样本城市前 10，深圳、伦敦、北京、纽约、上海进入前 20 之列，洛杉矶位列第 21，排名相对靠后。均衡协调型样本城市文化活力指数得分比较，如图 6-16 所示。

可见，均衡协调型样本城市的文化活力整体处于较高水平，梯度特征不明显，城市之间差距较小。表明均衡协调型样本城市大都具有厚重的文化积淀和鲜明的时尚品格，城市文化活动丰富，生活品质较高，公众有着积极的生活状态和生活追求。蒙特利尔、东京、首尔、巴黎排名领先，为世界城市提升文化活力提供了范例。从数据值来看，巴黎、伦敦、纽约、

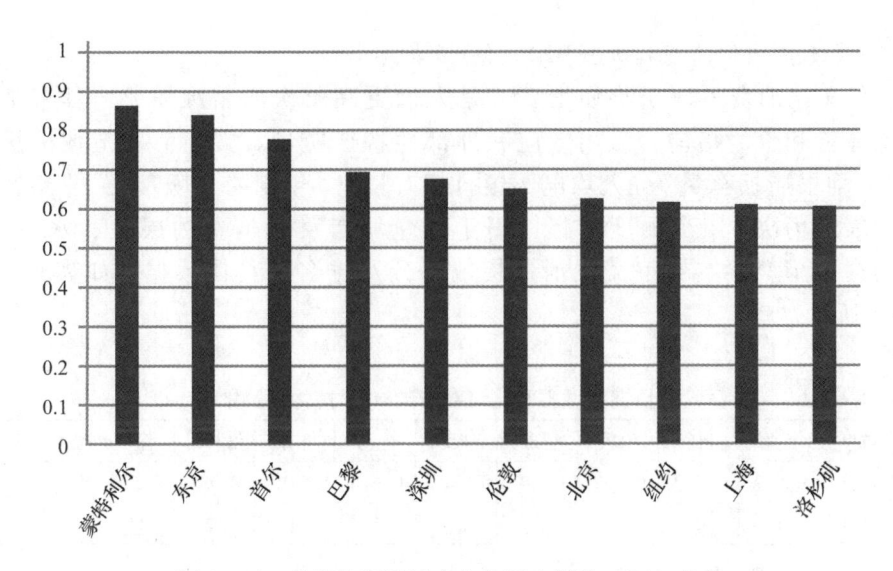

图 6-16　均衡协调型城市文化活力指数（D1）比较

东京是全球知名的旅游目的地，每年接待的国际游客过千万；东京、巴黎、伦敦的国际学生数量均超过 10 万人，高于其他样本城市。从餐馆、酒吧总量看，北京、上海领先，但从人均拥有量看，东京、首尔、蒙特利尔领先（见图 6-17）；深圳、巴黎、蒙特利尔在节庆活动数量上领先，深圳每年举行节庆活动超过 2500 次。

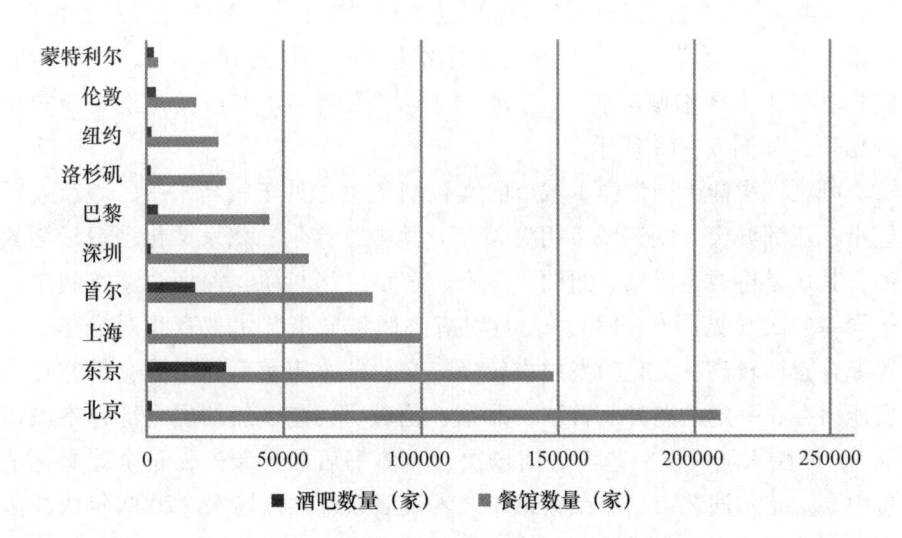

图 6-17　均衡协调型城市餐馆、酒吧数量比较

资料来源：World Cities Cultural Forum 官网、《中国餐饮报告 2019》、《2019 饮品行业数据报告》。

(三) 文化消费指数 (D2) 得分及排名

文化消费不同于物质消费，是人们更高层次的精神需要，具有情感体验和价值指向，溢出效应和外部性特征明显。文化消费指数采用"人均书店拥有量""人均电影银幕拥有量""年剧院入场人次""年艺术表演场次"4个测度指标，用于衡量城市文化消费的层次和水平。均衡协调型样本城市文化消费指数得分及排名的具体数据，如表6-14所示。

表6-14　　均衡协调型城市文化消费指数 (D2) 得分及排名

城市	首尔	北京	伦敦	巴黎	纽约	上海	东京	洛杉矶	深圳	蒙特利尔
得分	0.879	0.872	0.752	0.717	0.717	0.676	0.613	0.531	0.521	0.459
排名	1	2	3	4	5	7	8	12	15	19

由表6-14可知，均衡协调型样本城市文化消费指数得分排名与文化氛围指数总指标得分排名大体一致，部分城市排名略有变动。从城市位序看，首尔、北京、伦敦、纽约、上海、洛杉矶位序前移，蒙特利尔、东京位序后移，巴黎、深圳位序不变。样本城市文化消费指数得分的平均值为0.674，首尔得分为最高值，蒙特利尔得分为最低值。首尔、北京、伦敦、巴黎、纽约居于0.7—0.9分段，上海、东京、洛杉矶、深圳、蒙特利尔居于0.4—0.7分段。从城市排名看，首尔、北京、伦敦、巴黎、纽约、上海、东京进入全部样本城市前10之列，洛杉矶、深圳、蒙特利尔进入样本城市前20之列。均衡协调型样本城市文化消费指数得分比较，如图6-18所示。

可见，均衡协调型样本城市的文化消费整体处于较高水平，城市差距较小，亚洲城市、欧洲城市相对领先。其中，首尔、北京文化消费最为繁荣，其次是伦敦、巴黎、纽约、上海、东京，洛杉矶、深圳、蒙特利尔处于同一层次（见图6-18）。表明均衡协调型城市艺术教育相对成熟，市民综合素质较高，文化消费层次较高，文化艺术审美意愿较强，但文化消费能力存在一定的差异。首尔、北京、伦敦、巴黎、纽约居全部样本城市前5，剧院入场人次、艺术表演场次、实体书店数量领先，是全球文化消费中心。首尔演艺市场繁荣，每年艺术表演超过8万场次。2002年依托国家大剧院打造"大学路文娱艺术区"（Daohakro-Street of Cultural Arts），利用大学外迁遗留的建筑物，支持社会投资兴建各类表演场地，建成Asko

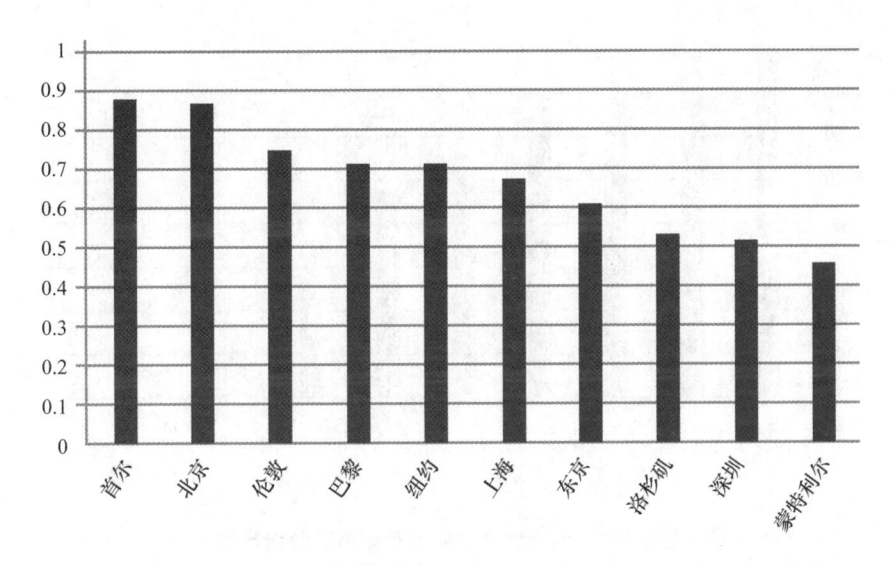

图 6-18　均衡协调型城市文化消费指数（D2）比较

Arts Theatre、Asko Arts Centre 等知名剧场。到 2017 年，大学路文娱艺术区已拥有 160 家 50—500 座的剧场。加上周边餐饮、时尚产品、文创产业，吸引着当地年轻人，形成繁华的艺术文化消费区。此后，首尔又相继布局了"首尔艺术中心""火车站表演艺术中心""民族文化村剧院""剧场博物馆""东大门历史博物馆"等文化设施，剧场总数超过 200 家。每年举办丰富的节庆活动，吸纳大量观众，使剧场、餐饮充满活力，剧场也使艺术家有更多展示才华的机会，建构了首尔活泼的文化消费生态。伦敦则是欧洲乃至全球重要的影视、音乐、娱乐文化消费中心，占据了英国视觉艺术领域的主导地位，引领着全球艺术市场的 30% 份额。伦敦影院银幕数占全英国的 20% 以上，拥有 1056 个现场音乐场馆，每年举行超过 22000 场音乐表演，夜晚有各式音乐歌舞秀、各式剧院、音乐会。伦敦西区每天至少有 200 个娱乐节目供市民选择观赏，是全球现场喜剧数量最多的城市。巴黎是书店数量、艺术表演场次最多的城市，"街头艺术"十分活跃，文化艺术消费市场繁荣（见图 6-19）。各种博物馆周边集聚了数量可观的画廊、剧院、艺术品商店，在吸引游客的同时带来丰厚经济效益。文化艺术被赋予商业化的特性，而商业行为也因为艺术变得更具消费价值和消费意义。

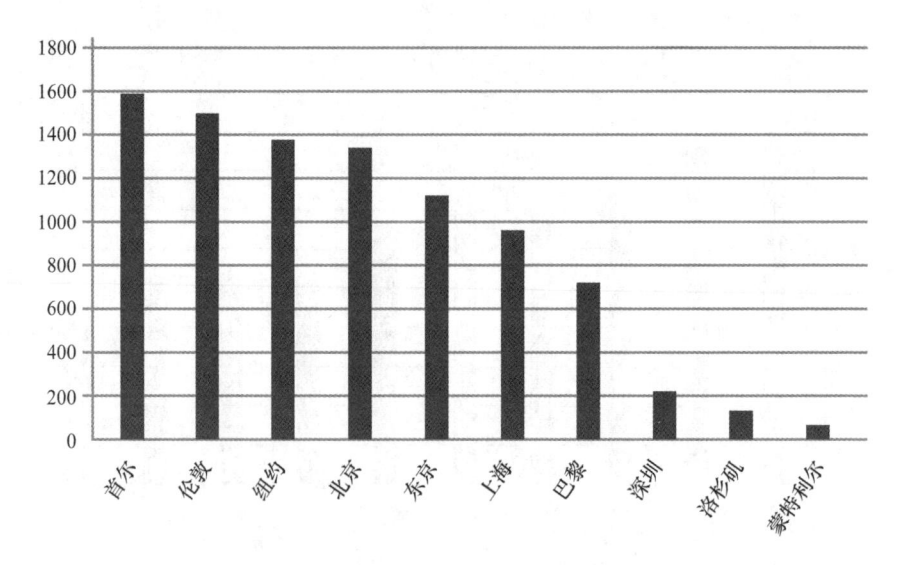

图 6-19　均衡协调型城市实体书店数量比较

数据来源：World Cities Cultural Forum 官网，《中国城市书店数量排行榜 2018》。

第三节　均衡协调型城市文化声誉建设评价

世界文化名城文化声誉由文化治理指数（E）、文化形象指数（F）两个指标来衡量。本节将依据文化声誉各指标指数综合得分及排名、分项指标指数得分及排名，对均衡协调型样本城市的文化声誉建设水平进行比较评价。

一　文化声誉总体评价

赋予文化声誉综合评价分值为 100 分，对各分项指标指数加权平均并进行百分制转换，计算出均衡协调型样本城市文化声誉得分，以反映和比较各城市世界文化名城文化声誉建设的整体水平和情况。均衡协调型样本城市文化声誉得分及排名如表 6-15 所示。

表 6-15　　　　　　均衡协调型城市文化声誉得分及排名

城市	巴黎	伦敦	北京	纽约	洛杉矶	上海	蒙特利尔	首尔	东京	深圳
得分	97.4	95.0	90.4	86.0	81.5	81.2	74.0	73.7	72.9	70.8
排名	1	2	3	4	5	6	9	10	11	15

由表 6-15 可知，均衡协调型样本城市文化声誉得分与世界文化名城指数综合得分的排名大体一致，部分城市排名变动。从城市位序看，巴黎、洛杉矶、上海、蒙特利尔位序前移，伦敦、北京、纽约、东京、首尔位序后移，深圳位序不变。样本城市文化声誉得分的平均值为 82.29，巴黎得分为最高值，深圳得分为最低值。巴黎、伦敦、北京居于 90—100 分段，纽约、洛杉矶、上海居于 80—90 分段，蒙特利尔、首尔、东京、深圳居于 70—80 分段。从城市排名看，巴黎、伦敦、北京、纽约、洛杉矶、上海、蒙特利尔、首尔进入全部样本城市前 10 之列，东京、深圳进入前 15 之列。可见，均衡协调型城市文化声誉建设整体处于世界领先水平，城市之间差距较小，其中巴黎、伦敦、北京的文化知名度、美誉度最高。均衡协调型样本城市文化声誉得分比较，如图 6-20 所示。

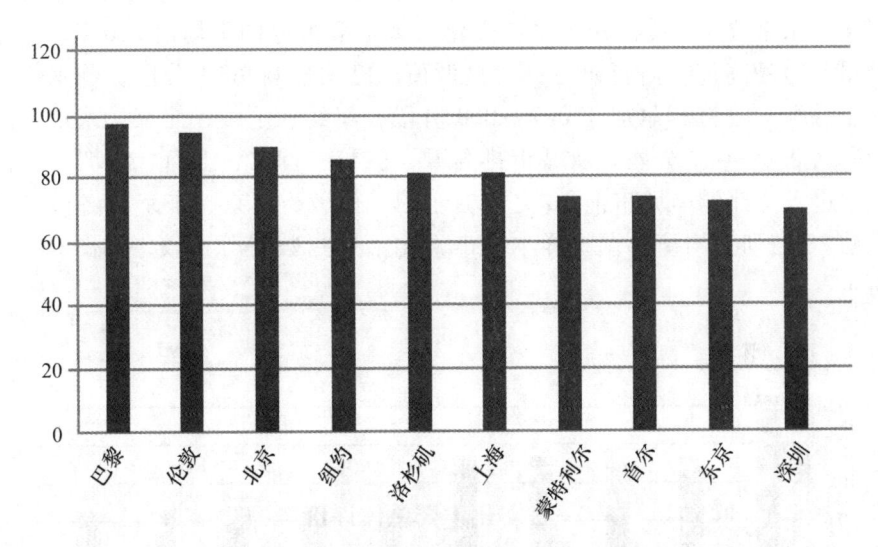

图 6-20 均衡协调型城市文化声誉得分比较

二 文化治理指数（E）评价

文化治理指数（E）由文化战略指数（E1）、文化管理指数（E2）两个二级指标构成，反映一个城市政府在文化建设行为方面的组织特征、能力及国际吸引力，以及为提升文化声誉而形成的发展成效和比较优势。下文将对均衡协调型样本城市文化治理指数总指标和各二级指标分别进行分析评价。

（一）文化治理指数（E）总指标得分及排名

均衡协调型样本城市文化治理指数总指标得分及排名的具体数据，如表 6-16 所示。

表 6-16　均衡协调型城市文化治理指数（E）得分及排名

城市	巴黎	首尔	上海	深圳	蒙特利尔	纽约	伦敦	北京	东京	洛杉矶
得分	0.932	0.775	0.774	0.773	0.772	0.666	0.644	0.640	0.638	0.636
排名	1	7	8	9	10	13	14	15	16	19

由表 6-16 可知，均衡协调型样本城市文化治理指数总指标得分排名与文化声誉得分排名有较大差异，城市排名后移。从城市位序看，首尔、上海、深圳、蒙特利尔位序前移，伦敦、北京、纽约、洛杉矶位序后移，巴黎、东京位序不变。样本城市文化治理指数得分的平均值为 0.725，巴黎得分为最高值，洛杉矶得分为最低值。巴黎居 0.9—1 分段，首尔、上海、深圳、蒙特利尔居于 0.7—0.8 分段，纽约、伦敦、北京、东京、洛杉矶居 0.6—0.7 分段。从城市排名看，巴黎、首尔、上海、深圳、蒙特利尔进入全部样本城市前 10 之列，纽约、伦敦、北京、东京、洛杉矶进入前 20 之列。均衡协调型样本城市文化治理指数得分比较，如图 6-21 所示。

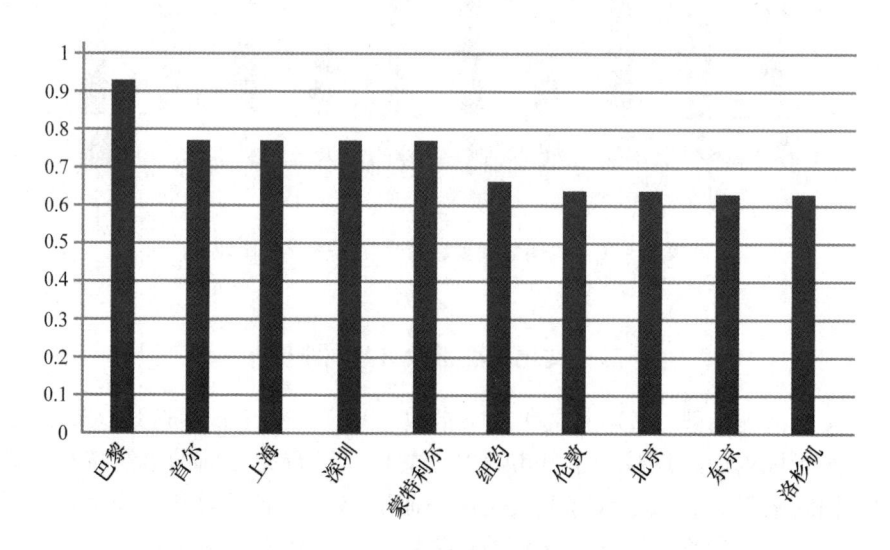

图 6-21　均衡协调型城市文化治理指数比较

总体来看，均衡协调型样本城市文化治理水平整体较高，城市之间存在一定梯度，但差距较小。样本城市普遍将文化作为城市治理的重要内容，基本形成了健全的文化管理体制和有效的文化治理模式，实施文化发展的国际化战略，注重包容性发展和共享理念，文化领域的治理结构和制度建设的现代化水平总体较高。其中，欧洲城市、亚洲城市的文化治理指数得分相对领先，城市之间存在一定梯度，但差距不大。巴黎的文化治理水平总体居于世界先进水平，为全球城市文化治理提供了标杆和示范。

（二）文化战略指数（E1）得分及排名

文化战略指数用来衡量城市在文化方面的全局性、长远性筹划，主要反映政府基于城市发展需求，将文化纳入城市战略目标，向世界展示文化发展成就，以提升城市世界知名度和美誉度的成效。采用"城市文化发展愿景""参与国际性文化组织和项目"两个测度指标。均衡协调型样本城市文化战略指数得分及排名的具体数据，如表6-17所示。

表6-17　均衡协调型城市文化战略指数（E1）得分及排名

城市	巴黎	上海	首尔	深圳	蒙特利尔	北京	伦敦	东京	洛杉矶	纽约
得分	0.945	0.892	0.872	0.872	0.864	0.791	0.789	0.768	0.687	0.671
排名	1	4	6	7	9	13	14	15	20	23

由表6-17可知，均衡协调型样本城市文化战略指数排名与文化治理指数排名基本一致，城市排名略有差异。从城市位序看，北京、上海、东京、洛杉矶位序前移，首尔、纽约位序后移，巴黎、深圳、蒙特利尔、伦敦位序不变。样本城市文化战略指数得分的平均值为0.815，巴黎得分为最高值，纽约得分为最低值。巴黎居0.9—1分段，上海、首尔、深圳、蒙特利尔居0.8—0.9分段，北京、伦敦、东京、洛杉矶、纽约居0.6—0.8分段。从城市排名看，巴黎、上海、首尔、深圳、蒙特利尔进入全部样本城市前10之列，北京、伦敦、东京、洛杉矶进入前20之列，纽约居第23位，排名相对靠后。均衡协调型样本城市文化战略指数得分比较，如图6-22所示。

可见，均衡协调型样本城市文化战略的制定水平整体较高，城市之间的差距较小。其中，欧洲城市、亚洲城市相对领先，巴黎、上海、首尔位列全部样本城市前5之列，为全球城市如何实施国际化文化战略提供了示范。表明均衡协调型城市实施外向性和竞争性的文化战略，以文化愿景引导城市可持续发展，积极参与世界文化组织和项目，保持城市在全球的文

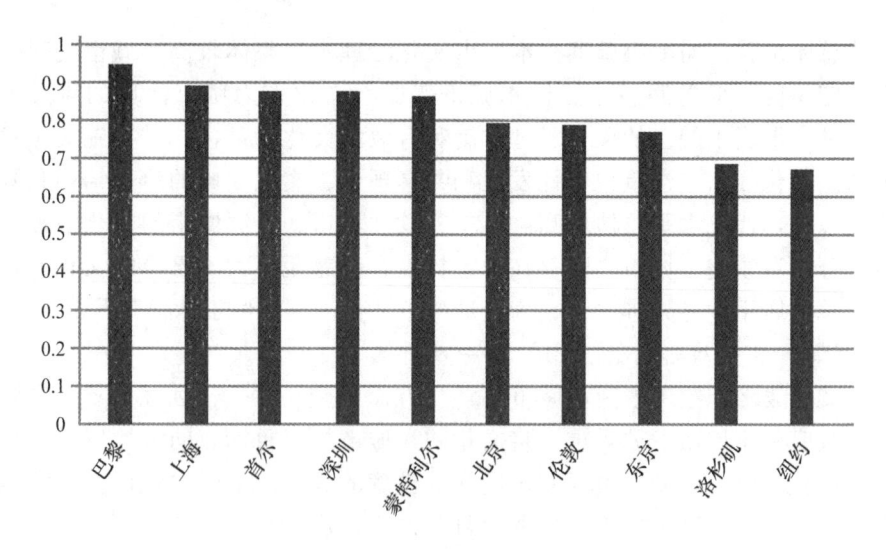

图 6-22 均衡协调型城市文化战略指数比较

化地位，稳固和提升城市的国际知名度和美誉度。巴黎是联合国教科文组织、经济合作与发展组织等国际组织的总部所在地，众多国际会议举办地，走在世界城市文化发展的前列。进入 21 世纪后，为了保持卓越的生活品质，法国实施"大巴黎计划"打造"世界之都"，实施积极的文化战略和文化政策，加入欧洲文化之都、世界遗产城市联盟和世界城市文化论坛，延伸文化版图，提升艺术魅力，回归文化重心，激发创新活力，构筑巴黎新的文化高地，以增强全球竞争力。上海在 2010 年加入联合国教科文组织"创意城市网络"，被授予"设计之城"的称号。"十三五"规划中提出建设国际文化大都市的战略目标，出台系列重要文化政策，积极构建国际话语权体系。伦敦持续推出国际化文化战略，在第一版《伦敦，文化之都：实现世界级城市潜力》[①]、第二版《文化繁荣计划》及第三版《A—Z 规划与文化》之后，又制定了第四版《为所有伦敦人的文化》，开启新一轮文化软实力的提升运动。

（三）文化管理指数（E2）得分及排名

文化管理指数用来衡量城市政府对文化发展的干预能力，主要比较政府文化管理体制的健全程度，以及文化发展投入能力，反映该城市在文化领域的制度安排水平。采用"政府文化组织机构""公共文化支出占财政总支出比"两个测度指标。均衡协调型样本城市文化管理指数得分及排名

---

① 段霞：《世界城市发展战略研究——以北京为例》，中国经济出版社 2013 年版。

的具体数据，如表6-18所示。

表6-18　均衡协调型城市文化管理指数（E2）得分及排名

城市	纽约	巴黎	北京	深圳	伦敦	东京	洛杉矶	首尔	上海	蒙特利尔
得分	0.788	0.713	0.681	0.644	0.631	0.600	0.594	0.592	0.591	0.590
排名	2	3	4	5	6	11	12	14	15	16

由表6-18可知，均衡协调型样本城市文化管理指数排名与文化治理指数排名有较大差异，城市排名变动明显。从城市位序看，纽约、北京、伦敦、东京、洛杉矶位序前移，巴黎、首尔、上海、蒙特利尔位序后移，深圳位序不变。样本城市文化管理指数得分的平均值为0.642，纽约得分为最高值，蒙特利尔得分为最低值。纽约、巴黎居于0.7—0.8分段，北京、深圳、伦敦、东京居于0.6—0.7分段，洛杉矶、首尔、上海、蒙特利尔居于0.5—0.6分段。从城市排名看，纽约、巴黎、北京、深圳、伦敦进入全部样本城市前10之列，东京、洛杉矶、首尔、上海、蒙特利尔进入前20之列。均衡协调型样本城市文化管理指数得分比较，如图6-23所示。

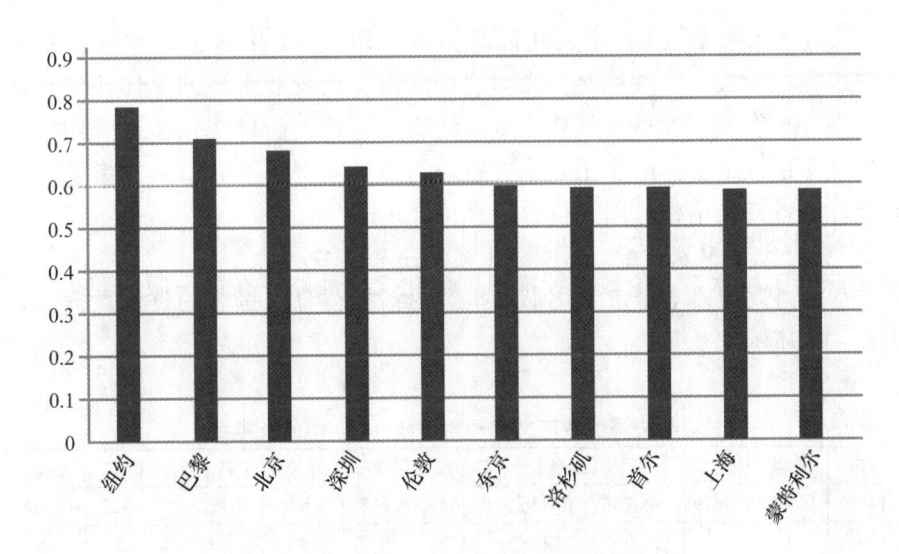

图6-23　均衡协调型城市文化管理指数比较

可见，均衡协调型样本城市文化管理效能整体处于中上水平，城市之间差距不大，美洲城市、欧洲城市相对领先，纽约、巴黎、北京、深圳居全部样本城市前5,为世界城市文化管理提供了示范。均衡协调型城市虽然在政府层面都设立了文化事务部门,但由于各个国家的文化管理模式不同,因此公共财政的文化投入水平相应也不同。如美国采取市场主导的管理模式,纽约政府设立了文化事务部(DCLA),提供发展资金支持非营利和公益性文化发展。纽约是美国各城市中,政府对文化资金支持力度最大的城市,2017年文化事务部支持文化艺术发展的资金高达3.3亿美元,支持民间文化发展和创新,推动文化本身的发展。法国则采取"一竿子插到底"的中央集权管理模式,法国政府举办的重点文化设施、文化团体和艺术院校大都位于巴黎,由财政拨款给予稳定的资助。巴黎的文化政策强调公众参与,将公共艺术引入城市更新,城市规划项目预算的1%用于艺术创作,推出独立书店和美术馆支持政策,帮助小微文创企业发展,确保在城市扩张中融入创造力和宜居性。英国则采用"一臂之距"的间接管理模式,文化政策和经费交由非政府公共文化机构、文化行业组织执行,避免行政干预。伦敦市对公共文化的资助金额超过中央政府,重点向艺术家和艺术单位拨款,并资助具有重要意义和创造性的文化活动。

三 文化形象指数(F)评价

文化形象指数(F)由文化品牌指数(F1)、文化标志指数(F2)两个二级指标构成,反映社会公众对一个城市文化发展水平的总体印象和认知,即外界对城市性格、气质、魅力的综合评价,衡量文化在提升和维持世界城市地位中发挥的作用。下文将对均衡协调型样本城市文化形象指数总指标和各二级指标分别进行分析评价。

(一)文化形象指数(F)总指标得分及排名

均衡协调型样本城市文化形象指数总指标得分及排名的具体数据,如表6-19所示。

表6-19　均衡协调型城市文化形象指数(F)得分及排名

城市	伦敦	巴黎	纽约	北京	洛杉矶	上海	东京	蒙特利尔	首尔	深圳
得分	0.902	0.798	0.758	0.736	0.704	0.633	0.576	0.526	0.522	0.478
排名	1	2	3	4	5	6	9	11	12	15

由表6-19可知,均衡协调型样本城市文化形象指数总指标得分排名与文化声誉得分排名基本一致,城市排名略有变动。从城市位序看,伦敦、纽约、东京位序前移,巴黎、北京、蒙特利尔、首尔位序后移,洛杉

矶、上海、深圳位序不变。样本城市文化形象指数得分的平均值为 0.663，伦敦得分为最高值，深圳得分为最低值。从各城市文化形象指数得分看，伦敦居于 0.9—1 分段，巴黎、纽约、北京、洛杉矶居于 0.7—0.8 分段，上海、东京、蒙特利尔、首尔、深圳居于 0.4—0.7 分段。从文化形象指数得分排名看，伦敦、巴黎、纽约、北京、洛杉矶、上海、东京进入全部样本城市前 10 之列，蒙特利尔、首尔、深圳进入样本城市前 20 之列。均衡协调型样本城市文化形象指数得分比较，如图 6-24 所示。

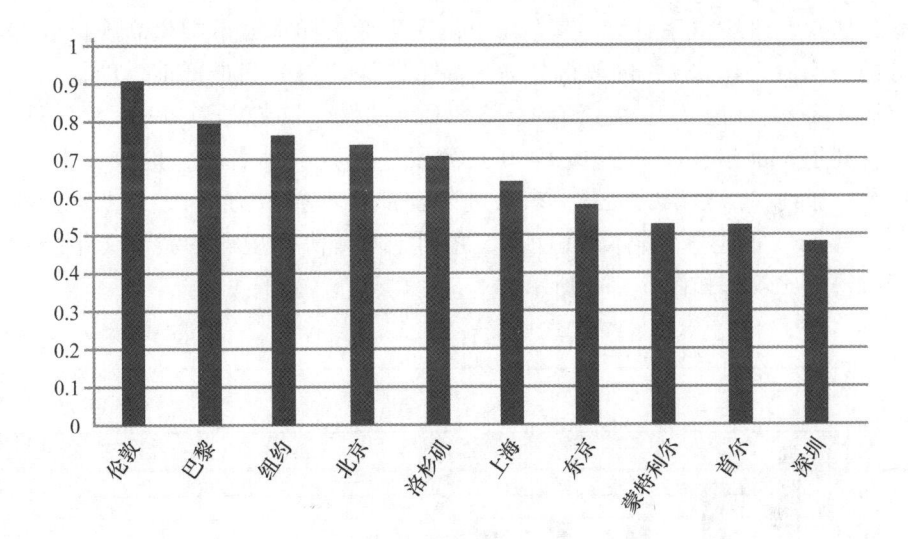

图 6-24　均衡协调型城市文化形象指数比较

总体来看，均衡协调型样本城市的文化形象建设水平整体领先，也存在一定梯度，欧洲城市、美洲城市相对领先，城市差距相对较小。伦敦、巴黎拥有大量具有国际知名度的文化品牌，形成了具备全球影响力的文化形象塑造平台和渠道，建立了较为成熟的城市文化形象生成、塑造和传播的国际化管理机制，在全球城市中文化声誉优势突出。

（二）文化品牌指数（F1）得分及排名

文化品牌指数用来衡量城市可溢价、可增值的无形文化资产的品牌化建设水平，主要通过第三方权威机构评估数据，反映城市文化机构、文化事件、文化产品等对公众的国际知名度和吸引力。采用 5 个测度指标，包括"国际旅游目的地""年国际会议数量""国际体育赛事数量""世界一流大学数量""全球知名媒体数量"。均衡协调型样本城市文化品牌指数得分及排名的具体数据，如表 6-20 所示。

表 6-20　均衡协调型城市文化品牌指数（F1）得分及排名

城市	伦敦	北京	巴黎	纽约	洛杉矶	上海	东京	蒙特利尔	首尔	深圳
得分	0.958	0.848	0.751	0.726	0.695	0.679	0.617	0.591	0.515	0.489
排名	1	2	3	4	5	6	9	11	14	15

由表 6-20 可知，均衡协调型样本城市文化品牌指数排名与文化形象指数排名基本一致，城市排名略有变动。从城市位序来看，北京位序前移，巴黎、纽约位序后移，其余城市位序不变。样本城市文化品牌指数得分的平均值为 0.687，伦敦得分为最高值，深圳得分为最低值。伦敦、北京居 0.8—1 分段，巴黎、纽约、洛杉矶、上海、东京居 0.6—0.8 分段，蒙特利尔、首尔、深圳居 0.4—0.6 分段。从城市排名看，伦敦、北京、巴黎、纽约、洛杉矶、上海、东京进入全部样本城市前 10 之列，蒙特利尔、首尔、深圳进入样本城市前 15 之列。均衡协调型样本城市文化品牌指数得分比较，如图 6-25 所示。

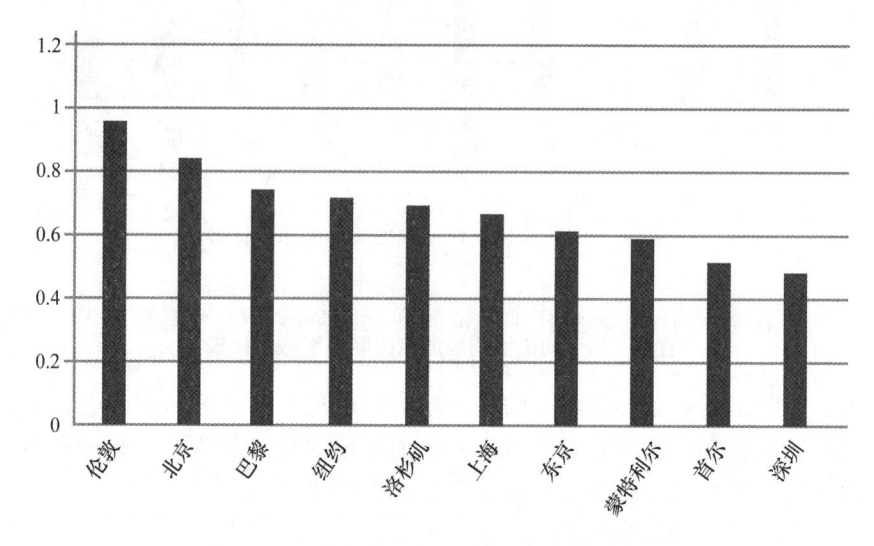

图 6-25　均衡协调型城市文化品牌指数比较

可见，均衡协调型样本城市文化品牌建设处于中高水平，城市之间梯度较为明显，欧洲城市、亚洲城市相对领先。表明均衡协调型城市重视文化品牌的塑造和传播，公众对城市文化品牌的认知度较高。均衡协调型样本城市大多数是著名的世界旅游目的地，巴黎、伦敦、纽约、东京均位列

2018年全球十大目的地城市。巴黎、伦敦的国际旅游最为发达，浓郁的文化氛围吸引着全球游客前往体验，国际旅游给城市带来巨大收益。其中，遗产旅游是欧洲城市国际旅游的核心吸引物，全球得到认证的世界自然遗产和文化遗产有40%分布在欧洲，旅游则是文化遗产公众传播的有效方式。从城市举办的国际会议数量来看，伦敦、巴黎是著名的国际会议目的地城市，集中体现了国际社会机构和公众对城市的认知度，为城市文化声誉提供了重要支撑。上海加快建设国际文化大都市，塑造上海红色文化品牌、海派文化品牌、江南文化品牌，打响"上海文化"[1]品牌，获得"世界旅游大奖——2017亚洲领先节庆及活动目的地""2017全球目的地城市指数——中国大陆最受外国游客欢迎城市"等荣誉。[2]（见图6-26）

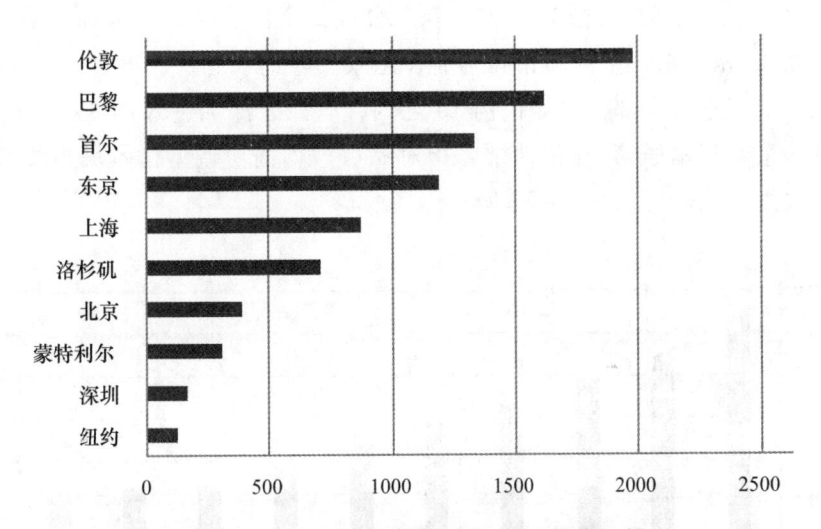

图6-26 均衡协调型城市国际游客数量比较

数据来源：World Cities Cultural Forum官网。

（三）文化标志指数（F2）得分及排名

文化标志指数用来衡量城市空间的文化意象建构水平，通过城市建筑、绿地对城市空间的文化营造作用，反映城市空间的世界识别度和美誉度。采用"世界级文化地标数量""城市绿地率"两个测度指标。均衡协调型样本城市文化标志指数得分及排名的具体数据，如表6-21所示。

---

[1] 胡霁荣：《改革开放40年来上海文化建设的回顾与展望》，《上海文化》2018年第4期。
[2] 钟灵啸：《上海都市旅游发展薄弱环节研究》，《科学发展》2019年第11期。

表 6-21　　均衡协调型城市文化标志指数（F2）得分及排名

城市	巴黎	纽约	北京	洛杉矶	伦敦	首尔	上海	东京	深圳	蒙特利尔
得分	0.839	0.759	0.698	0.635	0.628	0.543	0.491	0.452	0.443	0.326
排名	1	2	3	5	6	8	10	16	18	26

由表 6-21 可知，均衡协调型样本城市文化标志指数总指标得分排名与文化形象指数排名有一定差异，城市排名整体后移。从城市位序看，巴黎、首尔、深圳、纽约、北京、洛杉矶位序前移，上海、伦敦、东京、蒙特利尔位序后移。样本城市文化标志指数得分的平均值为 0.581，巴黎得分为最高值，蒙特利尔得分为最低值。巴黎、纽约居 0.7—0.9 分段，北京、洛杉矶、伦敦、首尔居 0.5—0.7 分段，上海、东京、深圳、蒙特利尔居 0.3—0.5 分段。从城市排名看，巴黎、纽约、北京、洛杉矶、伦敦、首尔、上海进入全部样本城市前 10 之列，东京、深圳进入样本城市前 20 之列，蒙特利尔居第 26 位，排名相对靠后。均衡协调型样本城市文化标志指数得分比较，如图 6-27 所示。

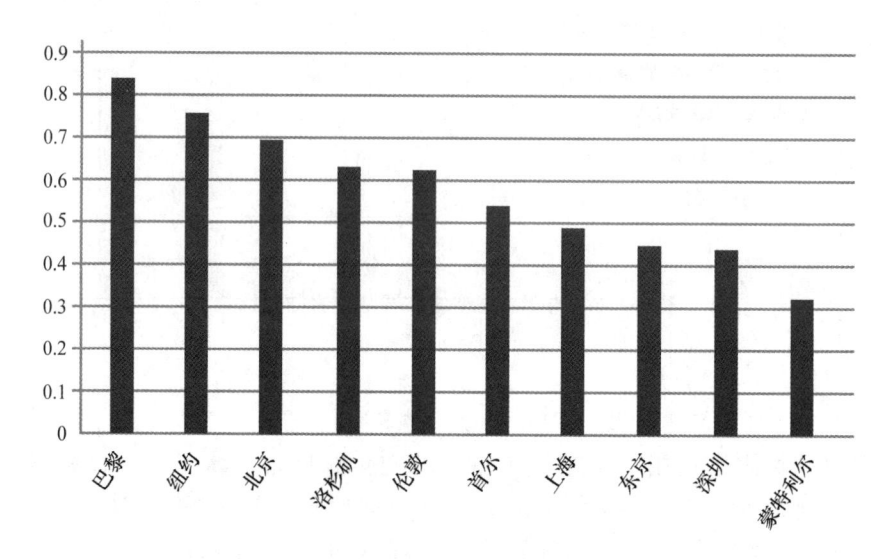

图 6-27　均衡协调型城市文化标志指数比较

可见，均衡协调型样本城市文化标志建设总体处于中上水平，梯度特征明显，末位蒙特利尔得分仅为首位巴黎的 39%，城市之间差距较大。表明均衡协调型样本城市的文化标志建设水平和国际知名度差异较大，巴黎、纽约、北京、洛杉矶位列全部样本城市前5，为世界城市提升文化标志水平提供了标杆和示范。领先城市拥有具有标志性、独特性和识别性的文化建筑，通过生态空间的营造，形成文化与生态相得益彰的高品质生活环境。其中，巴黎、纽约不仅世界级地标建筑的数量多，且城市绿地率相对较高（见图6-28）。2019年，伦敦被评选为全球首个"国家公园城市"，以环境、文化、遗产、教育和健康为主题，形成众多充满活力的标志性绿色空间，塑造了积极健康的城市文化形象。纽约中央公园、高线公园为营造现代都市生态空间提供了示范。位于纽约曼哈顿繁华区的中央公园是纽约最大的都市公园，园中布局了各种文体设施，为现代都市生态文化地标建设提供了范例。高线公园（High Line Park）则是利用铁路货运专用线改建的控制花园走廊，作为国际设计和旧物重建的典范，成为纽约新的城市标志。

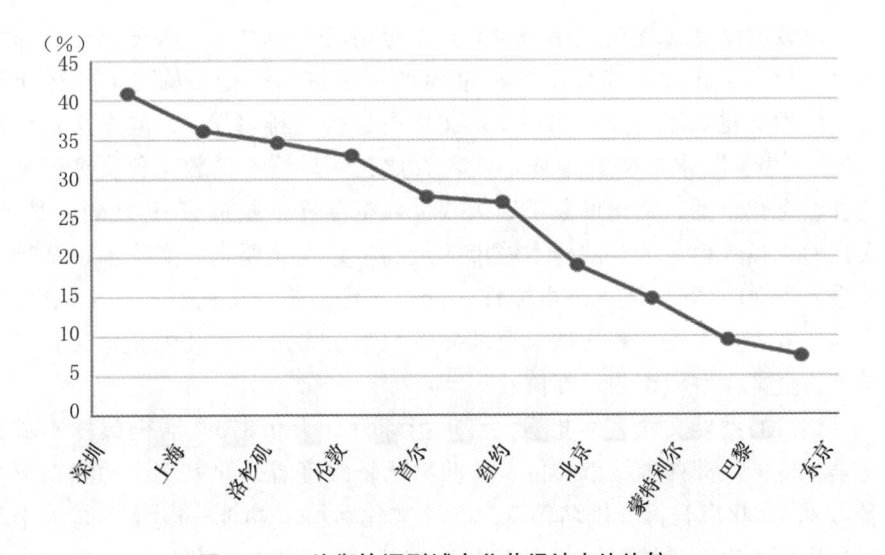

图6-28 均衡协调型城市公共绿地占比比较

数据来源：World Cities Cultural Forum 官网，《中国城市建设统计年鉴2018》①。

根据样本城市各指标指数得分情况，均衡协调型城市世界文化名城评价指标排名如表6-22所示。

---

① 中华人民共和国住房和城乡建设部编：《中国城市建设统计年鉴2018》，中国统计出版社2020年版。

表 6-22　　　　均衡协调型城市世界文化名城评价指标排名

样本城市	世界文化名城指数排名	文化功能					文化声誉		
		排名	文化资产指数排名	文化要素指数排名	文化经济指数排名	文化氛围指数排名	排名	文化治理指数排名	文化形象指数排名
伦敦	1	7	3	16	7	8	2	14	1
北京	2	2	11	4	2	6	3	15	4
纽约	3	4	8	3	11	10	4	13	3
巴黎	4	10	10	9	13	4	1	1	2
东京	5	1	7	1	8	3	11	16	9
首尔	6	3	4	5	10	2	10	7	12
洛杉矶	7	5	15	2	4	20	5	19	5
蒙特利尔	8	8	17	21	19	1	9	10	11
上海	9	15	25	8	3	11	6	8	6
深圳	10	13	19	7	6	14	15	9	15

伦敦的世界文化名城指数（G）指标得分为0.919，居全部样本城市的第1位，文化发展综合水平在世界城市中首屈一指。从两大比较维度看，伦敦文化功能得分排名第7，文化声誉得分排名第2，世界文化名城"功能—声誉"水平略有偏离。从六大比较领域看，伦敦文化资产、文化经济、文化氛围、文化形象4项指数进入全部样本城市前10之列，其中，文化形象指数得分为全部样本城市的最高值；文化要素、文化治理2项指数进入前20之列。从三级指标看，伦敦文化品牌、文化消费、文化管理、文创从业人员4项指数均进入全部样本城市前5之列，其中文化品牌指数得分为全部样本城市的最高值。

北京的世界文化名城指数（G）指标得分为0.873，居全部样本城市的第2位，亚洲样本城市首位。从两大比较维度看，北京文化功能得分排名第2，文化声誉得分排名第3，世界文化名城"功能—声誉"高水平均衡。从六大比较领域看，北京文化要素、文化经济、文化氛围、文化形象4项指数进入全部样本城市前10之列，其中文化经济指数居全部样本城市第2；文化资产、文化治理2项指数进入前15之列。从三级指标看，北京文化遗产、文化人才、文化科技、文创产业、文创从业人员、文化消费、文化品牌、文化标志8项指数均进入全部样本城市前5之列，其中文创从业人员指数为全部样本城市的最高值。

纽约的世界文化名城指数（G）指标得分为0.863，居全部样本城市的第3位。从两大比较维度看，纽约文化功能得分排名第4，文化声誉得分排名第 4，世界文化名城"功能—声誉"高水平均衡。从六大比较领域看，纽约文化资产、文化要素、文化氛围、文化形象 4 项指数均进入全部样本城市前 10 之列，其中文化要素和文化形象 2 项指数居全部样本城市第 3；文化经济、文化治理 2 项指数进入前 15 之列。从三级指标看，纽约文化人才、文化科技、文化消费、文化管理、文化品牌、文化标志 6 项指数均进入全部样本城市前 5 之列，其中文化管理指数得分居全部样本城市第 2 位。

巴黎的世界文化名城指数（G）指标得分为 0.861，居全部样本城市的第 4 位，文化发展综合水平在世界城市中领先。从两大比较维度看，巴黎文化功能得分排名第 10，文化声誉得分排名第 1，世界文化名城"功能—声誉"水平有一定偏离。从六大比较领域看，巴黎文化资产、文化要素、文化氛围、文化治理、文化形象 5 项指数进入全部样本城市前 10 之列，其中文化治理指数得分为全部样本城市最高值，文化形象指数居第 2 位，仅文化经济指数居第 13 位。从三级指标看，巴黎文化设施、文化消费、文化战略、文化管理、文化品牌、文化标志 6 项指数均进入全部样本城市前 5 之列，其中文化战略、文化标志 2 项指数得分均为全部样本城市最高值。

东京的世界文化名城指数（G）指标得分为 0.860，居全部样本城市的第 5 位，文化发展综合水平在世界城市中领先。从两大比较维度看，东京文化功能得分排名首位，文化声誉得分排名第 11，世界文化名城"功能—声誉"水平有一定偏离。从六大比较领域看，东京文化资产、文化要素、文化经济、文化氛围、文化形象 5 项指数进入居全部样本城市前 10 之列，其中文化要素指数得分为全部样本城市最高值，仅文化治理指数居第 16 位。从三级指标看，东京文化遗产、文化人才、文化科技、文创从业人员、文化活力 5 项指数均进入全部样本城市前 5 之列，其中文化人才指数得分为全部样本城市最高值。

首尔的世界文化名城指数（G）指标得分为 0.848，居全部样本城市的第 6 位，文化发展综合水平在世界城市中领先。从两大比较维度看，首尔文化功能得分排名第 3，文化声誉得分排名第 10，世界文化名城"功能—声誉"水平略有偏离。从六大比较领域看，首尔文化资产、文化要素、文化经济、文化氛围、文化治理 5 项指数进入全部样本城市前 10 之列，其中文化氛围指数得分居第 2 位，仅文化形象指数居第 12 位。从三级指标看，首尔文化设施、文化科技、文化活力、文化消费、文化战略 5 项指数均进入全部样本城市前 5 之列，其中文化消费指数得分为全部样本城市最高值。

洛杉矶的世界文化名城指数（G）指标得分为 0.846，居全部样本城市的第 7 位。从两大比较维度看，洛杉矶文化功能和文化声誉得分排名均居第 5，世界文化名城"功能—声誉"高水平均衡。从六大比较领域看，洛杉矶文化要素、文化经济、文化形象 3 项指数进入全部样本城市前 5 之列，其中文化要素指数居第 2 位，文化资产、文化氛围、文化治理 3 项指数进入前 20 之列。从三级指标看，洛杉矶文创产业、文化品牌、文化标志 3 项指数均进入全部样本城市前 5 之列，其中文化科技指数得分为全部样本城市最高值。

蒙特利尔的世界文化名城指数（G）指标得分为 0.813，居全部样本城市的第 8 位。从两大比较维度看，蒙特利尔的文化功能得分居第 8 位，文化声誉得分排名居第 9，世界文化名城"功能—声誉"高水平均衡。从六大比较领域看，蒙特利尔文化氛围和文化治理 2 项指数进入全部样本城市前 10 之列，其中文化氛围指数得分为全部样本城市最高值，文化资产、文化经济、文化形象 3 项指数进入前 20 之列，仅文化要素指数居第 21 位。从三级指标看，蒙特利尔文化设施、文化活力、文化战略 3 项指数进入全部样本城市前 10 之列，其中文化活力指数得分为全部样本城市最高值。

上海的世界文化名城指数（G）指标得分为 0.798，居全部样本城市的第 9 位。从两大比较维度看，上海的文化功能得分居第 15 位，文化声誉得分排名居第 6，世界文化名城"功能—声誉"水平有一定偏离。从六大比较领域看，上海文化要素、文化经济、文化治理、文化形象 4 项指数进入全部样本城市前 10 之列，其中文化经济指数得分居全部样本城市第 3 位，文化氛围指数得分居第 11 位，文化资产指数排名相对靠后，居第 25 位。从三级指标看，上海文创产业、文创从业人员、文化战略 3 项指数均进入全部样本城市前 5 之列，其中文创产业指数居全部样本城市第 2 位。

深圳的世界文化名城指数（G）指标得分为 0.774，居全部样本城市的第 10 位。从两大比较维度看，深圳的文化功能得分居第 13 位，文化声誉得分排名居第 15，世界文化名城"功能—声誉"水平基本均衡。从六大比较领域看，深圳文化要素、文化经济、文化治理 3 项指数进入全部样本城市前 10 之列，其中文化经济指数居全部样本城市第 6 位，文化资产、文化氛围、文化形象 3 项指数进入前 20 之列。从三级指标看，深圳文化科技、文创产业、文创从业人员、文化战略 4 项指数均进入全部样本城市前 10 之列，其中文创产业指数居全部样本城市第 6 位。

综上，均衡协调型样本城市世界文化名城指数总体处于第一层级，文化功能和文化声誉均衡协调，6大评价维度中有4项指数出现标杆值，即文化要素指数（东京）、文化氛围指数（蒙特利尔）、文化治理指数（巴黎）、文化形象指数（伦敦）；12大比较领域中有8项指数出现标杆值，即文化人才指数（东京）、文化科技指数、文创从业人员指数（北京）、文化活力指数（蒙特利尔）、文化消费指数（首尔）、文化战略指数（巴黎）、文化品牌指数（伦敦）、文化标志指数（巴黎）。此类城市文化发展综合水平较高，整体性和协调度相对较好，形成了较为成熟的文化发展机制，世界文化名城建设成效显著，且具有较高的科学性、系统性、示范性。从城市特征看：其一，均衡协调型样本城市历史悠久，多有移民史或数百年的开埠史，是人类文明转型的重要标志；其二，此类城市为成熟都市圈或城市群极核，为全球或所在国家的政治中心、经济中心、文化中心或科技创新中心，是重要的文化辐射源；其三，此类城市人口过百万或过千万，均为大城市或超大城市，形成了相对稳定的地域文化群体；其四，此类城市达到或接近发达经济体水平，文化发展能力较强。此外，均衡协调型只是对同类样本城市总体情况的反映，该类城市文化功能和文化声誉仍然存在一定程度的偏离，部分指标排名相对靠后，例如上海的文化资产指数，蒙特利尔的文化要素指数，深圳的文化人才指数，纽约的文化战略指数等，均未进入全部样本城市前20之列，世界文化名城建设还有明显的短板。

第七章 功能优势型城市世界文化名城建设评价

本章是全书实证分析的主要部分之一,基于世界文化名城"功能—声誉"评价模型的框架,对功能优势型城市世界文化名城建设进行评价。评价步骤是按照两大基础维度和六大评价领域,首先分析功能优势型样本城市世界文化名城总指数,并根据分析结果,对功能优势型城市世界文化名城建设做出总体评价。其次分析文化功能和文化声誉的得分排名,比较一级指标和二级指标综合得分的排名,对功能优势型城市世界文化名城建设做出具体评价。

第一节 功能优势型城市世界文化名城指数(G)评价

功能优势型城市指世界文化名城"功能强—声誉低"的样本城市,具体包括成都、米兰、爱丁堡、杭州和广州5个城市,其中成都、杭州、广州位于亚洲,米兰、爱丁堡位于欧洲。这些城市文化功能和文化声誉水平均衡度偏低,文化功能建设水平总体较高,世界文化名城建设相对全面,但不够协调,文化资产、文化要素、文化经济、文化氛围建设总体较好,文化战略和文化形象建设欠佳。以此5个样本城市为代表,运用世界文化名城"功能—声誉"评价模型对其分别进行分析,借以对功能优势型城市世界文化名城建设水平进行总体评价。

一 世界文化名城总指数(G)评价过程

世界文化名城指数(G)是由文化资产指数(A)、文化要素指数(B)、文化经济指数(C)、文化氛围指数(D)、文化治理指数(E)、文化形象指数(F)六个评价指标构成的总指标,计算各分项指标指数综合得分的代数和可得到世界文化名城指数最终得分。通过世界文化名城指数可以方便地比较各样本城市的世界文化名城建设总体情况。依据世界文化名城指数的综合得分及排名对比，可对功能优势型样本城市进行比较评价。

二 世界文化名城指数（G）指标得分及排名

功能优势型样本城市世界文化名城指数及分项指数指标得分及排名具体数据如表7-1所示。

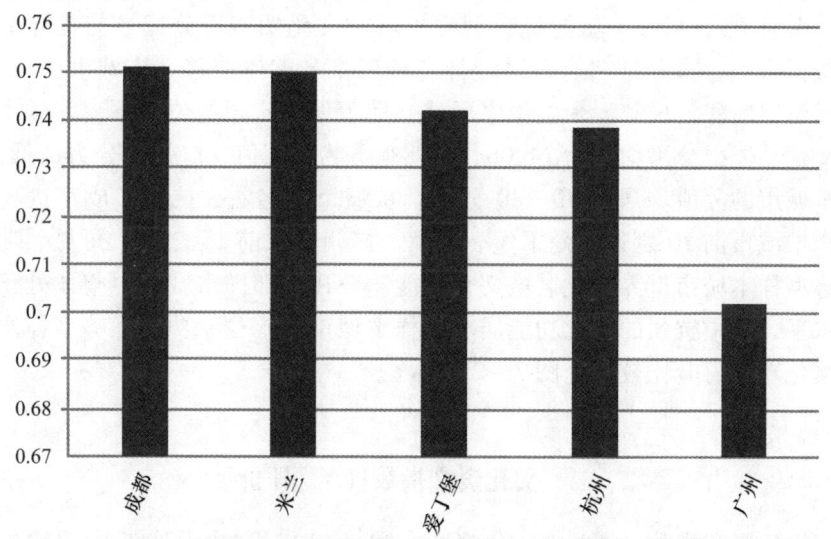

表7-1　功能优势型城市世界文化名城指数（G）得分及排名

城市	成都	米兰	爱丁堡	杭州	广州
得分	0.751	0.750	0.742	0.739	0.702
排名	12	13	15	16	21

由表7-1可知，功能优势型样本城市世界文化名城建设整体处于中等水平，城市之间差距不大。样本城市中亚洲城市占3席，欧洲城市占2席。样本城市世界文化名城指数得分平均值达到0.737，成都得分为最高值，广州得分为最低值。从世界文化名城指数（G）综合得分来看，5个城市世界文化名城指数得分较为接近，分值集中于0.7—0.8分段。从城市排名来看，功能优势型城市中有4个进入全部样本城市前20之列，仅广州居第21位，排名相对靠后。功能优势型样本城市世界文化名城指数（G）得分比较，如图7-1所示。

图7-1　功能优势型城市世界文化名城指数（G）比较

第二节 功能优势型城市文化功能建设评价

世界文化名城文化功能由文化资产指数（A）、文化要素指数（B）、文化经济指数（C）、文化氛围指数（D）4 个指标来衡量。本节将依据文化功能各指标指数综合得分及排名、分项指标指数得分及排名，对功能优势型样本城市文化功能建设水平进行比较评价。

一 文化功能总体评价

赋予文化功能综合评价分值为 100 分，对各分项指标指数加权平均并进行百分制转换，计算出功能优势型样本城市文化功能得分，以反映和比较各城市世界文化名城文化功能建设的整体水平和情况。功能优势型样本城市文化功能得分及排名如表 7-2 所示。

表 7-2　　　　功能优势型城市文化功能得分及排名

城市	杭州	成都	爱丁堡	米兰	广州
得分	77.5	74.6	73.1	72.9	72.2
排名	6	9	11	12	14

由表 7-2 可知，功能优势型样本城市文化功能得分排名与世界文化名城指数综合得分排名有一定差异，城市排名整体前移。从城市位序看，杭州位序前移，成都、米兰位序后移，爱丁堡、广州的位序不变。样本城市文化功能得分平均值为 74.06，杭州得分为最高值，广州得分为最低值，样本城市的分值均居于 70—80 分段。从城市排名看，杭州、成都进入全部样本城市前 10 之列，爱丁堡、米兰、广州进入前 15 之列。可见，功能优势型样本城市世界文化名城文化功能建设在全部样本城市中整体处于中上水平，其中杭州的文化功能居全部样本城市第 6 位。功能优势型样本城市文化功能得分比较，如图 7-2 所示。

二 文化资产指数（A）评价

文化资产指数（A）由文化遗产指数（A1）、文化设施指数（A2）两个二级指标构成，反映一个城市文化资产的丰度和厚度。下文将对功能优

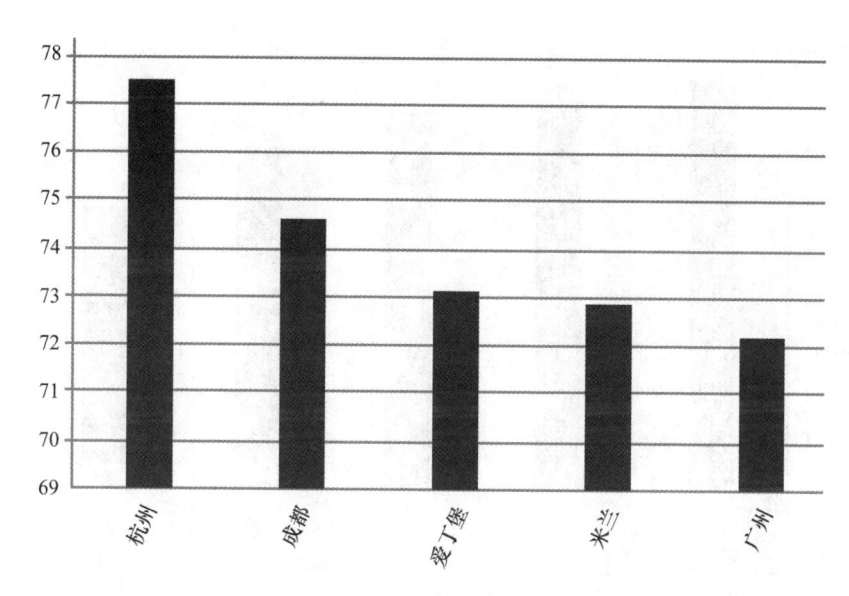

图 7-2　功能优势型城市文化功能得分比较

势型样本城市文化资产指数总指标和各二级指标分别进行分析评价。

（一）文化资产指数（A）总指标得分及排名

功能优势型样本城市文化资产指数总指标得分及排名的具体数据，如表 7-3 所示。

表 7-3　功能优势型城市文化资产指数（A）得分及排名

城市	爱丁堡	米兰	成都	杭州	广州
得分	0.852	0.806	0.790	0.708	0.584
排名	1	2	5	14	26

由表 7-3 可知，功能优势型样本城市文化资产指数总指标得分排名与文化功能得分排名有较大差异，城市排名差距拉大。从城市位序看，爱丁堡、米兰位序前移，杭州、成都位序后移，广州位序不变。样本城市文化资产指数总指标得分的平均值为 0.748，爱丁堡得分为最高值，广州得分为最低值。爱丁堡、米兰的分值居于 0.8—0.9 分段，成都、杭州居于 0.7—0.8 分段，广州居于 0.5—0.6 分段。从城市排名看，爱丁堡、米兰、成都进入全部样本城市前 5 之列，杭州进入前 15 之列，广州居第 26 位，排名相对靠后。功能优势型样本城市文化资产指数得分比较，如图 7-3 所示。

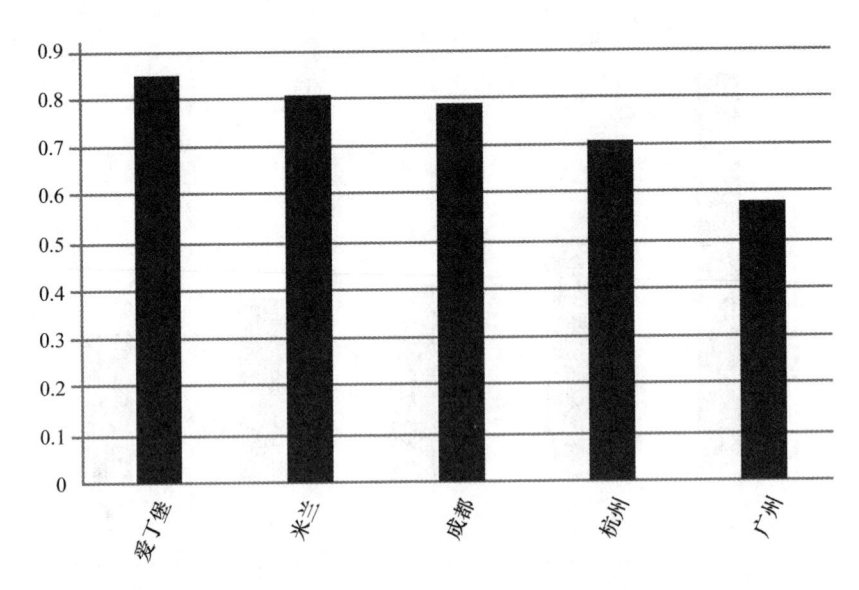

图 7-3　功能优势型城市文化资产指数比较

总体来看，功能优势型样本城市文化资产建设水平两极分化，梯度特征明显，城市之间有一定差距。表明功能优势型城市大多拥有世界级的文化遗产，重视城市文脉的保护，文化资源价值转化的综合效应突出，文化基础设施的现代化水平较高。杭州在延续城市文脉方面成效突出，文化遗产品级不断提升，公众享有较高文化福利。排名靠后的广州在历史遗产保护利用和文化设施建设水平上还有一定差距。领先城市居全部样本城市第1、第2位，爱丁堡居全部样本城市首位，是世界城市文化资产建设的标杆。

（二）文化遗产指数（A1）得分及排名

文化遗产指数用来衡量城市拥有的历史文化遗产的数量和质量，主要反映城市历史环境、文化传统的价值、生机活力与世界识别度，比较城市积淀、保护历史文化资源的成效。采用6个测度指标，包括"世界自然遗产数量""世界文化遗产数量""世界自然和人文双遗产数量""文化景观遗产数量""世界灌溉工程遗产数量"以及"其他遗产和历史遗迹数量"。功能优势型样本城市文化遗产指数得分及排名的具体数据，如表7-4所示。

表7-4　功能优势型城市文化遗产指数（A1）得分及排名

城市	成都	杭州	爱丁堡	米兰	广州
得分	0.914	0.738	0.584	0.556	0.529
排名	1	6	13	18	24

由表 7-4 可知，功能优势型样本城市文化遗产指数排名与文化资产指数得分排名大体一致，部分城市排名有较大差异。从城市位序看，成都、杭州位序前移，爱丁堡、米兰位序后移，广州位序不变。样本城市文化遗产指数得分的平均值为 0.664，成都得分为最高值，广州得分为最低值。成都居于 0.9—1 分段，杭州居于 0.7—0.8 分段，爱丁堡、米兰、广州居于 0.5—0.6 分段。从城市排名看，成都、杭州进入全部样本城市前 10 之列，爱丁堡、米兰进入前 20 之列，广州居第 24 位，排名相对靠后。功能优势型样本城市文化遗产指数得分比较，如图 7-4 所示。

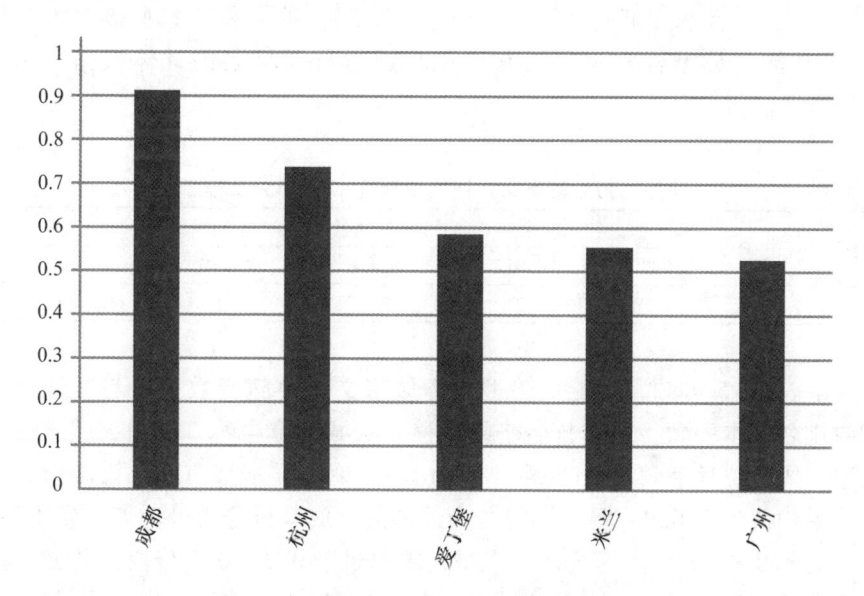

图 7-4 功能优势型城市文化遗产指数比较

可见，功能优势样本城市文化遗产保护利用水平相差悬殊，梯度特征明显，中国城市成都、杭州相对领先，城市排名有较大差距。表明该类城市大多历史悠久，遗产资源丰富，且历史价值和文化价值较高，但保护利用水平参差不齐。其中，成都文化遗产指数得分居全部样本城市首位，为世界城市文化遗产的保护利用提供了范例。成都地处中国西部内陆，有 4500 余年的文明史，2300 多年的建城史，是中国首批国家历史文化名城。拥有 2 项世界遗产，国家重点文物保护单位 40 余处，是古蜀文明的发祥地，历史积淀深厚，文物古迹众多，兼具独特性和唯一性。在城市现代化的进程中，成都坚持保护传统建筑和历史文化，不断提升文化遗产保护利用水平，历史遗产日益丰厚，为城市带来丰厚价值。建于战国时期的大型水利工程都江堰，距今已2200多年。2000年，青城山—都江堰被联合国教科文组织和世界遗产委员会确认为世界文化遗产。2018年，都江堰以其可持续灌溉工程的历史价值和科学价值入选世界灌溉工程遗产名录。

（三）文化设施指数（A2）得分及排名

文化设施指数用来衡量城市公共文化设施的建设水平，以及满足公众文化需求的能力，主要比较城市已建成的各类文化设施的人均拥有量，来评价城市文化设施的现代化水平和公众的文化福利水平。采用6个测度指标，包括"人均博物馆拥有量""人均公共图书馆拥有量""人均剧院拥有量""人均音乐厅拥有量""人均电影院拥有量"和"大型体育场馆数量"。功能优势型样本城市文化设施指数得分及排名的具体数据，如表7-5所示。

表7-5　　　功能优势型城市文化设施指数（A2）得分及排名

城市	爱丁堡	米兰	杭州	广州	成都
得分	0.982	0.912	0.436	0.430	0.385
排名	1	2	21	23	29

由表7-5可知，功能优势型样本城市文化设施指数排名与文化资产指数排名基本一致，整体排名略为后移。从城市位序看，杭州、广州位序前移，成都位序后移，爱丁堡、米兰位序不变。样本城市文化设施指数得分的平均值为0.629，爱丁堡得分为最高值，成都得分为最低值。爱丁堡、米兰居于0.9—1分段，杭州、广州、成都居于0.3—0.5分段。从城市排名看，爱丁堡、米兰进入全部样本城市前5，杭州、广州、成都均居20位之后，排名相对靠后。功能优势型样本城市文化设施指数得分比较，如图7-5所示。

可见，功能优势型样本城市文化设施建设水平相差悬殊，梯度特征明显，欧洲城市明显领先，中国的3个城市差距较大，末位成都得分不足首位爱丁堡的40%，呈现两极分化特征。爱丁堡和米兰居文化设施指数得分为全部样本城市的第1、第2位，为世界城市文化设施建设提供了范例。得分靠后的样本城市，在公共文化设施的数量体系、人均水平、现代化程度等方面，差距都非常明显。由于本书采用人均数据进行比较，城市经济发展水平和人口规模是指标得分的主要影响因素。从人口规模看，爱丁堡常住人口仅50余万，米兰常住人口不足140万，而杭州常住人口接近1000万，广州、成都常住人口在1500万左右，城市人口规模相差悬殊。

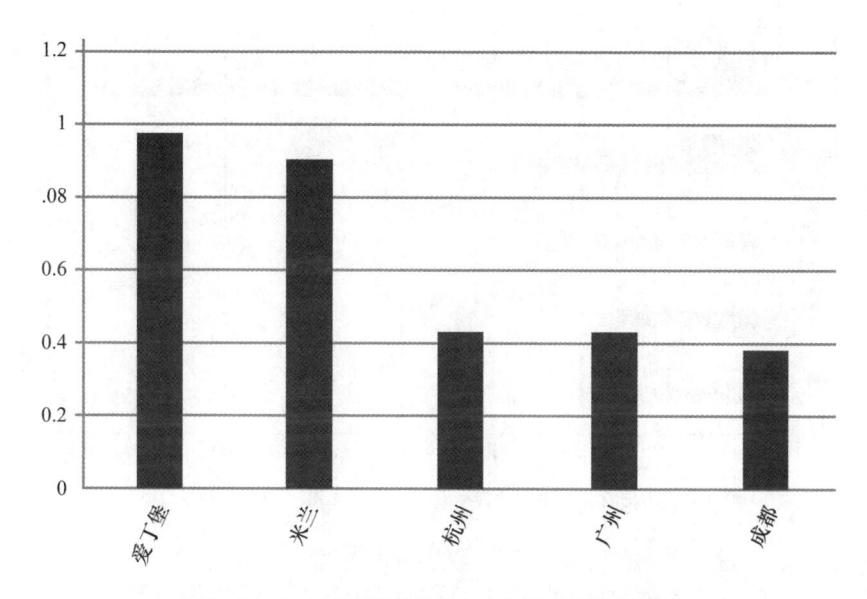

图7-5 功能优势型城市文化设施指数比较

从经济发展水平看，爱丁堡、米兰均为高度发达经济体，而杭州、广州刚刚达到发达经济体水平，成都则是其中唯一的发展中经济体，因此文化设施建设水平差距较大。米兰是世界历史文化名城和时尚艺术中心，拥有始于罗马帝国时代的文化遗产，以及大量文化艺术机构，包括90家博物馆、近60个剧院和音乐厅，闻名全球的斯卡拉歌剧院（Teatro alla Scala）是意大利歌剧和音乐的象征。爱丁堡重视文化基础设施的改造提升，投资音乐厅、剧院等文化场馆设施的维修建设，将现场音乐纳入城市规划和文化政策，丰富城市文化资产，爱丁堡也成为欧洲重要的旅游目的地城市。（见图7-6）

三 文化要素指数（B）评价

文化要素指数（A）由文化人才指数（B1）、文化科技指数（B2）两个二级指标构成，反映一个城市文化要素的供给能力和聚集度。下文将对功能优势型样本城市文化要素指数总指标和各二级指标分别进行分析评价。

（一）文化要素指数（B）总指标得分及排名

功能优势型样本城市文化要素指数总指标得分及排名的具体数据，如表7-6所示。

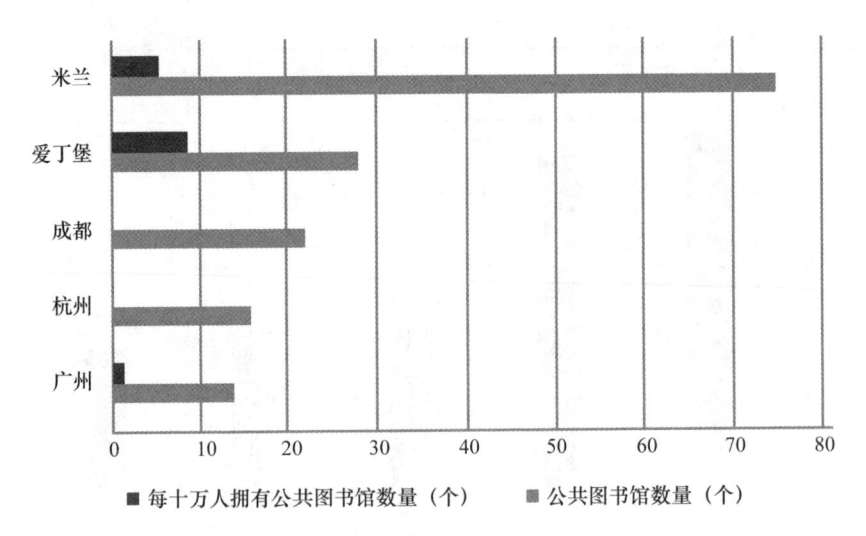

图 7-6 功能优势型城市公共图书馆数量比较

资料来源：根据 World Cities Cultural Forum 官网、国内样本城市统计年鉴相关数据计算。

表 7-6　　功能优势型城市文化要素指数（B）得分及排名

城市	广州	杭州	米兰	成都	爱丁堡
得分	0.527	0.465	0.457	0.457	0.350
排名	10	13	14	15	20

由表 7-6 可知，功能优势型样本城市文化要素指数总指标得分排名与文化功能得分排名差异较大，城市排名整体后移。从城市位序看，广州、米兰位序前移，杭州、成都、爱丁堡位序后移。样本城市文化要素总指标指数得分的平均值为 0.451，广州为最高值，爱丁堡得分得分为最低值。广州居于 0.5—0.6 分段，杭州、米兰、成都居于 0.4—0.5 分段，爱丁堡居于 0.3—0.4 分段。从城市排名来看，广州进入全部样本城市前 10 之列，其余城市均进入前 20 之列。功能优势型样本城市文化要素指数得分比较，如图 7-7 所示。

可见，功能优势型样本城市文化要素建设整体处于中等水平，梯度特征不明显，城市之间差距较小。广州、杭州等中国城市的文化要素吸纳集聚显现活力，广州居全部样本城市第 10 位。表明随着城市经济实力的提升，文化人才、资本、技术、管理、信息等要素的生成机制逐渐成熟，创新创业机会、条件、环境加速优化，文化要素平均收益率呈上升态势，中国城市逐渐成为全球文化要素流入的优势区位。

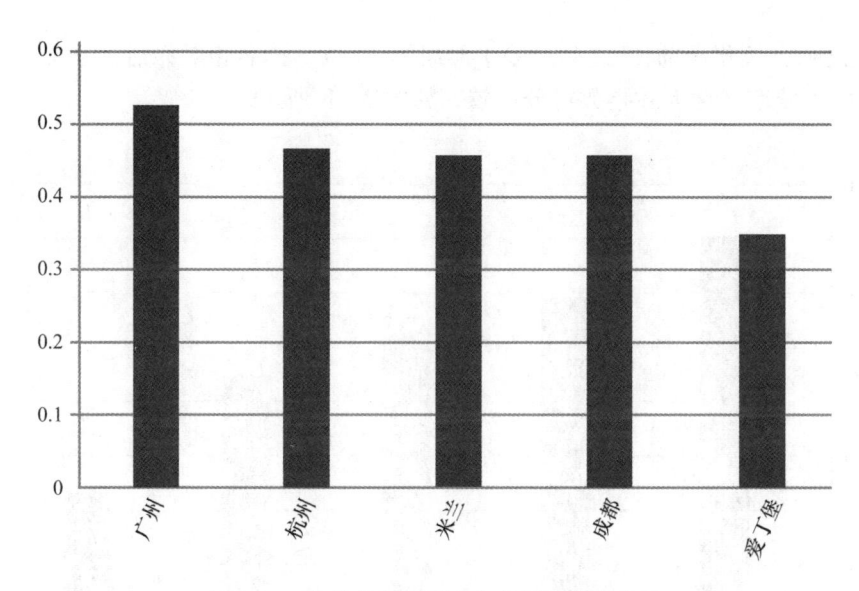

图 7-7　功能优势型城市文化要素指数比较

（二）文化人才指数（B1）得分及排名

文化艺术人才是世界文化名城重要的战略资源，也是重要的标志之一。一个城市拥有的文化艺术人才的数量与质量，是影响其文化发展水平的重要因素，也决定了城市能否占据世界文化中心地位。文化人才指数采用"文化艺术体育高校及培训机构数量""高等院校数量"两个测度指标，用于衡量城市在文化艺术人才方面的供给能力。功能优势型样本城市文化人才指数得分及排名的具体数据，如表7-7所示。

表 7-7　**功能优势型城市文化人才指数（B1）得分及排名**

城市	米兰	广州	成都	杭州	爱丁堡
得分	0.707	0.593	0.557	0.450	0.236
排名	2	8	10	15	30

由表7-7可知，功能优势型样本城市文化人才指数排名与文化要素指数排名有一定差异，城市排名差距拉大。从城市位序看，米兰、成都位序前移，广州、杭州位序后移，爱丁堡位序不变。样本城市文化人才指数得分的平均值为0.509，米兰得分为最高值，爱丁堡得分为最低值。米兰居于0.7—0.8分段，广州、成都、杭州居于0.4—0.6分段，爱丁堡居于0.2—0.3分段。从城市排名看，米兰、广州、成都进入全部样本城市前

10 之列，杭州居前 15 之列，爱丁堡居第 30 位，排名相对靠后。功能优势型样本城市文化人才指数得分比较，如图 7-8 所示。

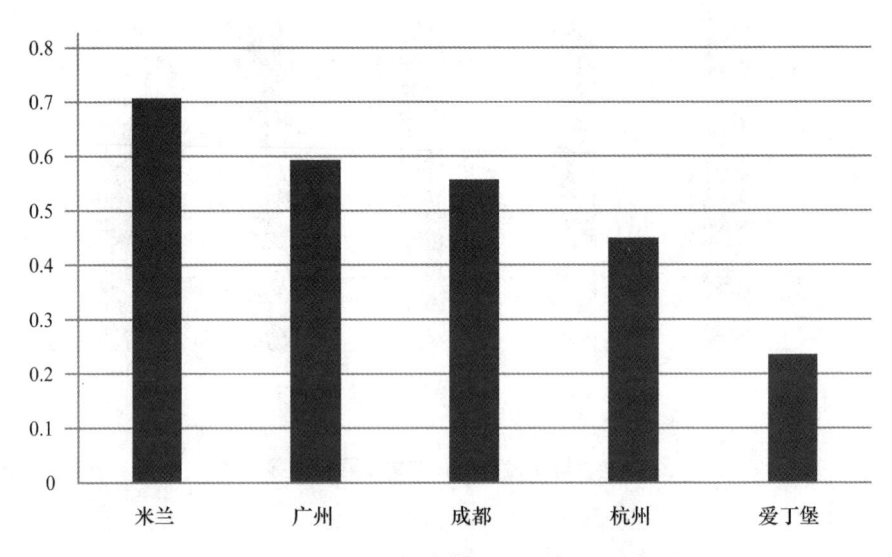

图 7-8 功能优势型城市文化人才指数比较

可见，功能优势型样本城市文化人才供给水平两极分化，梯度特征明显。米兰、广州、成都相对领先，杭州、爱丁堡差距较大。其中，末位爱丁堡得分仅为首位米兰的三分之一，文化人才供给能力相对偏弱。表明功能优势型城市文化创意人才供给有优势也有短板，在教育资源数量、结构以及国际人才资源的整合能力等方面存在较大差异。米兰文化人才指数得分居全部样本城市第 2 位，在文化人才的培育供给方面为世界城市提供了范例。米兰是文艺复兴的发祥地，全球时尚的重要策源地，时尚和设计学院达 23 所，曾涌现出许多世界知名的设计大师。米兰的艺术教育理念独到，重视创新思维与实践能力的培养，实施设计教育国际化战略。世界一流的美术学院米兰布雷拉国立美术学院，其艺术教育尊重美学传统，整合多学科序列知识与跨文化经验，建立广阔的专业视野，激发学生的创新创造能力，许多艺术大师、著名设计师、文学家和舞台美术家出自这里，代表了意大利艺术教育的最高水平。在设计界享有盛誉的米兰理工大学，通过国际合作项目、政府资助教育国际化、开展国际联合办学等，积极整合设计教育国际资源，打造国际化教育网络，吸引来自全球的设计师生，形成更加自主和更具竞争力的国际化教育系统，同时向世界传播意大利设计理念和文化，促进了意大利设计和意大利制造拓展世界市场。以米兰理工大学为代表的意大利国际化设计教育体系，已经成为全球高等教育国际化进程中的先进代表。

（三）文化科技指数（B2）得分及排名

文化和科技历来如影随形、密不可分。科技创新是城市文化发展的引擎，也是影响世界文化名城是否能够历久弥新的重要因素。文化科技指数采用"年R&D经费投入强度""年PCT专利申请量""年高校PCT专利申请量"3个测度指标，来衡量城市文化科技创新成效。功能优势型样本城市文化科技指数得分及排名的具体数据，如表7-8所示。

表7-8　功能优势型城市文化科技指数（B2）得分及排名

城市	广州	杭州	成都	爱丁堡	米兰
得分	0.406	0.371	0.324	0.288	0.241
排名	9	10	13	17	22

由表7-8可知，功能优势型样本城市文化科技指数排名与文化要素指数排名大体一致，部分城市排名变动。从城市位序看，成都、爱丁堡位序前移，米兰位序后移，广州、杭州位序不变。样本城市文化科技指数得分的平均值为0.326，广州得分为最高值，米兰得分为最低值。广州居于0.4—0.5分段，杭州、成都居于0.3—0.4分段，爱丁堡、米兰居于0.2—0.3分段。从城市排名看，广州、杭州进入全部样本城市前10之列，成都、爱丁堡进入前20之列，米兰居第22位，排名相对靠后。功能优势型样本城市文化科技指数得分比较，如图7-9所示。

可见，功能优势型样本城市文化科技发展总体处于中等水平，梯度特征明显，但城市之间差距较小。中国城市排名相对领先，广州得分居全部样本城市第9位。欧洲城市得分偏低，排名相对靠后。表明功能优势型城市大多为所在国家区域经济中心和文化艺术中心，文化艺术科技资源优势突出，但研发投入能力和研发成果全球转化水平还存在较大差距。与均衡协调型城市相比，此类城市传统产业基础较好，产业结构相对稳定，但高科技产业、信息产业基础较为薄弱，产业科技创新发展还有较大差距。2019年，广州、杭州、成都研发投入总量在400亿—700亿元之间，居全国城市第4、第6、第11位。广州是中国重要的高教中心，科教力量雄厚，但高新产业发展不突出，文化科技资源优势尚未转化为创新优势和市场优势。（见图7-10）

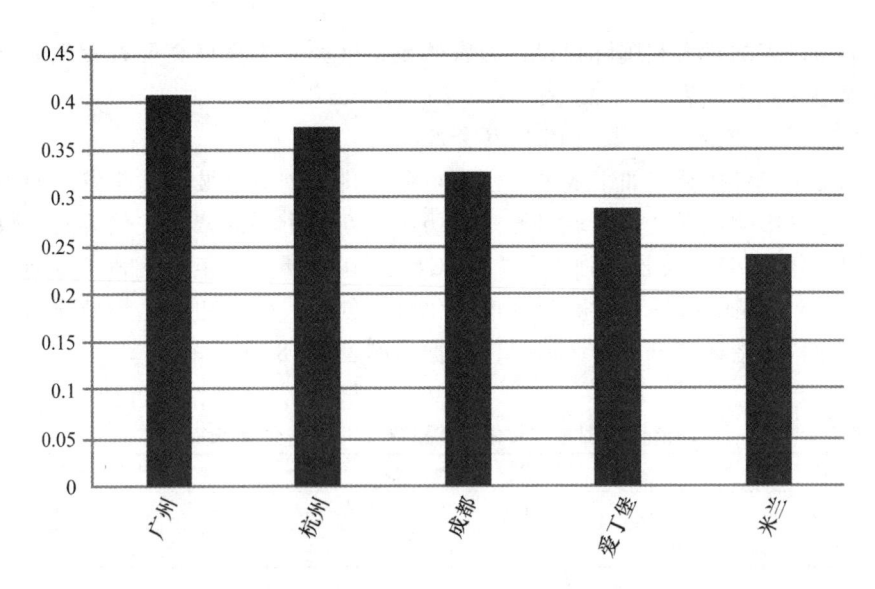

图 7-9 功能优势型城市文化科技指数比较

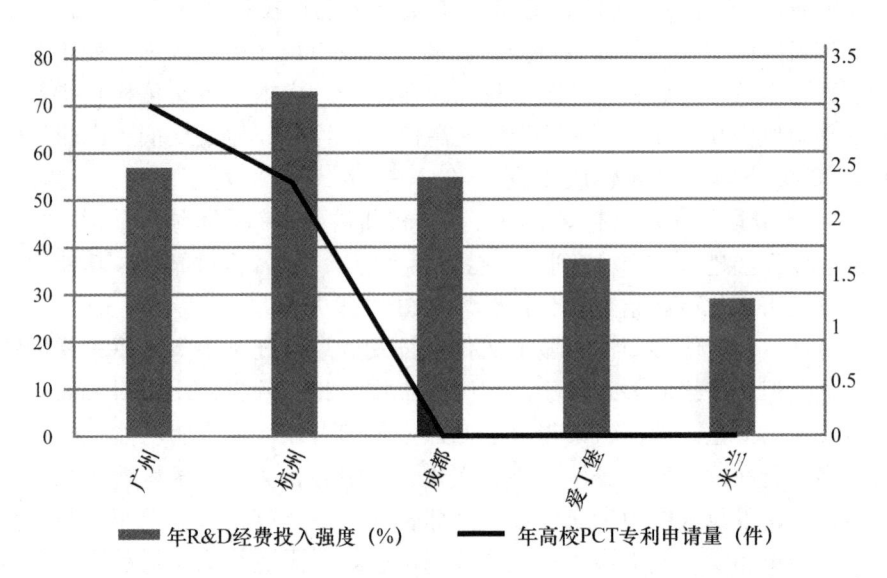

图 7-10 功能优势型城市研发强度和高校 PCT 专利申请数量比较

数据来源：World Intellectual Property Organization（世界知识产权组织）官网，中国国家统计局、科学技术部、财政部《2018 年全国科技经费投入统计公报》。

四 文化经济指数（C）评价

文化经济指数（C）由文创产业指数（C1）、文创从业人员指数

（C2）两个二级指标构成，反映一个城市文化经济对城市经济的贡献。下文将对功能优势型样本城市文化经济指数总指标和各二级指标分别进行分析评价。

（一）文化经济指数（C）总指标得分及排名

功能优势型样本城市文化经济指数总指标得分及排名的具体数据，如表7-9所示。

表7-9　　　　功能优势型城市文化经济指数（C）得分及排名

城市	杭州	广州	成都	米兰	爱丁堡
得分	0.882	0.648	0.382	0.379	0.248
排名	1	5	14	15	27

由表7-9可知，功能优势型样本城市文化经济指数总指标得分与文化功能得分排名有较大差异，城市排名差距拉大。从城市位序看，广州位序前移，成都、爱丁堡位序后移，杭州、米兰位序不变。样本城市文化经济指数总指标得分的平均值为0.508，杭州得分为最高值，爱丁堡得分为最低值。杭州、广州居于0.6—0.9分段，成都、米兰、爱丁堡居于0.2—0.4分段。从城市排名来看，杭州、广州进入全部样本城市前5之列，成都、米兰进入前15之列，爱丁堡居第27位，排名相对靠后。功能优势型样本城市文化经济指数得分比较，如图7-11所示。

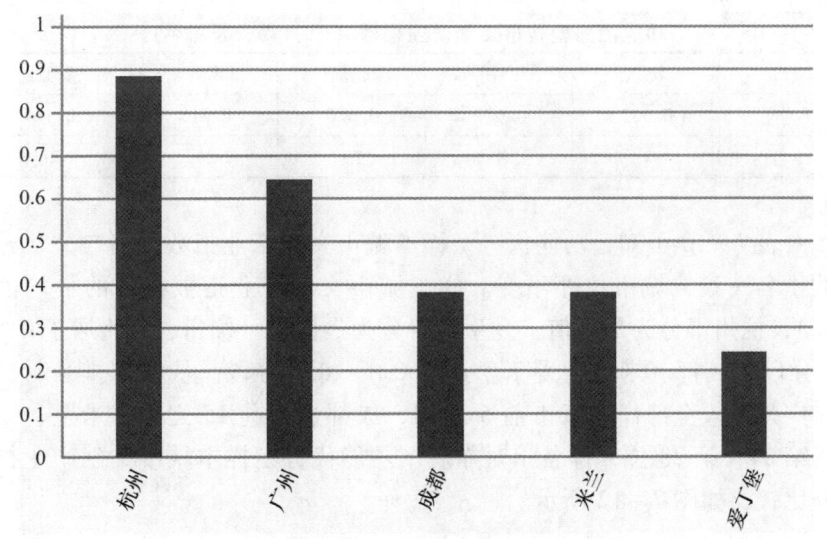

图7-11　功能优势型城市文化经济指数比较

可见，功能优势型样本城市文化经济发展水平两极分化，梯度特征明显，末位爱丁堡得分不足首位杭州得分的30%，城市之间差距较大。中国城市文化经济发展水平相对较高，欧洲城市差距较大。杭州、广州文化经济最具活力，杭州得分居全部样本城市首位，成都、米兰文化经济发展水平基本相当，爱丁堡相对靠后。表明功能优势型样本城市文化经济发展各有特点，由于城市历史、区位特征、资源禀赋、产业基础等不同，文化经济形成了各自的比较优势，对城市经济的贡献也有明显差异。21世纪初，随着工业化、城镇化进程加速，在国家推动文化体制改革的战略背景下，中国城市掀起发展文创经济的热潮，积极培育城市经济新的增长点，破解工业化带来的城市问题，广州、杭州、成都相继成为华南、华东和西部地区文化创意中心，文创经济显现活力，积极融入全球市场，成为中国乃至世界创意经济发展的重要力量。

（二）文创产业指数（C1）得分及排名

文创产业是文化经济的核心。在"资本时代已经过去，创意时代已经来临"的背景下，文创产业在城市可持续发展进程中发挥关键作用。文创产业指数采用"文创产业产值""文创产业增加值占GDP比重"两个测度指标，来反映文创产业在城市经济中的地位，衡量文创产业发展水平。功能优势型样本城市文创产业指数得分及排名的具体数据，如表7-10所示。

表7-10　　　　功能优势型城市文创产业指数（C1）得分及排名

城市	杭州	广州	成都	米兰	爱丁堡
得分	0.932	0.677	0.326	0.215	0.164
排名	1	4	13	24	28

由表7-10可知，功能优势型样本城市文创产业指数排名与文化经济指数排名一致，城市位序不变。样本城市文创产业指数得分的平均值为0.463，杭州得分为最高值，爱丁堡得分为最低值。杭州、广州居于0.6—1.0分段，成都、米兰、爱丁堡居于0.1—0.4分段。从城市排名看，杭州、广州进入全部样本城市前5之列，成都进入前15之列，米兰、爱丁堡居第24、第28位，排名相对靠后。功能优势型样本城市文创产业指数得分比较，如图7-12所示。

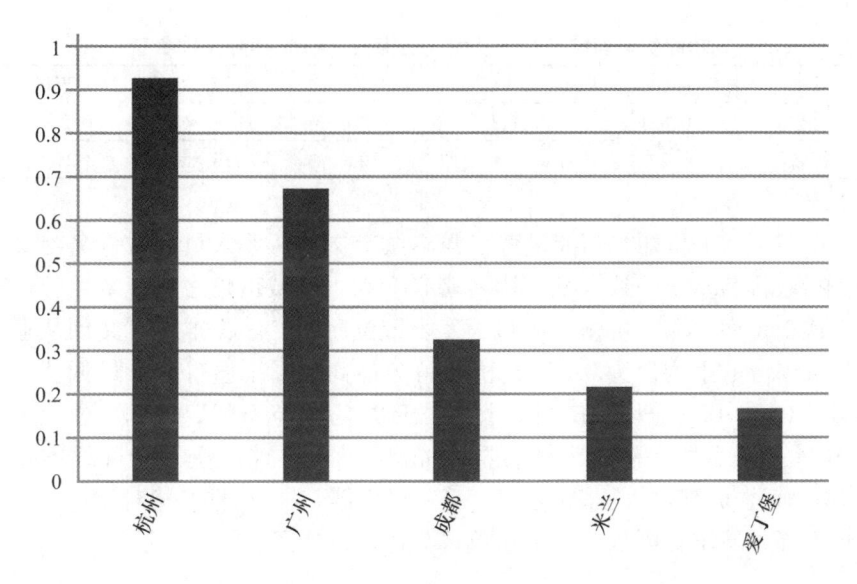

图 7-12　功能优势型城市文创产业指数比较

可见，功能优势型样本城市文创产业发展水平两极分化，梯度特征明显，亚洲城市相对领先，末位爱丁堡得分不足首位杭州的 20%，城市间差距悬殊。表明功能优势型城市文化创意产业在城市经济中的地位和作用各不相同，米兰、爱丁堡两个欧洲城市文创产业规模相对较小，对城市经济增长的贡献不突出。中国城市文化创意产业发展较快，杭州居全部样本城市的首位，广州居第 4，为世界城市文化创意产业发展提供了示范。广州重视文化产业的顶层设计，出台《广州建设文化强市培育世界文化名城规划纲要（2011—2020）》等一系列的文件，明确文化产业的功能定位、结构布局、产业体系。2016 年文化创意产业实现增加值 2780 亿元，占地区生产总值的比重达到 13%。广州互联网文化、游戏等产业在中国城市中领先，文化产业支柱性产业地位进一步提升。

（三）文创从业人员指数（C2）得分及排名

文创从业人员是文化创意产业的核心要素，也是城市创意阶层的主体构成。文创从业人员指数用于反映城市文创产业的就业弹性和就业空间，采用"文创从业人员规模""文创从业人员占就业总人数比重"两个测度指标，衡量文创产业的就业吸纳能力，以及文创就业增长对城市经济增长的贡献。功能优势型样本城市文创从业人员指数得分及排名的具体数据，如表 7-11 所示。

表7-11　功能优势型城市文创从业人员指数（C2）得分及排名

城市	杭州	广州	米兰	成都	爱丁堡
得分	0.821	0.512	0.481	0.349	0.251
排名	2	9	10	16	21

由表7-11可知，功能优势型样本城市文创从业人员指数排名与文化经济指数排名基本一致，城市排名略有变动。从城市位序看，米兰位序前移，成都位序后移，杭州、广州、爱丁堡位序不变。样本城市文创从业人员指数得分的平均值为0.483，杭州得分最高，爱丁堡得分为最低值。杭州居于0.8—0.9分段，广州、米兰居于0.4—0.6分段，成都、爱丁堡居于0.2—0.4分段。从城市排名看，杭州、广州、米兰进入全部样本城市前10之列，成都进入前20之列，爱丁堡居第21位，排名相对靠后。功能优势型样本城市文创从业人员指数得分比较，如图7-13所示。

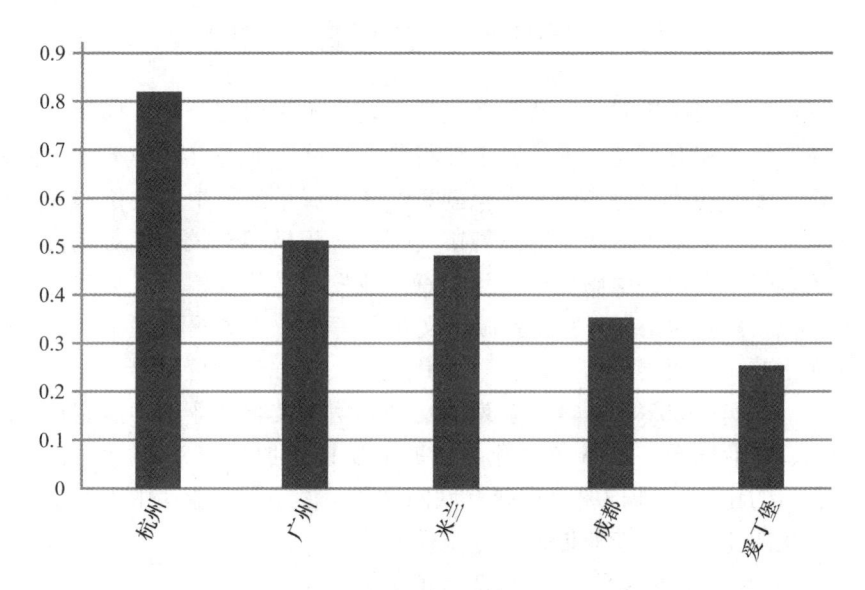

图7-13　功能优势型城市文创从业人员指数比较

可见，功能优势型样本城市的文创就业总体居于中上水平，梯度特征明显，末位爱丁堡得分仅为首位杭州的31%，城市之间差距较大。表明功能优势城市因城市经济发展阶段、产业结构、文创行业结构的不同，文创产业直接和间接就业吸纳能力，以及文创产业对城市就业贡献有较大差异。样本城市就业吸纳能力与文创产业发展水平基本一致，但也存在一定程度的结构性偏离。杭州、广州、爱丁堡文创产业的经济贡献和就业贡献基本一致，成都文创产业对城市经济增长的贡献更为突出，米兰文创产业对城市就业增长的贡献更为突出。2007年，杭州重点发展"信息服务业、动漫游戏业、设计服务业、现代传媒业、艺术品业、教育培训业、文化休闲旅游业、文化会展业等八大门类文化创意产业"①，出台《文化创意产业发展"十三五"规划》，推动大数据、云计算等新技术在文创产业中的应用，促进文创产业与相关产业融合发展，培育文创国际品牌和外向型文创企业。2007年至2016年，文创产业增加值从432.78亿元增长到3014亿元，占GDP比重从10.5%增长到24.2%，成为城市经济重要支柱产业。杭州以文化创意驱动新产品、新市场、新就业机会，创造社会财富，激发文化创新创造活力，取得了良好的社会效益和经济效益，为世界城市文创产业发展提供了范例。（见图7-14）

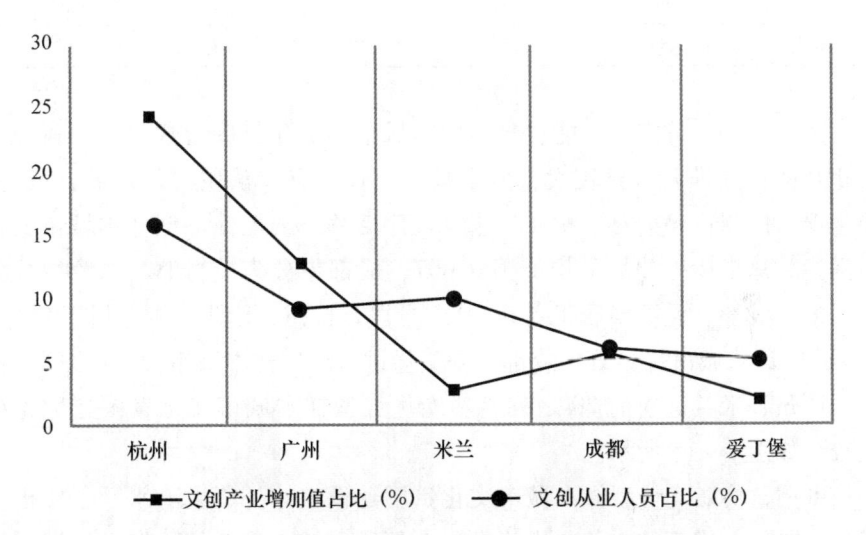

图7-14 功能优势型城市文化经济主要指标比较

数据来源：根据World Cities Cultural Forum官网，《Strengthening Scotland's creative industries》②，《Milan：City Data》③，以及国内样本城市相关统计数据整理。

---

① 许平：《为打造"全国文化创意产业中心"提供科技支撑》，《杭州科技》2008年第2期。
② Strengthening Scotland's creative industries, The Scottish Government, 2019年10月12日, 2020年10月22日, https://www.gov.scot/news/strengthening-scotlands-creative-industries/。
③ Milan：City Data, WORLD CITIES CULTURE FORUM, 2020年10月22日, http://www.worldcitiescultureforum.com/。

五 文化氛围指数（D）评价

文化氛围指数（D）由文化活力指数（D1）、文化消费指数（D2）两个二级指标构成，反映城市的生活品质和城市宜居性，以及公众的感知度、参与度和认同度。下文将对功能优势型样本城市文化氛围指数总指标和各二级指标分别进行分析评价。

（一）文化氛围指数（D）总指标得分及排名

功能优势型样本城市文化氛围指数总指标得分及排名的具体数据，如表7-12所示。

表7-12 功能优势型城市文化氛围指数（D）得分及排名

城市	成都	爱丁堡	杭州	广州	米兰
得分	0.661	0.637	0.599	0.588	0.552
排名	5	9	13	16	19

由表7-12可知，功能优势型样本城市的文化氛围指数总指标得分与文化功能得分排名差异较大，城市排名整体后移。从城市位序看，成都、爱丁堡、广州位序前移，杭州、米兰位序后移。功能优势型样本城市文化氛围指数总指标得分的平均值为0.607，成都得分为最高值，米兰得分为最低值。成都、爱丁堡居于0.6—0.7分段，杭州、广州、米兰居于0.5—0.6分段。从城市排名看，成都、爱丁堡进入全部样本城市前10之列，杭州、广州、米兰进入前20之列。功能优势型样本城市文化氛围指数得分比较，如图7-15所示。

可见，功能优势型样本城市文化氛围建设整体处于中上水平，城市之间差距较小。成都的文化氛围指数居全部样本城市第5位，在世界城市的识别度较高。表明功能优势型城市注重利用文化创造资源和符号价值，将文化氛围视为城市品质生活的保障，公众对城市文化具有较为清晰的识别度、感知度和参与度。

（二）文化活力指数（D1）得分及排名

文化活力是城市文化生命力旺盛与否的外在表现。凯文·林奇在《城市意象》中，将城市活力作为评价空间质量的重要基准，文化活力反映了城市文化品格和市民生活状态。文化活力指数采用6个测度指标，包括"年入境国际游客人数""国际学生人数""节庆活动数量""人均酒吧/咖

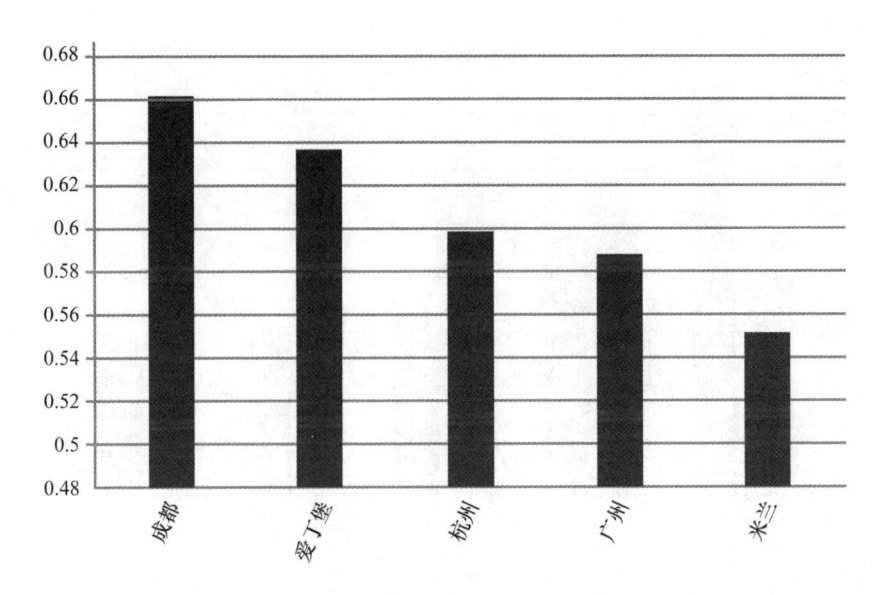

图 7-15 功能优势型城市文化氛围指数（D）比较

啡厅/茶馆拥有量""人均餐厅拥有量""人均夜店拥有量"，用于衡量城市文化的吸引力和参与度。功能优势型样本城市文化活力指数得分及排名的具体数据，如表 7-13 所示。

表 7-13 功能优势型城市文化活力指数（D1）得分及排名

城市	成都	爱丁堡	杭州	广州	米兰
得分	0.771	0.715	0.688	0.682	0.680
排名	4	7	10	12	13

由表 7-13 可知，功能优势型样本城市文化活力指数得分排名与文化氛围指数总指标得分排名一致，城市位序不变。样本城市文化活力指数得分的平均值为 0.707，成都得分为最高值，米兰得分为最低值。成都、爱丁堡居于 0.7—0.8 分段，杭州、广州、米兰居于 0.6—0.7 分段。从城市排名看，成都、爱丁堡、杭州进入全部样本城市前 10 之列，广州、米兰进入前 15 之列。功能优势型样本城市文化活力指数得分比较，如图 7-16 所示。

可见，功能优势型样本城市的文化活力整体处于中上水平，梯度特征明显，但城市之间差距相对较小。表明功能优势型城市或具有厚重的历史

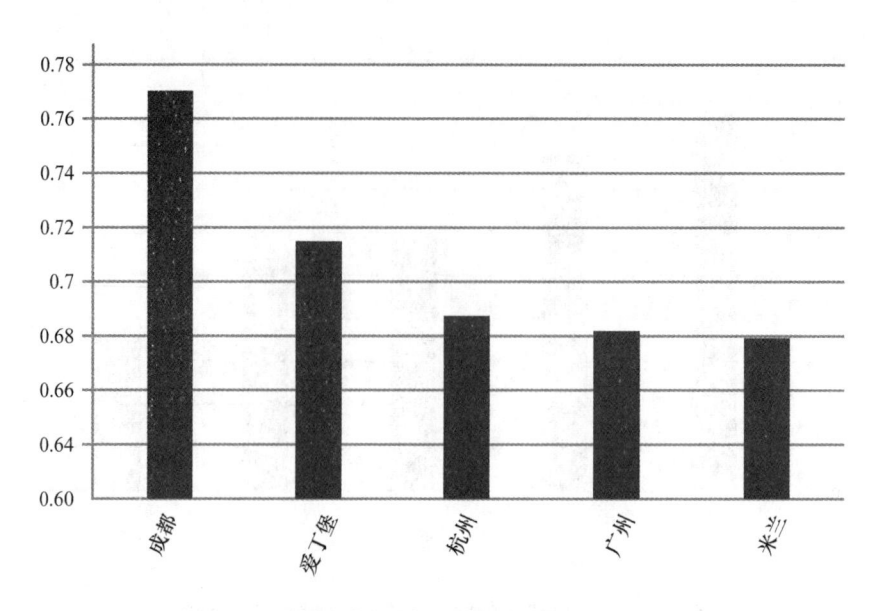

图 7-16　功能优势型城市文化活力指数（D1）比较

积淀，或拥有鲜明的时尚特质，适应后工业化时代需求创造具有"整体文化风格或美学特征的各类场景，注重人的消费、体验、符号、价值观与生活方式"①等文化含义，城市生活品质较高。成都实施"场景营城"，将美学融入城市形态和生活之中，2017年国际游客数量超过300万。爱丁堡被称为"节日之城"（Festival City），凭借品牌文化节庆活动，这个人口数量刚刚超过50万的城市成为世界领先的文化中心，活跃于世界舞台之上。已经举行70余年的"爱丁堡国际艺术节"，是世界上售票量最多的文化活动之一，2017年售出260多万张门票，举办5万多场活动，观众人数和国际代表人数都有所增长，2017年门票年增长率为9%，节目中代表的国家数量也增加了29%。爱丁堡也是欧洲重要的旅游目的地城市，旅游业对其经济发展做出了重要贡献，2010年到2015年游客数量增长了18%，同期游客消费增长了30%。从数据值来看，米兰、爱丁堡的国际留学生数量领先，成都、广州的餐馆数量领先，广州、杭州的酒吧数量领先，但米兰、爱丁堡在人均拥有量上领先中国城市。（见图7-17）

（三）文化消费指数（D2）得分及排名

文化消费不同于物质消费，是人们更高层次的精神需要，具有情感体

---

① ［加］丹尼尔·亚伦·西尔、［美］特里·尼科尔斯·克拉克：《场景：空间品质如何塑造社会生活》，祁述裕、吴军译，社会科学文献出版社2019年版。

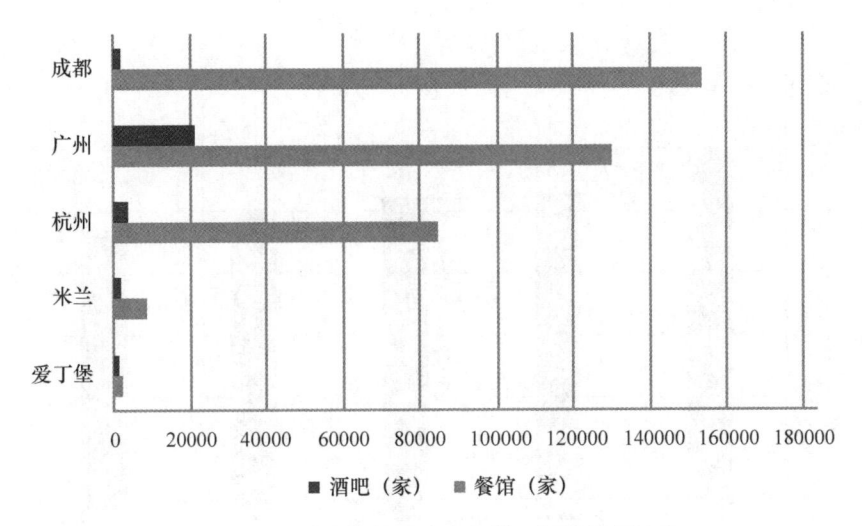

第七章　功能优势型城市世界文化名城建设评价　239

图 7-17　功能优势型城市餐馆、酒吧数量比较

数据来源：World Cities Cultural Forum 官网，《中国餐饮报告 2019》。

验和价值指向，溢出效应和外部性特征明显。文化消费指数采用"人均书店拥有量""人均电影银幕拥有量""年剧院入场人次""年艺术表演场次"4 个测度指标，用于衡量城市文化消费的层次和水平。功能优势型样本城市文化消费指数得分及排名的具体数据，如表 7-14 所示。

表 7-14　功能优势型城市文化消费指数（D2）得分及排名

城市	爱丁堡	杭州	成都	广州	米兰
得分	0.597	0.531	0.526	0.507	0.476
排名	9	13	14	16	17

由表 7-14 可知，功能优势型样本城市文化消费指数得分排名与文化氛围指数总指标得分排名大体一致，部分城市排名变动。从城市位序看，爱丁堡、杭州位序前移，成都位序后移，广州、米兰位序不变。样本城市文化消费指数得分的平均值为 0.527，爱丁堡得分为最高值，米兰得分为最低值。爱丁堡、杭州、成都、广州居于 0.5—0.6 分段，米兰居于 0.4—0.5 分段。从城市排名看，爱丁堡进入全部样本城市前 10 之列，其余城市进入前 20 之列。功能优势型样本城市文化消费指数得分比较，如图 7-18 所示。

可见，功能优势型样本城市文化消费整体处于中等水平，梯度特征不明显，城市差距较小。表明该类型城市文化消费水平基本相当，市民综合

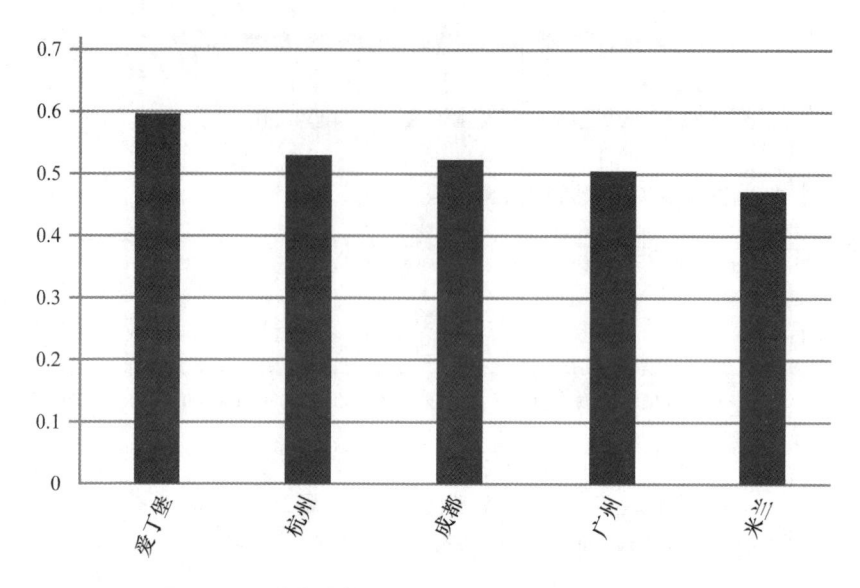

图 7-18　功能优势型城市文化消费指数（D2）比较

素质较高，文化消费意愿较强，文化消费在居民消费支出中占比较高。爱丁堡居全部样本城市第9，年艺术表演场次领先，广州剧院入场人次领先，大众文化消费繁荣。爱丁堡是著名的大学城，虽然人口数量较少，但城市劳动力中64%的人拥有学位资格，是英国受教育程度最高的劳动力群体。爱丁堡重视发展表演艺术，改造提升音乐厅、剧院等文化场馆设施，支持独立艺术家和艺术场景，吸纳新的人才丰富节日生活和文化生态。这里全年不间断举办节日庆祝活动，吸引世界各地的游客，为城市经济做出巨大贡献。创办于1947年的"爱丁堡国际艺术节"聚集全球顶级表演团体，成为世界级的艺术盛会，向全球展示苏格兰文化的魅力，艺术节期间游客总的消费额能达到3.3亿英镑。此外，爱丁堡还鼓励现场音乐发展，将现场音乐纳入城市规划和文化政策，创造更有利的发展环境，现场音乐成为这个城市最重要的文化资产之一。广州是中国脱口秀线下表演的主力城市，夜间文化消费繁荣，演出市场消费群体趋于年轻化。广州剧院演出平均票价在300元左右，呈下降趋势，文化消费惠及广大市民。未来广州还将加大大型演艺场馆、中小型特色演艺场馆建设力度，进一步提升城市文化设施均衡化分布及艺术服务水平。（见图7-19）

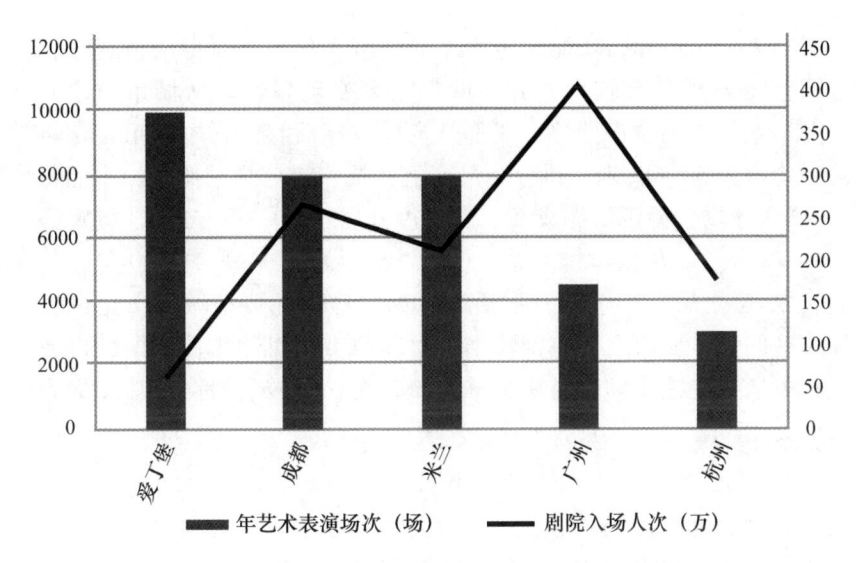

图 7-19　功能优势型城市艺术表演场次、剧院入场人次比较

数据来源：World Cities Cultural Forum 官网，中国演出行业协会《2018 中国演出市场年度报告》。

第三节　功能优势型城市文化声誉建设评价

世界文化名城文化声誉由文化治理指数（E）、文化形象指数（F）两个指标来衡量。本节将依据文化声誉各指标指数综合得分及排名、分项指标指数得分及排名，对功能优势型样本城市世界文化名城文化声誉建设水平进行比较评价。

一　文化声誉总体评价

赋予文化声誉综合评价分值为 100 分，对各分项指标指数加权平均并进行百分制转换，计算出功能优势型样本城市文化声誉得分，以反映和比较各城市世界文化名城文化声誉建设的整体水平和情况。功能优势型样本城市文化声誉得分及排名如表 7-15 所示。

表 7-15　　功能优势型城市文化声誉得分及排名

城市	米兰	爱丁堡	成都	广州	杭州
得分	60.5	57.0	56.2	54.9	44.4
排名	20	21	22	23	29

由表 7-15 可知，功能优势型样本城市文化声誉得分与世界文化名城指数综合得分排名有较大差异，城市排名变动较大。从城市位序看，米兰、爱丁堡、广州位序前移，成都、杭州位序后移。样本城市文化声誉得分的平均值为 54.6，米兰得分为最高值，杭州得分为最低值。米兰得分居于 60—70 分段，爱丁堡、成都、广州得分居于 50—60 分段，杭州得分居于 40—50 分段。从城市排名看，仅米兰居全部样本城市第 20 位，其余城市均居 20 位之后，排名相对靠后。可见，功能优势型城市文化声誉建设整体水平偏低，城市之间差距较小。欧洲城市相对领先，中国城市差距较大。其中米兰的艺术和时尚在全球的知名度、美誉度最高。功能优势型样本城市文化声誉得分比较，如图 7-20 所示。

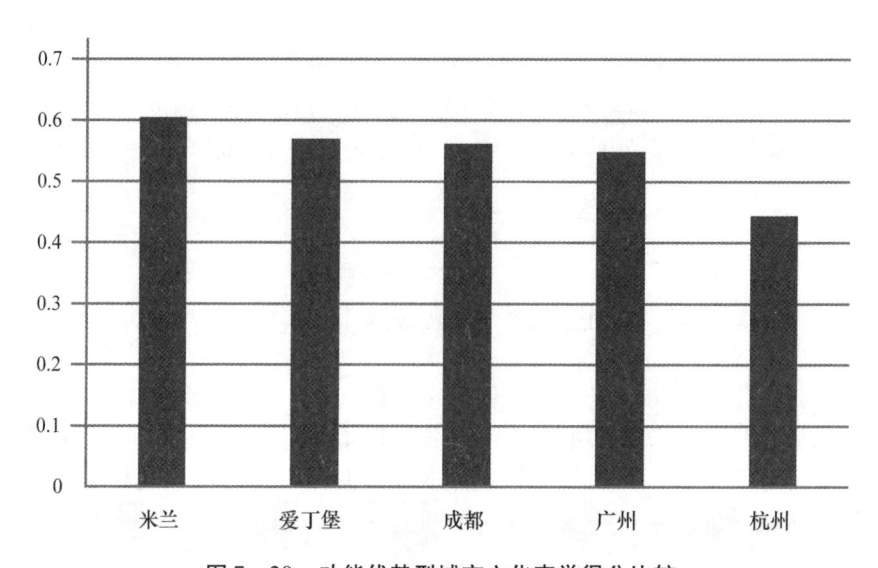

图 7-20 功能优势型城市文化声誉得分比较

二 文化治理指数（E）评价

文化治理指数（E）由文化战略指数（E1）、文化管理指数（E2）两个二级指标构成，反映一个城市政府在文化建设行为方面的组织特征、能力及国际吸引力，以及为提升文化声誉而形成的发展成效和比较优势。下文将对功能优势型样本城市文化治理指数总指标和各二级指标分别进行分析评价。

（一）文化治理指数（E）总指标得分及排名

功能优势型样本城市文化治理指数总指标得分及排名的具体数据，如

表 7-16 所示。

表 7-16　功能优势型城市文化治理指数（E）得分及排名

城市	成都	爱丁堡	杭州	米兰	广州
得分	0.914	0.842	0.636	0.564	0.561
排名	2	3	18	27	28

由表 7-16 可知，功能优势型样本城市文化治理指数总指标得分排名与文化声誉得分排名有较大差异，城市排名变动明显。从城市位序看，成都、杭州位序前移，米兰、广州位序后移，爱丁堡位序不变。样本城市文化治理指数得分的平均值为 0.703，成都得分为最高值，广州得分为最低值。成都、爱丁堡居于 0.8—1 分段，杭州、米兰、广州居于 0.5—0.7 分段。从城市排名看，成都、爱丁堡进入全部样本城市前 5 之列，杭州进入前 20 之列，米兰、广州居第 27、第 28 位，排名相对靠后。功能优势型样本城市文化治理指数得分比较，如图 7-21 所示。

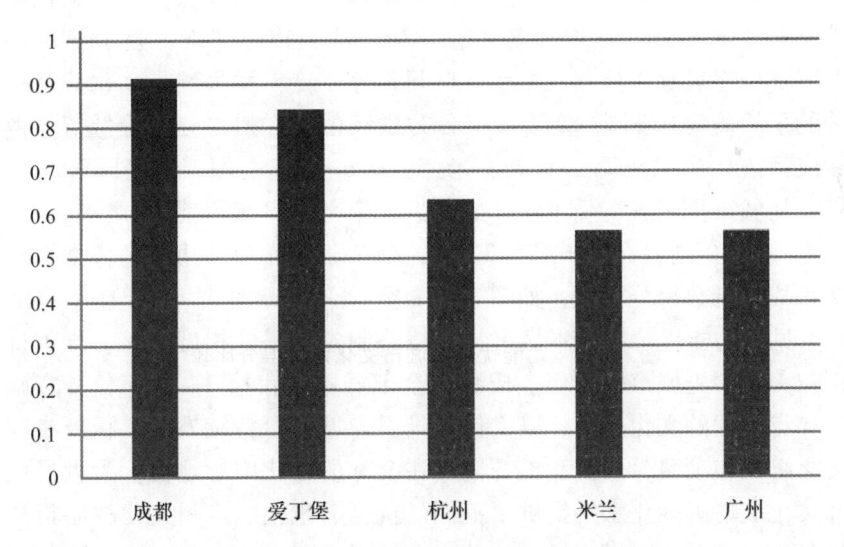

图 7-21　功能优势型城市文化治理指数比较

总体来看，功能优势型样本城市文化治理水平梯度特征明显，城市之间差距较大。领先城市将文化作为城市治理的重要内容，基本形成了比较健全的文化管理体制，注重组织声誉和公众声誉的塑造和国际传播，有较强的文化建设投入能力，文化领域政策体系较为成熟。其中成都、爱丁堡的文化治理指数得分位居全部样本城市前3，杭州、米兰、广州文化治理水平基本相当。作为发展中经济体，成都在文化治理现代化方面的努力领先许多发达经济体，其实践探索为世界城市提升文化治理水平提供了范例。

（二）文化战略指数（E1）得分及排名

文化战略指数用来衡量城市在文化方面的全局性、长远性筹划，主要反映政府基于城市发展需求，将文化纳入城市战略目标，向世界展示文化发展成就，以提升城市世界知名度和美誉度的成效。采用"城市文化发展愿景""参与国际性文化组织和项目"两个测度指标。功能优势型样本城市文化战略指数得分及排名的具体数据，如表7-17所示。

表7-17　　　　功能优势型城市文化战略指数（E1）得分及排名

城市	爱丁堡	成都	杭州	米兰	广州
得分	0.942	0.940	0.702	0.695	0.503
排名	2	3	18	19	27

由表7-17可知，功能优势型样本城市文化战略指数排名与文化治理指数排名基本一致，城市排名略有差异。从城市位序看，爱丁堡位序前移，成都位序后移，杭州、米兰、广州位序不变。样本城市文化战略指数得分的平均值为0.756，爱丁堡得分为最高值，广州得分为最低值。爱丁堡、成都居0.9—1分段，杭州、米兰居0.6—0.8分段，广州居0.5—0.6分段。从城市排名看，爱丁堡、成都进入全部样本城市前10之列，杭州、米兰进入前20之列，广州居第27位，排名相对靠后。功能优势型样本城市文化战略指数得分比较，如图7-22所示。

可见，功能优势型样本城市文化战略制定水平的梯度明显，城市排名差距较大。领先城市爱丁堡、成都居全部样本城市第2、第3位，实施外向性和竞争性的文化战略，以文化愿景引导城市可持续发展，积极参与世界文化组织和项目，保持和提升城市在全球的文化中心地位，为世界城市提升文化战略国际化水平提供了范例。杭州、米兰、广州文化战略指数得分排名相对靠后，在样本城市中处于中偏下水平，以文化战略国际化提升城市知名度、美誉度的水平还有一定差距。爱丁堡是一座"建立在文学上的城市"，素有"北方雅典"的美名。爱丁堡努力建设组织声誉，积极连接世界文化组织，构建国际化标识品牌。爱丁堡是联合国教科文组织认定的首个"文学之城"，2012年加入"世界城市文化论坛"，将"爱丁堡国际艺术节"打造为全球艺术活动典范，加深世界对苏格兰文化的理解和认

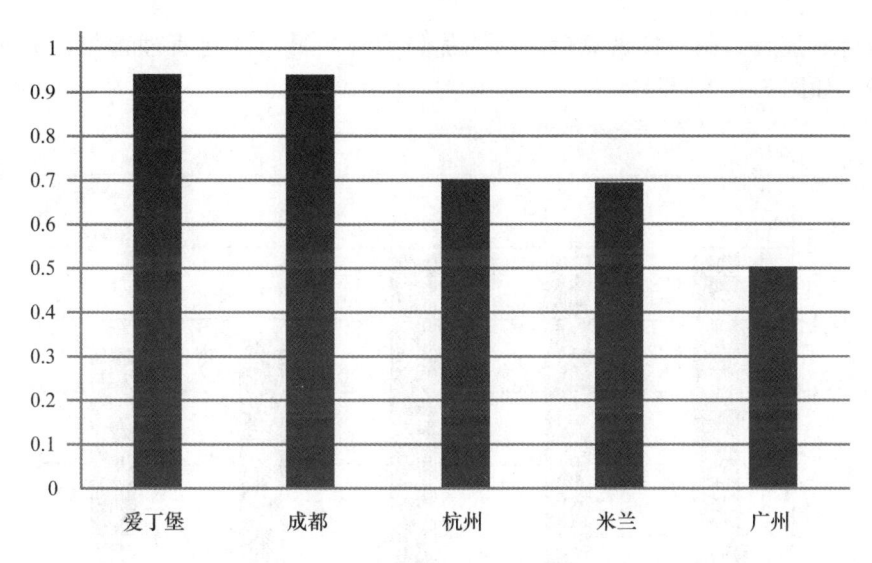

图 7-22 功能优势型城市文化战略指数比较

知。爱丁堡以其文化战略的国际化实践，为世界城市文化声誉建设提供了范例。

（三）文化管理指数（E2）得分及排名

文化管理指数用来衡量城市政府对文化发展的干预能力，主要比较政府文化管理体制的健全程度，以及文化发展投入能力，反映该城市在文化领域的制度安排水平。采用的具体指标包括"政府文化组织机构""公共文化支出占财政总支出比"两个测度指标。功能优势型样本城市文化管理指数得分及排名的具体数据，如表 7-18 所示。

表 7-18　功能优势型城市文化管理指数（E2）得分及排名

城市	广州	成都	杭州	爱丁堡	米兰
得分	0.491	0.491	0.490	0.375	0.363
排名	16	17	19	30	31

由表 7-18 可知，功能优势型样本城市文化管理指数排名与文化治理指数排名有所差异，城市排名整体后移。从城市位序看，广州位序前移，成都、爱丁堡、米兰位序后移，杭州位序不变。样本城市文化管理指数得分的平均值为 0.442，广州、成都得分为最高值，米兰得分为最低值。广州、成都、杭州居于 0.4—0.5 分段，爱丁堡、米兰居于 0.3—0.4 分段。从城市排名看，广州、成都、杭州进入全部样本城市前 20 之列，爱丁堡、

米兰居最后 2 位，排名靠后。功能优势型样本城市文化管理指数得分比较，如图 7-23 所示。

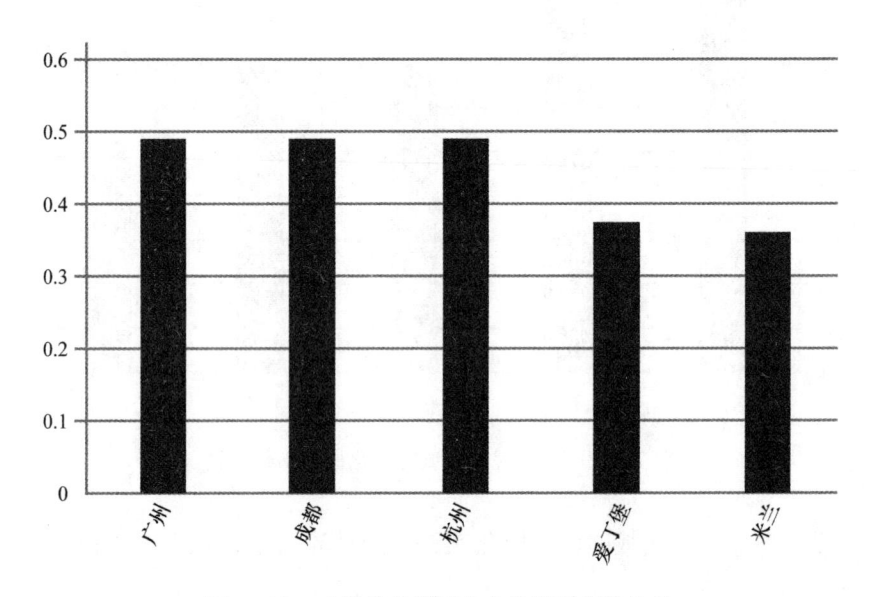

图 7-23 功能优势型城市文化管理指数比较

可见，功能优势型样本城市文化管理整体处于中低水平，梯度特征较为明显，但城市之间基本相当。功能优势型城市虽然在政府层面都设立了文化事务部门，但由于各个国家的文化管理体制不同，文化管理模式各有特点。中国城市均设有专门机构负责城市文化管理，并下设多个文化事业单位，政府在城市文化管理中扮演"元主体"的角色。广州、成都在文化机构总数、机构规模、人员投入等方面，都居于中国城市的前列。爱丁堡、米兰两个欧洲城市则未设立文化管理机构，政府文化管理的主体地位在一定程度上偏弱。爱丁堡将文化事务纳入市议会综合职能范围，在苏格兰艺术委员会的统筹下促进国际文化交流和地方文化发展。意大利文化遗产由中央政府垂直管理，米兰政府主要承担指导和管理城市多元文化的职责，注重采用公私合作和自下而上的方法发挥协调作用，在创意工作者、机构、组织和利益相关者之间起到纽带作用，并建立正式的网络，来管理不断增长的创意场景。2015 年米兰探索"中央活动服务台"治理模式，将文化参与者与市政部门和其他地方机构聚集在一起，实现其更广泛的文化政策目标。这些城市的实践探索，为世界城市文化管理模式创新提供了范例。考虑城市经济发展水平的差异，欧洲城市公共文化支出在公共支出中的占比更高,苏格兰"政府用于艺术、博物馆和图书馆的总支出已超过了中央政府相同领域的支出"[①]。

三 文化形象指数(F)评价

文化形象指数(F)由文化品牌指数(F1)、文化标志指数(F2)两个二级指标构成,反映社会公众对一个城市文化发展水平的总体印象和认知,即外界对城市性格、气质、魅力的综合评价,衡量文化在提升和维持世界城市地位中发挥的作用。下文将对功能优势型样本城市文化形象指数总指标和各二级指标分别进行分析评价。

(一) 文化形象指数(F)总指标得分及排名

功能优势型样本城市文化形象指数总指标得分及排名的具体数据,如表 7-19 所示。

表 7-19　　功能优势型城市文化形象指数(F)得分及排名

城市	米兰	广州	爱丁堡	成都	杭州
得分	0.428	0.375	0.240	0.193	0.152
排名	19	21	24	26	29

由表 7-19 可知,功能优势型样本城市文化形象指数总指标得分排名与文化声誉得分排名基本一致,城市排名略有变动。从城市位序看,广州位序前移,爱丁堡、成都位序后移,米兰、杭州位序不变。样本城市文化形象指数得分的平均值为 0.278,米兰得分为最高值,杭州得分为最低值。米兰、广州居于 0.3—0.5 分段,爱丁堡、成都、杭州居于 0.1—0.3 分段。从城市排名看,除米兰位居全部样本城市第 19 之外,其余城市均居 20 位之后,排名相对靠后。功能优势型样本城市文化形象指数得分比较,如图 7-24 所示。

总体来看,功能优势型样本城市文化形象建设水平整体偏低,梯度特征明显,末位杭州得分仅为首位米兰的 36%,城市之间差距较大。相对而言,米兰、广州、爱丁堡拥有较为清晰一致的文化形象定位,公众对城市形象、文化品牌的识别度、认知度和美誉度较高,形成了具有世界影响力的文化空间,具有地理意义上的标志性,在全球范围享有文化声誉。

---

① 李丹编著:《公共文化管理》,高等教育出版社 2018 年版。

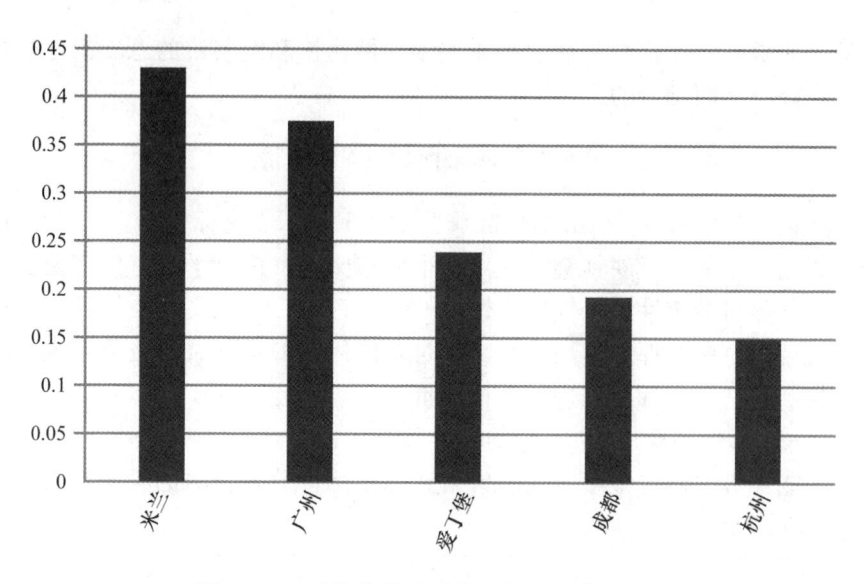

图 7-24 功能优势型城市文化形象指数比较

（二）文化品牌指数（F1）得分及排名

文化品牌指数用来衡量城市可溢价、可增值的无形文化资产的品牌化建设水平，主要通过第三方权威机构评估数据，反映城市文化机构、文化事件、文化产品等对公众的国际知名度和吸引力。采用5个测度指标，包括"国际旅游目的地""年国际会议数量""国际体育赛事数量""世界一流大学数量""全球知名媒体数量"。功能优势型样本城市文化品牌指数得分及排名的具体数据，如表7-20所示。

表7-20　功能优势型城市文化品牌指数（F1）得分及排名

城市	米兰	广州	爱丁堡	杭州	成都
得分	0.412	0.384	0.206	0.113	0.109
排名	19	20	22	27	29

由表7-20可知，功能优势型样本城市文化品牌指数排名与文化形象指数排名基本一致，城市排名略有调整。从城市位序来看，杭州位序前移，成都位序后移，米兰、广州、爱丁堡位序不变。样本城市文化品牌指数得分的平均值为0.245，米兰得分为最高值，成都得分为最低值。米兰、广州居于0.3—0.5分段，爱丁堡、杭州、成都居于0.1—0.3分段。从城市排名看，除米兰位列全部样本城市第19之外，其余城市均居20位之

后。功能优势型样本城市文化品牌指数得分比较,如图7-25所示。

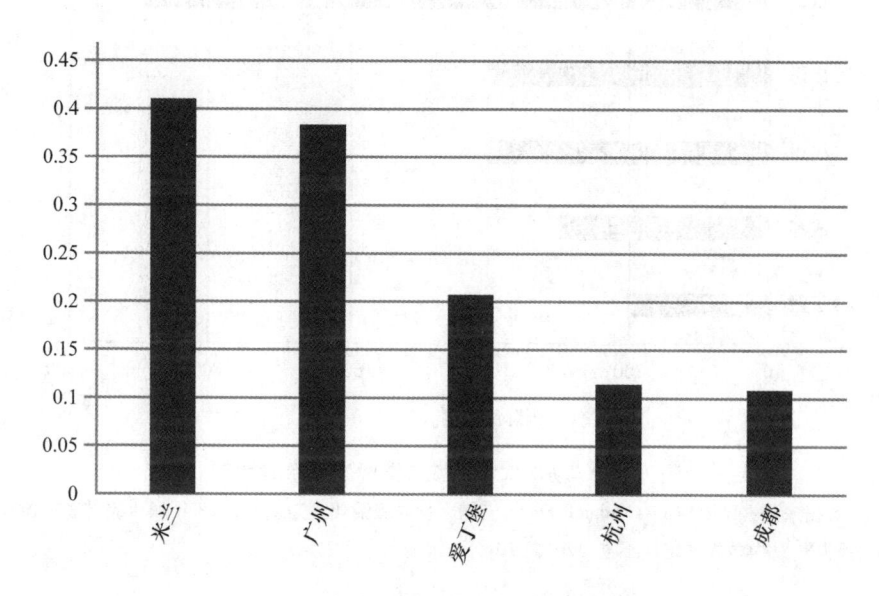

图7-25 功能优势型城市文化品牌指数比较

可见,功能优势型样本城市文化品牌建设整体处于中低水平,梯度特征明显,末位成都得分仅为首位米兰的26%,城市之间差距较大。表明功能优势型城市文化品牌建设存在明显短板,城市文化品牌塑造和传播的国际化机制尚需优化,文化品牌的国际声誉优势不突出。其中,既有传统文化名城如何保持美誉度的问题,也有崛起中的文化城市如何提升知名度的问题,功能优势型城市都表现出积极态度,这些城市在国际社会的可见度不断提升。从城市举办的国际会议数量来看,杭州、广州、成都举办国际会议的数量逐年增加,但与爱丁堡、米兰相比,差距仍然巨大。广州立足建设国际文化中心,"打造红色文化、岭南文化、海丝文化和创新文化四大文化品牌"①,2017年入选"2007至2017年间全球旅游增长最快的10个城市"之一。从入境游客数量和增速看,2016年米兰接待国际游客840万人,成为全球重要旅游目的地城市。2017年成都国际入境过夜游客数量年均复合增长率22.7%,成为全球增长最具活力的旅游目的地之一。(见图7-26)

---

① 《广州市推动城市文化综合实力出新出彩》(2020年9月8日),2020年10月22日,https://baijiahao.baidu.com/s? id=1677275204102859012&wfr=spider&for=pc。

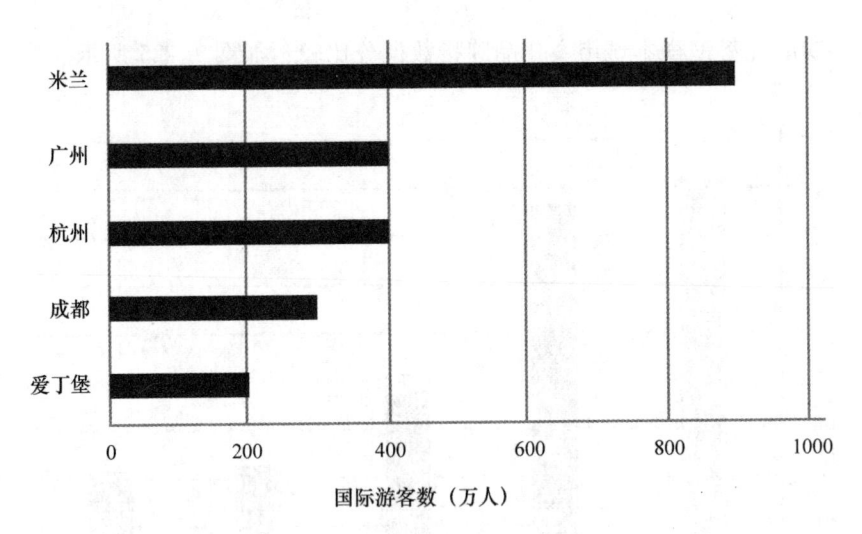

图 7-26　功能优势型城市国际游客数量比较

数据来源：World Cities Cultural Forum 官网，世界旅游业理事会《2018 年城市旅游和旅游业影响报告》、《中国旅游统计年鉴（2018）》①。

（三）文化标志指数（F2）得分及排名

文化标志指数用来衡量城市空间的文化意象建构水平，通过城市建筑、绿地对城市空间的文化营造作用，反映城市空间的世界识别度和美誉度。采用的具体指标包括"世界级文化地标数量""城市绿地率"两个测度指标。功能优势型样本城市文化标志指数得分及排名的具体数据，如表7-21 所示。

表 7-21　功能优势型城市文化标志指数（F2）得分及排名

城市	米兰	成都	广州	爱丁堡	杭州
得分	0.476	0.450	0.348	0.346	0.270
排名	12	17	23	24	30

由表 7-21 可知，功能优势型样本城市文化标志指数总指标得分排名与文化形象指数排名大体一致，部分城市排名变动。从城市位序看，成都位序前移，广州、爱丁堡位序后移，米兰、杭州位序不变。功能优势型样本城市文化标志指数得分的平均值为 0.378，米兰得分为最高值，杭州得

---

①　中华人民共和国文化和旅游部：《中国旅游统计年鉴（2018）》，中国旅游出版社 2020 年版。

分为最低值。米兰、成都居于 0.4—0.5 分段，广州、爱丁堡、杭州居于 0.2—0.4 分段。从城市排名看，米兰、成都进入全部样本城市前 20 之列，其余城市均居 20 位之后，排名相对靠后。功能优势型样本城市文化标志指数得分比较，如图 7-27 所示。

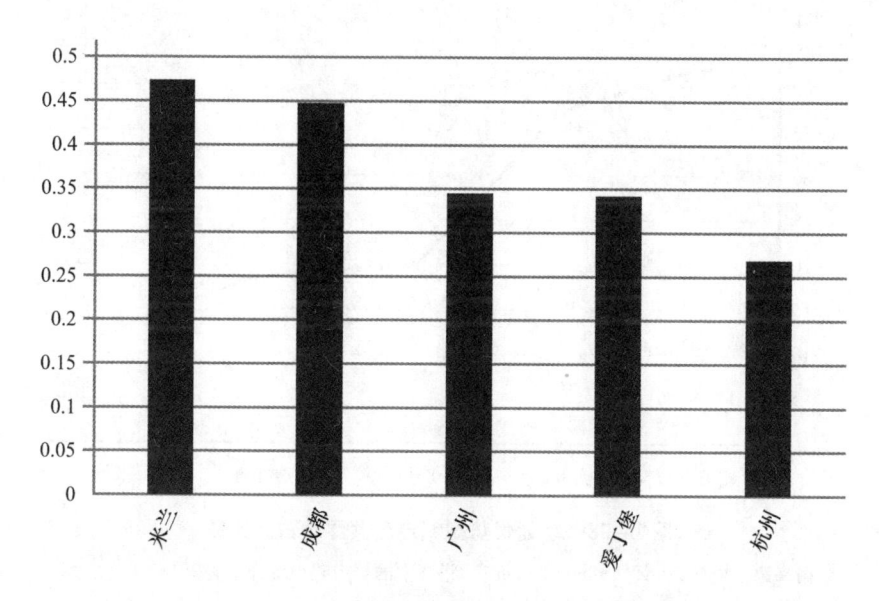

图 7-27　功能优势型城市文化标志指数比较

可见，功能优势型样本城市文化标志建设整体处于中偏低水平，梯度特征较为明显，但城市之间差距较小。米兰、成都相对领先，广州、爱丁堡、杭州差距较大。表明功能优势型城市文化标志对城市声誉的贡献相对偏低，高水平、开放性、国际化的文化空间，以及兼具自然和人文意义、功能性和精神性、标志性和识别性的生态空间不足，城市品质和宜居性仍然是需要长期关注的问题。作为世界历史文化名城和时尚艺术中心，米兰不仅拥有传统的世界级文化地标，更注重创造适应现代城市可持续发展需要的文化地标。开始建于 13 世纪的米兰大教堂（Duomo）是世界五大教堂之一，以其雄伟的尖顶闻名遐迩。2014 年竣工的新型建筑"垂直森林"（Bosco Verticale）以其绿色外观而著称，建筑正面覆盖着数百棵树木，改善城市商业中心的空气质量和生物多样性，2015 年"垂直森林"获得了全球最佳高层建筑奖。如何打造绿色空间推动城市可持续发展，中国城市进行了积极的探索。位于中国西部内陆的成都，以可持续世界城市为导向，确定了公园城市的战略定位，建设覆盖全域的、全球最长的绿道慢行系统"天府绿道",连"点"成"线"成"网",将"公园"的脉络贯穿至整座城市,让绿色生活触手可及,为世界城市打造世界级生态文化空间提供了范例。

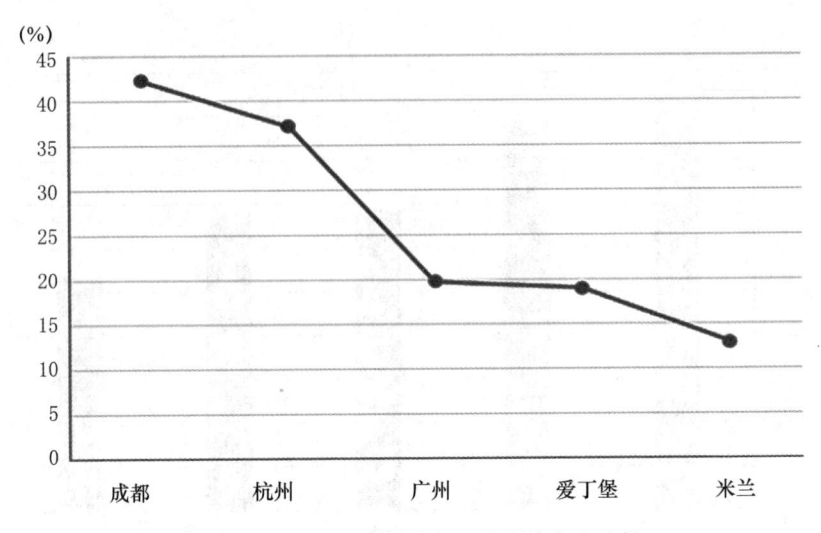

图 7-28　功能优势型城市公共绿地占比比较

数据来源：World Cities Cultural Forum 官网,《中国城市建设统计年鉴 2018》①。

根据样本城市各指标指数得分情况,功能优势型城市世界文化名城评价指标排名如表 7-22 所示。

表 7-22　　　　功能优势型城市世界文化名城评价指标排名

样本城市	世界文化名城指数排名	文化功能					文化声誉		
		排名	文化资产指数排名	文化要素指数排名	文化经济指数排名	文化氛围指数排名	排名	文化治理指数排名	文化形象指数排名
成都	12	9	5	15	14	5	22	2	26
米兰	13	12	2	14	15	19	20	27	19
爱丁堡	15	11	1	20	27	9	21	3	24
杭州	16	6	14	13	1	13	29	18	29
广州	21	14	26	10	5	16	23	28	21

---

① 中华人民共和国住房和城乡建设部编：《中国城市建设统计年鉴 2018》,中国统计出版社 2020 年版。

第七章　功能优势型城市世界文化名城建设评价　253

成都的世界文化名城指数（G）指标得分为 0.751，居全部样本城市第 12 位。从两大比较维度看，成都文化功能得分排名第 9，文化声誉得分排名第 22，世界文化名城"功能—声誉"均衡水平明显偏离。从六大比较领域看，成都文化资产、文化氛围、文化治理 3 项指数排名进入全部样本城市前 5 之列，其中文化治理指数居第 2 位；文化要素、文化经济 2 项指数排名进入前 15 之列，文化形象指数排名相对靠后，居第 26 位。从三级指标看，成都文化遗产、文化活力、文化战略 3 项指数排名进入全部样本城市前 5 之列，文化人才指数排名进入前 10 之列，其中文化遗产指数为全部样本城市的标杆值。

米兰的世界文化名城指数（G）指标得分为 0.750，居全部样本城市第 13 位。从两大比较维度看，米兰文化功能得分排名第 12，文化声誉得分排名第 20，世界文化名城"功能—声誉"水平有一定偏离。从六大比较领域看，米兰文化资产指数排名居全部样本城市第 2，文化要素、文化经济、文化氛围、文化形象 4 项指数进入全部样本城市前 20 之列，文化治理指数排名相对靠后，居第 27 位。从三级指标看，米兰文化设施、文化人才、文创从业人员 3 项指数排名进入全部样本城市前 10 之列，其中文化设施、文化人才 2 项指数均居全部样本城市第 2 位，在样本城市中领先。

爱丁堡的世界文化名城指数（G）指标得分为 0.742，居全部样本城市第 15 位。从两大比较维度看，爱丁堡文化功能得分排名居第 11，文化声誉得分排名居第 21，世界文化名城"功能—声誉"水平明显偏离。从六大比较领域看，爱丁堡文化资产指数得分为全部样本城市最高值，文化氛围指数居第 9 位，文化资产、文化氛围、文化治理、文化要素 4 项指数排名进入全部样本城市前 20 之列，文化经济、文化形象 2 项指数排名相对靠后，居第 27、第 24 位。从三级指标看，爱丁堡文化设施、文化战略、文化活力、文化消费 4 项指数排名进入全部样本城市前 10 之列，其中文化设施指数得分为全部样本城市标杆值，文化战略指数居第 2 位，在样本城市中领先。

杭州的世界文化名城指数（G）指标得分为 0.739，居全部样本城市第 16 位。从两大比较维度看，杭州的文化功能得分居第 6 位，文化声誉得分排名居第 29，世界文化名城"功能—声誉"水平明显偏离。从六大比较领域看，杭州文化经济指数得分为全部样本城市最高值，文化资产、文化要素、文化氛围、文化治理 4 项指数排名进入全部样本城市前 20 之列，仅文化形象指数排名相对靠后，居第 29 位。从三级指标看，杭州文创产业、文创从业人员、文化遗产、文化科技、文化活动5项指数排名进入全部样本城市前10之列，其中文创产业指数得分为全部样本城市标杆值。

广州的世界文化名城指数（G）指标得分为0.702，居全部样本城市第21位。从两大比较维度看，广州的文化功能得分居第14位，文化声誉得分排名居第23，世界文化名城"功能—声誉"水平明显偏离。从六大比较领域看，广州文化经济、文化要素2项指数排名进入全部样本城市前10之列，其中文化经济指数居全部样本城市第5位，文化氛围指数居第16位，文化资产、文化治理、文化形象3项指数排名均未进入前20之列。从三级指标看，广州文化人才、文化科技、文创产业、文创从业人员4项指数排名进入全部样本城市前10之列，其中文创产业指数居第4位，在样本城市中领先。

综上，功能优势型样本城市世界文化名城指数总体处于中间层次，文化功能和文化声誉存在偏离，文化功能建设在样本城市中居中上水平，6大评价维度中有2项指数出现标杆值，即文化资产指数（爱丁堡）和文化经济指数（杭州），部分城市文化资产指数（米兰）、文化治理指数（成都）靠近标杆值；12大比较领域中有3项指数出现标杆值，即文化遗产指数（成都）、文化设施指数（爱丁堡）、文创产业指数（杭州），部分城市文化人才指数（米兰）、文化战略指数（爱丁堡）靠近标杆值。此类城市文化发展的整体性较好，以文化促进城市可持续发展的内生动力较强，文化资产较为丰厚，文化要素相对充足，文化经济发展较快，文化氛围鲜明独特，文化成为城市竞争优势的重要来源，文化发展的某些领域产生世界影响力，世界文化名城建设具有独特性和创新性，形成了具有借鉴价值的城市范例。从城市特征看：其一，功能优势型样本城市多为所在国家的文化名城，拥有数千年的城市发展史，是人类文明演进的重要结晶；其二，此类城市为都市圈或城市群的次级中心，所在国家的区域性文化中心、经济中心，重要的文化创意策源地；其三，此类城市人口规模等级差异较大，生存方式的符号性明显，以其独特的地域文化丰富人类文明；其四，此类城市达到或接近发达经济体水平，城市经济处于转型期，文化发展能力快速提升。此外，功能优势型只是对此类样本城市总体情况的反映，该类城市文化声誉建设相对滞后，文化发展的协调性欠佳，部分指标排名差距仍然较大。例如中国城市广州的文化资产和文化治理指数，成都、杭州的文化形象指数，以及文化遗产、文化设施、文化战略、文化标志和文化品牌指数均排名靠后，世界文化名城建设的短板和劣势仍然突出。

第八章　声誉优势型城市世界文化名城建设评价

本章是全书实证分析的主要部分之一，基于世界文化名城"功能—声誉"评价模型的框架，对声誉优势型城市世界文化名城建设进行评价。评价步骤是按照两大基础维度和六大评价领域，首先分析声誉优势型样本城市世界文化名城总指数，并根据分析结果，对声誉优势型城市世界文化名城建设做出总体评价。其次分析文化功能和文化声誉的得分排名，比较一级指标和二级指标综合得分的排名，对声誉优势型城市世界文化名城建设做出具体评价。

第一节　声誉优势型城市世界文化名城指数（G）评价

声誉优势型城市指世界文化名城"功能弱—声誉高"的样本城市，具体包括布宜诺斯艾利斯、香港、墨尔本、莫斯科、都柏林和新加坡6个城市，其中布宜诺斯艾利斯位于南美洲，香港、新加坡位于亚洲，墨尔本位于大洋洲，莫斯科、都柏林位于欧洲。这些城市在全球享有较高的文化声誉，但文化功能相对偏弱。文化治理和文化形象两个反映文化声誉水平的指标指数值相对较高，文化资产、文化要素、文化经济、文化氛围四个反映文化功能水平的指标指数值与领先城市差距较大。以此6个样本城市为代表，运用世界文化名城"功能—声誉"评价模型对其分别进行分析，借以对声誉优势型城市世界文化名城建设水平进行总体评价。

一　世界文化名城总指数（G）评价过程

世界文化名城指数（G）是由文化资产指数（A）、文化要素指数（B）、文化经济指数（C）、文化氛围指数（D）、文化治理指数（E）、文化形象指数（F）六个评价指标构成的总指标，计算各分项指标指数综合得分的代数和可得到世界文化名城指数最终得分。通过世界文化名城指数可以方便地比较样本城市世界文化名城建设总体情况。依据世界文化名城指数的综合得分及排名对比，可对声誉优势型样本城市进行比较评价。

二 世界文化名城指数（G）指标得分及排名

声誉优势型样本城市世界文化名城指数及分项指数指标得分及排名具体数据如表8-1所示。

表8-1 声誉优势型城市世界文化名城指数（G）得分及排名

城　市	布宜诺斯艾利斯	香港	莫斯科	墨尔本	都柏林	新加坡
得　分	0.753	0.744	0.726	0.719	0.707	0.679
排　名	11	14	17	18	19	22

由表8-1可知，声誉优势型样本城市世界文化名城建设在全球处于中等水平，城市之间梯度明显，总体差距不大。样本城市中亚洲城市、欧洲城市各占2席，美洲城市、澳洲城市各占1席。样本城市世界文化名城指数得分平均值为0.721，布宜诺斯艾利斯得分为最高值，新加坡得分为最低值。从世界文化名城指数（G）综合得分看，可分为两个层次，布宜诺斯艾利斯、香港、莫斯科、墨尔本、都柏林较为接近，分值居于0.7—0.8分段，新加坡分值偏低居于0.6—0.7分段。从城市排名看，声誉优势型城市中有5个城市进入全部样本城市前20之列，其中布宜诺斯艾利斯居第11位，新加坡居第22位，排名相对靠后。声誉优势型样本城市世界文化名城指数（G）得分比较，如图8-1所示。

第二节 声誉优势型城市文化功能建设评价

世界文化名城文化功能由文化资产指数（A）、文化要素指数（B）、文化经济指数（C）、文化氛围指数（D）4个指标来衡量。本节将依据文化功能各指标指数综合得分及排名、分项指标指数得分及排名，对声誉优势型样本城市文化功能建设水平进行比较评价。

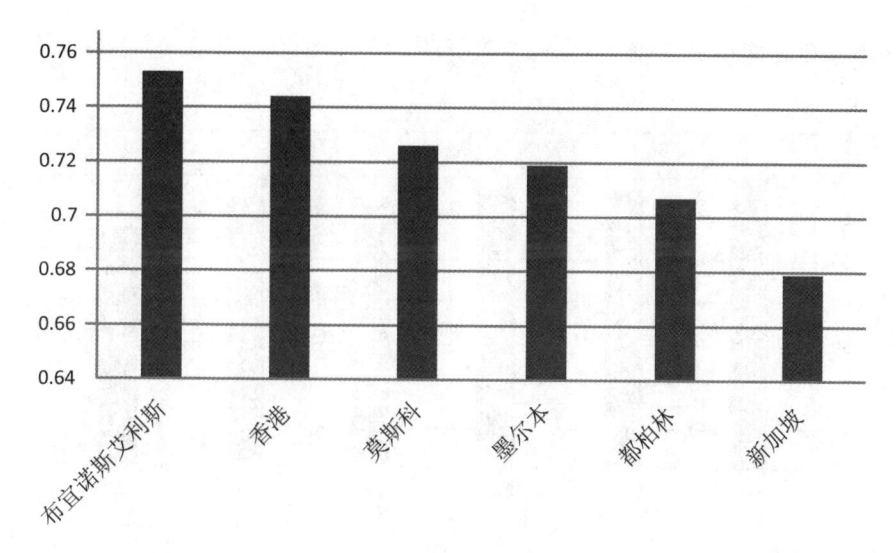

图 8-1 声誉优势型城市世界文化名城指数（G）比较

一 文化功能总体评价

赋予文化功能综合评价分值为 100 分，对各分项指标指数加权平均并进行百分制转换，计算出声誉优势型样本城市文化功能得分，以反映和比较各城市世界文化名城文化功能建设的整体水平和情况。声誉优势型样本城市文化功能得分及排名如表 8-2。

表 8-2 声誉优势型城市文化功能得分及排名

城 市	布宜诺斯艾利斯	香港	莫斯科	墨尔本	都柏林	新加坡
得 分	69	66.9	65.5	64.4	64	57.4
排 名	16	17	18	20	21	27

由表 8-2 可知，声誉优势型样本城市文化功能得分排名与世界文化名城指数综合得分排名一致，城市位序不变，但排名整体后移。样本城市文化功能得分平均值为 64.53，布宜诺斯艾利斯得分为最高值，新加坡得分为最低值。布宜诺斯艾利斯、香港、莫斯科、墨尔本、都柏林的分值均居于 60—70 分段，新加坡居于 50—60 分段。从城市排名看，布宜诺斯艾利斯、香港、莫斯科、墨尔本进入全部样本城市前 20 之列，都柏林、新加坡均居 20 位之后，排名相对靠后。可见，声誉优势型城市的文化功能在全部样本城市中相对处于中低水平，梯度特征不明显。声誉优势型样本

城市文化功能得分比较，如图 8-2 所示。

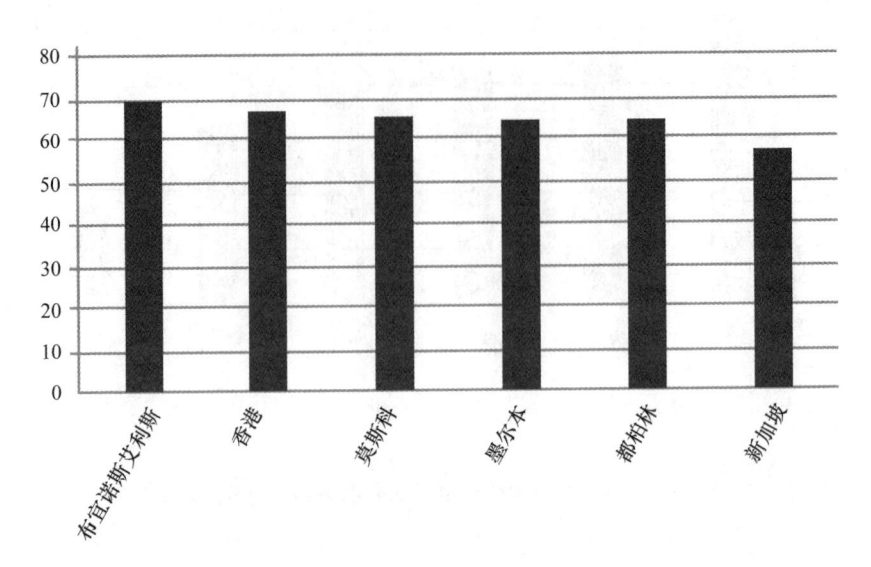

图 8-2　声誉优势型城市文化功能得分比较

二　文化资产指数（A）评价

文化资产指数（A）由文化遗产指数（A1）、文化设施指数（A2）两个二级指标构成，反映出一个城市文化资产的丰度和厚度。下文将对声誉优势型样本城市文化资产指数总指标和各二级指标分别进行分析评价。

（一）文化资产指数（A）总指标得分及排名

声誉优势型样本城市文化资产指数总指标得分及排名的具体数据，如表 8-3 所示。

表 8-3　声誉优势型城市文化资产指数（A）得分及排名

城　市	布宜诺斯艾利斯	都柏林	莫斯科	墨尔本	新加坡	香港
得　分	0.725	0.708	0.692	0.669	0.630	0.587
排　名	12	13	16	18	21	24

由表 8-3 可知，声誉优势型样本城市文化资产指数总指标得分排名与文化功能得分排名有一定差异，部分城市排名变动。从城市位序看，都柏林、新加坡位序前移，香港位序后移，布宜诺斯艾利斯、莫斯科、墨尔本位序不变。样本城市文化资产指数总指标得分的平均值为 0.669，布宜

诺斯艾利斯得分为最高值，香港得分为最低值。布宜诺斯艾利斯、都柏林的分值居于0.7—0.8分段，莫斯科、墨尔本、新加坡居于0.6—0.7分段，香港居于0.5—0.6分段。从城市排名看，布宜诺斯艾利斯、都柏林、莫斯科、墨尔本进入全部样本城市前20之列，新加坡、香港居第21、第24位，排名相对靠后。声誉优势型样本城市文化资产指数得分比较，如图8-3所示。

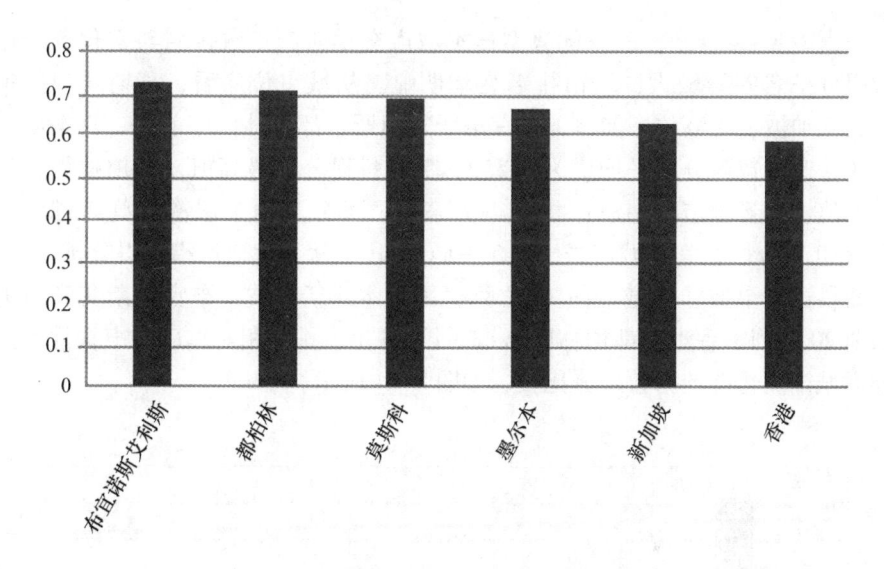

图8-3 声誉优势型城市文化资产指数比较

总体来看，声誉优势型样本城市文化资产建设总体处于中偏低水平，城市之间差距不大。其中，欧洲城市、美洲城市相对领先，追求遗产保护与城市发展的平衡，文化基础设施相对完善。其中布宜诺斯艾利斯居全部样本城市第12位，重视城市未来遗产的保护，是南美洲重要的文化中心。排名靠后的香港由于开埠时间相对较短，历史遗产相对薄弱，但在历史建筑再利用和保护更新、世界级文化艺术场所的建设等方面进行了积极探索。

（二）文化遗产指数（A1）得分及排名

文化遗产指数用来衡量城市拥有的历史文化遗产的数量和质量，主要反映城市历史环境、文化传统的价值、生机活力与世界识别度，比较城市积淀、保护历史文化资源的成效。采用6个测度指标，包括"世界自然遗产数量""世界文化遗产数量""世界自然和人文双遗产数量""文化景观遗产数量""世界灌溉工程遗产数量"以及"其他遗产和历史遗迹数量"。声誉优势型样本城市文化遗产指数得分及排名的具体数据，如表8-4所示。

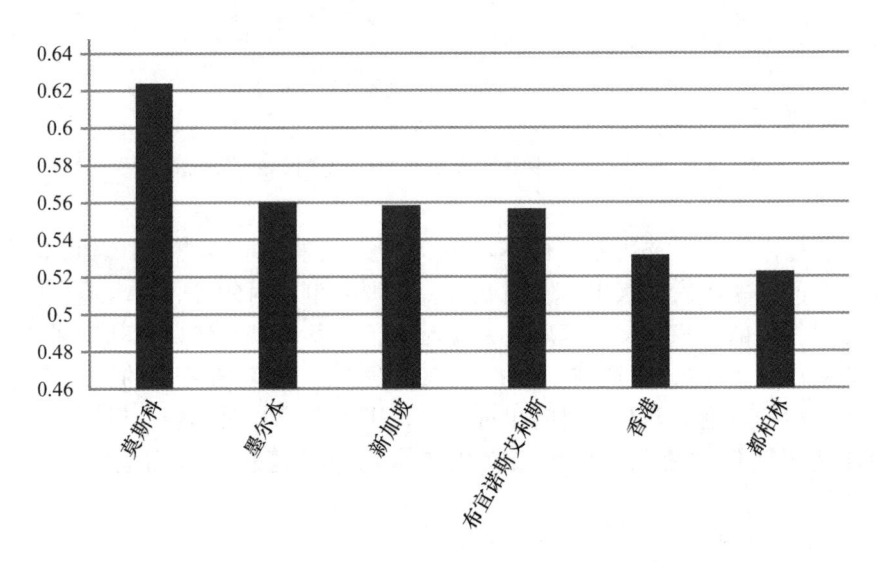

表8-4　声誉优势型城市文化遗产指数（A1）得分及排名

城　市	莫斯科	墨尔本	新加坡	布宜诺斯艾利斯	香港	都柏林
得　分	0.624	0.561	0.559	0.556	0.532	0.523
排　名	10	15	16	17	23	26

由表8-4可知，声誉优势型样本城市文化遗产指数排名与文化资产指数得分排名差异较大，城市排名变动明显。从城市位序看，莫斯科、墨尔本、新加坡、香港位序前移，布宜诺斯艾利斯、都柏林位序前移。样本城市文化遗产指数得分的平均值为0.559，莫斯科得分为最高值，都柏林得分为最低值。从各城市文化遗产指数得分来看，可分为两个层次，莫斯科居于0.6—0.7分段，其余城市居于0.5—0.6分段。从文化遗产指数得分排名看，莫斯科进入全部样本城市前10之列，墨尔本、新加坡、布宜诺斯艾利斯进入前20之列，香港、都柏林居第23、第26位，排名相对靠后。声誉优势型样本城市文化遗产指数得分比较，如图8-4所示。

图8-4　声誉优势型城市文化遗产指数比较

可见，声誉优势样本城市文化遗产保护利用总体居于中偏低水平，城市之间差距不大。此类城市重视历史遗产的保护利用，注重政府、社会、公众共同参与，法律保护体系相对完善，但世界影响力参差不齐。莫斯科居全部样本城市第 10 位, 相对领先。莫斯科是世界著名古城, 文化遗产指数得分居全部样本城市第 10 位, 拥有莫斯科克里姆林宫和红场等 3 处世界文化遗产, 名胜古迹众多。"俄罗斯倡导传统文化遗产的保护, 积极加入国际文化遗产保护公约, 加强文化遗产保护立法, 让本国的文化遗产保护与国际接轨。"[①] 文化遗产的保护采取由上而下的纵向式管理, "俄联邦每年文化事业拨款的 70% 用于文化遗产保护"[②], 莫斯科市文物保护局以"再创与修复"为主题, 注重文化遗产的整体性保护, 例如克里姆林宫及其周边建筑和文物都纳入博物馆, 保护了传统文化遗产的完整性, 为世界城市文化遗产的有效保护提供了范例。

(三) 文化设施指数 (A2) 得分及排名

文化设施指数用来衡量城市公共文化设施的建设水平, 以及满足公众文化需求的能力, 主要比较城市已建成的各类文化设施的人均拥有量, 来评价城市公众的文化福利水平。采用 6 个测度指标, 包括"人均博物馆拥有量""人均公共图书馆拥有量""人均剧院拥有量""人均音乐厅拥有量""人均电影院拥有量"和"大型体育场馆数量"。声誉优势型样本城市文化设施指数得分及排名的具体数据, 如表 8-5 所示。

表 8-5　声誉优势型城市文化设施指数 (A2) 得分及排名

城　市	都柏林	布宜诺斯艾利斯	墨尔本	莫斯科	新加坡	香港
得　分	0.719	0.718	0.579	0.548	0.494	0.432
排　名	5	6	12	13	16	22

由表 8-5 可知, 声誉优势型样本城市文化设施指数排名与文化资产指数排名有一定差异, 城市排名整体前移。从城市位序看, 都柏林、墨尔本位序前移, 布宜诺斯艾利斯、莫斯科位序后移, 新加坡、香港位序不变。样本城市文化设施指数得分的平均值为 0.582, 都柏林得分为最高值, 香港得分为最低值。都柏林、布宜诺斯艾利斯居于 0.7—0.8 分段, 墨尔本、莫斯科居于 0.5—0.6 分段, 新加坡、香港居于 0.4—0.5 分段。从城市排名看, 都柏林、布宜诺斯艾利斯进入全部样本城市前 10 之列, 墨尔本、莫斯科、新加坡进入前 20 之列, 香港居第 22 位, 排名相对靠后。声誉优势型样本城市城文化设施指数得分比较, 如图 8-5 所示。

[①] 杨颖:《俄罗斯文化遗产保护的理论与实践》,《北方文学》2018 年第 21 期。
[②] 杨政:《俄罗斯大力保护文化遗产》,《光明日报》2013 年 11 月 5 日。

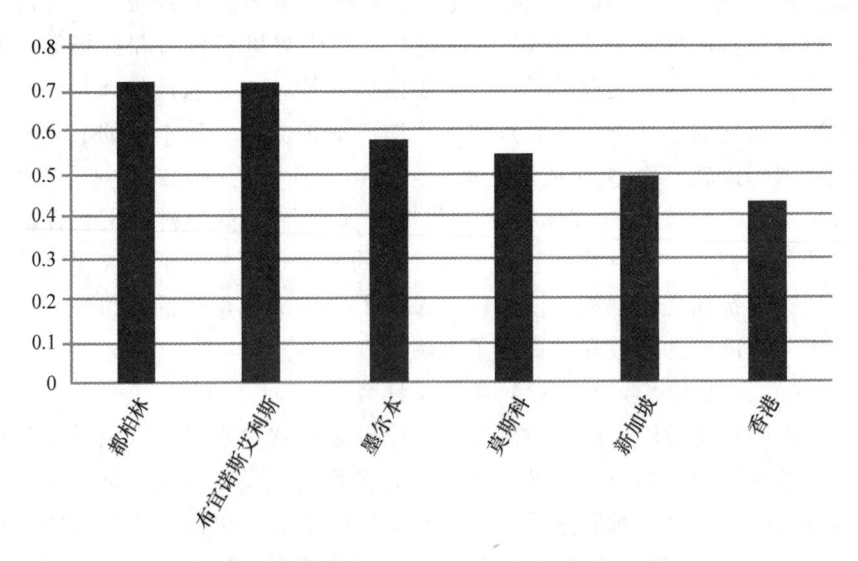

图 8-5　声誉优势型城市文化设施指数比较

可见，声誉优势型样本城市文化设施建设整体处于中高水平，欧洲城市、美洲城市领先，亚洲城市相对靠后，城市之间差距不大。都柏林、布宜诺斯艾利斯文化设施指数得分为全部样本城市的第5、第6位，文化设施建设水平相对领先。由于本研究采用人均数据进行比较，人口规模是影响文化设施指数的主要因素，布宜诺斯艾利斯、莫斯科常住人口过千万，墨尔本、新加坡、香港、都柏林常住人口在500万—1000万之间，都柏林常住人口最少，仅127万左右。因此，在相同投入条件下，人口规模与文化设施建设水平成反比。例如，莫斯科虽然在公共文化设施总量上领先，但人均水平则偏低。都柏林被评为"欧洲文化之都"，是欧洲最具文化气息的城市之一，城中有62个博物馆，51个公共图书馆，29家剧院和3个城市音乐厅，博物馆和美术馆、纪念碑和雕像、历史遗迹数量在欧洲城市中较为领先。未来十年，政府将对都柏林国家文化机构的资本项目（4.4亿欧元）进行重大投资，包括国家图书馆、爱尔兰现代艺术博物馆、国家博物馆、国家音乐厅、修道院剧院、国家档案馆和切斯特·贝蒂图书馆，推动藏品数字化，并建设新的文化区和博物馆。（见图 8-6）

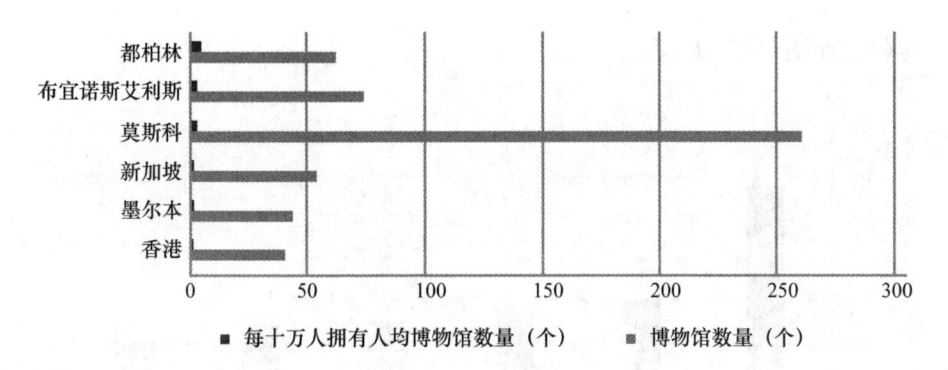

图 8-6 声誉优势型城市博物馆数量比较
数据来源：World Cities Cultural Forum 官网，香港统计年鉴（2018）。

三 文化要素指数（B）评价

文化要素指数（A）由文化人才指数（B1）、文化科技指数（B2）两个二级指标构成，反映一个城市文化要素的供给能力和聚集度。下文将对声誉优势型样本城市文化要素指数总指标和各二级指标分别进行分析评价。

（一）文化要素指数（B）总指标得分及排名

声誉优势型样本城市文化要素指数总指标得分及排名的具体数据，如表 8-6 所示。

表 8-6 声誉优势型城市文化要素指数（B）得分及排名

城 市	香港	新加坡	莫斯科	墨尔本	都柏林	布宜诺斯艾利斯
得 分	0.669	0.395	0.372	0.348	0.335	0.297
排 名	6	17	18	22	23	25

由表 8-6 可知，声誉优势型样本城市文化要素指数总指标得分排名与文化功能得分排名差异较大，城市排名整体前移。从城市位序看，香港、新加坡位序前移，布宜诺斯艾利斯位序后移，莫斯科、墨尔本、都柏林位序不变。样本城市文化要素总指标指数得分的平均值为 0.423，香港得分为最高值，布宜诺斯艾利斯得分为最低值。香港居于 0.6—0.7 分段，新加坡、莫斯科、墨尔本、都柏林居于 0.3—0.4 分段，布宜诺斯艾利斯居于 0.2—0.3 分段。从城市排名来看，香港进入全部样本城市前 10 之列，新加坡、莫斯科进入前 20 之列，墨尔本、都柏林、布宜诺斯艾利斯均居 20 位之后，排名相对靠后。声誉优势型样本城市文化要素指数得分

比较,如图 8-7 所示。

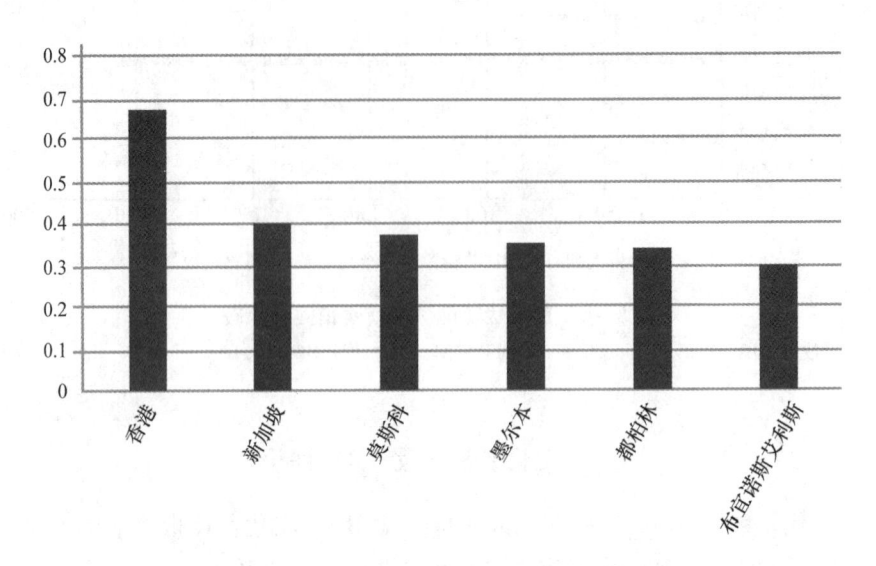

图 8-7 声誉优势型城市文化要素指数比较

可见,声誉优势型样本城市文化要素建设总体处于中低水平,梯度特征明显,香港相对领先,末位布宜诺斯艾利斯得分不到首位香港的 45%,城市差距较大。香港居全部样本城市第 6 位,要素市场发育较为充分,文化要素配置效率较高,全社会创造力和市场活力较高。新加坡、莫斯科、墨尔本、都柏林、布宜诺斯艾利斯 5 个城市,要素配置的市场化机制较为成熟,文化要素配置方式相对稳定,要素活力相对较低。

(二)文化人才指数(B1)得分及排名

文化艺术人才是世界文化名城重要的战略资源,也是重要的标志之一。一个城市拥有的文化艺术人才的数量与质量,是影响其文化发展水平的重要因素,也决定了城市能否占据世界文化中心地位。文化人才指数采用"文化艺术体育高校及培训机构数量""高等院校数量"两个测度指标,用于衡量城市在文化艺术人才方面的供给能力。声誉优势型样本城市文化人才指数得分及排名的具体数据,如表 8-7 所示。

表 8-7 **声誉优势型城市文化人才指数(B1)得分及排名**

城　市	莫斯科	布宜诺斯艾利斯	香港	新加坡	墨尔本	都柏林
得　分	0.521	0.450	0.379	0.343	0.329	0.318
排　名	12	14	18	19	23	24

由表8-7可知，声誉优势型样本城市文化人才指数排名与文化要素指数排名差异明显，城市排名变动较大。从城市位序看，莫斯科、布宜诺斯艾利斯位序前移，香港、新加坡、墨尔本、都柏林位序后移。样本城市文化人才指数得分的平均值为0.390，莫斯科得分为最高值，都柏林得分为最低值。莫斯科、布宜诺斯艾利斯居于0.4—0.6分段，香港、新加坡、墨尔本、都柏林居于0.3—0.4分段。从城市排名看，莫斯科、布宜诺斯艾利斯、香港、新加坡进入全部样本城市前20之列，墨尔本、都柏林均居20位之后，排名相对靠后。声誉优势型样本城市文化人才指数得分比较，如图8-8所示。

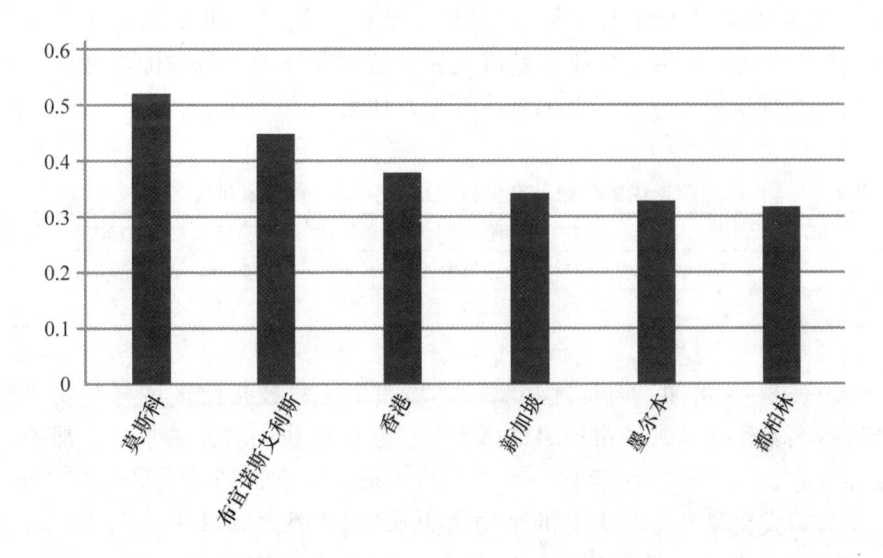

图8-8 声誉优势型城市文化人才指数比较

可见，声誉优势型样本城市文化人才供给整体处于中偏低水平，欧洲城市、美洲城市相对领先，城市之间差距较小。表明声誉优势型城市文化创意人才供给能力较为接近，教育资源数量、结构以及国际人才资源的整合能力等方面基本相当。莫斯科、布宜诺斯艾利斯文化人才指数得分居全部样本城市前15之列，文化人才的供给能力较强，市场化配置机制较为成熟。俄罗斯顺应知识经济全球化发展趋势，俄罗斯推动高等教育的现代化升级转型，2018年出台《关于2024年前俄罗斯国家发展目标和战略任务》，2019年又出台《国家教育方案》[①]，着力推动教育国际化，构建科学

---

① 邵海昆：《俄罗斯：公布〈国家教育方案〉》，《人民教育》2019年第3期。

合理的国际协同教育格局,"汲取并吸收国际大量优秀的教育资源,使国际化教育更加有效化、针对化、现代化"[①]。莫斯科是全国科技文化中心,教育设施众多,国际留学生近6万人。世界著名高等学府莫斯科大学是俄罗斯最大的大学和学术中心,加入联合国、世界银行等多个国际组织,并同众多外国大学开展广泛合作,在校学生达2.6万人,国际留学生超过4000人。

(三) 文化科技指数(B2)得分及排名

文化和科技历来如影随形、密不可分。科技创新是城市文化发展的引擎,也是影响世界文化名城是否能够历久弥新的重要因素。文化科技指数采用"年R&D经费投入强度""年PCT专利申请量""年高校PCT专利申请量"3个测度指标,来衡量城市文化科技创新成效。声誉优势型样本城市文化科技指数得分及排名的具体数据,如表8-8所示。

表8-8　　声誉优势型城市文化科技指数(B2)得分及排名

城　市	香港	新加坡	墨尔本	都柏林	莫斯科	布宜诺斯艾利斯
得　分	0.565	0.312	0.260	0.253	0.218	0.147
排　名	6	14	20	21	23	30

由表8-8可知,声誉优势型样本城市文化科技指数排名与文化要素指数排名大体一致,城市排名整体后移。从城市位序看,墨尔本、都柏林位序前移,莫斯科位序后移,香港、新加坡、布宜诺斯艾利斯位序不变。样本城市文化科技指数得分的平均值为0.291,香港得分为最高值,布宜诺斯艾利斯得分为最低值。香港居于0.5—0.6分段,新加坡、墨尔本、都柏林、莫斯科居于0.2—0.4分段,布宜诺斯艾利斯居于0.1—0.2分段。从城市排名看,香港进入全部样本城市前10之列,新加坡、墨尔本进入前20之列,都柏林、莫斯科、布宜诺斯艾利斯均居20位之后,排名相对靠后。声誉优势型样本城市文化科技指数得分比较,如图8-9所示。

可见,声誉优势型样本城市文化科技发展总体处于中低水平,梯度特征明显,末位布宜诺斯艾利斯得分仅为首位香港的26%,城市之间差距悬殊。亚洲城市相对领先,香港得分居样本城市第6位,欧洲城市、美洲城市差距较大。表明声誉优势型城市文化科技要素配置效率有较大差异,样

---

① 魏然:《俄罗斯高等教育现代化进程研究及对中国的借鉴与启示》,《吉林广播电视大学学报》2020年第2期。

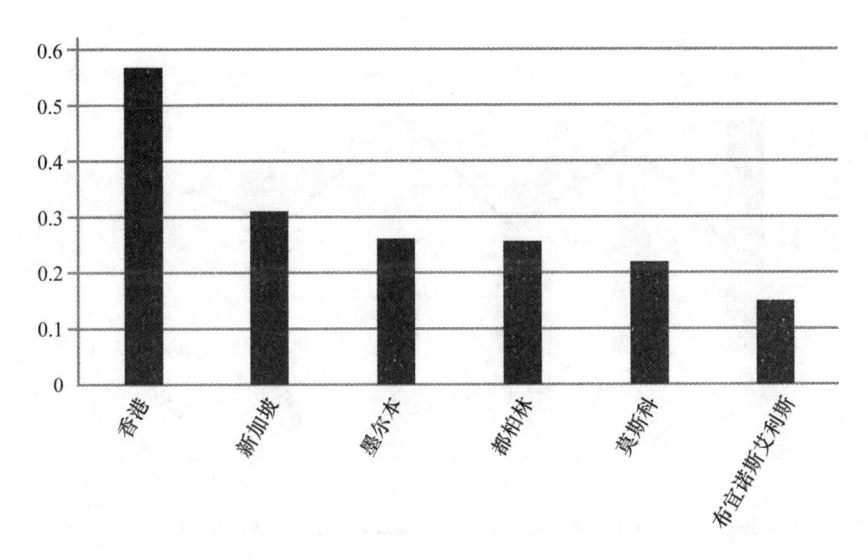

图 8-9 声誉优势型城市文化科技指数比较

本城市文化艺术、科技、教育资源丰富，制造业、金融业、商业基础较好，但高科技产业、信息产业的发展水平不同，文化科技要素配置、创新投入、创新产出的水平参差不齐。香港是全球科技创新中心，近半数高校位列全球百强。香港特区政府成立了若干研发中心，负责推动和统筹特定范畴的应用研发，以及研发成果的商品化及技术转移，例如香港应用科技研究院主要负责人工智能及大数据、通信技术等科技研发。《2018 年香港创新活动统计报告》显示，2018 年香港本地研究及发展总开支为 244.97 亿港元，同比上升 10%，其中高等教育机构及政府的研发投入占总研发投入的 55.1%。2017 年香港 PCT 专利申请量达到 48882 件，位居样本城市之首。但是，由于技术转化受限于市场规模，研发强度偏低，需要在人才培养、基础研究、前沿科学等领域与创新竞争力强的城市开展合作。（见图 8-10）

四 文化经济指数（C）评价

文化经济指数（C）由文创产业指数（C1）、文创从业人员指数（C2）两个二级指标构成，反映一个城市文化经济对城市经济的贡献。下文将对声誉优势型样本城市文化经济指数总指标和各二级指标分别进行分析评价。

（%）　　　　　　　　　　　　　　　　　　　　　　　　　　　（件）

■ 2017年PCT专利申请量（件）　　— 年R&D经费投入强度（%）

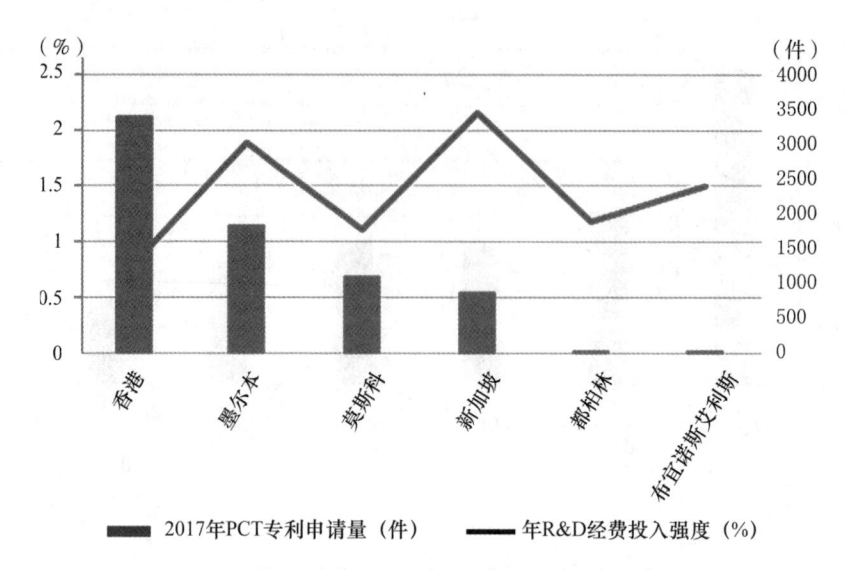

图8-10　声誉优势型城市文化科技相关指标比较

数据来源：World Intellectual Property Organization（世界知识产权组织）官网，《2018年香港创新活动统计报告》。

（一）文化经济指数（C）总指标得分及排名

声誉优势型样本城市文化经济指数总指标得分及排名的具体数据，如表8-9所示。

表8-9　声誉优势型城市文化经济指数（C）得分及排名

城　市	莫斯科	香港	布宜诺斯艾利斯	墨尔本	都柏林	新加坡
得　分	0.508	0.370	0.361	0.277	0.251	0.238
排　名	9	16	18	20	26	28

由表8-9可知，声誉优势型样本城市文化经济指数总指标得分与文化功能得分排名基本一致，城市排名略有变动。从城市位序看，莫斯科位序前移，布宜诺斯艾利斯位序后移，其余城市位序不变。样本城市文化经济指数总指标得分的平均值为0.334，莫斯科得分为最高值，新加坡得分为最低值。莫斯科居于0.5—0.6分段，香港、布宜诺斯艾利斯居于0.3—0.4分段，墨尔本、都柏林、新加坡居于0.2—0.3分段。从城市排名看，莫斯科进入全部样本城市前10之列，香港、布宜诺斯艾利斯、墨尔本进入前20之列，都柏林、新加坡均居20位之后，排名相对靠后。声誉优势型样本城市文化经济指数得分比较，如图8-11所示。

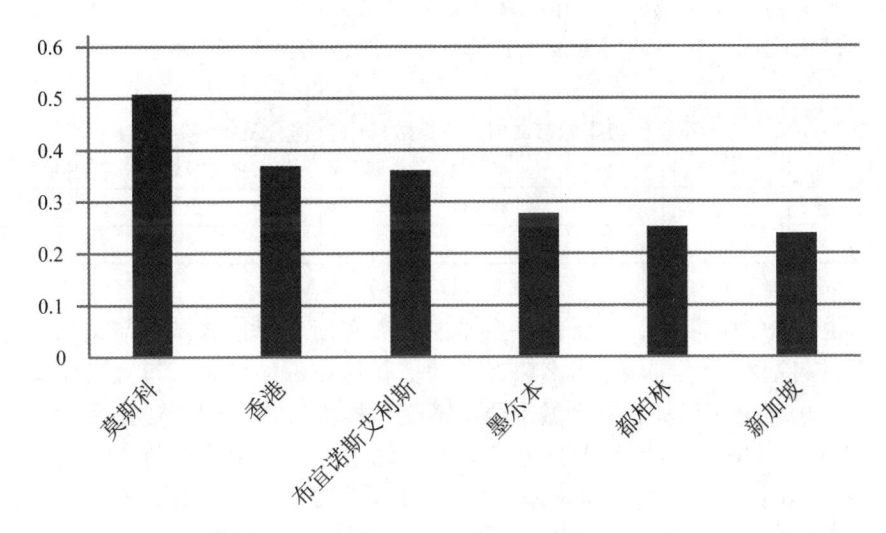

图 8-11　声誉优势型城市文化经济指数比较

可见，声誉优势型样本城市文化经济发展总体处于中偏低水平，梯度特征明显，末位城市新加坡得分不足首位莫斯科的一半，城市之间差距较大。莫斯科得分居全部样本城市第 9 位，相对领先。表明声誉优势型城市文化经济发展水平尚未进入世界第一方阵，由于各自的城市历史、区位特征、资源禀赋、产业基础等不同，文化经济形成各自的比较优势，对城市经济可持续发展的促进作用差异较大。"莫斯科是俄罗斯文化中心和经济中心，最大的综合性工业城市，经济、文化、科学研究、教育和新闻媒体等领域首脑机构的汇集地，芭蕾舞、歌剧、马戏表演、伏特加酒文化产业"[1] 等在世界享有盛誉。在俄罗斯发展文化产业的战略背景下，莫斯科通过"增加财政拨款、提高文化从业人员工资等一系列措施"[2] 扶持文化产业，舞台表演业、电影业、动画业、艺术设计等领域快速发展，文化经济显现活力。

（二）文创产业指数（C1）得分及排名

文创产业是文化经济的核心。在"资本时代已经过去，创意时代已经来临"的背景下，文创产业在城市可持续发展进程中发挥关键作用。文创产业指数采用"文创产业产值""文创产业增加值占 GDP 比重"两个测度指标，

---

[1] 吴洁：《浅析莫斯科城市文化产业空间发展形式》，《门窗》2013 年第 2 期。
[2] 张云波：《俄罗斯文化创意产业发展对我们的启示》，《质量与市场》2020 年第 13 期。

来反映文创产业在城市经济中的地位,衡量文创产业发展水平。声誉优势型样本城市文创产业指数得分及排名的具体数据,如表8-10所示。

表8-10 声誉优势型城市文创产业指数(C1)得分及排名

城　市	莫斯科	香港	新加坡	墨尔本	布宜诺斯艾利斯	都柏林
得　分	0.500	0.323	0.289	0.264	0.215	0.211
排　名	8	14	19	20	25	26

由表8-10可知,声誉优势型样本城市文创产业指数排名与文化经济指数排名基本一致,城市排名略有变动。新加坡位序前移,布宜诺斯艾利斯、都柏林位序后移,其余城市位序不变。样本城市文创产业指数得分的平均值为0.300,莫斯科得分为最高值,都柏林得分为最低值。莫斯科居于0.5—0.6分段,其余城市居于0.2—0.4分段。从城市排名看,莫斯科进入全部样本城市前10之列,香港、新加坡、墨尔本进入前20之列,布宜诺斯艾利斯、都柏林均居20位之后,排名相对靠后。声誉优势型样本城市文创产业指数得分比较,如图8-12所示。

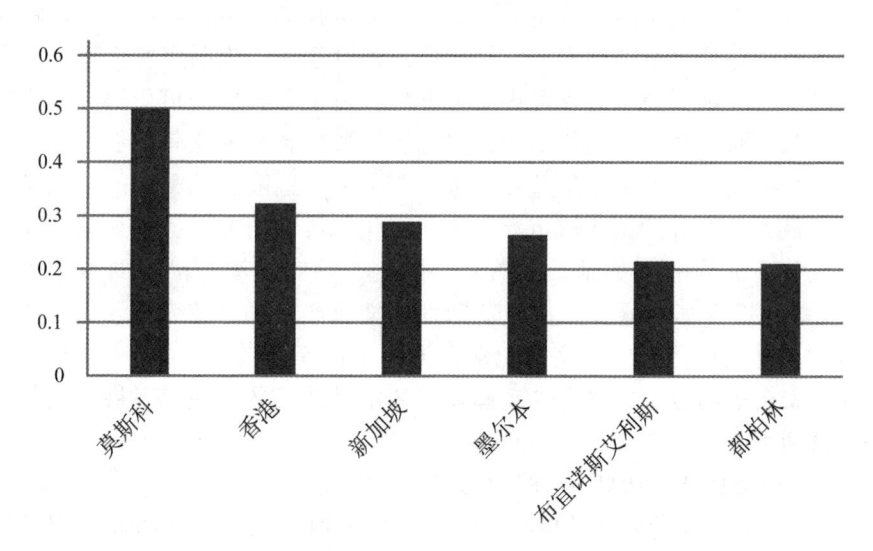

图8-12 声誉优势型城市文创产业指数比较

可见,声誉优势型样本城市文创产业发展总体处于中偏低水平,梯度特征明显,末位都柏林得分仅为首位莫斯科的42%,城市之间差距明显。表明声誉优势型城市文化创意产业在城市经济中的作用各不相同,莫斯科、香港进入全部样本城市前 15 之列，文创产业对城市经济增长的贡献相对突出。近十年来，莫斯科实施了积极的政策发展文创产业，为了吸引年轻创意者，专门成立了"莫斯科制作人中心"（Mosproducer），支持音乐、舞蹈和视觉艺术等艺术形式在公共空间表演，帮助表演者创造自己的品牌并培养观众，促进了艺术家与莫斯科政府部门、文化机构和商业音乐部门之间的对话。此外，通过改造利用工业旧厂房打造文创产业园区，鼓励私人文化机构发展，例如当代艺术车库博物馆和艺术设计中心，周边布局博物馆、画廊、商店和餐馆，形成由艺术和设计公司组成的创意集群，艺术品售卖、现场作画、音乐演奏等形成浓厚艺术氛围。香港特区政府从 1998 年开始推动创意经济发展，2006—2016 年，香港"文化创意产业增加值占地区生产总值的比重从 3.9% 上升到 4.5%"[1]，平均增速超过城市经济增速。

（三）文创从业人员指数（C2）得分及排名

文创从业人员是文化创意产业的核心要素，也是城市创意阶层的主体构成。文创从业人员指数用于反映城市文创产业的就业弹性和就业空间，采用"文创从业人员规模""文创从业人员占就业总人数比重"两个测度指标，衡量文创产业的就业吸纳能力，以及文创就业增长对城市经济增长的贡献。声誉优势型样本城市文创从业人员指数得分及排名的具体数据，如表 8-11 所示。

表 8-11　声誉优势型城市文创从业人员指数（C2）得分及排名

城　市	布宜诺斯艾利斯	莫斯科	香港	都柏林	墨尔本	新加坡
得　分	0.442	0.419	0.323	0.199	0.194	0.075
排　名	11	12	17	24	25	28

由表 8-11 可知，声誉优势型样本城市文创从业人员指数排名与文化经济指数排名有较大差异，城市排名整体后移。从城市位序看，布宜诺斯艾利斯、都柏林位序前移，莫斯科、香港、墨尔本位序后移，新加坡位序不变。样本城市文创从业人员指数得分的平均值为 0.275，布宜诺斯艾利斯得分最高，新加坡得分为最低值。布宜诺斯艾利斯、莫斯科、香港居于 0.3—0.5 分段，都柏林、墨尔本、新加坡居于 0—0.2 分段。从城市排名

---

[1] 香港特别行政区政府统计处：《香港文化创意产业发展报告》（2019 年 4 月 9 日），2020 年 8 月 25 日，https：//www.360kuai.com/pc/98d316961e1397368?cota=4&kuai_so=1&tj_url=so_rec&sign=360_57c3bbd1&refer_scene=so_1。

看，布宜诺斯艾利斯、莫斯科、香港进入全部样本城市前20之列，都柏林、墨尔本、新加坡均居20位之后，排名相对靠后。声誉优势型样本城市文创从业人员指数得分比较，如图8-13所示。

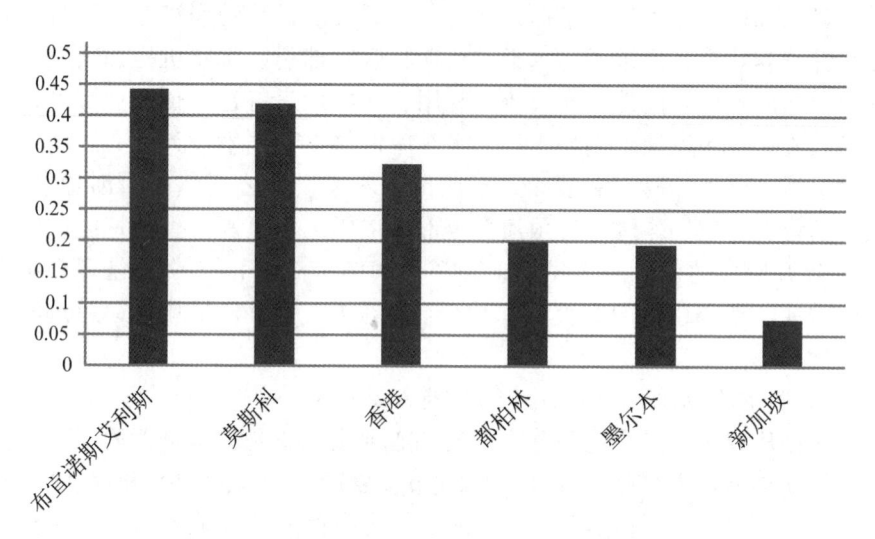

图8-13 声誉优势型城市文创从业人员指数比较

可见，声誉优势型样本城市的文创就业总体处于中低水平，梯度特征明显，末位新加坡得分仅为首位布宜诺斯艾利斯的17%，城市之间差距悬殊。表明声誉优势型城市因经济发展阶段、产业结构、行业优势的不同，文创产业直接和间接就业吸纳能力各异。从样本城市看，莫斯科、香港、墨尔本、新加坡文创产业的经济贡献和就业贡献基本一致，香港、墨尔本、新加坡文创产业对城市经济增长的贡献更为突出，布宜诺斯艾利斯、都柏林文创产业则对城市就业增长的贡献更为突出。布宜诺斯艾利斯是拉丁美洲创意产业发展的先锋，创意产业占其经济总量的近10%。通过城市重建和税收激励，积极探索创意产业可持续发展模式。其一，实施专项政策支持发达城市地区发展科技、视听、艺术和设计等创意产业，增强当地社区的包容性。其二，在城市中布局各类文化创意产业集聚区，促进大学提供智力支持和人才输出，培育由同行企业和人力资本所组成创业生态系统。其三，设立创意产业创新中心"大都会设计中心"（Metropolitan Design Centre），"支持产业的国际化，建设拉丁美洲设计领域的标杆城市"。① 其四，探索打造支持创新的文化基础设施"CheLA 研究中心"，推动大规模、长期性、跨学科的技术和艺术研究项目，促进数字技术和创造性艺术合作，结合社区、艺术和技术，支持现代数字艺术家多学科工作。2004 年至 2012 年，创意产业实际增长 89.1%，占城市 GDP 的 8.6%，创意产业从业人员近 15 万人，占城市劳动人口的 9.1%，其发达的创意产业引领着拉美的时尚、设计、建筑等潮流。（见图 8-14）

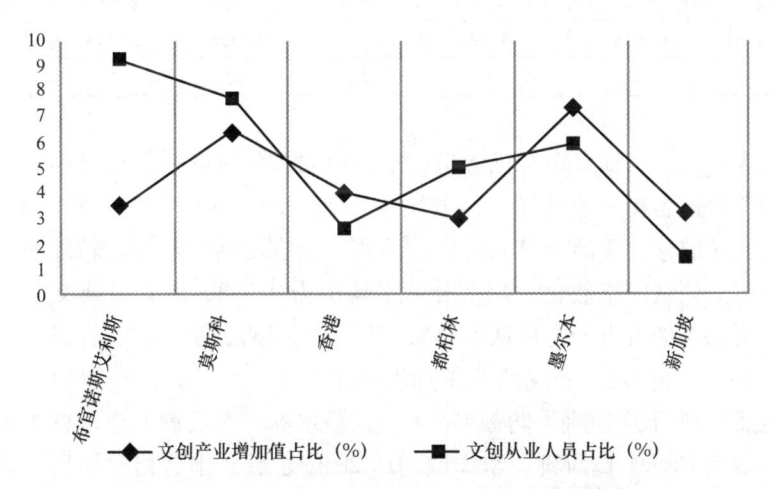

图 8-14　声誉优势型城市城文化经济主要指标比较

数据来源：根据 World Cities Cultural Forum 官网，《BUENOS AIRES》②、《Annual Employment Survey 2017》③、《CREATIVE CLUSTERS IN MOSCOW》④、《Creative Industries》⑤、《香港文化创意产业发展报告 2018》的相关数据整理。

五　文化氛围指数（D）评价

文化氛围指数（D）由文化活力指数（D1）、文化消费指数（D2）两个二级指标构成，反映城市的生活品质和城市宜居性，以及公众的感知

---

① 《布宜诺斯艾利斯》，2020 年 10 月 22 日，https：//zh.unesco.org/creative-cities/bu-yi-nuo-si-ai-li-si。
② BUENOS AIRES，2020-10-22，https：//en.unesco.org/creative-cities/buenos-aires。
③ Annual Employment Survey 2017，August 2018 Surveys Unit dbei.gov.ie，2020-10-22.
④ CREATIVE CLUSTERS IN MOSCOW，2019-6-28，2020-10-22，https：//capitalideas.moscow/creative-clusters-in-moscow/.
⑤ Creative Industries，2020-10-22，https：//melbourne.geografia.com.au/industries/CUST3.

度、参与度和认同度。下文将对声誉优势型样本城市文化氛围指数总指标和各二级指标分别进行分析评价。

(一) 文化氛围指数 (D) 总指标得分及排名

声誉优势型样本城市文化氛围指数总指标得分及排名的具体数据，如表8-12所示。

表8-12　　声誉优势型城市文化氛围指数 (D) 得分及排名

城　市	布宜诺斯艾利斯	墨尔本	香港	都柏林	莫斯科	新加坡
得　分	0.643	0.593	0.579	0.536	0.478	0.397
排　名	7	15	18	22	24	29

由表8-12可知，声誉优势型样本城市的文化氛围指数总指标得分与文化功能得分排名有一定差异，部分城市排名变动。从城市位序看，墨尔本、都柏林位序前移，香港、莫斯科位序后移，布宜诺斯艾利斯、新加坡位序不变。城市文化氛围指数总指标得分的平均值为0.538，布宜诺斯艾利斯得分为最高值，新加坡得分为最低值。布宜诺斯艾利斯、墨尔本、香港、都柏林居于0.5—0.7分段，莫斯科、新加坡居于0.3—0.5分段。从城市排名看，布宜诺斯艾利斯居全部样本城市第7位，墨尔本、香港进入全部样本城市前20之列，都柏林、莫斯科、新加坡均居20位之后，排名相对靠后。声誉优势型样本城市文化氛围指数得分比较，如图8-15所示。

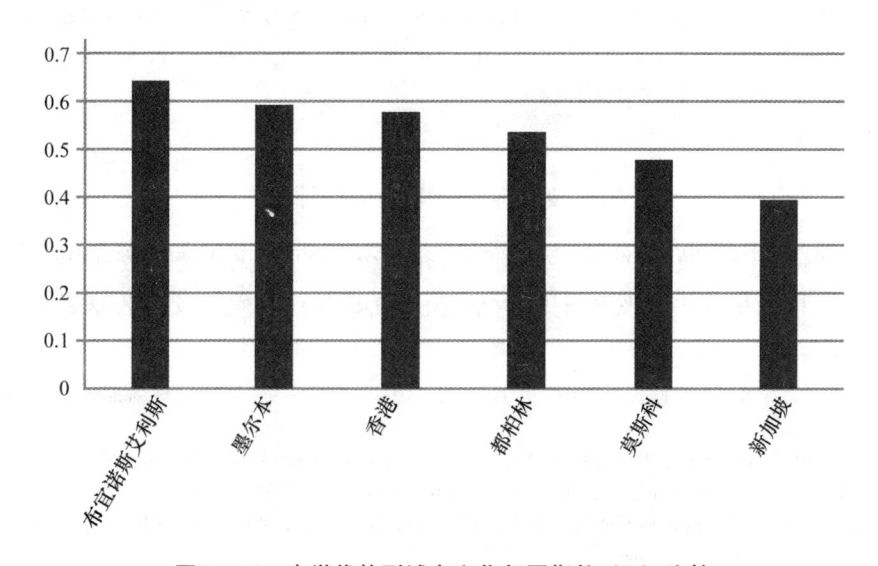

图8-15　声誉优势型城市文化氛围指数 (D) 比较

可见，声誉优势型样本城市文化氛围建设总体处于中低水平，梯度特征较为明显。布宜诺斯艾利斯、墨尔本相对领先，在世界城市中形成了具有较高识别度的文化氛围，其余城市则得分偏低。表明声誉优势型城市生活品质差异较大，领先城市文化消费较为活跃，对公众具有较强的吸引力。

（二）文化活力指数（D1）得分及排名

文化活力是城市文化生命力旺盛与否的外在表现。凯文·林奇在《城市意象》中，将城市活力作为评价空间质量的重要基准，文化活力反映了城市文化品格和市民生活状态。文化活力指数采用6个测度指标，包括"年入境国际游客人数""国际学生人数""节庆活动数量""人均酒吧/咖啡厅/茶馆拥有量""人均餐厅拥有量""人均夜店拥有量"，用于衡量城市文化的吸引力和参与度。声誉优势型样本城市文化活力指数得分及排名的具体数据，如表8-13所示。

表8-13　声誉优势型城市文化活力指数（D1）得分及排名

城　市	布宜诺斯艾利斯	香港	都柏林	墨尔本	莫斯科	新加坡
得　分	0.758	0.691	0.619	0.613	0.513	0.477
排　名	5	8	20	22	25	27

由表8-13可知，声誉优势型样本城市文化活力指数得分排名与文化氛围指数总指标得分大体一致，城市排名略有变动。从城市位序看，香港、都柏林位序前移，墨尔本位序后移，布宜诺斯艾利斯、莫斯科、新加坡位序不变。样本城市文化活力指数得分的平均值为0.612，布宜诺斯艾利斯得分为最高值，新加坡得分为最低值。布宜诺斯艾利斯、香港、都柏林、墨尔本居于0.6—0.8分段，莫斯科、新加坡居于0.4—0.6分段。从城市排名看，布宜诺斯艾利斯、香港进入全部样本城市前10之列，都柏林进入前20之列，墨尔本、莫斯科、新加坡均居20位之后，排名相对靠后。声誉优势型样本城市文化活力指数得分比较，如图8-16所示。

可见，声誉优势型样本城市文化活力水平差异较大，梯度特征比较明显，城市之间存在一定差距。表明声誉优势型城市激发文化活力的成效不同，布宜诺斯艾利斯、香港相对领先，现代化、国际化程度相对较高，重视生活服务发展和地方风格塑造，生活消费的"舒适物"[①]与活动较多，

[①] Daniel Aaron Silver, "American Landscape: Amenities, Scenes and Local Quality of Life", *Region, Economy and Society*, 2012, pp. 97–114.

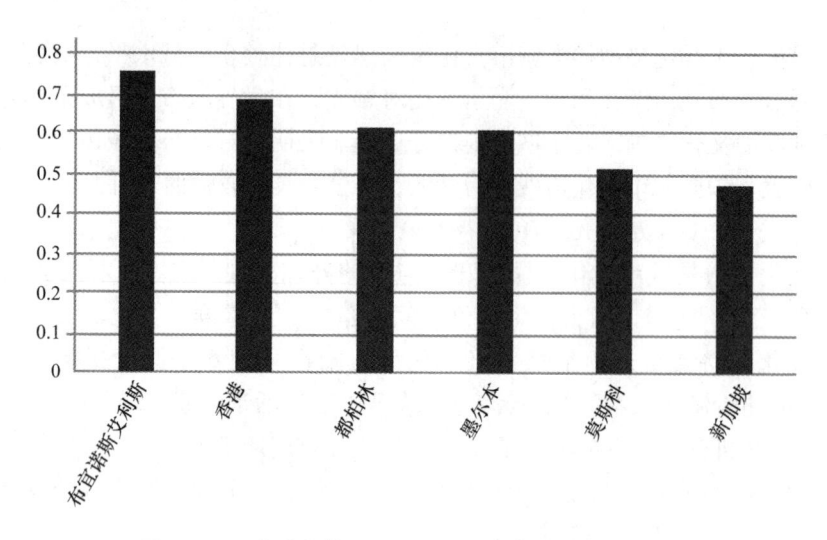

图 8 - 16　声誉优势型城市文化活力指数（D1）比较

注重文化意义的嵌入和精神空间的营建，城市生活品质较高。香港是亚洲旅游发展势头最为强劲的城市，连续 8 年获评全球最受欢迎旅游城市。该研究报告根据 2017 年国际入境人数统计，覆盖 600 多个城市。2017 年香港接待的国际游客超过 5800 万人次，较 2016 年增长 7%，以其独特的城市文化氛围吸引国际游客关注。布宜诺斯艾利斯将酒吧视为城市文化遗产，认为酒吧作为城市生活的一部分，不仅是名人、思想家交流的场所，更是居民和游客重要的活动地点，具有独特的功能。2020 年为应对新冠肺炎疫情，政府允许知名酒吧在公共空间开放，将其作为文化场所给予资金支持，为公众提供参与文化生活的机会。（见图 8 - 17）

（三）文化消费指数（D2）得分及排名

文化消费不同于物质消费，是人们更高层次的精神需要，具有情感体验和价值指向，溢出效应和外部性特征明显。文化消费指数采用"人均书店拥有量""人均电影银幕拥有量""年剧院入场人次""年艺术表演场次"4 个测度指标，用于衡量城市文化消费的层次和水平。声誉优势型样本城市文化消费指数得分及排名的具体数据，如表 8 - 14 所示。

表 8 - 14　声誉优势型城市文化消费指数（D2）得分及排名

城　市	墨尔本	布宜诺斯艾利斯	莫斯科	香港	新加坡	都柏林
得　分	0.695	0.565	0.545	0.441	0.350	0.309
排　名	6	10	11	22	25	29

第八章　声誉优势型城市世界文化名城建设评价　277

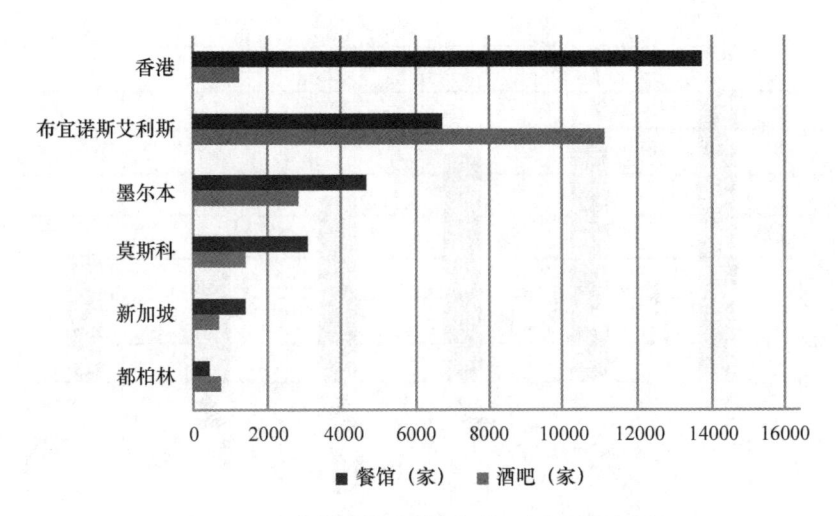

图 8 – 17　声誉优势型城市餐馆、酒吧数量比较

数据来源：World Cities Cultural Forum 官网。

由表 8 – 14 可知，声誉优势型样本城市文化消费指数得分排名与文化氛围指数总指标得分排名有较大差异，城市排名变动较大。从城市位序看，墨尔本、莫斯科、新加坡位序前移，布宜诺斯艾利斯、香港、都柏林位序后移。样本城市文化消费指数得分的平均值为 0.481，墨尔本得分为最高值，都柏林得分为最低值。墨尔本、布宜诺斯艾利斯、莫斯科居于 0.5—0.7 分段，香港、新加坡、都柏林居于 0.3—0.5 分段。从城市排名看，墨尔本、布宜诺斯艾利斯进入全部样本城市前 10 之列，莫斯科进入前 20 之列，香港、新加坡、都柏林均居 20 位之后，排名相对靠后。声誉优势型样本城市文化消费指数得分比较，如图 8 – 18 所示。

可见，声誉优势型样本城市文化消费的梯度特征明显，末位都柏林得分不到首位墨尔本的二分之一，城市之间差距较大。表明声誉优势型城市文化消费水平差距较大，墨尔本居全部样本年城市第 6 位，相对领先。墨尔本是澳大利亚的"文化首都"和文学摇篮，全球第二个"文学之城"，有着灿烂的文学和艺术传统，"孕育了澳大利亚三分之一的作家，也是澳大利亚出版业发源地"。[①] 这里文化消费环境优越，公众文化消费能力较强，文化消费层次较高，城中实体书店超过 1600 家，每十万人拥有的书店超过 30 家，居声誉优势型样本城市之首。墨尔本有"澳洲喜剧艺术之都"的美誉，每年举办 400 个节日和庆典活动、500 多场喜剧表演。诞生

---

① 王世伟等：《国际大都市图书馆服务体系述略》，上海人民出版社 2013 年版。

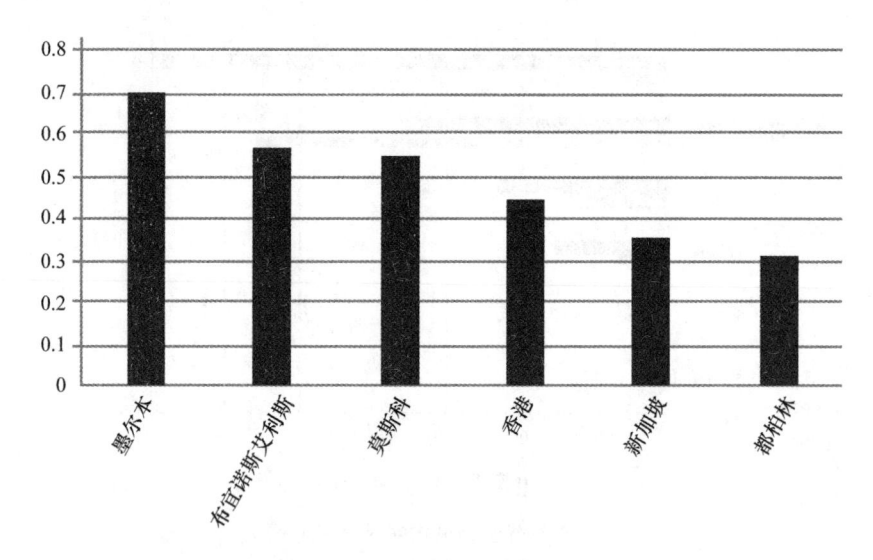

图 8-18 声誉优势型城市文化消费指数（D2）比较

于 1987 年的墨尔本国际喜剧节（Melbourne International Comedy Festival）是世界最重要的喜剧节之一，节日期间吸引 70 万人来到城市。墨尔本的现场音乐极具活力，有 550 多个现场音乐场所和 50 家黑胶唱片店。墨尔本注重发挥文学在城市发展中的重要作用，促进文学走向大众，为世界城市提升文化消费水平提供了范例。（见图 8-19）

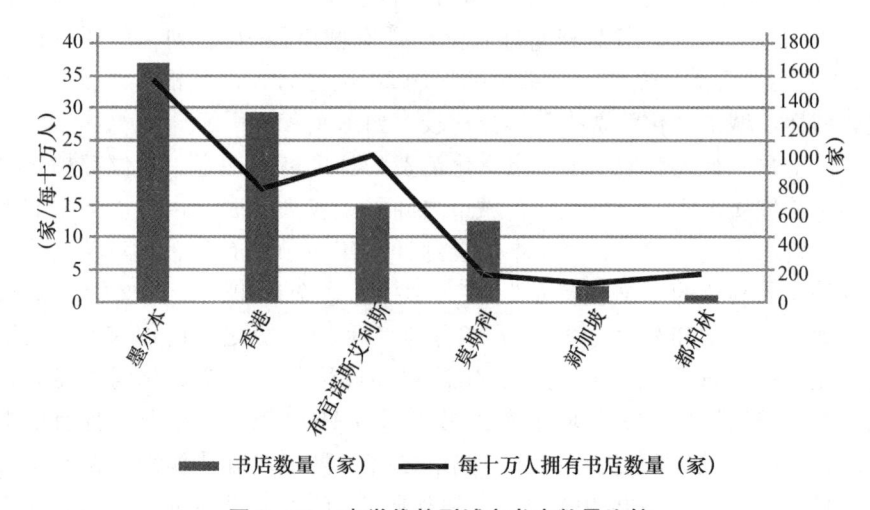

图 8-19 声誉优势型城市书店数量比较

数据来源：World Cities Cultural Forum 官网。

第三节 声誉优势型城市文化声誉建设评价

世界文化名城文化声誉由文化治理指数（E）、文化形象指数（F）两个指标来衡量。本节将依据文化声誉各指标指数综合得分及排名、分项指标指数得分及排名，对声誉优势型样本城市文化声誉建设水平进行比较评价。

一 文化声誉总体评价

赋予文化声誉综合评价分值为100分，对各分项指标指数加权平均并进行百分制转换，计算出声誉优势型样本城市文化声誉得分，以反映和比较各城市世界文化名城文化声誉建设的整体水平和情况。声誉优势型样本城市文化声誉得分及排名如表8-15所示。

表8-15　声誉优势型城市文化声誉得分及排名

城　市	新加坡	香港	布宜诺斯艾利斯	墨尔本	莫斯科	都柏林
得　分	75.4	74.1	71.7	71.6	71.0	68.0
排　名	7	8	12	13	14	16

由表8-15可知，声誉优势型样本城市文化声誉得分与世界文化名城指数综合得分排名有较大差异，城市排名整体前移。从城市位序看，新加坡位序前移，布宜诺斯艾利斯、莫斯科、都柏林位序后移，香港、墨尔本位序不变。声誉优势型样本城市文化声誉得分的平均值为71.97，新加坡得分为最高值，都柏林得分为最低值。新加坡、香港、布宜诺斯艾利斯、墨尔本、莫斯科分值居于70—80分段，都柏林得分居于60—70分段。从城市排名来看，新加坡、香港进入全部样本城市前10之列，其余城市均进入前20之列。可见，声誉优势型城市文化声誉建设整体水平较高，城市之间差距较小。亚洲城市相对领先，新加坡的文化发展战略、香港时尚多元与中西荟萃的国际都会形象等都在世界享有盛誉。声誉优势型样本城市文化声誉得分比较，如图8-20所示。

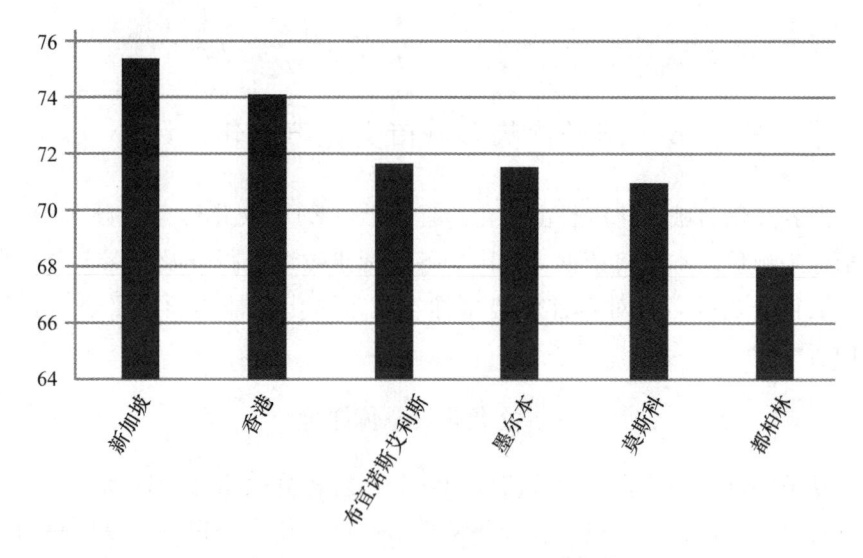

图 8-20 声誉优势型城市文化声誉得分比较

二 文化治理指数（E）评价

文化治理指数（E）由文化战略指数（E1）、文化管理指数（E2）两个二级指标构成，反映一个城市政府在文化建设行为方面的组织特征、能力及国际吸引力，以及为提升文化声誉而形成的发展成效和比较优势。下文对声誉优势型样本城市文化治理指数总指标和各二级指标分别进行分析评价。

（一）文化治理指数（E）总指标得分及排名

声誉优势型样本城市文化治理指数总指标得分及排名的具体数据，如表 8-16 所示。

表 8-16　　声誉优势型城市文化治理指数（E）得分及排名

城　市	布宜诺斯艾利斯	都柏林	莫斯科	香港	新加坡	墨尔本
得　分	0.835	0.780	0.776	0.638	0.632	0.626
排　名	4	5	6	17	20	22

由表 8-16 可知，声誉优势型样本城市文化治理指数总指标得分排名与文化声誉得分排名有较大差异，城市排名变动明显。从城市位序看，布宜诺斯艾利斯、都柏林、莫斯科位序前移，香港、新加坡、墨尔本位序后移。样本城市文化治理指数得分的平均值为 0.715，布宜诺斯艾利斯得分

为最高值，墨尔本得分为最低值。布宜诺斯艾利斯居于0.8—0.9分段，都柏林、莫斯科居于0.7—0.8分段，香港、新加坡、墨尔本居于0.6—0.7分段。从城市排名看，布宜诺斯艾利斯、都柏林、莫斯科进入全部样本城市前10之列，香港、新加坡进入前20之列，墨尔本居第22位，排名相对靠后。声誉优势型样本城市文化治理指数得分比较，如图8-21所示。

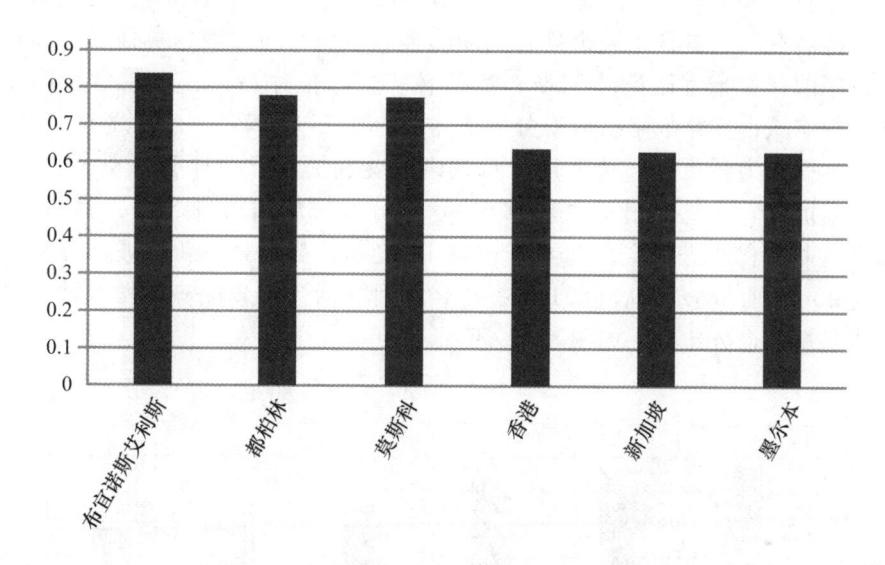

图8-21 声誉优势型样本城市文化治理指数比较

总体来看，声誉优势型样本城市文化治理整体处于中上水平，文化治理成为城市治理的重要内容，形成了较为健全的文化管理体制，实施国际化的文化战略，积极融入国际社会并得到广泛认可，文化投入能力较强，且文化领域政策更具适应性和包容性。其中布宜诺斯艾利斯、都柏林、莫斯科相对领先，香港、新加坡、墨尔本的文化治理水平基本相当，其文化治理现代化、国际化的实践为世界城市提供了范例。（见图8-21）

（二）文化战略指数（E1）得分及排名

文化战略指数用来衡量城市在文化方面的全局性、长远性筹划，主要反映政府基于城市发展需求，将文化纳入城市战略目标，向世界展示文化发展成就，以提升城市世界知名度和美誉度的成效。采用"城市文化发展愿景""参与国际性文化组织和项目"两个测度指标。声誉优势型样本城市文化战略指数得分及排名的具体数据，如表8-17所示。

表 8-17　声誉优势型城市文化战略指数（E1）得分及排名

城　市	莫斯科	布宜诺斯艾利斯	都柏林	新加坡	香港	墨尔本
得　分	0.875	0.868	0.839	0.735	0.733	0.682
排　名	5	8	11	16	17	21

由表 8-17 可知，声誉优势型样本城市文化战略指数排名与文化治理指数排名有较大差异，城市排名变动明显。从城市位序看，莫斯科、新加坡位序前移，布宜诺斯艾利斯、都柏林、香港位序后移，墨尔本位序不变。样本城市文化战略指数得分的平均值为 0.789，莫斯科得分为最高值，墨尔本得分为最低值。莫斯科、布宜诺斯艾利斯、都柏林居 0.8—0.9 分段，新加坡、香港、墨尔本居 0.6—0.8 分段。从城市排名看，莫斯科、布宜诺斯艾利斯进入全部样本城市前 10 之列，都柏林、新加坡、香港进入前 20 之列，墨尔本居第 21 位，排名相对靠后。声誉优势型样本城市文化战略指数得分比较，如图 8-22 所示。

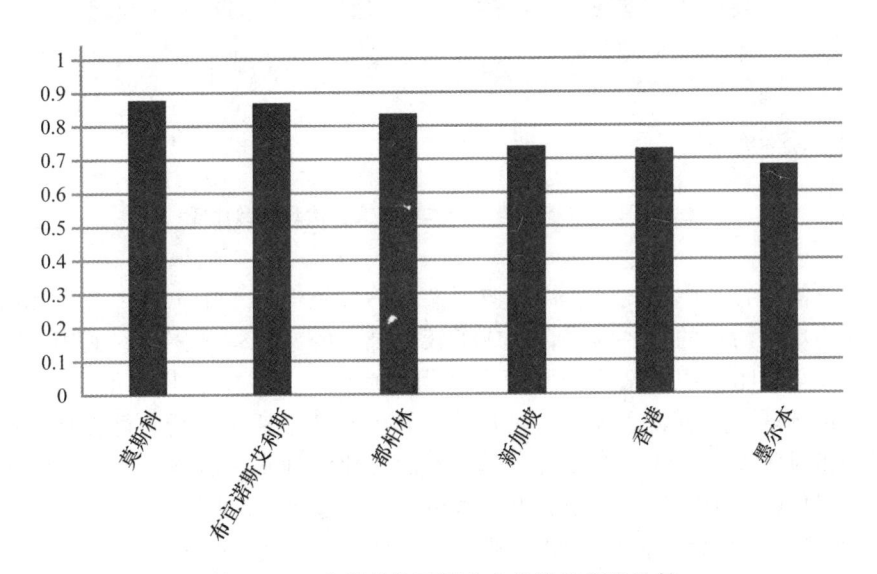

图 8-22　声誉优势型城市文化战略指数比较

可见，声誉优势型样本城市文化战略的制定整体处于中高水平，梯度特征不明显，城市之间差距较小。莫斯科相对领先，其余城市文化战略水平基本相当。表明声誉优势型城市普遍重视文化发展战略的国际声誉建设，以国际化的文化愿景引导城市可持续发展，积极参与世界文化组织和项目，努力提升城市在全球知名度和美誉度，为世界城市实施国际化文化战略提供了范例。2016 年，俄罗斯联邦政府"颁布了《2030 年前俄罗斯联邦国家文化政策战略》，实施俄罗斯民族文化复兴计划"[①]。在这一国家战略背景下，莫斯科积极与国际文化组织开展合作与交流，在世界范围扩大文化影响，塑造充满活力的现代文明城市的良好国际形象。莫斯科加入"世界城市文化论坛"，承办了"2016 年世界城市文化峰会"，全球 33 个主要城市的知名文化人士和政府官员与会，共同探讨城市文化的未来。论坛重点讨论了世界城市在二十一世纪面临的紧迫挑战，包括人口增加、不平等加剧、房地产价格飙升以及威胁可持续性和宜居性的环境问题。世界上许多城市经历的快速增长和规模增长给城市的凝聚力、宜居性和治理能力带来了巨大的问题。这使得发展和培育文化变得更加复杂，也更加必要。峰会达成共识，文化是城市治理的重要组成部分，而不是可选的附加内容。艺术能够跨越语言和国家的界限，城市政府在创建政策框架、促进伙伴关系中的战略作用变得越来越重要。莫斯科以文化促进国际关系建设，为世界城市提升文化战略水平提供了范例。都柏林制定了五年文化战略（2016—2021），提出到 2021 年"将文化、创意和创意产业定位为都柏林作为现代欧洲城市的全球竞争力和声誉的核心"的目标，积极融入国际社会，极大提升了都柏林在世界范围的文化声誉。

（三）文化管理指数（E2）得分及排名

文化管理指数用来衡量城市政府对文化发展的干预能力，主要比较政府文化管理体制的健全程度，以及文化发展投入能力，反映该城市在文化领域的制度安排水平。采用"政府文化组织机构""公共文化支出占财政总支出比"两个测度指标。声誉优势型样本城市文化管理指数得分及排名的具体数据，如表 8-18 所示。

表 8-18　　声誉优势型城市文化管理指数（E2）得分及排名

城　市	布宜诺斯艾利斯	都柏林	莫斯科	墨尔本	香港	新加坡
得　分	0.887	0.625	0.612	0.586	0.586	0.581
排　名	1	7	10	22	23	28

由表 8-18 可知，声誉优势型样本城市文化管理指数排名与文化治理指数排名基本一致，城市排名略有变动。从城市位序看，墨尔本位序前

---

① 李琳：《俄罗斯联邦国家文化战略解析》，《红旗文稿》2016 年第 8 期。

移,香港、新加坡位序后移,其余城市位序不变。样本城市文化管理指数得分的平均值为0.646,布宜诺斯艾利斯得分为最高值,新加坡得分为最低值。布宜诺斯艾利斯居于0.8—0.9分段,都柏林、莫斯科居于0.6—0.7分段,墨尔本、香港、新加坡居于0.5—0.6分段。从城市排名看,布宜诺斯艾利斯、都柏林、莫斯科进入全部样本城市前10之列,墨尔本、香港、新加坡均居20位之后,排名相对靠后。声誉优势型样本城市文化管理指数得分比较,如图8-23所示。

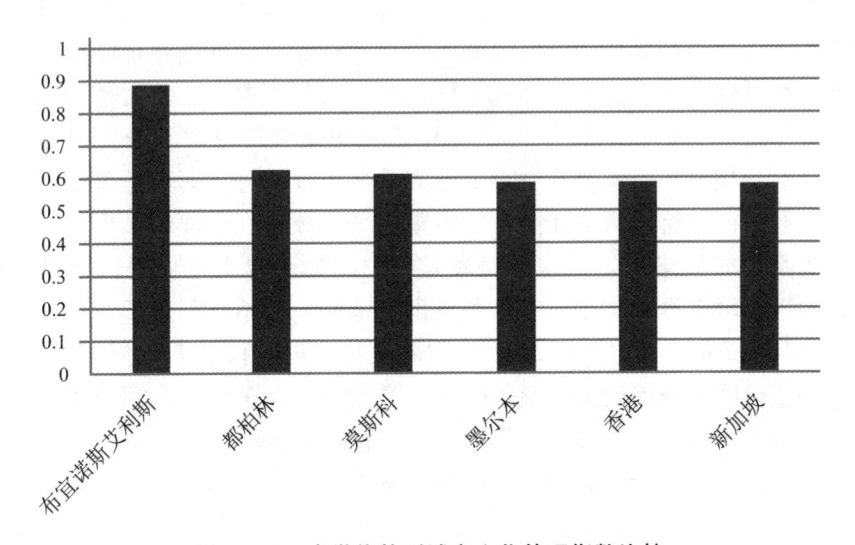

图8-23 声誉优势型城市文化管理指数比较

可见,声誉优势型样本城市文化管理整体处于中上水平,梯度特征较为明显,城市差距总体较小。美洲城市、欧洲城市相对领先,布宜诺斯艾利斯居全部样本城市首位,为世界城市提升文化管理水平提供了范例。其余城市差距不大,文化管理水平基本相当。表明声誉优势型城市虽然在政府层面都设立了文化事务部门,但由于各个国家的文化管理体制不同,在文化管理模式、文化投入的方向和强度各有不同。布宜诺斯艾利斯市政府设立了文化部,探索利用文化和创意产业来解决城市社会经济问题。政府投入公共资金扩建和修缮剧院和博物馆,加大欠发达社区的文化投入,打造艺术工厂、音乐厅、多学科文化中心和综合剧院,资助大众文化消费,并计划建立信托基金整合私营部门资金投入文化发展。例如,雷科莱塔文化中心(Centro Cultural Recoleta)开展视觉艺术、音乐、舞蹈、戏剧、文学、电影、城市文化和设计等多种活动,为青年创作者提供进入艺术的门户。此外，布宜诺斯艾利斯文化部实施"文化通行证计划"，重点资助公立中学四年级、五年级、六年级学生（16—18岁）的文化消费，受益学生将获得一张月卡，可用于购买图书、戏剧或音乐会门票等文化用品，还有其他文化用品特殊福利。学校的教师也是该计划的受益者，能够陪伴学生参加相关活动。该计划为年轻人提供更大的自主权选择感兴趣的文化活动，向更多受众推广多样化的常规文化消费，促进城市的文化产业发展。都柏林由市议会负责推动城市文化发展，将文化置于城市工作的中心，推动文化融入都柏林经济、教育、旅游，特别是社区和公民生活。市议会设立文化公司实施"都柏林文化联系"项目，由都柏林文化联系团队与其图书馆、艺术室、画廊、博物馆、剧院、社区团体、学校和年轻人等合作实施，让文化活动更加具体、更加贴近社区，让人们可以更好地了解都柏林的文化生态，并参与文化规划和政策制定。该项目因促进了文化政策为最需要的人服务，成功打造了文化赋权，在2018年"文化21国际大奖"中获得特别提名奖，为世界城市提供了文化管理创新实践的范例。

三 文化形象指数（F）评价

文化形象指数（F）由文化品牌指数（F1）、文化标志指数（F2）两个二级指标构成，反映社会公众对一个城市文化发展水平的总体印象和认知，即外界对城市性格、气质、魅力的综合评价，衡量文化在提升和维持世界城市地位中发挥的作用。下文将对声誉优势型样本城市文化形象指数总指标和各二级指标分别进行分析评价。

（一）文化形象指数（F）总指标得分及排名

声誉优势型样本城市文化形象指数总指标得分及排名的具体数据，如表8-19所示。

表8-19　　声誉优势型城市文化形象指数（F）得分及排名

城　市	新加坡	香港	墨尔本	莫斯科	布宜诺斯艾利斯	都柏林
得　分	0.613	0.593	0.556	0.480	0.463	0.434
排　名	7	8	10	14	16	18

由表8-19可知，声誉优势型样本城市文化形象指数总指标得分排名与文化声誉得分排名大体一致，城市排名略有变动。从城市位序看，墨尔本、莫斯科位序前移，布宜诺斯艾利斯位序后移，新加坡、香港、都柏林位序不变。样本城市文化形象指数得分的平均值为0.553，新加坡得分为

最高值，都柏林得分为最低值。新加坡、香港、墨尔本居于0.5—0.7分段，莫斯科、布宜诺斯艾利斯、都柏林居于0.4—0.5分段。从城市排名看，新加坡、香港、墨尔本进入全部样本城市前10之列，莫斯科、布宜诺斯艾利斯、都柏林进入前20之列。声誉优势型样本城市文化形象指数得分比较，如图8-24所示。

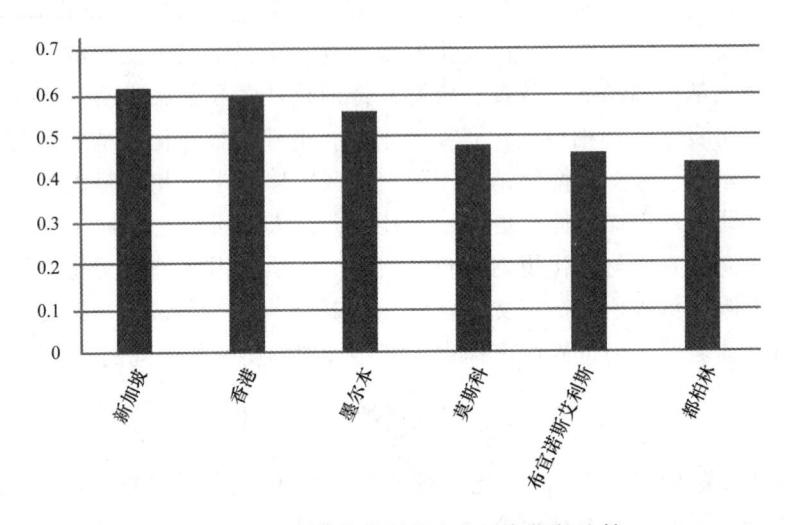

图8-24　声誉优势型是文化形象指数比较

总体来看，声誉优势型样本城市文化形象建设整体处于中上水平，梯度特征不明显，城市之间差距较小。表明声誉优势型城市的文化品牌、文化标志的识别度较高、影响力较大，在全球范围具有较高的显示度。相对而言，新加坡、香港、墨尔本城市文化形象更为独特鲜明，城市文化形象在国际社会拥有较高的知名度和美誉度，在世界城市中建立了较高的文化声誉。

（二）文化品牌指数（F1）得分及排名

文化品牌指数用来衡量城市可溢价、可增值的无形文化资产的品牌化建设水平，主要通过第三方权威机构评估数据，反映城市文化机构、文化事件、文化产品等对公众的国际知名度和吸引力。采用5个测度指标，包括"国际旅游目的地""年国际会议数量""国际体育赛事数量""世界一流大学数量""全球知名媒体数量"。声誉优势型样本城市文化品牌指数得分及排名的具体数据，如表8-20所示。

表8-20　　声誉优势型城市文化品牌指数（F1）得分及排名

城　市	新加坡	墨尔本	香港	莫斯科	布宜诺斯艾利斯	都柏林
得　分	0.659	0.638	0.591	0.526	0.464	0.452
排　名	7	8	10	12	17	18

由表8-20可知，声誉优势型样本城市文化品牌指数排名与文化形象指数排名基本一致，城市排名略有变动。从城市位序来看，墨尔本位序前移，香港位序后移，其余城市位序不变。样本城市文化品牌指数得分的平均值为0.555，新加坡得分为最高值，都柏林得分为最低值。新加坡、墨尔本居于0.6—0.7分段，香港、莫斯科居于0.5—0.6分段，布宜诺斯艾利斯、都柏林居于0.4—0.5分段。从城市排名看，新加坡、墨尔本、香港进入全部样本城市前10之列，莫斯科、布宜诺斯艾利斯、都柏林进入前20之列。声誉优势型样本城市文化品牌指数得分比较，如图8-25所示。

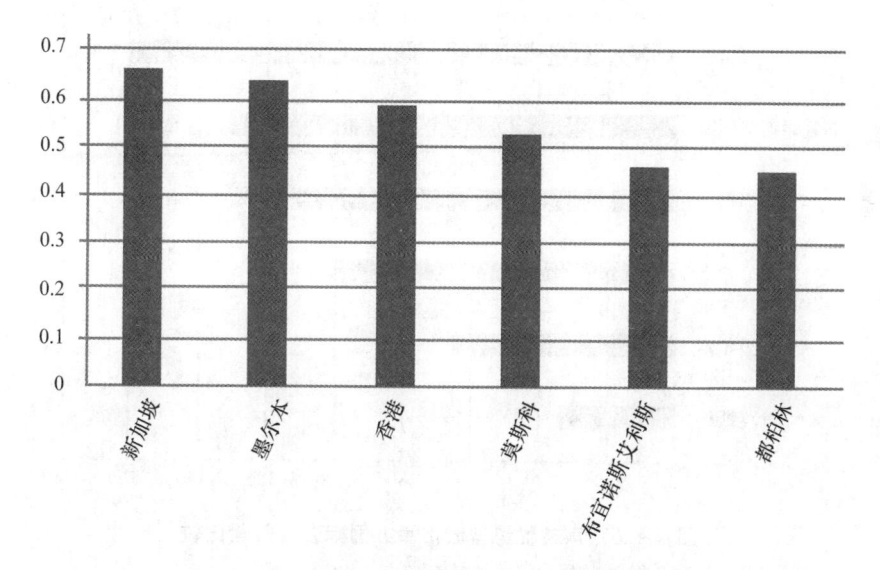

图8-25　声誉优势型城市文化品牌指数比较

可见，声誉优势型样本城市文化品牌建设整体处于中上水平，存在一定梯度，城市之间差距较小，新加坡、墨尔本相对领先。表明声誉优势型城市拥有较多具有世界知名度和影响力的文化品牌，形成了较为成熟的国际化品牌塑造和传播机制，文化品牌成为城市竞争优势的重要来源。从城市举办的国际会议数量来看,2019 年,新加坡、布宜诺斯艾利斯、都柏林举办国际会议次数居全球城市第 7、第 11、第 16 位,是全球领先的国际会议目的地。新加坡是"最佳国际会议国家"和"最佳国际会议城市",2014 年主办国际会议 850 次,名列全球城市第一。新加坡地理位置优越,国际吸引力强,是亚洲市场的重要枢纽。新加坡将体育赛事与国际会议相结合,举办国际会议数量一直稳居亚太地区城市首位。新加坡高等教育发展历程不长,大学数量并不多,但通过实施国际化战略,短期内实现了大学在世界排名的飞跃。例如"1997 年的'东方波士顿计划',提出将新加坡大学和南洋理工大学建设为世界一流大学的目标;1998 年又提出'十所顶级大学计划'(TOP10 计划),即在 10 年内至少引进 10 所世界一流大学"① 等,这些举措聚集了丰富的国际资源,快速提升了新加坡教育的国际化水平,在师生来源国际化程度、学科建设的国际化程度、国际合作项目数量等方面领先全球,新加坡国立大学、南洋理工大学成为新加坡耀眼的世界文化品牌。(见图 8 – 26)

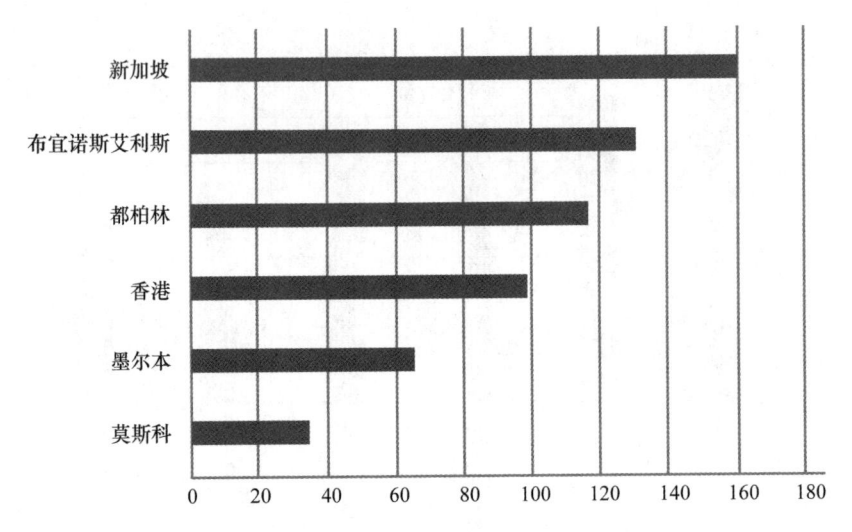

图 8 – 26　声誉优势型城市举办国际会议数量比较

数据来源:《2018 ICCA 国际会议统计报告》②。

---

① 阮蓁蓁、孟祥臣:《新加坡世界一流大学学科建设的特征》,《中国高校科技》2018 年第 1 期。
② 闫伟、张丽娟:《2018 ICCA 国际会议统计报告分析》(2019 年 5 月 27 日),2020 年 8 月 25 日,http://www.meetingschina.com/news13536.html。

（三）文化标志指数（F2）得分及排名

文化标志指数用来衡量城市空间的文化意象建构水平，通过城市建筑、绿地对城市空间的文化营造作用，反映城市空间的世界识别度和美誉度。采用"世界级文化地标数量""城市绿地率"两个测度指标。声誉优势型样本城市文化标志指数得分及排名的具体数据，如表8-21所示。

表8-21　声誉优势型城市文化标志指数（F2）得分及排名

城　市	香港	新加坡	布宜诺斯艾利斯	都柏林	莫斯科	墨尔本
得　分	0.598	0.472	0.459	0.376	0.341	0.304
排　名	7	13	15	22	25	27

由表8-21可知，声誉优势型样本城市文化标志指数总指标得分及排名与文化形象指数排名有较大差异，城市排名整体后移。从城市位序看，香港、布宜诺斯艾利斯、都柏林位序前移，新加坡、莫斯科、墨尔本位序后移。样本城市文化标志指数得分的平均值为0.425，香港得分为最高值，墨尔本得分为最低值。香港居0.5—0.6分段，新加坡、布宜诺斯艾利斯居0.4—0.5分段，都柏林、莫斯科、墨尔本居0.3—0.4分段。从城市排名看，香港位列全部样本城市第7位，新加坡、布宜诺斯艾利斯进入前15之列，都柏林、莫斯科、墨尔本均居20位之后，排名相对靠后。声誉优势型样本城市文化标志指数得分比较，如图8-27所示。

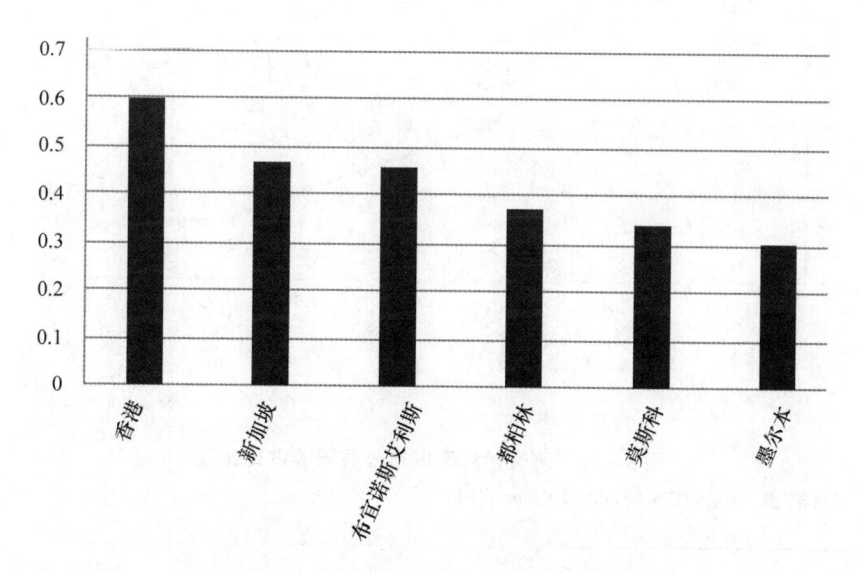

图8-27　声誉优势型城市文化标志指数比较

可见，声誉优势型样本城市文化标志塑造水平呈两极分化，梯度特征明显，末位墨尔本得分仅为首位香港的51%，城市之间有较大差距，亚洲城市相对领先。表明声誉优势型城市文化标志塑造水平差距较大，部分城市形成了具有国际知名度、美誉度的标志性文化空间，文化元素深度融入城市空间有机更新，而部分城市在高品质宜居空间建设方面还有较大差距。新加坡是亚洲金融中心和国际交通枢纽，多元文化融贯东西，自20世纪90年代开始，打造了若干具有地域文化特色的地标性文化设施，[①] 并将建设世界级的"花园城市"纳入国家长期战略，持续推进公园建造以及街头绿化和社区绿化，注重城市绿化的系统性建设和品质提升，以生态文化建设诠释城市可持续发展。通过构建绿化规划控制体系，打造国家自然保护区，构建公园体系，实施公园连道计划PCN和生态修复ABC水计划，营造高品质的公共空间，使"花园城市"成为备受世界瞩目的独特标签，为世界城市文化标志建设提供了借鉴。新加坡是目前世界上绿化率最高的城市之一，2019年绿化覆盖率超过40%，公园总面积为4441公顷，人均公园面积达到7.9平方米，84%的居民可在10分钟内步行到达邻近公园，公园绿道建设总长度为327千米，空中绿化面积达到110公顷。都柏林的城市宜居性很高，众多的园林是城市的生机与"绿肺"之所在，著名的凤凰公园（Phoenix Park）、自然保护区、乔治亚广场和运动场所等，绿色空

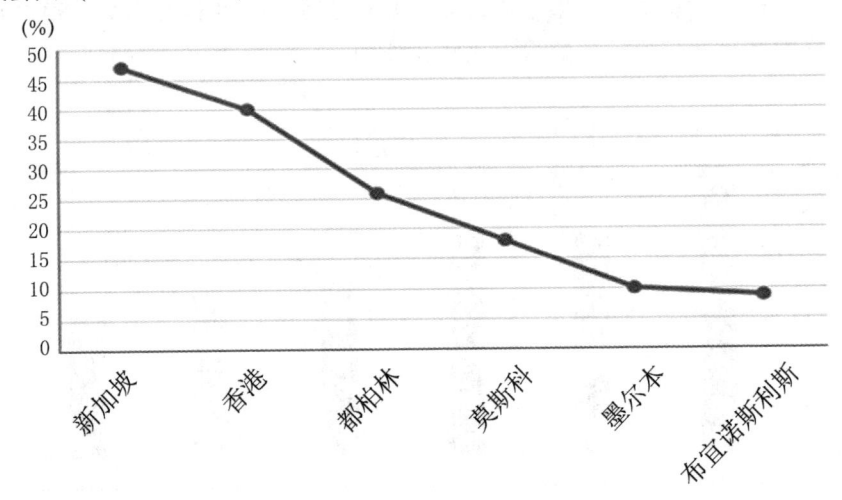

图8-28 声誉优势型城市公共绿地占比比较

数据来源：World Cities Cultural Forum官网。

---

① 彭诚鑫：《新加坡开埠200年：从孤立荒岛到花园城市》，《看世界》2019年第8期。

间多达 2000 公顷。莫斯科则将绿色空间作为文化升级的重要部分，城市公园用于更多的文化活动和节日。

根据样本城市各指标指数得分情况，声誉优势型样本城市世界文化名城评价指标排名如表 8-22 所示。

表 8-22　　声誉优势型城市世界文化名城评价指标排名

样本城市	世界文化名城指数排名	文化功能					文化声誉		
		排名	文化资产指数排名	文化要素指数排名	文化经济指数排名	文化氛围指数排名	排名	文化治理指数排名	文化形象指数排名
布宜诺斯艾利斯	11	16	12	25	18	7	12	4	16
香港	14	17	24	6	16	18	8	17	8
莫斯科	17	18	16	18	9	24	14	6	14
墨尔本	18	20	18	22	20	15	13	22	10
都柏林	19	21	13	23	26	22	16	5	18
新加坡	22	27	21	17	28	29	7	20	7

布宜诺斯艾利斯的世界文化名城指数（G）指标得分为 0.753，居全部样本城市第 11 位。从两大比较维度看，布宜诺斯艾利斯文化功能得分排名第 16，文化声誉得分排名第 12，世界文化名城"功能—声誉"水平有一定偏离。从六大比较领域看，布宜诺斯艾利斯文化氛围、文化治理 2 项指数排名进入全部样本城市前 10 之列，文化资产、文化经济、文化形象 3 项指数排名进入前 20 之列，文化要素指数居第 25 位，排名相对靠后。从三级指标看，布宜诺斯艾利斯文化设施、文化活力、文化消费、文化战略、文化管理 5 项指数排名进入全部样本城市前 10 之列，其中文化管理指数居第 1 位，文化活力指数居第 5 位，在样本城市中领先。

香港的世界文化名城指数（G）指标得分为 0.744，居全部样本城市第 14 位。从两大比较维度看，文化功能得分排名第 17，文化声誉得分排名第 8，世界文化名城"功能—声誉"水平明显偏离。从六大比较领域看，香港文化要素、文化形象 2 项指数排名进入全部样本城市前 10 之列，文化经济、文化氛围、文化治理 3 项指数排名进入全部样本城市前 20 之列，文化资产指数居第 24 位，排名相对靠后。从三级指标看，香港文化科技、文化活力、文化品牌、文化标志 4 项指数排名进入全部样本城市前 10 之列，其中文化科技指数居第 6 位，在样本城市中领先。

莫斯科的世界文化名城指数（G）指标得分为 0.726，居全部样本城市第 17 位。从两大比较维度看，莫斯科文化功能得分排名第 18，文化声誉得分排名第 14，世界文化名城"功能—声誉"水平有一定偏离。从六大比较领域看，莫斯科文化经济、文化治理 2 项指数排名进入全部样本城市前 10 之列，文化资产、文化要素、文化形象 3 项指数排名进入前 20 之列，文化氛围指数居第 24 位，排名相对靠后。从三级指标看，文化遗产、文创产业、文化战略 3 项指数排名进入全部样本城市前 10 之列，其中文化战略指数居第 5 位，在样本城市中领先。

墨尔本的世界文化名城指数（G）指标得分为 0.719，居全部样本城市第 18 位。从两大比较维度看，墨尔本的文化功能得分排名居第 20，文化声誉得分排名居第 13，世界文化名城"功能—声誉"水平有一定偏离。从六大比较领域看，墨尔本文化形象指数排名进入全部样本城市前 10 之列，文化资产、文化氛围 2 项指数排名进入前 20 之列，文化经济指数居第 20 位，文化要素、文化治理指数均居第 22 位，排名相对靠后。从三级指标看，墨尔本文化消费、文化品牌 2 项指数排名进入全部样本城市前 10 之列，其中文化消费指数居第 6 位，在样本城市中领先。

都柏林的世界文化名城指数（G）指标得分为 0.707，居全部样本城市第 19 位。从两大比较维度看，都柏林文化功能得分排名第 21，文化声誉得分排名第 16，世界文化名城"功能—声誉"水平有一定偏离。从六大比较领域看，都柏林文化治理指数居全部样本城市第 5 位，文化资产、文化形象 2 项指数排名居前 20 之列，文化要素、文化经济、文化氛围指数排名相对靠后。从三级指标看，文化设施、文化管理 2 项指数排名进入全部样本城市前 10 之列，其中文化设施指数居第 5 位，在样本城市中领先。

新加坡的世界文化名城指数（G）指标得分为 0.679，居全部样本城市的第 22 位。从两大比较维度看，新加坡的文化功能得分居第 27 位，文化声誉得分排名居第 7，世界文化名城"功能—声誉"水平明显偏离。从六大比较领域看，新加坡文化形象指数居全部样本城市第 7 位，文化要素、文化治理 2 项指数排名进入前 20 之列，文化资产指数居第 21 位，文化经济指数居第 28 位，文化氛围指数居第 29 位，排名相对靠后。从三级指标看，新加坡文化品牌指数居第 4 位，在样本城市中领先。

综上，声誉优势型样本城市世界文化名城指数总体处于中间层次，文化功能和文化声誉存在偏离，文化声誉建设在样本城市中居中上水平，6 大评价维度均未出现标杆值和最低值，部分城市文化要素指数（香港）、文化治理指数（布宜诺斯艾利斯）、文化形象指数（新加坡）靠近标杆值；12 大比较领域中有 1 项指数出现标杆值，即文化管理指数（布宜诺斯艾利斯),部分城市文化设施指数(都柏林)、文化科技指数(香港)、文化战略指数(莫斯科)、文化品牌指数(新加坡)靠近标杆值。此类城市文化发展的整体性较好,现代化、国际化水平较高,将文化视为重要竞争资源,在国际社会具有突出的显示度、知名度、美誉度,世界文化名城建设具有一定的引领性和创新性。从城市特征看,其一,声誉优势型样本城市有着数百年的建城史或开埠史,多为移民城市,是现代文化艺术发源地或多元文化交汇地;其二,此类城市大多沿河沿江沿海,是全球重要交通枢纽,所在国家的政治中心、经济中心、文化中心,在国际文化交流中发挥重要作用;其三,此类城市均为大城市或超大城市,拥有多元混合、自由开放、东西兼容的文化群体;其四,此类城市均进入发达经济体行列,文化发展能力较强。此外,声誉优势型只是对此类样本城市总体情况的反映,该类城市文化功能建设相对滞后,文化发展的协调性欠佳,部分指标排名差距仍然较大,例如香港的文化资产指数,都柏林的文化要素指数,新加坡的文化经济和文化氛围指数,布宜诺斯艾利斯的文化科技指数,墨尔本的文化标志指数等,均未进入全部样本城市前 20 之列,世界文化名城建设还存在明显的短板和劣势。

第九章 低度均衡型城市世界文化名城建设评价

本章是全书实证分析的主要部分之一，基于世界文化名城"功能—声誉"评价模型的框架，对低度均衡型城市世界文化名城建设进行评价。评价步骤是按照两大基础维度和六大评价维度，首先分析低度均衡型样本城市世界文化名城总指数，并根据分析结果，对低度均衡型城市世界文化名城建设做出总体评价。其次分析文化功能和文化声誉的得分排名，比较一级指标和二级指标综合得分的排名，对低度均衡型城市世界文化名城建设做出具体评价。

第一节 低度均衡型城市世界文化名城指数（G）评价

低度均衡型城市指世界文化名城"功能弱—声誉低"的样本城市，具体包括悉尼、西安、武汉、迪拜、开罗、哈尔滨、开普敦、波哥大、郑州和约翰内斯堡10个城市，其中悉尼位于澳洲，波哥大位于美洲，西安、武汉、迪拜、哈尔滨、郑州位于亚洲，开罗、开普敦、约翰内斯堡位于非洲。这些城市在文化功能和文化声誉两个维度上呈现相对均衡状态，但总体水平偏低，文化资产、文化要素、文化经济、文化氛围、文化战略和文化形象六个维度的整体性和协调度欠佳。其中，开罗的文化功能、郑州的文化声誉有较大提升空间。以此10个样本城市为代表，运用世界文化名城"功能—声誉"评价模型对其分别进行分析，借以对低度均衡型城市世界文化名城建设水平进行总体评价。

一 世界文化名城总指数（G）评价过程

世界文化名城指数（G）是由文化资产指数（A）、文化要素指数

(B)、文化经济指数（C）、文化氛围指数（D）、文化治理指数（E）、文化形象指数（F）六个评价指标构成的总指标，计算各分项指标指数综合得分的代数和可得到世界文化名城指数最终得分，通过世界文化名城指数可以方便地比较样本城市世界文化名城建设总体情况。依据世界文化名城指数的综合得分及排名对比，可对低度均衡型样本城市进行比较评价。

二　世界文化名城指数（G）指标得分及排名

低度均衡型样本城市世界文化名城指数得分及排名具体数据如表9-1所示。

表9-1　低度均衡型城市世界文化名城指数（G）得分及排名

城市	悉尼	西安	迪拜	开普敦	武汉	哈尔滨	开罗	郑州	波哥大	约翰内斯堡
得分	0.706	0.642	0.637	0.630	0.629	0.622	0.606	0.601	0.592	0.553
排名	20	23	24	25	26	27	28	29	30	31

由表9-1可知，低度均衡型样本城市在全部样本城市中的排名相对靠后，世界文化名城建设水平基本相当，城市之间差距不大。样本城市世界文化名城指数得分平均值达到0.622，悉尼得分为最高值，约翰内斯堡得分为最低值。悉尼分值居于0.7—0.8分段；西安、迪拜、开普敦、武汉、哈尔滨、开罗、郑州居于0.6—0.7分段，波哥大、约翰内斯堡相对靠后，居于0.5—0.6分段。从城市排名看，除悉尼进入全部样本城市前20之列，其余城市均居20位之后，排名靠后。可见，低度均衡型城市文化发展水平整体偏低，梯度特征比较明显，其中亚洲城市占5席，非洲城市占3席，美洲城市占1席，澳洲城市占1席。低度均衡型样本城市指数（G）得分比较，如图9-1所示。

第二节　低度均衡型城市文化功能建设评价

世界文化名城文化功能由文化资产指数（A）、文化要素指数（B）、文化经济指数（C）、文化氛围指数（D）4个指标来衡量。本节将依据文化功能各指标指数综合得分及排名、分项指标指数得分及排名，对低度均衡型样本城市的文化功能建设水平进行比较评价。

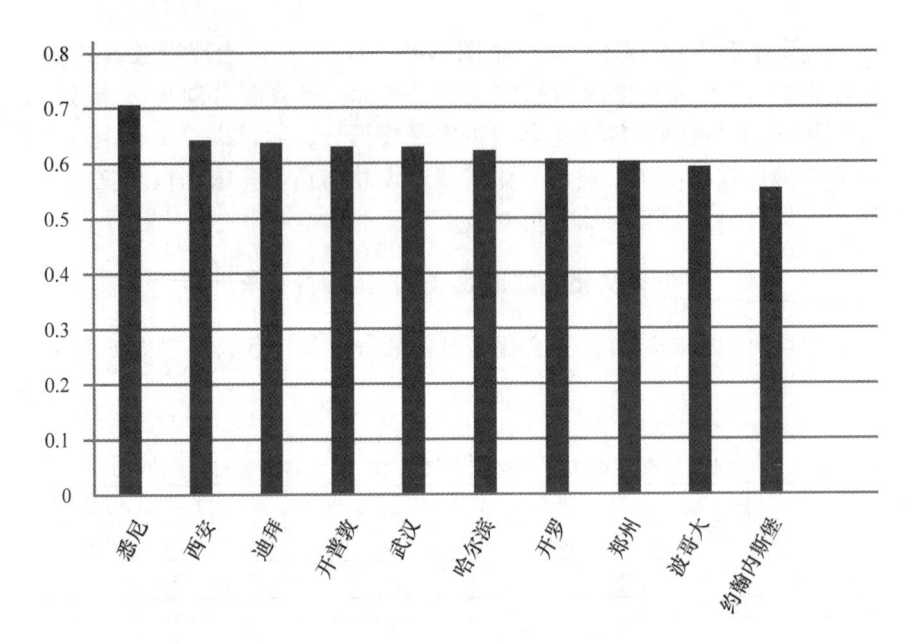

图 9-1 低度均衡型城市世界文化名城指数（G）比较

一 文化功能总体评价

赋予文化功能综合评价分值为 100 分，对各分项指标指数加权平均并进行百分制转换，计算出低度均衡型样本城市文化功能得分，以反映和比较各城市世界文化名城文化功能建设的整体水平和情况。低度均衡型样本城市文化功能得分及排名如表 9-2 所示。

表 9-2　　　　　　低度均衡型城市文化功能得分及排名

城　市	悉尼	西安	武汉	哈尔滨	郑州	开普敦	波哥大	迪拜	约翰内斯堡	开罗
得　分	65.3	62.8	61.0	60.6	60.3	58.7	55.0	54.8	54.7	52.6
排　名	19	22	23	24	25	26	28	29	30	31

由表 9-2 可知，低度均衡型样本城市文化功能得分排名与世界文化名城指数综合得分排名有一定差异，城市排名略有变动。从城市位序看，武汉、哈尔滨、郑州、波哥大、约翰内斯堡位序前移，迪拜、开普敦、开罗位序后移，悉尼、西安位序不变。样本城市文化功能得分平均值为 58.58，悉尼得分为最高值，开罗得分为最低值。悉尼、西安、哈尔滨、郑州的分值居于 60—70 分段，其余城市分值居于 50—60 分段。从城市排

名看，仅悉尼进入全部样本城市前 20 之列，其余城市均居 20 位之后，其中波哥大、迪拜、约翰内斯堡、开罗居全部样本城市最后 4 位，排名相对靠后。可见，低度均衡型城市文化功能建设水平总体相对偏低，其中悉尼文化功能得分居全部样本城市第 19 位，相对较好。低度均衡型样本城市文化功能得分比较，如图 9-2 所示。

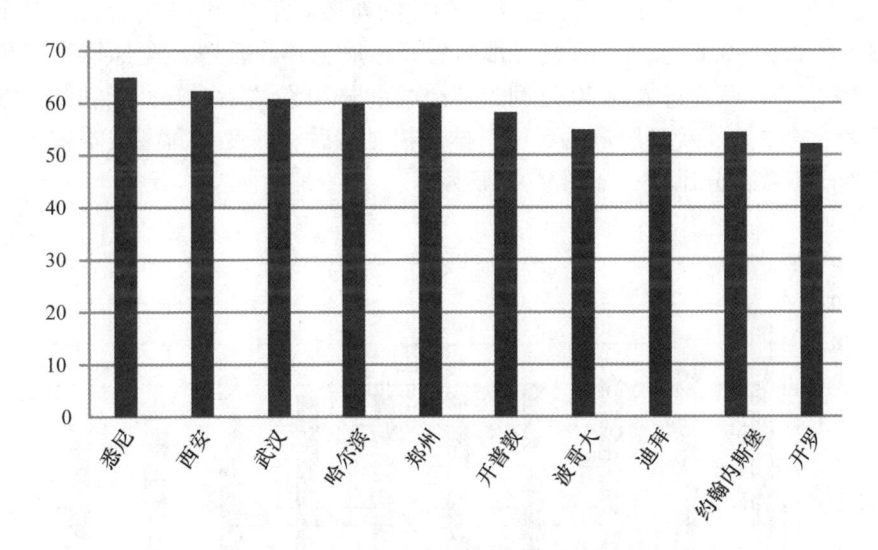

图 9-2　低度均衡型城市文化功能得分比较

二　文化资产指数（A）评价

文化资产指数（A）由文化遗产指数（A1）、文化设施指数（A2）两个二级指标构成，反映出一个城市文化资产的丰度和厚度。下文将对低度均衡型样本城市的文化资产指数总指标和各二级指标分别进行分析评价。

（一）文化资产指数（A）总指标得分及排名

低度均衡型样本城市文化资产指数总指标得分及排名的具体数据，如表 9-3 所示。

表 9-3　　低度均衡型城市文化资产指数（A）得分及排名

城　市	悉尼	开普敦	西安	约翰内斯堡	开罗	郑州	迪拜	波哥大	哈尔滨	武汉
得　分	0.784	0.734	0.630	0.617	0.587	0.582	0.580	0.574	0.561	0.534
排　名	6	9	20	22	23	27	28	29	30	31

由表9-3可知，低度均衡型样本城市文化资产指数总指标得分排名与文化功能得分排名有较大差异，城市排名变动明显。从城市位序看，开普敦、约翰内斯堡、开罗、迪拜位序前移，西安、武汉、哈尔滨、郑州、波哥大、位序后移，悉尼位序不变。样本城市文化资产指数总指标得分的平均值为0.618，悉尼得分为最高值，武汉得分为最低值。悉尼、开普敦的分值居于0.7—0.8分段，西安、约翰内斯堡居于0.6—0.7分段，其余城市居0.5—0.6分段。从城市排名看，悉尼、开普敦进入全部样本城市前10之列，西安进入前20之列，其余城市居20位之后，郑州、迪拜、波哥大、哈尔滨、武汉居最后5位，排名相对靠后。低度均衡型样本城市文化资产指数得分比较，如图9-3所示。

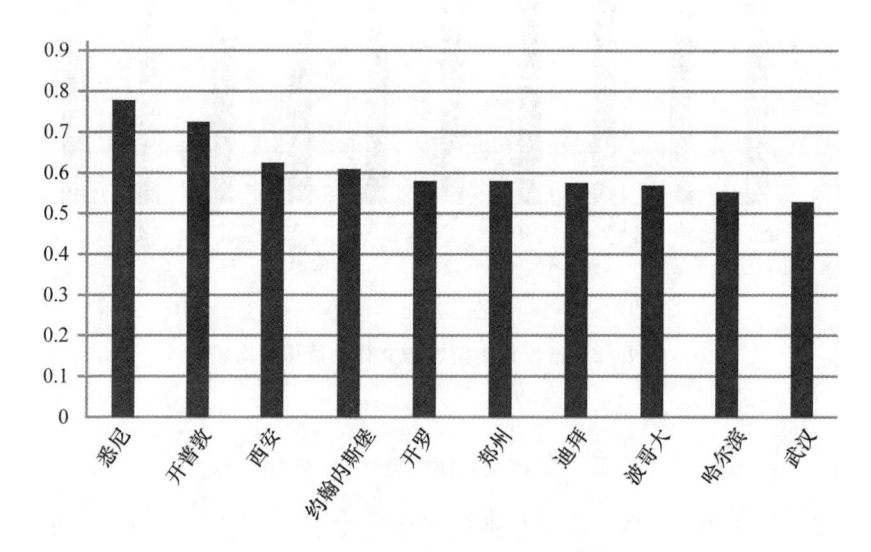

图9-3 低度均衡型城市文化资产指数比较

总体来看，低度均衡型样本城市文化资产建设两极分化，梯度较为明显，悉尼、开普敦在全部样本城市中相对领先，其余城市文化资产建设水平基本相当。领先城市重视文化遗产的保护，随着城市经济发展不断完善文化基础设施，文化资产建设在数量和质量上不断提升，文化资产的世界知名度和影响力更高，在城市经济社会发展中的综合效应更为突出。

（二）文化遗产指数（A1）得分及排名

文化遗产指数用来衡量城市拥有的历史文化遗产的数量和质量，主要反映城市历史环境、文化传统的价值、生机活力与世界识别度，比较城市积淀、储存历史文化资源的成效。采用6个测度指标，包括"世界自然遗产数量""世界文化遗产数量""世界自然和人文双遗产数量""文化景观遗产数量""世界灌溉工程遗产数量"以及"其他遗产和历史遗迹数量"。低度均衡型样本城市文化遗产指数得分及排名的具体数据，如表9-4所示。

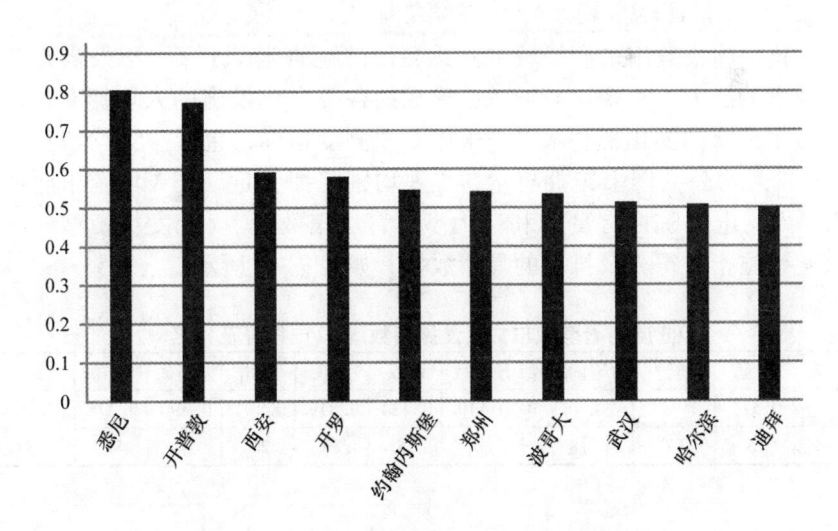

表9-4 低度均衡型城市文化遗产指数（A1）得分及排名

城 市	悉尼	开普敦	西安	开罗	约翰内斯堡	郑州	波哥大	武汉	哈尔滨	迪拜
得 分	0.806	0.777	0.595	0.584	0.548	0.544	0.538	0.515	0.511	0.503
排 名	2	4	12	14	19	20	21	29	30	31

由表9-4可知，低度均衡型样本城市文化遗产指数排名与文化资产指数排名有一定差异，城市排名略有变动。从城市位序看，开罗、波哥大、武汉位序前移，迪拜、约翰内斯堡位序后移，悉尼、开普敦、西安、郑州、哈尔滨位序不变。样本城市文化遗产指数得分的平均值为0.592，悉尼得分为最高值，迪拜得分为最低值。悉尼、开普敦居于0.7—0.9分段，其余城市居于0.5—0.6分段。从城市排名看，悉尼、开普敦进入全部样本城市前10之列，西安、开罗、约翰内斯堡、郑州位进入前20之列，波哥大居第21位，武汉居第29位，哈尔滨居第30位，迪拜居末位，排名相对靠后。低度均衡型城市文化遗产指数得分比较，如图9-4所示。

图9-4 低度均衡型城市文化遗产指数比较

可见，低度均衡型样本城市文化遗产保护利用水平两极分化，梯度特征明显，澳洲城市、非洲城市相对领先，亚洲城市水平相对偏低，城市之间差距较小。悉尼、开普敦居全部样本城市第 2 位、第 4 位,为世界城市文化遗产保护利用提供了范例。得分较低的城市,或是建城史相对较短,遗产资源在数量上较为薄弱,或是城市历史悠久,遗产资源丰富,但具有世界级资源较少。澳大利亚政府建立了严格的历史文化遗产分级登记和评审体系,并鼓励开发利用,"增加人们接触历史文化遗产的机会"①。作为一个移民城市,悉尼是世界上最具民族多样性的地方之一。悉尼拥有 3 项世界遗产,包括 2 项世界文化遗产和 1 项世界自然遗产,注重"将'社会价值'作为文化遗产整体性保护与可持续发展的重要内容,突出本土文化资产的地方独特性"②。其中悉尼歌剧院(Sydney Opera House)在 2007 年被列入世界遗产名录。悉尼歌剧院不仅是悉尼的艺术中心,更以其在建筑形式和结构设计上的艺术创新,卓越的工程成就和技术创新,成为世界著名的标志性建筑,被视为向全社会开放的伟大艺术杰作和世界经典建筑载入史册。南非将历史遗产视为国家重要资源,强化世界遗产保护、利用和管理的法律保障,"为国家遗产资源管理提供完整机制和资金保障"③。开普敦拥有 2 项世界遗产,包括 1 项世界文化遗产和 1 项世界自然遗产。其中开普敦植物保护区(Cape Floral Region Protected Areas)是第一个被列入世界自然遗产名单的植物园,也是世界陆上生态多样性最丰富的中心之一,于 2004 年被列入世界遗产名录。

(三)文化设施指数(A2)得分及排名

文化设施指数用来衡量城市公共文化设施的建设水平,以及满足公众文化需求的能力,主要比较城市已建成的各类文化设施的人均拥有量,来评价城市公众的文化福利水平。采用 6 个测度指标,包括"人均博物馆拥有量""人均公共图书馆拥有量""人均剧院拥有量""人均音乐厅拥有量""人均电影院拥有量"和"大型体育场馆数量"。低度均衡型样本城市文化设施指数得分及排名的具体数据,如表 9 - 5 所示。

表 9 - 5　　　低度均衡型城市文化设施指数(A2)得分及排名

城　市	悉尼	迪拜	约翰内斯堡	开普敦	西安	武汉	郑州	波哥大	哈尔滨	开罗
得　分	0.517	0.471	0.463	0.440	0.424	0.417	0.401	0.390	0.378	0.354
排　名	15	17	18	20	25	26	27	28	30	31

---

① 耿识博:《澳大利亚文化保护管理体制及对中国的启示》,《行政管理改革》2011 年第 1 期。
② 杨启瑶:《基于"社会价值"的文化遗产景观管理与实践——以澳大利亚亚瑟港历史遗址地为例》,《建筑与文化》2020 年第 1 期。
③ 李模:《南非世界文化遗产》,《西亚非洲》2009 年第 1 期。

由表 9-5 可知，低度均衡型样本城市文化设施指数排名与文化资产指数排名略有差异，城市排名变动较大。从城市位序看，迪拜、约翰内斯堡、武汉位序前移，开普敦、西安、郑州、开罗位序后移，悉尼、波哥大、哈尔滨位序不变。样本城市文化设施指数得分的平均值为 0.426，悉尼得分为最高值，开罗得分为最低值。悉尼居于 0.5—0.6 分段，迪拜、约翰内斯堡、开普敦、西安、武汉、郑州居于 0.4—0.5 分段，波哥大、哈尔滨、开罗居于 0.3—0.4 分段。从城市排名看，悉尼、迪拜、约翰内斯堡、开普敦进入全部样本城市前 20 之列，其余城市均居 20 位之后，其中哈尔滨、开罗居全部样本城市后 2 位，排名相对靠后。低度均衡型样本城市文化设施指数得分比较，如图 9-5 所示。

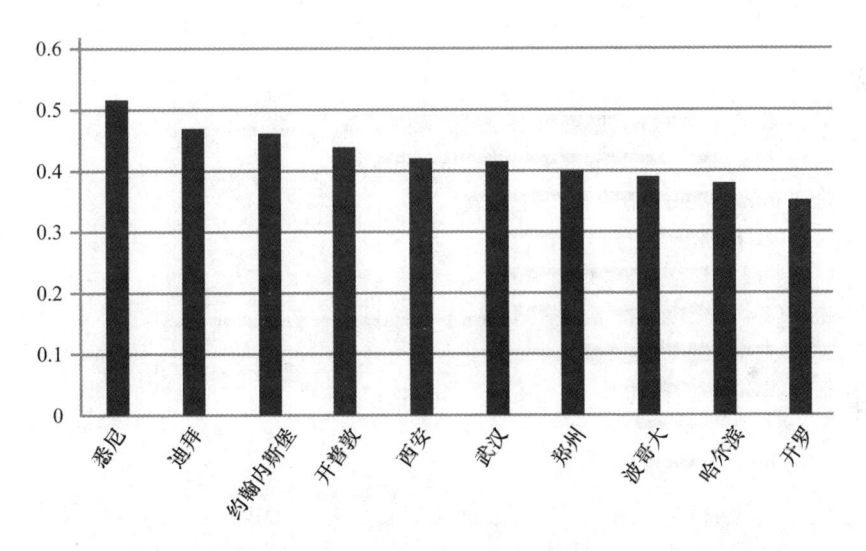

图 9-5 低度均衡型城市文化设施指数比较

可见，低度均衡型样本城市文化设施建设总体处于中低水平，梯度特征不明显，城市文化设施建设水平差距不大。悉尼、迪拜、约翰内斯堡、开普敦相对较好，其中开普敦是唯一的发展中经济体。表明低度均衡型城市文化设施建设的短板较为突出，公共文化设施的投入力度，以及文化基础设施建设的现代化、标准化、均等化水平差距较大，市民享有的公共文化福利还有较大提升空间。由于本书主要采用人均指标进行比较评价，在相同投入条件下，人口规模小的城市文化设施建设水平相对较高。悉尼是世界上生活和工作成本最高的城市之一，为了应对人口增长和多样化带来的文化空间公平进入的挑战，2017 年新南威尔士州政府规划和环境部艺术、影视和文化司新设立了中央办公室，专门负责文化基础设施规划和项目建设，制订了《2025年文化基础设施计划》，以指导文化基础设施发展和投资。协调文化机构和外部机构的关系，更好地利用现有设施，并将文化嵌入土地使用规划、教育和卫生等政府其他领域的项目和政策制定中，以支持城市对文化基础设施更广泛的需求。开普敦是南非人口排名第二的城市，为了解决各种族在空间上的不平等问题，着力构建和谐共生的城市公共空间和居住空间，兴建图书馆、博物馆，振兴 Guga S'thebe 艺术和文化中心，维修 Delft 黑匣子剧场，文化基础设施建设逐渐崛起。2017年开普敦公共图书馆达到104个，人均水平在低度均衡型样本城市中领先。同年建成开放的蔡茨非洲当代艺术博物馆（Zeitz MOCAA），是非洲最大的当代艺术博物馆。（见图9-6）

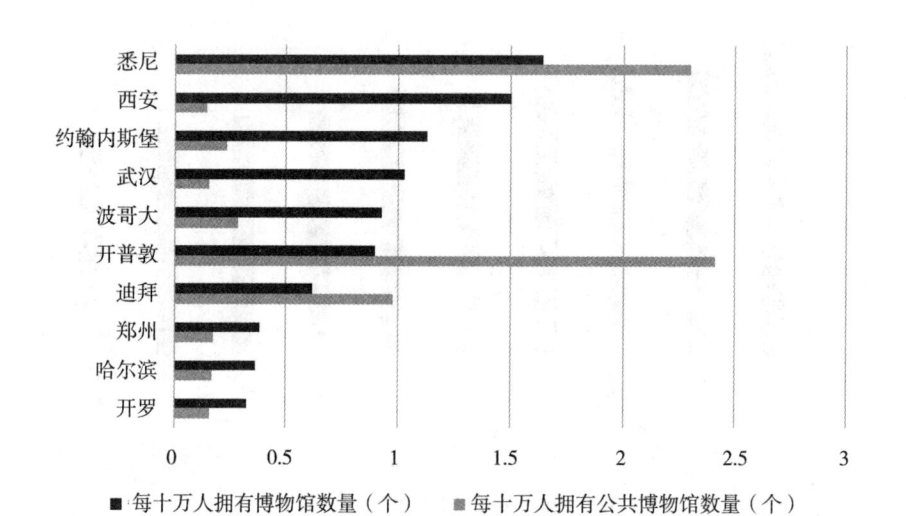

图9-6 低度均衡型城市博物馆、公共图书馆人均数量比较

数据来源：根据 World Cities Cultural Forum 官网，迪拜市政局官网（Goverment of DUBAI），约翰内斯堡官网（City of Johannesburg），国内样本城市统计年鉴（2018）相关数据计算。

三 文化要素指数（B）评价

文化要素指数（A）由文化人才指数（B1）、文化科技指数（B2）两个二级指标构成，反映一个城市文化要素的供给能力和聚集度。下文将对低度均衡型样本城市的文化要素指数总指标和各二级指标分别进行分析评价。

(一) 文化要素指数 (B) 总指标得分及排名

低度均衡型样本城市文化要素指数总指标得分及排名的具体数据，如表 9-6 所示。

表 9-6　　低度均衡型城市文化要素指数 (B) 得分及排名

城市	武汉	西安	悉尼	哈尔滨	郑州	迪拜	开普敦	约翰内斯堡	开罗	波哥大
得分	0.498	0.474	0.368	0.328	0.294	0.288	0.271	0.262	0.260	0.244
排名	11	12	19	24	26	27	28	29	30	31

由表 9-6 可知，低度均衡型样本城市文化要素指数总指标得分排名与文化功能得分排名有一定差异，城市排名略有变动。从城市位序看，武汉、迪拜、约翰内斯堡、开罗位序前移，悉尼、开普敦、波哥大位序后移，西安、哈尔滨、郑州位序不变。样本城市文化要素总指标指数得分的平均值为 0.327，武汉得分为最高值，波哥大得分为最低值。武汉、西安居于 0.4—0.5 分段，悉尼、哈尔滨居于 0.3—0.4 分段，其余城市居于 0.2—0.3 分段。从城市排名看，武汉、西安、悉尼进入样本城市前 20 之列，其余城市均居 20 位之后，其中郑州、迪拜、开普敦、约翰内斯堡、开罗、波哥大居全部样本城市最后 6 位，排名相对靠后。低度均衡型样本城市文化要素指数得分比较，如图 9-7 所示。

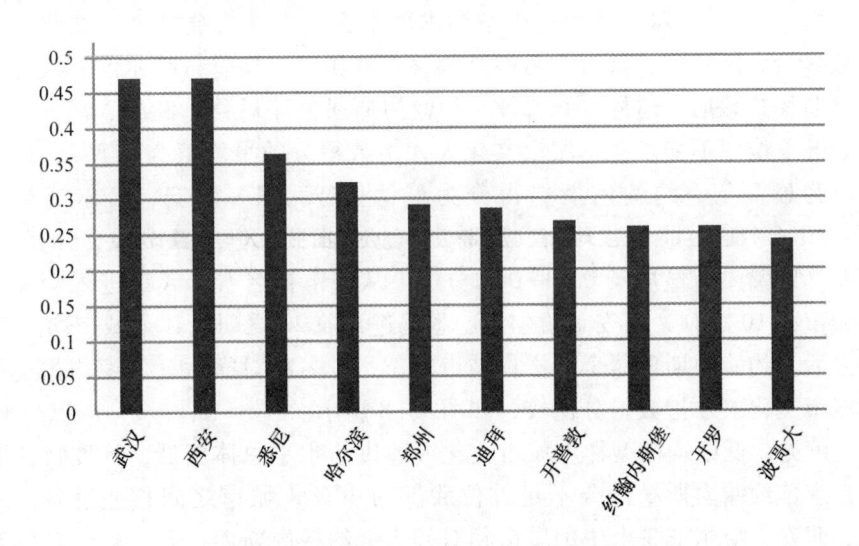

图 9-7　低度均衡型城市文化要素指数比较

可见，低度均衡型样本城市文化要素建设总体处于较低水平，梯度特征明显，亚洲城市和澳洲城市相对领先，对文化要素的供给力较强，非洲城市、南美洲城市差距较大。表明低度均衡型城市文化要素的市场化配置机制建设的差异较大，文化艺术人才、科技、资本、信息等文化要素的配置效率有较大的提升空间，要素收益率偏低。其中，武汉、西安居全部样本城市前15之列，文化要素市场体系相对健全，文化要素流动渠道较为畅通，文化要素市场活力更为强劲。（见图9-7）

（二）文化人才指数（B1）得分及排名

文化艺术人才是世界文化名城重要的战略资源，也是重要的标志之一。一个城市拥有的文化艺术人才的数量与质量，是影响其文化发展水平的重要因素，也决定了城市能否占据世界文化中心地位。文化人才指数采用"文化艺术体育高校及培训机构数量""高等院校数量"两个测度指标，用于衡量城市在文化艺术人才方面的供给能力。低度均衡型样本城市文化人才指数得分及排名的具体数据，如表9-7所示。

表9-7　低度均衡型城市文化人才指数（B1）得分及排名

城　市	武汉	西安	哈尔滨	悉尼	郑州	波哥大	迪拜	开普敦	开罗	约翰内斯堡
得　分	0.600	0.557	0.521	0.340	0.342	0.305	0.301	0.282	0.271	0.236
排　名	6	11	13	20	21	26	27	28	29	31

由表9-7可知，低度均衡型样本城市文化人才指数排名与文化要素指数排名大体一致，城市排名略有调整。从城市位序看，哈尔滨、波哥大位序前移，悉尼、迪拜、开普敦、约翰内斯堡位序后移，武汉、西安、郑州、开罗位序不变。样本城市文化人才指数得分的平均值为0.374，武汉得分为最高值，约翰内斯堡得分为最低值。武汉、西安、哈尔滨居于0.5—0.6分段，悉尼、郑州、波哥大、迪拜居于0.3—0.4分段，开普敦、开罗、约翰内斯堡居于0.2—0.3分段。从城市排名看，武汉进入全部样本城市前10之列，西安、哈尔滨、悉尼进入前20之列，其余城市均居20位之后，约翰内斯堡居全部样本城市末位，排名相对靠后。低度均衡型样本城市文化人才指数得分比较，如图9-8所示。

可见，低度均衡型样本城市文化人才供给水平总体偏低，梯度特征明显，末位约翰内斯堡得分不足首位武汉的40%，城市之间相差悬殊。武汉、西安、哈尔滨3个中国城市相对领先，约翰内斯堡、开普敦、开罗等非洲城市差距较大。表明低度均衡型城市文化艺术教育资源的数量和质量

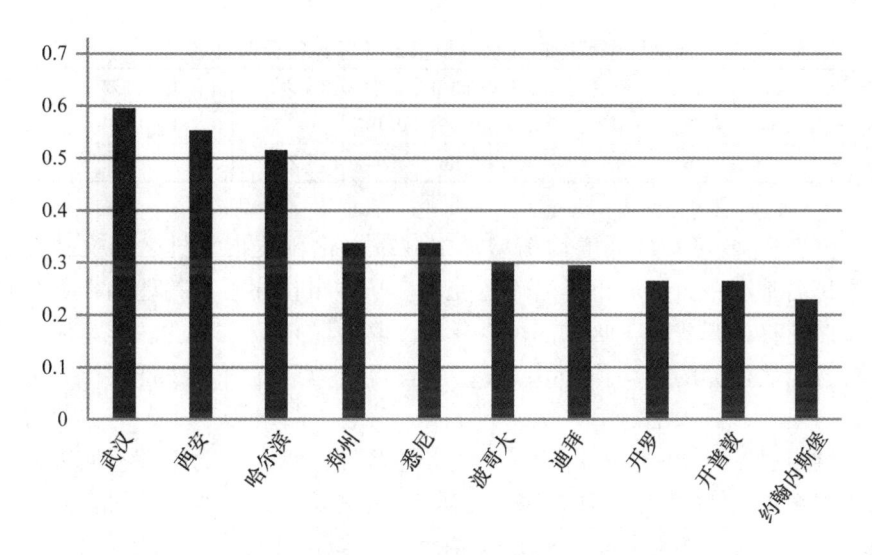

图 9-8　低度均衡型城市文化人才指数比较

差异较大，文化艺术人才市场的发育程度各异。武汉居全部样本城市第6位，文化人才供给能力领先。武汉是中国重要的科教基地，2017年有普通高校84所，在校本科生、研究生达107.5万人，在世界城市中排名第一。武汉在历史上有"戏码头"之称，近年启动了舞台艺术青年人才培养计划，打造一支具有强大影响力、竞争力的汉派艺术人才队伍，为促进文化事业繁荣发展提供有力的人才支撑。西安教育资源丰富，聚集中国多所顶尖高校，2017年有普通高校63所，在校本科生、研究生超过83万人，被誉为"高校之都"。西安也是美术学院、西安音乐学院、西安体育学院等中国知名的文体艺术高校所在地，是中国重要的艺术和体育人才培养基地。但是，武汉、西安在高端人才教育和培养、科技创新成果、毕业生就业能力以及对经济社会发展的贡献等方面，与世界先进城市还存在明显差距。

(三) 文化科技指数（B2）得分及排名

文化和科技历来如影随形、密不可分。科技创新是城市文化发展的引擎，也是影响世界文化名城是否能够历久弥新的重要因素。文化科技指数采用"年R&D经费投入强度""年PCT专利申请量""年高校PCT专利申请量"3个测度指标，来衡量城市文化科技创新成效。低度均衡型城市文化科技指数得分及排名的具体数据，如表9-8所示。

表9-8　低度均衡型城市文化科技指数（B2）得分及排名

城　市	西安	武汉	悉尼	郑州	哈尔滨	迪拜	约翰内斯堡	开普敦	开罗	波哥大
得　分	0.347	0.300	0.276	0.202	0.192	0.182	0.171	0.171	0.159	0.124
排　名	12	16	18	24	25	26	27	28	29	31

由表9-8可知，低度均衡型样本城市文化科技指数排名与文化要素指数排名基本一致，城市排名略有变动。从城市位序看，约翰内斯堡、郑州位序前移，开普敦、哈尔滨位序后移，其他城市位序不变。样本城市文化科技指数得分的平均值为0.212，西安得分为最高值，波哥大得分为最低值。西安、武汉居于0.3—0.4分段，悉尼、郑州居于0.2—0.3分段，其余城市居于0.1—0.2分段。从城市排名看，西安、武汉、悉尼进入全部样本城市前20之列，其余城市均居20位之后，其中波哥大居全部样本城市末位，排名相对靠后。低度均衡型样本城市文化科技指数得分比较，如图9-9所示。

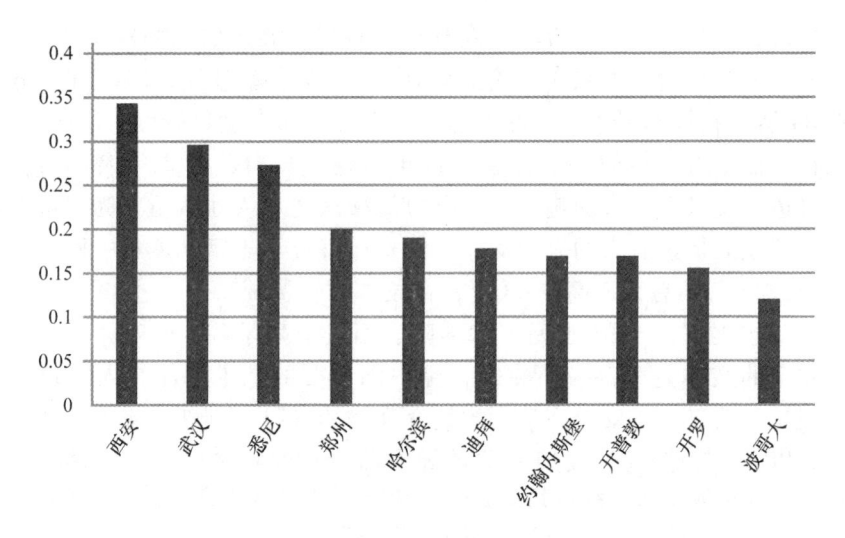

图9-9　低度均衡型城市文化科技指数比较

可见，低度均衡型样本城市文化科技发展总体处于较低水平，梯度特征明显，末位波哥大得分仅为首位西安的36%，城市之间差距较大。亚洲城市和澳洲城市得分较高，西安、武汉相对较好；非洲城市、美洲城市差距较大。表明低度均衡型样本城市在科教资源的数量和质量、研发经费投入、创新成果转化、高新技术产业化水平等方面相差悬殊，科技在促进文化创新创造中的作用还有较大提升空间。西安、武汉都是中国国家创新型城市，依托众多国家级研发平台，着力提升文化科技融合创新优势。西安以促进科技成果就地转移转化为重点，实施"支持和鼓励硬科技企业上市计划"，2017年专利申请量达81110件，其中发明专利授权量7902件。武汉是中国国家重点实验室、国家工程实验室、国家级工程技术研究中心的聚集地，2019年PCT国际专利申请量达1825件，比上年增长23.7%。（见图9-10）

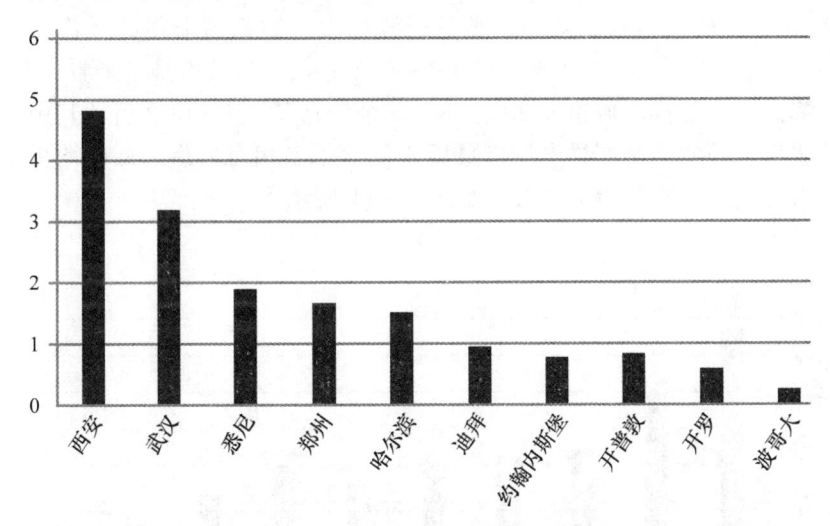

图9-10 低度均衡型城市研发强度比较

数据来源：世界知识产权组织（WIPO）、中国国家统计局、科学技术部、财政部《2018年全国科技经费投入统计公报》。

四 文化经济指数（C）评价

文化经济指数（C）由文创产业指数（C1）、文创从业人员指数（C2）两个二级指标构成，反映一个城市文化经济对城市经济的贡献。下文将对低度均衡型样本城市文化经济指数总指标和各二级指标分别进行分析评价。

（一）文化经济指数（C）总指标得分及排名

低度均衡型样本城市文化经济指数总指标得分及排名的具体数据，如表9-9所示。

表9-9　　低度均衡型城市文化经济指数（C）得分及排名

城 市	武汉	哈尔滨	西安	郑州	悉尼	波哥大	约翰内斯堡	开普敦	迪拜	开罗
得 分	0.433	0.365	0.272	0.264	0.263	0.261	0.252	0.212	0.182	0.165
排 名	12	17	21	22	23	24	25	29	30	31

由表9-9可知，低度均衡型样本城市文化经济指数总指标得分与文化功能得分排名有较大差异，城市排名整体前移。从城市位序看，武汉、哈尔滨、约翰内斯堡、郑州、波哥大位序前移，悉尼、西安、开普敦、迪拜位序后移，开罗位序不变。样本城市文化经济指数总指标得分的平均值为0.267，武汉得分为最高值，开罗得分为最低值。武汉、哈尔滨居于0.3—0.5分段，西安、郑州、悉尼、波哥大、约翰内斯堡、开普敦居于0.2—0.3分段，迪拜、开罗居于0.1—0.2分段。从城市排名来看，武汉、哈尔滨进入全部样本城市前20之列，其余城市均居20位之后，其中开普敦、迪拜、开罗居全部样本城市最后3位，排名相对靠后。低度均衡型样本城市文化经济指数得分比较，如图9-11所示。

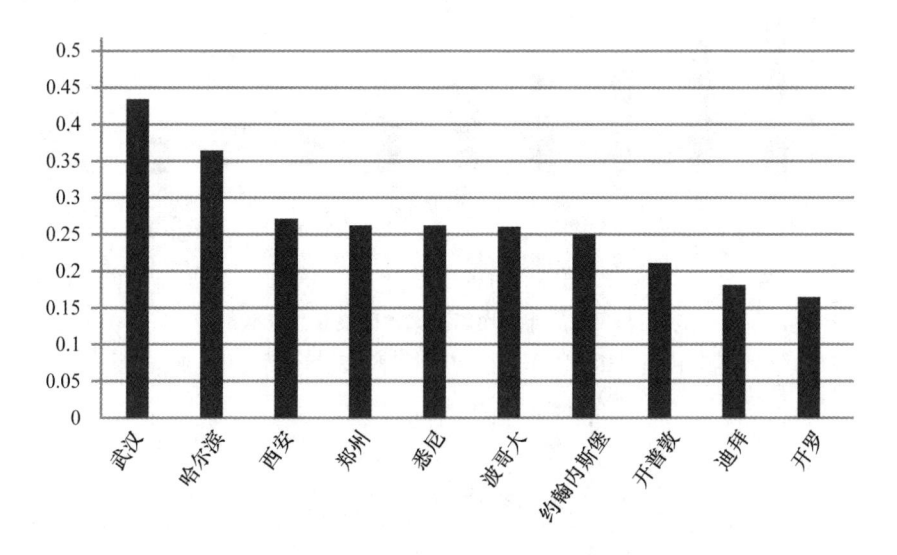

图9-11 低度均衡型城市文化经济指数比较

可见，低度均衡型样本城市文化经济发展总体水平偏低，梯度特征明显，末位开罗得分不足首位武汉的40%，城市差距较大。中国城市文创产业发展相对较快，亚洲其他样本城市排名靠后。武汉文化经济指数得分居全部样本城市第12位，文创经济实力较强。表明低度均衡型城市文创产业对城市经济和就业增长的贡献大小不等，中国城市文创经济活力较强、发展较快。迪拜、开罗等城市文化创意资源的配置效率偏低，文创产业对城市可持续发展的贡献相对有限。武汉、西安发展技术密集型、创意密集型文创行业，创造新的增长点，文化创意活动对城市经济的直接贡献不断提升，但与世界文创经济发达城市相比，差距仍然较大。

(二) 文创产业指数 (C1) 得分及排名

文创产业是文化经济的核心。文化创意产业的兴起和发展,是为了破解工业化带来的城市问题,通过产业创意化、创意产业化放大文化创意活动的经济效应,实现城市经济的可持续发展。考虑到各个国家和城市对文化创意产业的界定和统计差异,文创产业指数采用"文创产业产值""文创产业增加值占GDP比重"两个测度指标,来反映文创产业在城市经济中的地位,衡量文创产业发展水平。低度均衡型样本城市文创产业指数得分及排名的具体数据,如表9-10所示。

表9-10 低度均衡型城市文创产业指数 (C1) 得分及排名

城 市	武汉	西安	哈尔滨	约翰内斯堡	悉尼	开普敦	郑州	迪拜	开罗	波哥大
得 分	0.366	0.362	0.328	0.240	0.226	0.219	0.208	0.138	0.136	0.104
排 名	10	11	12	21	22	23	27	29	30	31

由表9-10可知,低度均衡型样本城市文创产业指数排名与文化经济指数排名有一定差异,城市排名变动明显。从城市位序来看,西安、约翰内斯堡、开普敦、迪拜、开罗位序前移,哈尔滨、郑州、波哥大位序后移,武汉、悉尼位序不变。样本城市文创产业指数得分的平均值为0.233,武汉得分为最高值,波哥大得分为最低值。武汉、西安、哈尔滨居于0.3—0.4分段,约翰内斯堡、悉尼、开普敦、郑州居于0.2—0.3分段,迪拜、开罗、波哥大居于0.1—0.2分段。从城市排名看,武汉进入全部样本城市前10之列,西安、哈尔滨进入前20之列,其余城市均居20位之后,其中迪拜、开罗、波哥大居全部样本城市最后3位,排名相对靠后。低度均衡型样本城市文创产业指数得分比较,如图9-12所示。

可见,低度均衡型样本城市文创产业发展总体水平偏低,梯度特征明显,末位波哥大得分不足首位武汉的三分之一,城市差距悬殊。表明低度均衡型城市文化创意产业的体量规模、发展速度、行业结构等各不相同,文创产业在城市经济中发挥的作用差异较大。中国城市相对领先,武汉居全部样本城市第10位,文创产业在城市经济转型中发挥作用;亚洲城市迪拜、非洲城市开罗、南美洲城市波哥大靠后,文创产业在城市经济增长中的作用偏弱。武汉突出城市科技创新优势,培育发展文化科技融合类、文化影视游戏类和文化设计创意类新业态,2017年,"武汉市文化产业增加值达到619.1

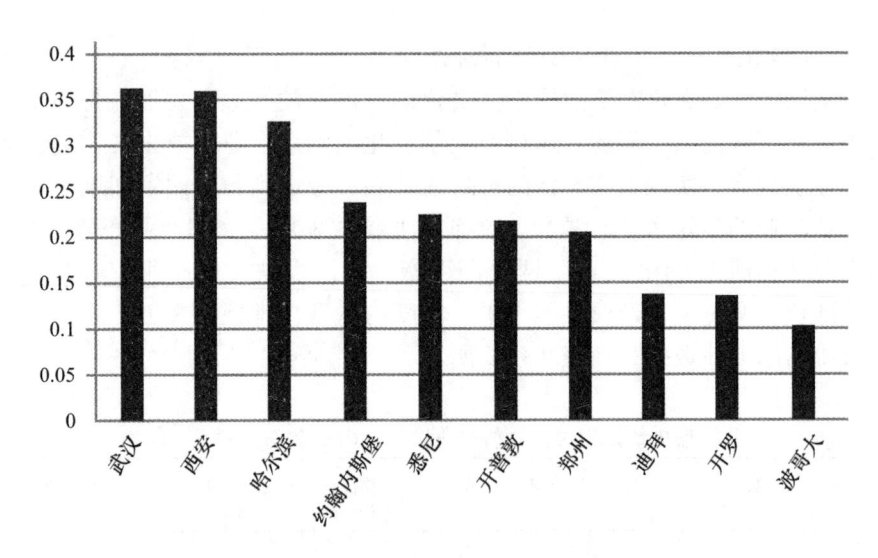

图 9-12 低度均衡型城市文创产业指数比较

亿元，占地区生产总值的 4.6%，增速接近 30%"①，文化创意产业发展势头强劲。依托丰富的历史文化资源，西安文化创意产业发展强势，早在 2007 年文化产业就成为城市经济的支柱产业，2016 年文化产业增加值占 GDP 的比重达到 7.8%，影视、动漫、游戏、音乐、文化旅游等产业形成竞争优势，在西安稳增长、调结构、转动力的过程中发挥重要作用。

（三）文创从业人员指数（C2）得分及排名

文创从业人员是文化创意产业的核心要素，也是城市创意阶层的主体构成。文创从业人员指数用于反映城市文创产业的就业弹性和就业空间，采用"文创从业人员规模""文创从业人员占就业总人数比重"两个测度指标，衡量文创产业的就业吸纳能力，以及文创就业增长对城市经济增长的贡献。低度均衡型样本城市文创从业人员指数得分及排名的具体数据，如表 9-11 所示。

表 9-11　低度均衡型城市文创从业人员指数（C2）得分及排名

城 市	武汉	波哥大	哈尔滨	郑州	悉尼	约翰内斯堡	迪拜	开普敦	西安	开罗
得 分	0.416	0.356	0.290	0.234	0.208	0.167	0.136	0.104	0.060	0.01
排 名	13	15	19	22	23	26	27	29	30	31

---

① 《武汉文创产业崛起的背后》，2019 年 8 月 8 日，https://www.sohu.com/a/332458032_765177。

由表9-11可知，低度均衡型样本城市文创从业人员指数排名与文化经济指数排名大体一致，城市排名略有变动。从城市位序看，波哥大、约翰内斯堡、迪拜位序前移，哈尔滨、西安位序后移，武汉、郑州、悉尼、开普敦、开罗位序不变。低度均衡型样本城市文创从业人员指数得分的平均值为0.198，武汉得分为最高值，开罗得分为最低值。武汉、波哥大居于0.3—0.5分段，哈尔滨、郑州、悉尼居于0.2—0.3分段，约翰内斯堡、迪拜、开普敦居于0.1—0.2分段，西安、开罗居于0—0.1分段。从城市排名看，武汉、波哥大、哈尔滨进入全部样本城市前20之列，其余城市均居20位之后，其中开普敦、西安、开罗居全部样本城市最后3位，排名相对靠后。低度均衡型样本城市文创从业人员指数得分比较，如图9-13所示。

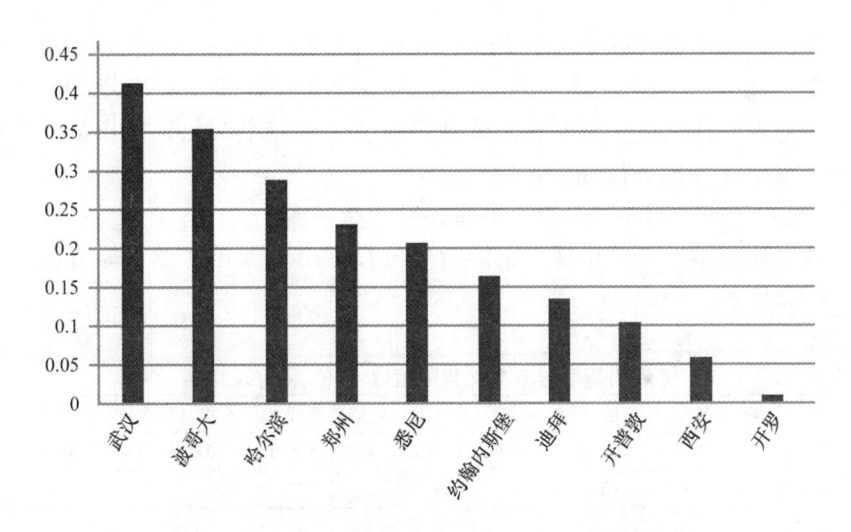

图9-13 低度均衡型城市文创从业人员指数比较

可见，低度均衡型样本城市的文创就业总体处于较低水平，梯度特征明显，末位开罗得分不足首位武汉的3%，城市差距悬殊。亚洲、南美洲城市相对领先，武汉、波哥大进入全部样本城市前15之列，非洲开普敦、开罗、亚洲西安相对靠后。表明低度均衡型城市因产业结构、文创行业结构的不同，文创产业直接和间接就业吸纳能力相差悬殊，各城市就业吸纳能力与文创产业发展水平存在明显的结构性偏离。武汉、约翰内斯堡文创产业的经济贡献和就业贡献基本一致，哈尔滨、悉尼、西安文创产业对城市经济增长的贡献更为突出，波哥大、郑州、迪拜、开普敦、开罗文创产业的就业贡献更为突出。大悉尼地区是澳大利亚文化领域的中心地带，设计、媒体和城市设计等文创领域形成竞争优势。在过去十年中，文化领域的就业人数增加了 19.39%。全国近 30% 的文化工作者生活在大悉尼地区。波哥大政府认为，文化是创造更广泛社会效益的有效途径，文化已成为其长期政策"人人享有更好的波哥大"的一部分。该市发挥创意产业对城市重建的积极作用，投资兴建布朗克斯创意区，鼓励发展视听制作到设计、音乐、建筑、表演艺术排练室等艺术场馆，鼓励工厂实验室（Fab Labs）参与设计、机器人和计算机编程活动。与食品店、酿酒厂、书店和居住场所并列，形成一个完善的街区基础设施。通过创意企业的聚集，发挥协同作用，创造集群效应，吸引各种创意人才。（见图 9-14）

五 文化氛围指数（D）评价

文化氛围指数（D）由文化活力指数（D1）、文化消费指数（D2）两个二级指标构成，反映城市的生活品质和城市宜居性，以及公众的感知度、参与度和认同度。下文将对低度均衡型样本城市文化氛围指数总指标和各二级指标分别进行分析评价。

（一）文化氛围指数（D）总指标得分及排名

低度均衡型样本城市文化氛围指数总指标得分及排名的具体数据，如表 9-12 所示。

表 9-12　　低度均衡型城市文化氛围指数（D）得分及排名

城　市	郑州	哈尔滨	西安	武汉	波哥大	迪拜	悉尼	开罗	开普敦	约翰内斯堡
得　分	0.601	0.586	0.538	0.529	0.468	0.463	0.449	0.401	0.369	0.363
排　名	12	17	21	23	25	26	27	28	30	31

由表 9-12 可知，低度均衡型样本城市的文化氛围指数总指标得分与文化功能得分排名有一定差异，城市排名变动明显。从城市位序看，郑州、哈尔滨、波哥大、迪拜、开罗位序前移，悉尼、西安、武汉、开普敦、约翰内斯堡位序后移。样本城市文化氛围指数总指标得分的平均值为 0.477，郑州得分为最高值，约翰内斯堡得分为最低值。郑州、哈尔滨、西安、武汉居于 0.5—0.7 分段，波哥大、迪拜、悉尼、开罗居于 0.4—0.5 分段，开普敦、约翰内斯堡居于 0.3—0.4 分段。从城市排名看，郑州、哈尔滨进入全部样本城市前 20 之列，其余城市均居 20 位之后，其中开普敦、约翰内斯堡居全部样本城市最后两位，排名相对靠后。低度均衡型样本城市文化氛围指数得分比较，如图 9-15 所示。

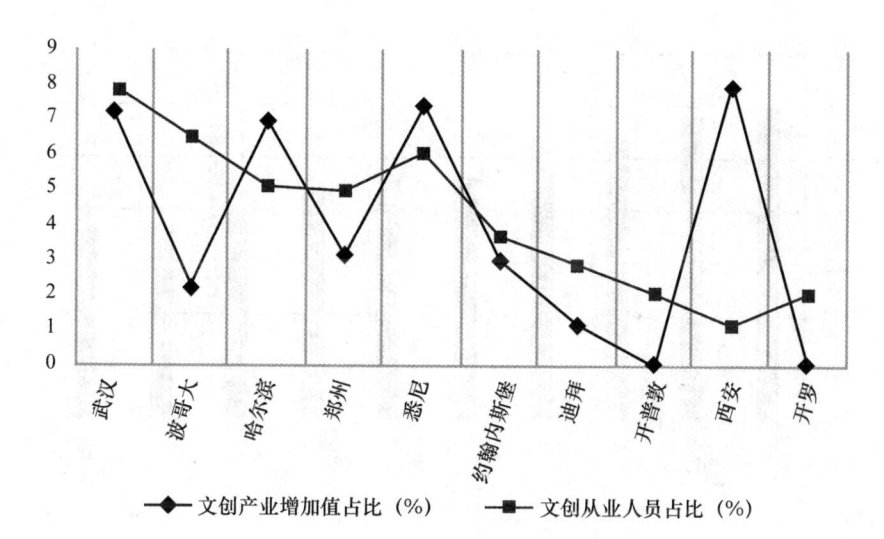

图9-14 低度均衡型城市文创产业和文创就业贡献比较

数据来源：根据World Cities Cultural Forum官网，《Creative and Cultural Industries》①、《Colombia：Labor force participation》②、《Unemployment rate in Dubai hits 0.5% in 2017-survey》③、《City of Sydney Employment status》④、《CAPE TOWN》⑤、《Johannesburg, South Africa Metro Area Population 1950－2020》⑥、《Cairo's population2019》⑦，以及国内城市公开统计信息的相关数据整理。

可见，低度均衡型样本城市文化氛围建设总体处于较低水平，梯度特征比较明显，城市之间差距相对较小。公众对此类城市的文化氛围的感知度和美誉度有一定差异，中国城市相对较好，非洲城市有较大差距。其

---

① Creative and Cultural Industries，2020-01-21，2020-10-22，https：//en.investinbogota.org/investment-sectors/creative-industries-bogota#：~：text=Bogota%20has%20positioned%20itself%20as，Creative%20and%20Cultural%20Industries%20sector.
② Colombia：Labor force participation，2020-10-22，https：//www.theglobaleconomy.com/Colombia/labor_force_participation/.
③ Unemployment rate in Dubai hits 0.5% in 2017-survey，2018-05-30，2020-10-22，https：//www.arabianbusiness.com/politics-economics/397891-unemployment-rate-in-dubai-hits-05-in-2017-survey#：~：text=Total%20employment%20in%20Dubai%20reached%202%2C778%2C000%20last%20year%2C%20out．%20of，outside%20Dubai%20-%20totalled%20over%20700%2C000.
④ City of Sydney Employment status，2020-10-22，https：//profile.id.com.au/sydney/employment-status#：~：text=117%2C258%20people%20living%20in%20the，indicator%20of%20socio%2Deconomic%20status.
⑤ CAPE TOWN，2020-10-22，https：//en.unesco.org/creative-cities/cape-town.
⑥ Johannesburg, South Africa Metro Area Population 1950－2020，2020-10-22，https：//www.macrotrends.net/cities/22486/johannesburg/population.
⑦ Cairo's population2019，2020-10-22，http：//www.cairo.gov.eg/en/Statistics/total%20cairo.pdf.

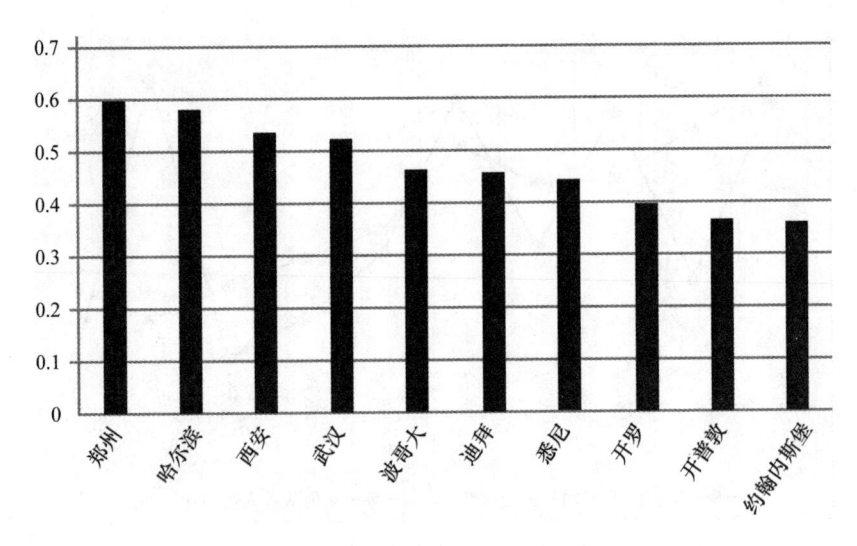

图 9-15　低度均衡型城市文化氛围指数（D）比较

中，郑州的文化氛围指数居全部样本城市第 12 位，相对较好。表明低度均衡型城市的文化魅力具有一定的外显性，文化软环境的营造水平有一定的差异，国际社会的感知度较低，城市文化活力和公众文化消费水平与世界领先城市还有较大差距。

（二）文化活力指数（D1）得分及排名

文化活力是城市文化生命力旺盛与否的外在表现。凯文·林奇在《城市意象》中，将城市活力作为评价空间质量的重要基准，文化活力反映了城市文化品格和市民生活状态。文化活力指数采用 6 个测度指标，包括"年入境国际游客人数""国际学生人数""节庆活动数量""人均酒吧/咖啡厅/茶馆拥有量""人均餐厅拥有量""人均夜店拥有量"，用于衡量城市文化的吸引力和参与度。低度均衡型样本城市文化活力指数得分及排名的具体数据，如表 9-13 所示。

表 9-13　低度均衡型城市文化活力指数（D1）得分及排名

城　市	郑州	西安	武汉	波哥大	迪拜	悉尼	开普敦	开罗	约翰内斯堡	哈尔滨
得　分	0.670	0.633	0.629	0.587	0.580	0.507	0.463	0.456	0.449	0.435
排　名	13	16	17	23	24	26	28	29	30	31

由表 9-13 可知，低度均衡型样本城市文化活力指数得分排名与文化氛围指数总指标得分排名有一定差异，城市排名变动明显。从城市位序

看，哈尔滨位序后移，郑州位序不变，其余城市位序前移。样本城市文化活力指数得分的平均值为0.541，郑州得分为最高值，哈尔滨得分为最低值。郑州、西安、武汉居于0.6—0.7分段，波哥大、迪拜、悉尼居于0.5—0.6分段，开普敦、开罗、约翰内斯堡、哈尔滨居于0.4—0.5分段。从城市排名看，郑州、西安、武汉进入全部样本城市前20之列，其余城市均居于20位之后，其中开罗、约翰内斯堡、哈尔滨居全部样本城市最后3位，排名相对靠后。低度均衡型样本城市文化活力指数得分比较，如图9－16所示。

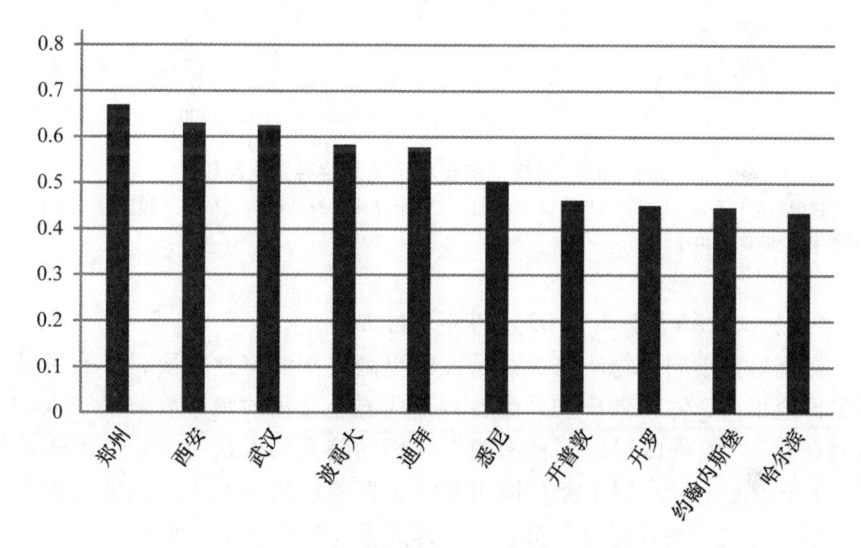

图9－16 低度均衡型城市文化活力指数（D1）比较

可见，低度均衡型样本城市的文化活力总体处于中低水平，存在一定梯度，城市之间差距不大。中国城市相对领先，郑州进入全部样本城市前15之列，非洲城市文化活力水平差距较大。表明低度均衡型样本城市有着较为鲜明、易感知的文化特质，品质生活和现代旅游服务相对完善、便捷，文化活动的现代化、开放化水平较高，城市具有一定的国际吸引力。从低度均衡型样本城市数据值看，悉尼的国际留学生超过6万人，波哥大的酒吧数量有12000多家，明显领先其他城市。郑州、武汉、西安的餐馆数量超过其他城市，但国际游客和留学生人数差距较大，表明该类城市文化活力的国际吸引力偏低。（见图9－17）

316 世界文化名城评价研究

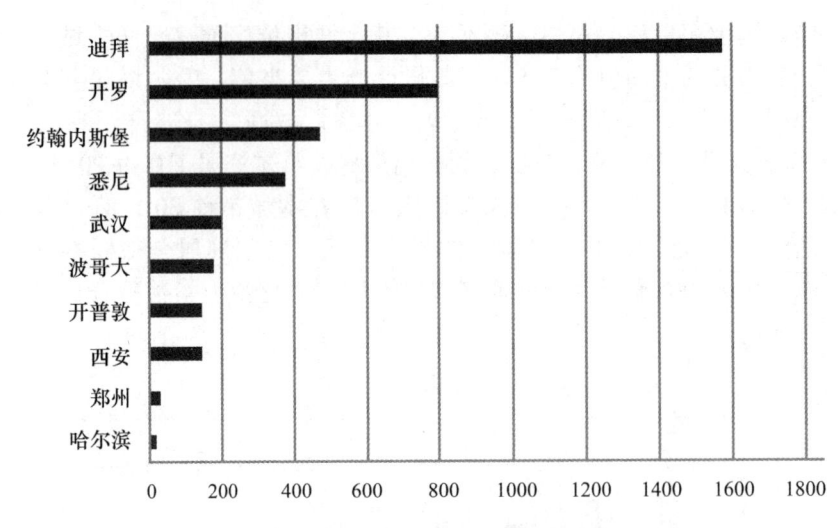

```
迪拜    ████████████████████████████████
开罗    ███████████████
约翰内斯堡 █████████
悉尼    ███████
武汉    ████
波哥大   ███
开普敦   ██
西安    ██
郑州    █
哈尔滨   █
      0  200  400  600  800  1000  1200  1400  1600  1800
```

图 9-17 低度均衡型城市国际游客数量比较

数据来源：World Cities Cultural Forum 官网、《全球旅游目的地城市指数（2018）报告》、《中国旅游统计年鉴（2018）》[①]。

（三）文化消费指数（D2）得分及排名

文化消费不同于物质消费，是人们更高层次的精神需要，具有情感体验和价值指向，溢出效应和外部性特征明显。文化消费指数采用"人均书店拥有量""人均电影银幕拥有量""年剧院入场人次""年艺术表演场次"4 个测度指标，用于衡量城市文化消费的层次和水平。低度均衡型样本城市文化消费指数得分及排名的具体数据，如表 9-14 所示。

表 9-14　　低度均衡型城市文化消费指数（D2）得分及排名

城　市	郑州	悉尼	西安	武汉	波哥大	迪拜	哈尔滨	约翰内斯堡	开普敦	开罗
得　分	0.472	0.459	0.450	0.417	0.321	0.321	0.312	0.303	0.283	0.222
排　名	18	20	21	23	25	26	27	29	30	31

由表 9-14 可知，低度均衡型样本城市文化消费指数得分排名与文化氛围指数总指标得分及排名大体一致，城市排名略有变动。从城市位序看，悉尼、约翰内斯堡位序前移，哈尔滨、开罗位序后移，郑州、西安、武汉、波哥大、迪拜、开普敦位序不变。样本城市文化消费指数得分的平

[①] 中华人民共和国文化和旅游部：《中国旅游统计年鉴（2018）》，中国旅游出版社 2020 年版。

均值为 0.356，郑州得分为最高值，开罗得分为最低值。郑州、悉尼、西安、武汉居于 0.4—0.5 分段，波哥大、迪拜、哈尔滨、约翰内斯堡居于 0.3—0.4 分段，开普敦、开罗居于 0.2—0.3 分段。从文化消费指数得分排名看，郑州、悉尼进入样本城市前 20 之列，其余城市均居 20 位之后，其中约翰内斯堡、开普敦、开罗居全部样本城市最后 3 位，排名相对靠后。低度均衡型样本城市文化消费指数得分比较，如图 9-18 所示。

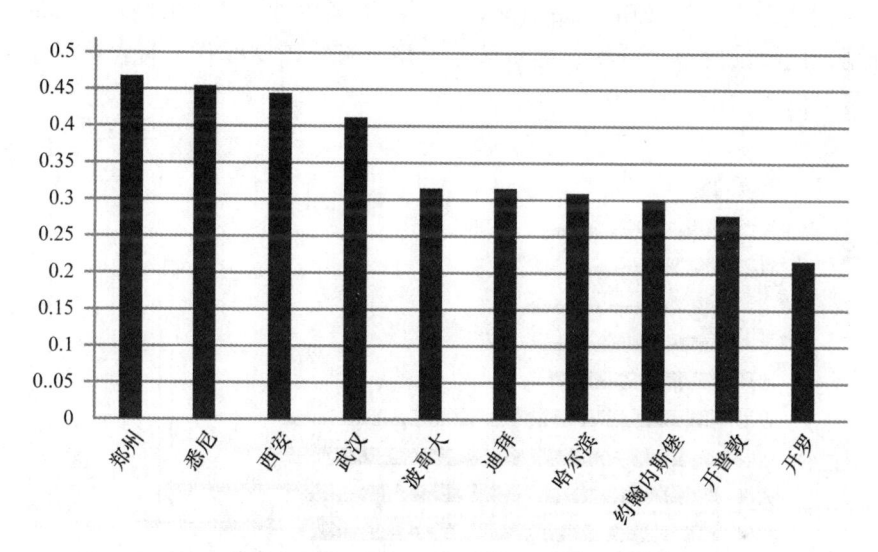

图 9-18 低度均衡型城市文化消费指数（D2）比较

可见，低度均衡型样本城市的文化消费水平总体偏低，梯度特征明显，末位开罗得分不足首位郑州的一半，城市之间差距较大。其中，郑州、悉尼、西安、开罗、武汉相对较好，文化消费水平基本相当，波哥大、迪拜、哈尔滨、约翰内斯堡、开普敦文化消费水平偏低。表明低度均衡型城市消费升级相对缓慢，文化消费需求与文化供给不够协调，大众文化消费意愿偏弱，文化消费在居民消费支出中的占比偏低，文化领域的规模消费人群尚不稳定，文化消费水平相比领先城市还有较大差距。从低度均衡型样本城市数据值看，悉尼、西安、武汉在文化消费的某些领域相对领先，其中武汉的实体书店数量最多，郑州人均拥有书店数量最多，悉尼人均拥有银幕数最多，悉尼、西安、约翰内斯堡、波哥大的年艺术表演场次均超过 3500，其中西安观演达 293 万人次，居该类城市之首。依托深厚的历史积淀，西安形成了得天独厚的文化消费环境和氛围。"调查显示，接近或超过40%的西安市民有公益观影和文艺演出的消费意愿"①，文化消费类型逐步升级，文化消费从传统内容向新型内容延伸。西安打造重要的文化消费中心"大唐不夜城"，持续举办特色文化节庆活动，带动城市文化消费水平的提升。波哥大是哥伦比亚的文化中心，两年一度的伊比利亚美洲戏剧节（Ibero-American Theatre Festival）吸引200万观众，是世界上规模最大的戏剧节。为了鼓励公众阅读并参与文化发展，波哥大市制订了"阅读即飞行"（Reading is Flying）和"风中之书"（Libro al Viento）计划，使阅读更容易获得、更易承受，并出版短篇文学作品且在公共场所免费提供。（见图9-19）

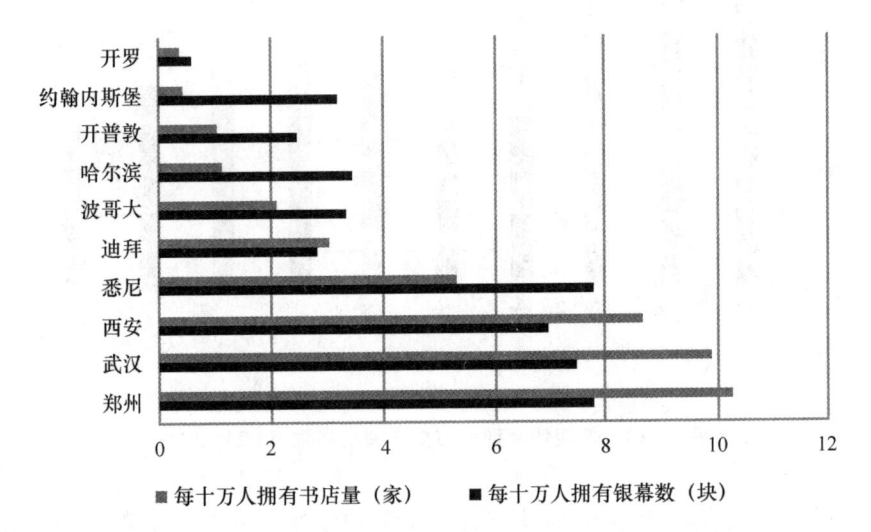

图9-19 低度均衡型城市人均书店和人均银幕数量比较

数据来源：根据World Cities Cultural Forum官网，《2019—2020中国实体书店产业报告》，《2018年中国电影市场城市热度趋势报告》。

第三节 低度均衡型城市文化声誉建设评价

世界文化名城文化声誉是由文化治理指数（E）、文化形象指数（F）两个指标来衡量。本节依据文化声誉各指标指数综合得分及排名、分项指标指数得分及排名，对低度均衡型样本城市的文化声誉建设水平进行比较评价。

---

① 《西安文化消费原来是这样……》，2018年6月21日，https：//www.sohu.com/a/237035761_796676。

一 文化声誉总体评价

赋予文化声誉综合评价分值为100分，对各分项指标指数加权平均并进行百分制转换，计算出低度均衡型样本城市文化声誉得分，以反映和比较样本城市文化声誉建设的整体水平和情况。低度均衡型样本城市文化声誉得分及排名如表9-15所示。

表9-15　低度均衡型城市文化声誉得分及排名

城 市	迪拜	悉尼	开罗	开普敦	武汉	波哥大	西安	哈尔滨	郑州	约翰内斯堡
得 分	66.7	64.5	61.2	54.0	51.5	49.9	47.8	46.3	39.6	38.7
排 名	17	18	19	24	25	26	27	28	30	31

由表9-15可知，低度均衡型样本城市文化功能得分与世界文化名城指数综合得分的排名有一定差异，城市排名略有变动。从城市位序看，迪拜、开罗、波哥大位序前移，悉尼、西安、哈尔滨、郑州位序后移，开普敦、武汉、约翰内斯堡位序不变。样本城市文化声誉得分的平均值为52.02，迪拜得分为最高值，约翰内斯堡得分为最低值。迪拜、悉尼、开罗居于60—70分段，开普敦、武汉居于50—60分段，波哥大、西安、哈尔滨居于40—50分段，郑州、约翰内斯堡居于30—40分段。从城市排名看，迪拜、悉尼、开罗进入全部样本城市前20之列，其余城市均居于20位之后，其中郑州、约翰内斯堡居全部样本城市最后2位，排名相对靠后。可见，低度均衡型样本城市文化声誉建设水平整体偏低，梯度特征明显，其中迪拜、悉尼、开罗的文化知名度、美誉度相对较好，郑州、约翰内斯堡差距较大。低度均衡型样本城市文化声誉得分比较，如图9-20所示。

二 文化治理指数（E）评价

文化治理指数（E）由文化战略指数（E1）、文化管理指数（E2）两个二级指标构成，反映一个城市政府在文化建设行为方面的组织特征、能力及国际吸引力，以及为提升文化声誉而形成的发展成效和比较优势。下文将对低度均衡型样本城市文化治理指数总指标和各二级指标分别进行分析评价。

（一）文化治理指数（E）总指标得分及排名

低度均衡型样本城市文化治理指数总指标得分及排名的具体数据，如表9-16所示。

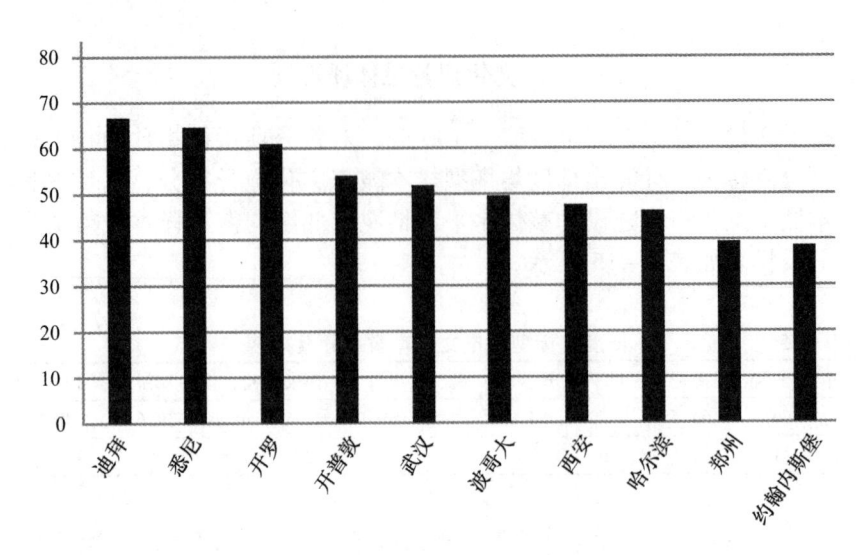

图 9 - 20　低度均衡型城市文化声誉得分比较

表 9 - 16　低度均衡型城市文化治理指数（E）得分及排名

城　市	开普敦	波哥大	悉尼	哈尔滨	武汉	开罗	迪拜	西安	郑州	约翰内斯堡
得　分	0.771	0.770	0.628	0.617	0.615	0.604	0.586	0.553	0.547	0.500
排　名	11	12	21	23	24	25	26	29	30	31

由表 9 - 16 可知，低度均衡型样本城市文化治理指数总指标得分排名与文化声誉得分排名有较大差异，城市排名变动明显。从城市位序看，开普敦、波哥大、哈尔滨位序前移，悉尼、开罗、迪拜、西安位序后移，武汉、郑州、约翰内斯堡位序不变。样本城市文化治理指数得分的平均值为 0.619，开普敦得分为最高值，约翰内斯堡得分为最低值。开普敦、波哥大居于 0.7—0.8 分段，其余城市居于 0.5—0.7 分段。从城市排名看，开普敦、波哥大进入全部样本城市前 15 之列，其余城市均居 20 位之后，其中西安、郑州、约翰内斯堡为全部样本城市最后 3 位，排名相对靠后。低度均衡型样本城市文化治理指数得分比较，如图 9 - 21 所示。

总体来看，低度均衡型样本城市文化治理总体处于中偏低水平，文化建设的体制机制和制度体系基本形成，部分城市注重以文化发展融入国际社会，提升其在世界城市网络中的地位，但文化发展在全球文化的显示度相对偏低。其中开普敦、波哥大的文化治理国际化水平相对领先，西安、郑州、约翰内斯堡的差距较大。开普敦、波哥大的人均 GDP 尚不足 1 万美元，为发展中经济体提升文化治理现代化水平提供了范例。

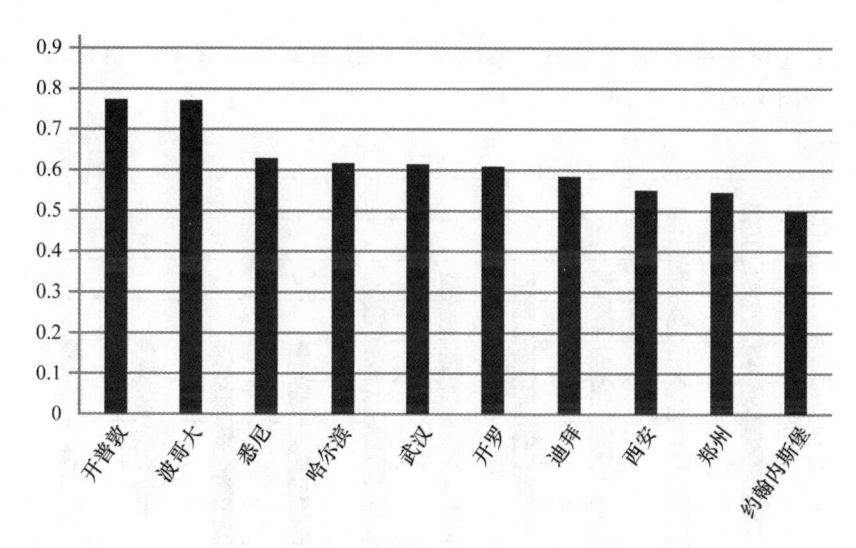

图 9-21　均衡协调型城市文化治理指数比较

（二）文化战略指数（E1）得分及排名

文化战略指数用来衡量城市在文化方面的全局性、长远性筹划，主要反映政府基于城市发展需求，将文化纳入城市战略目标，向世界展示文化发展成就，以提升城市世界知名度和美誉度的成效。采用包括"城市文化发展愿景""参与国际性文化组织和项目"两个测度指标。低度均衡型样本城市文化战略指数得分及排名的具体数据，如表 9-17 所示。

表 9-17　低度均衡型城市文化战略指数（E1）得分及排名

城　市	开普敦	波哥大	悉尼	武汉	哈尔滨	开罗	迪拜	西安	郑州	约翰内斯堡
得　分	0.843	0.836	0.680	0.671	0.671	0.671	0.503	0.503	0.503	0.503
排　名	10	12	22	24	25	26	28	29	30	31

由表 9-17 可知，低度均衡型样本城市文化战略指数排名与文化治理指数排名基本一致，城市排名略有变动。从城市位序看，武汉位序前移，其余城市位序不变。样本城市文化战略指数得分的平均值为 0.638，开普敦得分为最高值，迪拜、西安、郑州、约翰内斯堡得分相同为最低位。开普敦、波哥大居于 0.8—0.9 分段，悉尼、武汉、哈尔滨、开罗居于 0.6—0.7 分段，迪拜、西安、郑州、约翰内斯堡居于 0.5—0.6 分段。从城市排名看，开普敦进入全部样本城市前 10 之列，波哥大进入前 15 之列，其余城市均居 20 位之后，其中迪拜、西安、郑州、约翰内斯堡居全部样本城

市最后 4 位,排名相对靠后。低度均衡型样本城市文化战略指数得分比较,如图 9-22 所示。

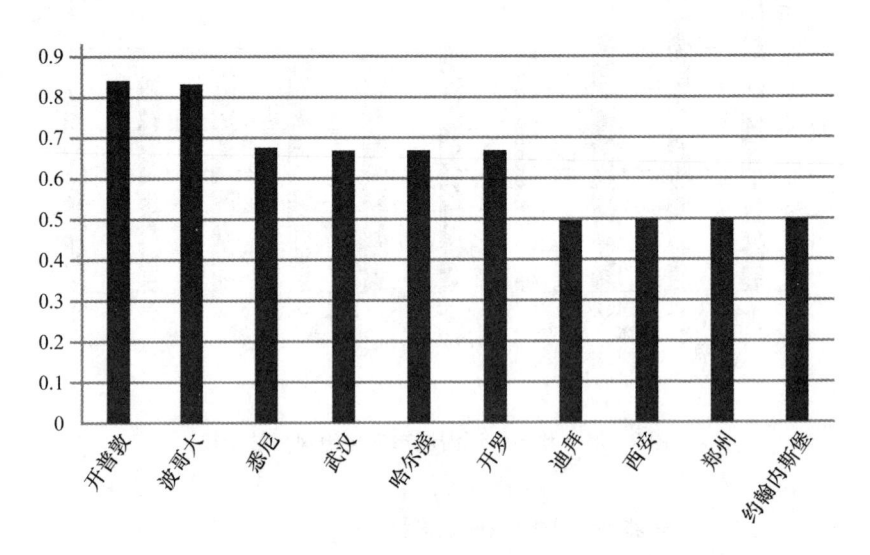

图 9-22 低度均衡型城市文化战略指数比较

可见,低度均衡型样本城市文化战略制定总体处于中低水平,梯度特征比较明显,但城市之间差距较小。领先城市文化战略的国际化水平较高,以文化愿景引导城市走向世界,积极参与世界文化组织和项目,但文化战略的前瞻性、引领性还有较大差距。其中,开普敦、波哥大列全部样本城市第 10、第 12 位,为发展中经济体实施国际化文化发展战略提供了范例。开普敦是南非最古老的城市,非洲最具活力和进步的城市之一,实施积极的文化发展战略和可持续性政策,增强文化可及性。将开普敦定位为"领先的文化和创意之都",增加就业机会和提升创意经济,把设计元素融入社会、文化和经济发展中,利用艺术、文化和设计来重新连接和定位城市,打造共同的愿景,是非洲第一座"世界设计之都"。开普敦制定了艺术、文化和创意产业政策,引导人力、金融、城市服务和财产等资源的分配,以支持艺术、文化和创意产业。开普敦"完美融合了非洲和西方文化的设计风格,在同一个空间内展现了代表不同地域、不同年代的设计风貌"[①],向世界展示其设计与创意。波哥大是拉丁美洲最古老的城市之一,人文气息浓厚,被誉为"南美洲的巴黎"。波哥大将文化作为建设功能性城市

---

① 李从军主编:《迁徙风暴——城镇化建设启示录》,新华出版社 2013 年版。

的重要组成部分，拥有活跃的音乐舞台，各种音乐场所活力四射，夜生活独特而热闹，2012年入选联合国教科文组织创意城市网络"音乐之城"。

（三）文化管理指数（E2）得分及排名

文化管理指数用来衡量城市政府对文化发展的干预能力，主要比较政府文化管理体制的健全程度，以及文化发展投入能力，反映该城市在文化领域的制度安排水平。采用"政府文化组织机构""公共文化支出占财政总支出比"两个测度指标。低度均衡型样本城市文化管理指数得分及排名的具体数据，如表9-18所示。

表9-18　　低度均衡型城市文化管理指数（E2）得分及排名

城市	迪拜	波哥大	西安	武汉	郑州	悉尼	哈尔滨	开普敦	约翰内斯堡	开罗
得分	0.623	0.619	0.593	0.589	0.586	0.586	0.584	0.583	0.582	0.580
排名	8	9	13	17	20	21	25	26	27	29

由表9-18可知，低度均衡型样本城市文化管理指数排名与文化治理指数排名有较大差异，城市排名变动明显。从城市位序看，迪拜、西安、武汉、郑州、约翰内斯堡位序前移，悉尼、哈尔滨、开普敦、开罗位序后移，波哥大位序不变。样本城市文化管理指数得分的平均值为0.593，迪拜得分为最高值，开罗得分为最低值。迪拜、波哥大居于0.6—0.7分段，其余城市居于0.5—0.6分段。从城市排名看，迪拜、波哥大进入全部样本城市前10之列，西安、武汉、郑州进入前20之列，其余城市均居20位之后，排名相对靠后。低度均衡型样本城市文化管理指数得分比较，如图9-23所示。

可见，低度均衡型样本城市文化管理水平总体处于中偏低水平，梯度特征明显，但城市之间差距较小。迪拜、波哥大相对较好，居全部样本城市第8、第9位。低度均衡型样本城市虽在政府层面都设立了文化事务部门，但由于各个国家的文化管理模式不同，城市经济发展水平不同，公共财政的文化投入水平有一定差异。波哥大政府设立文化发展部门，即城市文化、娱乐和体育秘书处下属的公民文化局，负责实施此项政策。此外，政府各个部门都设有处理文化政策的机构和人员。波哥大努力促进文化发展的协商和参与，实施文化政策鼓励公民参与城市文化发展，创造尊重多样性和保护环境的社会。波哥大设计推出促进公民文化的城市政策组合，包括一系列行动计划、财务方案以及公民和机构如何参与文化发展等，作为大都市发展计划"人人享有更好的波哥大"的三条主线之一将长期实

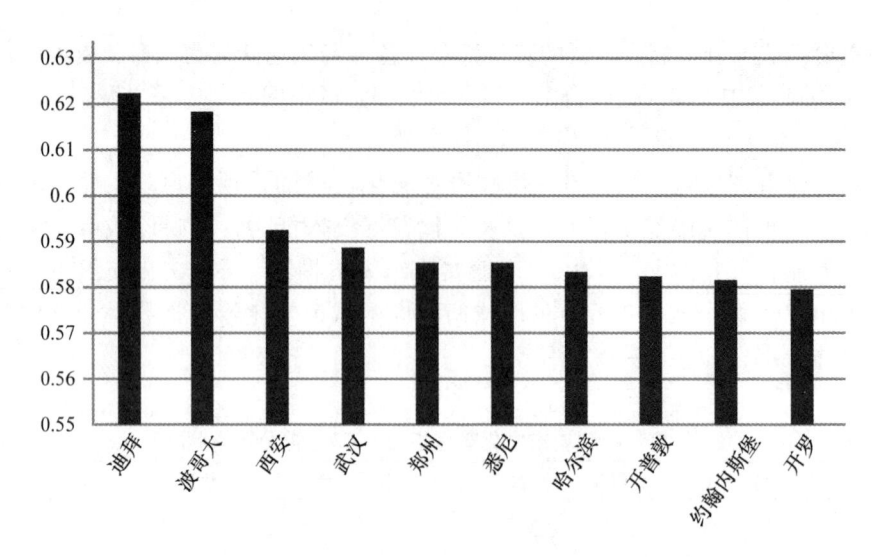

图 9-23 低度均衡型城市文化管理指数比较

施。该政策鼓励城市居民发挥其创造力，将艺术融入城市，改善当地的生活条件。波哥大将以公民文化指数为基准，进行长达 20 年的成果监测。波哥大公民文化政策致力于文化供给的民主化，整合公共资金和私人资金予以资助。如波哥大电影节（Films for Bogotá）期间会在城市不富裕地区的公园里播放电影，举办"百字波哥大"（Bogotá in 100 words）短篇小说比赛，激发市民参与发现城市特质。2011 年以来，波哥大对所有超过 35 美元的艺术表演门票征税，筹集了 1160 万美元投资于城市文化基础设施，促进对城市愿景和公共空间的共同享受。

三 文化形象指数（F）评价

文化形象指数（F）由文化品牌指数（F1）、文化标志指数（F2）两个二级指标构成，反映社会公众对一个城市文化发展水平的总体印象和认知，即外界对城市性格、气质、魅力的综合评价，衡量文化在提升和维持世界城市地位中发挥的作用。下文将对低度均衡型样本城市文化形象指数总指标和各二级指标分别进行分析评价。

（一）文化形象指数（F）总指标得分及排名

低度均衡型样本城市文化形象指数总指标得分及排名的具体数据，如表 9-19 所示。

第九章　低度均衡型城市世界文化名城建设评价　325

表9-19　低度均衡型城市文化形象指数（F）得分及排名

城　市	迪拜	悉尼	开罗	西安	武汉	开普敦	哈尔滨	波哥大	郑州	约翰内斯堡
得　分	0.509	0.450	0.402	0.270	0.258	0.223	0.180	0.170	0.148	0.135
排　名	13	17	20	22	23	25	27	28	30	31

由表9-19可知，低度均衡型样本城市文化形象指数总指标得分排名与文化声誉得分排名大体一致，城市排名略有变动。从城市位序看，西安、哈尔滨位序前移，开普敦、波哥大位序后移，迪拜、悉尼、开罗、武汉、郑州、约翰内斯堡位序不变。样本城市文化形象指数得分的平均值为0.275，迪拜得分为最高值，约翰内斯堡得分为最低值。迪拜、悉尼、开罗居于0.4—0.6分段，西安、武汉、开普敦居于0.2—0.3分段，哈尔滨、波哥大、郑州、约翰内斯堡居于0.1—0.2分段。从城市排名看，迪拜、悉尼、开罗进入全部样本城市前20之列，其余城市均居20位之后，其中郑州、约翰内斯堡居全部样本城市最后2位，排名相对靠后。低度均衡型样本城市文化形象指数得分比较，如图9-24所示。

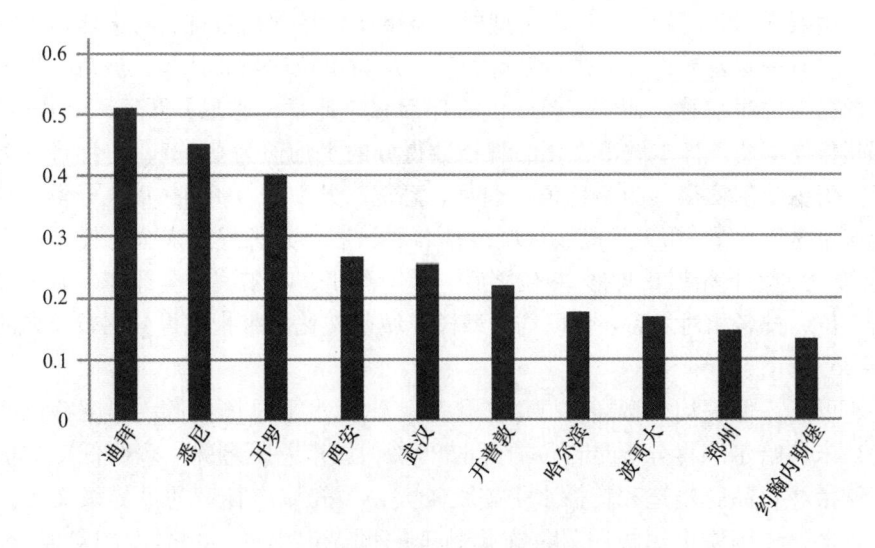

图9-24　低度均衡型城市文化形象指数比较

总体来看，低度均衡型样本城市文化形象建设水平总体偏低，梯度特征明显，末位约翰内斯堡得分不足首位迪拜的三分之一，城市之间相差悬殊。迪拜、悉尼、开罗城市文化形象相对较好，拥有享誉全球的世界级文化品牌或地标，城市文化特色鲜明清晰，其中迪拜居全部样本年城市第13

位，在世界城市中的文化声誉优势较为突出。郑州、约翰内斯堡差距较大，在世界城市中文化形象的识别度、知名度、美誉度偏低。

（二）文化品牌指数（F1）得分及排名

文化品牌指数用来衡量城市可溢价、可增值的无形文化资产的品牌化建设水平，主要通过第三方权威机构评估数据，反映城市文化机构、文化事件、文化产品等对公众的国际知名度和吸引力。采用5个测度指标，包括"国际旅游目的地""年国际会议数量""国际体育赛事数量""世界一流大学数量""全球知名媒体数量"。低度均衡型样本城市文化品牌指数得分及排名的具体数据，如表9-20所示。

表9-20　　低度均衡协型城市文化品牌指数（F1）得分及排名

城　市	迪拜	悉尼	开罗	武汉	波哥大	开普敦	西安	约翰内斯堡	郑州	哈尔滨
得　分	0.517	0.474	0.382	0.199	0.134	0.131	0.116	0.112	0.103	0.101
排　名	13	16	21	23	24	25	26	28	30	31

由表9-20可知，低度均衡型样本城市文化品牌指数排名与文化形象指数排名有一定差异，城市排名略有变动。从城市位序看，武汉、波哥大、约翰内斯堡位序前移，西安、哈尔滨位序后移，迪拜、悉尼、开罗、开普敦、郑州位序不变。样本城市文化品牌指数得分的平均值为0.227，迪拜得分为最高值，哈尔滨得分为最低值。迪拜、悉尼、开罗居于0.3—0.6分段，其他城市居于0.1—0.2分段。从城市排名看，迪拜、悉尼进入全部样本城市前20之列，其余城市均居20位之后，其中郑州、哈尔滨居全部样本城市最后2位，排名相对靠后。低度均衡型样本城市文化品牌指数得分比较，如图9-25所示。

可见，低度均衡型样本城市文化品牌建设水平总体偏低，梯度特征明显，末位哈尔滨得分不足首位迪拜的20%，城市差距悬殊。表明低度均衡型城市文化品牌塑造和传播水平差距较大，领先城市拥有的世界级文化品牌较多，中国城市短板明显，文化品牌的世界识别度、知名度相对偏低。该类城市大多是全球重要的文化旅游活动目的地，迪拜每年接待国际游客人数过千万，是全球接待国际游客人数最多的城市之一，在万事达全球旅游目的地城市指数（GDCI）中居第4位，凭借现代化的休闲旅游基础设施，成为中东和非洲地区最具吸引力的旅游目的地。万事达全球目的地城市指数显示，约翰内斯堡、开普敦、开罗都是非洲最受欢迎的旅游目的地城市，有力带动了当地经济发展。2018年约翰内斯堡接待的国际游客超过

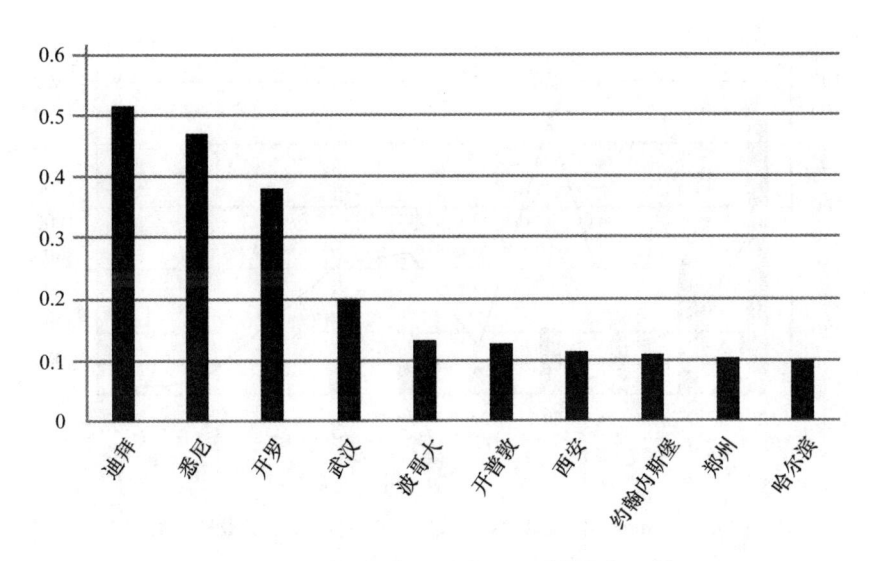

图 9-25　低度均衡型城市文化品牌指数比较

400万，领先非洲城市。开普敦努力成为对游客更具吸引力的国际目的地，被《纽约时报》评为全球最佳参观地点，开罗则是美国《国家地理杂志》评选的全球十大最佳旅行目的地之一。低度均衡型城市举办国际会议的数量相差较大，悉尼、迪拜、波哥大、开普敦相对领先，悉尼是国际会议协会（ICCA）评定的世界会展城市，会展基础设施和会展服务发达，国际会展和商业活动繁多。悉尼会展中心是澳大利亚最大的会议中心，2016年建成开放的悉尼国际会议中心（International Convention Centre Sydney），则是澳大利亚最大的综合性会展娱乐中心。（见图9-26）

（三）文化标志指数（F2）得分及排名

文化标志指数用来衡量城市空间的文化意象建构水平，通过城市建筑、绿地对城市空间的文化营造作用，反映城市空间的世界识别度和美誉度。采用"世界级文化地标数量""城市绿地率"两个测度指标。低度均衡型样本城市文化标志指数得分及排名的具体数据，如表9-21所示。

表9-21　低度均衡型城市文化标志指数（F2）得分及排名

城　市	西安	开普敦	迪拜	开罗	武汉	哈尔滨	悉尼	郑州	波哥大	约翰内斯堡
得　分	0.641	0.526	0.483	0.461	0.437	0.420	0.376	0.285	0.280	0.207
排　名	4	9	11	14	19	20	21	28	29	31

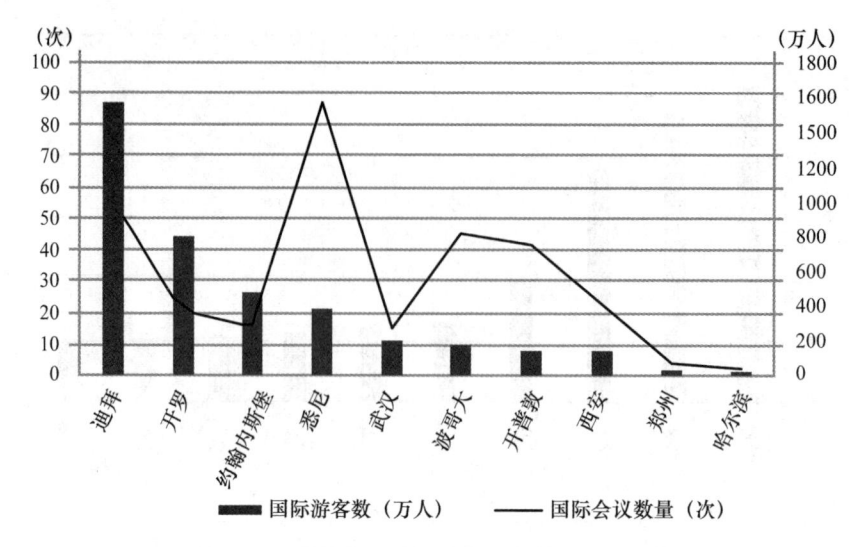

图 9-26 低度均衡型城市国际游客和国际会议数量比较

数据来源：World Cities Cultural Forum 官网，《2018 ICCA 国际会议统计报告》①、《中国旅游统计年鉴（2018）》②。

由表 9-21 可知，低度均衡型样本城市文化标志指数总指标得分排名与文化形象指数排名有一定差异，城市排名整体前移。从城市位序看，西安、开普敦、哈尔滨、郑州位序前移，迪拜、悉尼、开罗、波哥大位序后移，武汉、约翰内斯堡位序不变。样本城市文化标志指数得分的平均值为 0.412，西安得分为最高值，约翰内斯堡得分为最低值。西安、开普敦居于 0.5—0.7 分段，迪拜、开罗、武汉、哈尔滨、悉尼居于 0.3—0.5 分段，郑州、波哥大、约翰内斯堡居于 0.2—0.3 分段。从城市排名看，西安、开普敦进入全部样本城市前 10 之列，迪拜、开罗、武汉、哈尔滨进入样本城市前 20 之列，其余城市均居 20 位之后，约翰内斯堡居全部样本城市末位，排名相对靠后。低度均衡型样本城市文化标志指数得分比较，如图 9-27 所示。

可见，低度均衡型样本城市文化标志建设水平总体处于中低水平，梯度特征明显，末位约翰内斯堡得分不足首位西安的三分之一，城市差距悬殊。表明低度均衡型城市的文化标志建设水平差距较大，西安、开普敦居全部样本城市第 4、第 9 位，是前 10 位样本城市中仅有的两个发展中经济

---

① 闫伟、张丽娟：《2018 ICCA 国际会议统计报告分析》（2019 年 5 月 27 日），2020 年 8 月 25 日，http://www.meetingschina.com/news13536.html。
② 中华人民共和国文化和旅游部：《中国旅游统计年鉴（2018）》，中国旅游出版社 2020 年版。

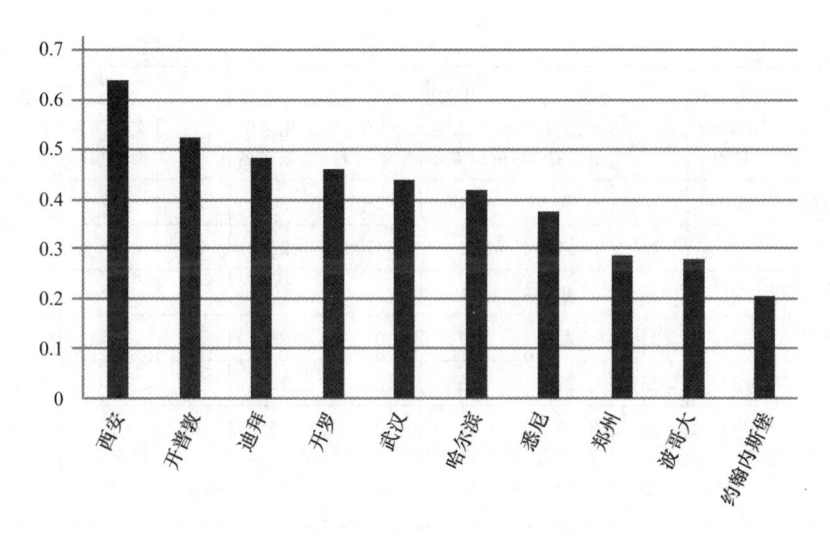

图9-27 低度均衡型城市文化标志指数比较

体，为世界城市提升文化标志水平提供了范例。西安是世界历史文化名城，着力提升历史遗迹的国际影响力，已拥有6处世界文化遗产，形成了世界级的文化地标系列，树立了世界文化遗产大市的形象。从城市绿地率看，郑州、武汉、西安、哈尔滨4个中国城市相对领先，绿地率均超过35%。悉尼、开普敦、约翰内斯堡的城市绿地率也超过20%，波哥大、迪拜、开罗差距较大。近年来，西安着力推动生态文明建设，建立健全生态保护补偿机制，打造绿色之城、花园之城、宜业宜居之城，促进人与自然和谐共生。悉尼制定了《可持续发展的悉尼2030》总体战略，设定增加城市绿化、全球化和互联互通的目标，提高创意在公共领域的可见度，支持文化参与，降低创意和文化工作者的空间进入门槛。（见图9-28）

根据样本城市各指标指数得分情况，低度均衡型样本城市世界文化名城评价指标排名如表9-22所示。

表9-22 低度均衡型城市世界文化名城评价指标排名

样本城市	世界文化名城指数排名	文化功能					文化声誉		
		排名	文化资产指数排名	文化要素指数排名	文化经济指数排名	文化氛围指数排名	排名	文化治理指数排名	文化形象指数排名
悉尼	20	19	6	19	23	27	18	21	17
西安	23	22	20	11	21	21	27	29	22
迪拜	24	29	28	27	30	26	17	26	13

续表

样本城市	世界文化名城指数排名	文化功能					文化声誉		
		排名	文化资产指数排名	文化要素指数排名	文化经济指数排名	文化氛围指数排名	排名	文化治理指数排名	文化形象指数排名
开普敦	25	26	9	28	29	30	24	11	25
武汉	26	23	31	12	12	23	25	24	23
哈尔滨	27	24	30	24	17	17	28	23	27
开罗	28	31	23	30	31	28	19	25	20
郑州	29	25	27	26	22	12	30	30	30
波哥大	30	28	29	31	24	25	26	12	28
约翰内斯堡	31	30	22	29	25	31	31	31	31

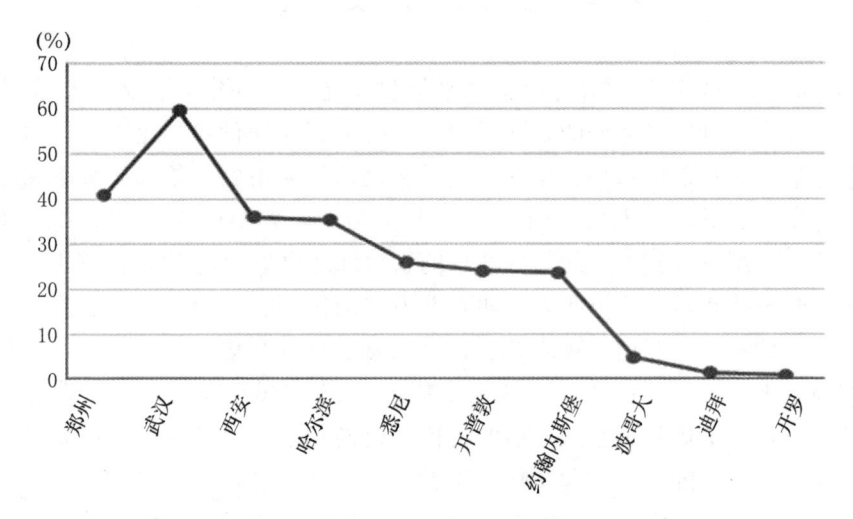

图 9-28 低度均衡型城市城公共绿地占比比较

数据来源：World Cities Cultural Forum 官网，《中国城市建设统计年鉴 2018》①。

悉尼的世界文化名城指数（G）指标得分为 0.706，居全部样本城市的第 20 位。从两大比较维度看，西安文化功能得分排名第 22，文化声誉得分排名第 18，世界文化名城"功能—声誉"水平基本均衡。从六大比较领域看，西安文化资产、文化要素、文化形象 3 项指数得分进入全部样本

---

① 中华人民共和国住房和城乡建设部编：《中国城市建设统计年鉴 2018》，中国统计出版社 2020 年版。

城市前 20 之列，其中文化资产指数得分居全部样本城市第 6 位；文化经济、文化氛围、文化治理 3 项指数得分均居 20 位之后。从三级指标看，悉尼文化遗产指数得分居全部样本城市的第 2 位，文化设施、文化科技、文化消费、文化品牌 4 项指数得分进入全部样本城市前 20 之列。

西安的世界文化名城指数（G）指标得分为 0.642，居全部样本城市的第 23 位。从两大比较维度看，西安文化功能得分排名第 22，文化声誉得分排名第 27，世界文化名城"功能—声誉"水平较为均衡。从六大比较领域看，西安文化资产、文化要素 2 项指数得分排名进入全部样本城市前 20 之列，其中文化要素指数得分居全部样本城市第 12 位；文化经济、文化氛围、文化治理、文化形象 4 项指数得分排名均位居 20 位之后，其中文化治理指数居第 29 位，排名相对靠后。从三级指标看，西安文化标志指数得分居全部样本城市的第 4 位，文化遗产、文化人才、文化科技、文创产业、文化活力、文化管理 6 项指数得分进入全部样本城市前 20 之列。

迪拜的世界文化名城指数（G）指标得分为 0.637，居全部样本城市的第 24 位。从两大比较维度看，迪拜的文化功能得分居第 29 位，文化声誉得分排名居第 17，世界文化名城"功能—声誉"水平明显偏离。从六大比较领域看，迪拜文化形象指数得分排名居第 13 位，进入全部样本城市前 15 之列，文化资产、文化要素、文化经济、文化氛围、文化治理 5 项指数得分均居 20 位之后，其中文化经济指数得分排名居第 30 位，相对靠后。从三级指标看，迪拜文化管理指数得分排名居第 8，进入全部样本城市前 10 之列，文化设施、文化品牌、文化标志 3 项指数得分进入全部样本城市前 20 之列，其中文化标志指数得分居第 11 位，相对领先。

开普敦的世界文化名城指数（G）指标得分为 0.630，居全部样本城市的第 25 位。从两大比较维度看，开普敦文化功能得分排名第 26，文化声誉得分排名第 24，世界文化名城"功能—声誉"水平基本均衡。从六大比较领域看，开普敦文化资产指数得分排名进入全部样本城市前 10 之列，居第 9 位，文化治理指数进入前 20 之列；文化要素、文化经济、文化氛围、文化形象 4 项指数得分排名均居 20 位之后，其中文化氛围指数得分居全部样本城市第 30 位，排名靠后。从三级指标看，开普敦文化遗产、文化战略、文化标志 3 项指数得分进入全部样本城市前 10 之列，文化设施指数得分进入前 20 之列。

武汉的世界文化名城指数（G）指标得分为 0.629，居全部样本城市的第 26 位。从两大比较维度看，武汉的文化功能得分居第 23 位，文化声誉得分排名居第 25，世界文化名城"功能—声誉"水平基本均衡。从六大比较领域看，武汉文化要素、文化经济 2 项指数得分进入全部样本城市前 20 之列，其中文化要素指数得分居第 11 位，文化资产、文化氛围、文化治理、文化形象 4 项指数得分均居 20 位之后。从三级指标看，文化人才、文创产业 2 项指数得分进入全部样本城市前 10 之列，其中文化人才指数得分居第 6 位，相对领先；文化科技、文创从业人员、文化活力、文化管理、文化标志 5 项指数得分进入全部样本城市前 20 之列。

哈尔滨的世界文化名城指数（G）指标得分为 0.622，居全部样本城市的第 27 位。从两大比较维度看，哈尔滨的文化功能得分居第 24 位，文化声誉得分排名居第 28，世界文化名城"功能—声誉"水平较为均衡。从六大比较领域看，哈尔滨文化经济、文化氛围 2 项指数得分进入全部样本城市前 20 之列，均居于第 17 位；文化资产、文化要素、文化治理、文化形象 4 项指数得分均居 20 位之后，其中文化形象指数得分居第 27 位，排名相对靠后。从三级指标看，哈尔滨文化人才、文创产业、文创从业人员、文化标志 4 项指数得分进入全部样本城市前 20 之列，其中文创产业指数进入前 15 之列，相对领先。

开罗的世界文化名城指数（G）指标得分为 0.606，居全部样本城市的第 28 位。从两大比较维度看，开罗文化功能得分排名第 31，文化声誉得分排名第 19，世界文化名城"功能—声誉"水平明显偏离。从六大比较领域看，开罗文化形象指数得分排名进入全部样本城市前 20 之列，文化资产、文化要素、文化经济、文化氛围、文化治理 5 项指数得分排名均居 20 位之后，其中文化经济指数得分居全部样本城市末位，排名相对靠后。从三级指标看，开罗文化标志指数得分排名第 14 位，进入全部样本城市前 15 之列，相对领先。

郑州的世界文化名城指数（G）指标得分为 0.601，居全部样本城市的第 29 位。从两大比较维度看，郑州文化功能得分排名第 25，文化声誉得分排名第 30，世界文化名城"功能—声誉"水平较为均衡。从六大比较领域看，郑州的文化氛围指数得分排名进入全部样本城市前 15 之列，文化资产、文化要素、文化经济、文化治理、文化形象 5 项指数得分排名均居 20 位之后。从三级指标看，郑州文化遗产、文化人才、文化活力、文化消费、文化管理 5 项指数得分进入全部样本城市前 20 之列，其中文化活力指数得分居全部样本城市第 13 位，相对领先。

波哥大的世界文化名城指数（G）指标得分为 0.592，居全部样本城市的第 30 位。从两大比较维度看，波哥大文化功能得分排名第 28，文化声誉得分排名第26，世界文化名城"功能—声誉"水平基本均衡。从六大比较领域看，波哥大文化治理指数得分排名进入全部样本城市前15之列，文化资产、文化要素、文化经济、文化氛围、文化形象5项指数得分排名均居20位之后，相对靠后。从三级指标看，波哥大文化管理、文创从业人员、文化战略3项指数得分排名进入前15之列，其中文化管理指数居第9位，进入全部样本城市前10之列，相对领先。

约翰内斯堡的世界文化名城指数（G）指标得分为0.553，居全部样本城市的第31位。从两大比较维度看，约翰内斯堡文化功能得分排名第30，文化声誉得分排名第31，世界文化名城"功能—声誉"水平基本均衡。从六大比较领域看，约翰内斯堡文化资产、文化要素、文化经济、文化氛围、文化治理、文化形象6项指数得分均居全部样本城市20位之后，其中文化氛围、文化治理、文化形象3项指数得分均居末位，排名相对靠后。从三级指标看，约翰内斯堡文化遗产、文化设施2项指数得分进入全部样本城市前20之列。

综上，低度均衡型样本城市世界文化名城指数总体处于第三层级，文化功能和文化声誉相对均衡，文化发展水平偏低，6大评价维度中均出现最低值，文化资产指数（武汉）、文化要素指数（波哥大）、文化经济指数（开罗）、文化氛围指数（约翰内斯堡）、文化治理指数（约翰内斯堡）、文化形象指数（约翰内斯堡），12大比较领域中有11项出现最低值，即文化遗产指数（迪拜）、文化设施指数（开罗）、文化人才指数（约翰内斯堡）、文化科技指数（波哥大）、文创产业指数（波哥大）、文创从业人员指数（开罗）、文化活力指数（哈尔滨）、文化消费指数（开罗）、文化战略指数（约翰内斯堡）、文化品牌指数（哈尔滨）、文化标志指数（约翰内斯堡）。此类城市文化发展水平总体偏低，但文化发展的基础较好、潜力较大，某些领域在全球享有较高声誉，文化对城市可持续发展中的促进作用将逐步显现，世界文化名城建设具有应然性和迫切性。从城市特征看，其一，低度均衡型样本城市既有历史悠久的古城，如西安、开罗等，也有建城数百年的新兴城市，如迪拜、开普敦、波哥大等，曾是人类文明的重要发祥地，也是新思想、新理念、新制度勃兴之地；其二，此类城市大多沿海、沿江、沿河或沿边，多为城市群、都市圈或大都会区的中心城市，国家或地区的经济中心、文化中心、交通枢纽，是文化要素汇聚的优势区位；其三，此类城市拥有百万人口或千万人口，具有孕育文化艺术群体，诞生人类文明成果的场域和载体条件；其四，此类城市经济发展水平差距较大，其中悉尼、迪拜、约翰内斯堡、武汉已达到或接近发达经济体水平，其余城市均为发展中经济体，文化发展能力差距较大。此外，低度均衡型只是对此类样本城市总体情况的反映，部分城市某些评价指标排名相对领先，如悉尼的文化遗产指数，武汉的文化人才指数，西安的文化标志指数，开普敦的文化战略指数等，但由于文化发展整体性和协调性欠佳，指标排名总体靠后，世界文化名城建设水平还有较大提升空间。

第十章 中国世界文化名城建设的策略与路径

本章依据世界文化名城评价指标体系,对中国的11个样本城市进行总体评价和区域评价。基于国际比较,客观分析中国城市文化建设的成就与经验,深入分析世界文化名城建设存在的差距和问题,并结合中国城市的特点和文化发展需要,探讨建设世界文化名城的策略和路径。

第一节 中国世界文化名城指数比较分析

本节运用世界文化名城评价体系,通过世界文化名城指数、文化资产指数、文化要素指数、文创经济指数、文化氛围指数、文化治理指数、文化形象指数的综合得分及排名比较,评价分析中国11个样本城市世界文化名城建设情况。

一 世界文化名城指数比较分析

根据世界文化名城指数指标的综合得分与排名,中国11个样本城市的世界文化名城指数综合得分与排名如表10-1所示。

表10-1 中国样本城市世界文化名城指数综合得分与排名

城市	北京	上海	深圳	成都	香港	杭州	广州	西安	武汉	哈尔滨	郑州
文化名城指数(G)	0.873	0.798	0.774	0.751	0.744	0.739	0.702	0.642	0.629	0.622	0.601
排名	2	9	10	12	14	16	21	23	26	27	29

从表10-1来看,中国样本城市世界文化名城指数G指标综合排名进

入全部样本城市前 10 的城市有 3 个，分别是北京、上海和深圳；排名相对靠后的城市有 4 个，分别为西安、武汉、哈尔滨和郑州。从样本城市所处层级来看，处于全部样本城市第一层级的城市只有北京；处于第二层级的城市有 7 个，分别是上海、深圳、成都、香港、杭州、广州和西安；处于第三层级的城市有武汉、哈尔滨和郑州。总体来看，中国样本城市处于第一层级的偏少，主要集中在第二层级和第三层级。

二 世界文化名城建设类型分析

依据世界文化名城"功能—声誉"综合得分，可确定中国样本城市在世界文化名城"功能—声誉"象限图中的位置。中国样本城市主要分布在第Ⅰ象限、第Ⅲ象限和第Ⅳ象限（见图 10-1），北京、上海、深圳文化功能和文化声誉得分相对较高，其他城市则各有侧重或整体偏低。总体来看，中国样本城市中，北京、上海、深圳、成都、广州和杭州 6 个城市文化功能得分均超过中位数，北京、上海、深圳和香港 4 个城市的文化声誉得分超过中位数，西安、武汉、哈尔滨、郑州 4 个城市的文化功能和文化声誉得分相对偏低。说明虽然中国城市普遍重视文化功能建设，但文化声誉建设是中国城市的弱项，文化知名度、美誉度和影响力的短板明显，成都、武汉、杭州等 7 城市文化声誉得分均低于中位数。

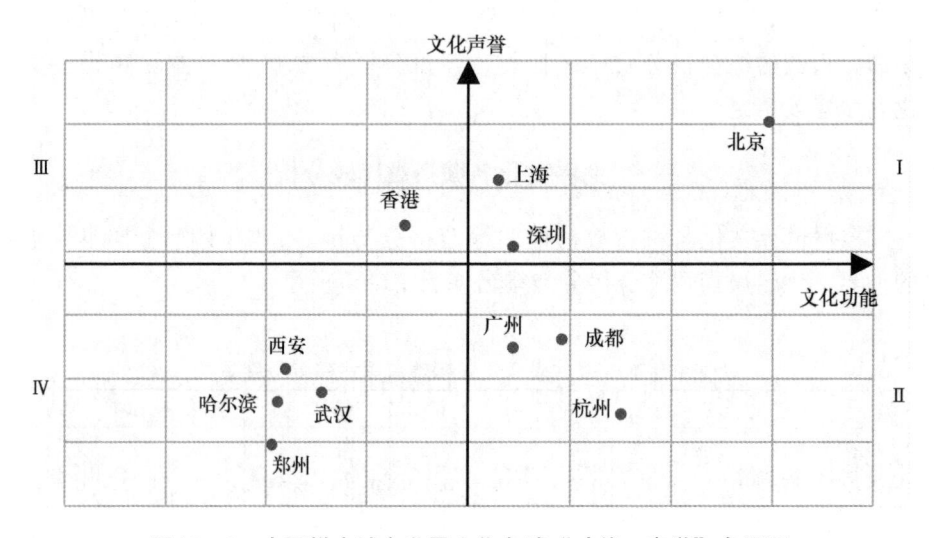

图 10-1 中国样本城市世界文化名城"功能—声誉"象限图

依据世界文化名城"功能—声誉"象限图，世界文化名城建设的四个类型中国样本城市都有涉及。其中，北京、上海和深圳位于第Ⅰ象限，世界文化名城"功能强—声誉高"，进入均衡协调型城市行列；香港位于第Ⅱ象限，世界文化名城"功能弱—声誉高"，进入声誉优势型城市行列；成都、广州和杭州位于第Ⅲ象限，世界文化名城"功能强—声誉低"进入功能优势型城市行列；武汉、西安、哈尔滨和郑州位于第Ⅳ象限，世界文化名城"功能弱—声誉低"，进入低度均衡型城市行列。

三 世界文化名城指数区域比较

数据分析发现，中国东、中、西部地区世界文化名城建设水平的差距较大。中国样本城市中，北京、上海、深圳、杭州、广州、香港、哈尔滨这7个城市均位于中国东部发达地区，武汉、郑州位于中国中部地区，成都、西安位于中国西部地区，世界文化名城建设的区域水平呈现不均衡特征。东部地区样本城市世界文化名城指数均值高于全国平均水平，也明显高于中部地区和西部地区。中国中部地区和西部地区样本城市世界文化名城指数的均值，均低于全国平均水平。（见表10-2）

表10-2 中国样本城市世界文化名城综合指数（G）区域统计量表

区域	平均值	标准差	最大值	最小值	变异系数
全国	0.716	0.085	0.873	0.601	11.90%
东部地区	0.750	0.078	0.873	0.622	10.44%
中部地区	0.615	0.020	0.629	0.601	3.21%
西部地区	0.697	0.077	0.751	0.642	11.07%

从全国和东、中、西部综合指数变异系数看，东部地区和西部地区综合指数的变异程度较高，表明样本城市世界文化名城指数的离散程度较大，区域内各城市文化发展水平差距明显。以东部地区的北京和哈尔滨为例，依据两个城市分项指数得分得到雷达图如图10-2所示。可以发现，两个城市文化发展整体水平差距悬殊，北京的文化资产、文化要素、文化经济、文化氛围、文化治理、文化形象6项指数明显领先，哈尔滨整体水平相对较低，特别是文化形象建设短板突出。中部地区的变异系数最低，武汉和郑州在中国样本城市的排名中靠后，文化发展水平基本相当，整体水平不高。

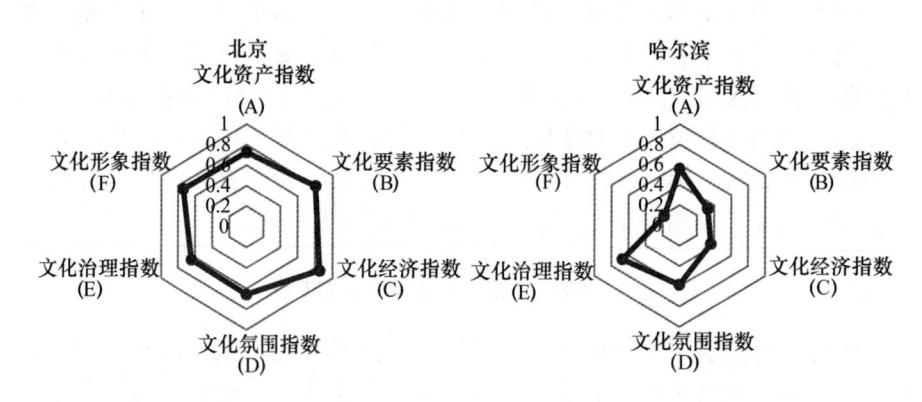

图 10-2 北京、哈尔滨各指标指数综合得分雷达图

总体来看，中国样本城市在世界文化名城建设水平还存在区域发展不平衡问题。东部地区的样本城市相对于中部地区和西部地区的样本城市，发展水平较高。

四 世界文化名城分项指数比较

（一）文化资产指数（A）

中国样本城市文化资产指数得分及排名具体情况如表 10-3 所示。根据指数的分值，中国样本城市处于 0.6—0.8 分值的城市有 5 个，分别为成都、北京、杭州、深圳和西安，其余城市均高于 0.5 小于 0.6。在全部样本城市的文化资产指数排位中，进入前 10 的中国城市仅有成都，进入前 20 位的中国城市有北京、杭州、深圳、西安，上海、广州、郑州、哈尔滨、武汉均处在 25 位以后。成都不仅有两千多年的历史，拥有青城山、都江堰、蜀绣等丰富的文化遗产，而且 2019 年实体书店数量已达到 3522 家，超过四大直辖市，成为中国城市书店数量排行榜第一名。[①]

表 10-3 中国样本城市文化资产（A）指标得分及排名

城市	成都	北京	杭州	深圳	西安	香港	上海	广州	郑州	哈尔滨	武汉
文化资产指数（A）	0.79	0.728	0.708	0.649	0.63	0.587	0.585	0.584	0.582	0.561	0.534
排名	5	11	14	19	20	24	25	26	27	30	31

---

① 《2019—2020 中国实体书店产业报告》，2020 年 7 月 7 日。

(二) 文化要素指数（B）

中国样本城市文化要素指数得分及排名具体情况如表 10-4 所示。根据指数的分值，中国样本城市处于 0.6—0.9 分值的有 3 个，分别为北京、香港和深圳；处于 0.5—0.6 分值的有 2 个，分别为上海和广州；其余 6 个城市都低于 0.5。在全部样本城市的文化要素指数排位中，进入前 10 位的中国城市有北京、香港、深圳、上海和广州，武汉、西安、杭州和成都处于前 20 位，只有哈尔滨和郑州处于 20 位以外。总的来说，中国样本城市比较注重文化要素，如人才、科技等发展。中国城市的北京、上海不仅有较多的文化人才，文化科技实力也不容小觑；也有部分城市如香港、深圳，虽然文化人才数量相对较少，但文化科技发展较好，也极大地提升了文化发展的内生动力。

表 10-4　中国样本城市文化要素（B）指标得分及排名

城市	北京	香港	深圳	上海	广州	武汉	西安	杭州	成都	哈尔滨	郑州
文化要素指数（B）	0.802	0.669	0.607	0.589	0.527	0.498	0.474	0.465	0.457	0.328	0.294
排名	4	6	7	8	10	11	12	13	15	24	26

(三) 文化经济指数（C）

中国样本城市文化经济指数得分及排名具体情况如表 10-5 所示。根据指数的分值，中国样本城市处于 0.7—0.9 分值的有 3 个，分别为杭州、北京和上海；处于 0.6—0.7 分值的有 2 个，分别为广州和深圳；其余 6 个城市都低于 0.5。在全部样本城市的文化经济指数排位中，杭州、北京和上海位列前三名。进入前 10 位的中国城市有杭州、北京、上海、广州、深圳，武汉、成都、香港和哈尔滨进入前 20 位。总的来说，中国样本城市文化经济的发展既有在全球领先的城市，也有相对落后的城市，其差距较大。2018 年，杭州文创产业实现增加值 3347 亿元，同比增长 11.6%，占 GDP 比重达到 24.8%，已经成为杭州市国民经济的重要支柱性产业。其中，以数字化、网络化为代表的数字内容产业发展态势良好，实现增加值 2098 亿元，占整个文创产业的 63%，已成为杭州市文创产业乃至整个经济发展重要的新增长点。①

---

① 《打造国际文化创意中心！杭州发布文创产业八大亮点》，2019 年 2 月 26 日，华夏经纬网（http://www.huaxia.com/ztlx/zjxw/2019/02/6036212.html）。

表10-5　　　　中国城市文化经济（C）指标得分及排名

城市	杭州	北京	上海	广州	深圳	武汉	成都	香港	哈尔滨	西安	郑州
文化经济指数（C）	0.882	0.85	0.759	0.648	0.61	0.433	0.382	0.37	0.365	0.272	0.264
排名	1	2	3	5	6	12	14	16	17	21	22

（四）文化氛围指数（D）

中国样本城市文化氛围指数得分及排名具体情况如表10-6所示。根据指数的分值，中国所有样本城市的分值都超过了0.5，但是没有一个城市超过0.7，都位于0.5—0.7分段。成都的文化氛围指数为0.661，在中国样本城市中位于第一名。在全部样本城市的文化经济指数排位中，进入前10位的中国城市只有成都和北京。除此之外，位于11—20位的中国城市有上海、郑州、杭州、深圳、广州、哈尔滨和香港7个。总的来说，中国大部分城市都处于第二层级，注重文化活力和文化消费。以成都为例，成都通过举办很多节庆活动，让传统文化和新潮流时尚相结合，使整个城市既有历史的厚重感，也有现代的活力感。同时，成都也注重自身的城市魅力，着力表达"有一种生活美学叫成都"，从而让成都的文化氛围日益浓厚。

表10-6　　　　中国样本城市文化氛围（D）指标得分及排名

城市	成都	北京	上海	郑州	杭州	深圳	广州	哈尔滨	香港	西安	武汉
文化氛围指数（D）	0.661	0.656	0.607	0.601	0.599	0.596	0.588	0.586	0.579	0.538	0.529
排名	5	6	11	12	13	14	16	17	18	21	23

（五）文化治理指数（E）

中国样本城市文化治理指数得分及排名具体情况如表10-7所示。根据指数的分值，中国样本城市高于0.9分的城市是成都，处于0.7—0.8分段的有2个，分别为上海和深圳；处于0.6—0.7分段的有5个，分别为北京、香港、杭州、哈尔滨和武汉；处于0.5—0.6分段的有3个，分别为广州、西安和郑州。在全部样本城市的文化治理指数排位中，进入前10位的城市有成都、上海和深圳，进入前20位的城市有北京、香港和杭州，其他城市都在20位以后。总的来看，中国样本城市在文化治理方面既有做得较好的城市,也有较为落后的城市。相对于全球标杆城市来讲,中国城市文化治理的总体水平较低。例如,位于中国西部地区的成都,之所以能成为世界文化名城论坛成员,与其长期注重文化战略和规划的建设有极大的关系。成都特别注重文化愿景的塑造和顶层设计,近年成都市委出台了《关于弘扬中华文明 发展天府文化 建设世界文化名城的决定》,提出建设"世界文创名城""世界旅游名城""世界赛事名城""国际美食之都""国际音乐之都""国际会展之都",并制定了一系列建设世界文化名城的战略规划和行动计划。

表 10-7　　　　中国城市文化治理（E）指标得分及排名

城市	成都	上海	深圳	北京	香港	杭州	哈尔滨	武汉	广州	西安	郑州
文化治理指数（D）	0.914	0.774	0.773	0.64	0.638	0.636	0.617	0.615	0.561	0.553	0.547
排名	2	8	9	15	17	18	23	24	28	29	30

（六）文化形象指数（F）

中国样本城市文化形象指数得分及排名具体情况如表 10-8 所示。根据指数的分值,中国样本城市处于 0.5—0.8 分段的有 3 个,分别是北京、上海和香港,其余城市指数均处于 0.5 以下,还有 4 个城市得分低于 0.2。在全部样本城市的文化形象指数排位中,中国城市进入前 10 位的城市有北京、上海和香港,进入前 20 位的城市只有深圳,其余城市均位列 20 名以后。可见,中国样本城市的文化形象两极分化较严重,在全球非常知名的城市是北京、上海和香港,其他城市的文化形象则相对较低。北京作为中国的首都,是全国政治中心和文化中心,拥有故宫、水立方、鸟巢、天安门、长城、京剧等诸多享誉世界的文化地标和文化品牌。近年来,中国深圳、成都、杭州等城市都提出要打造文化地标,塑造城市品牌,但相比世界知名的文化城市,文化形象的全球识别度和美誉度的提升尚需努力。

表 10-8　　　　中国城市文化形象（F）指标得分及排名

城市	北京	上海	香港	深圳	广州	西安	武汉	成都	哈尔滨	杭州	郑州
文化形象指数（F）	0.736	0.633	0.593	0.478	0.375	0.27	0.258	0.193	0.18	0.152	0.148
排名	4	6	8	15	21	22	23	26	27	29	30

总体来看，中国样本城市在文化经济指数、文化要素指数等分项指标的综合表现较好，城市文化发展实践形成了不少值得借鉴的宝贵经验。但文化资产指数、文化氛围指数、文化治理指数和文化形象指数等分项指标的综合表现欠佳，特别是文化形象建设相对较弱。

第二节　中国世界文化名城建设的差距与问题

中央城市工作会议指出，"改革开放以来，中国经历了世界历史上规模最大、速度最快的城镇化进程，城市发展波澜壮阔，取得了举世瞩目的成就"[①]。中国部分城市在文化建设上已具有一定的国际影响，但是总体而言，文化发展的国际化程度普遍不高，在文化资产、文化形象、文化氛围和文化治理等方面，都与世界先进城市存在明显差距，而且国内城市之间也存在发展不平衡不协调的状况。本节探究这些差距形成的原因，并从文化人才、科技创新、文化投入、文化品牌、文化消费等方面分析中国世界文化名城建设面临的主要问题。

一　中国世界文化名城建设的差距

（一）文化资产建设水平梯度明显

从样本城市文化资产指数排名看，中国进入前10位的仅成都（排名第5）1个城市。进入前20位的有北京（排名第11）、杭州（排名第14）、深圳（排名第19）、西安（排名第20）4个城市。此外，上海（排名第25）、广州（排名第26）、郑州（排名第27）、哈尔滨（排名第30）、武汉（排名第31）5个城市均处在25位以后。总的来说，中国样本城市的文化资产指数在国际上的排名还是比较落后的。

其一，中国样本城市文化遗产指数总体偏低。北京的世界级文化遗产数量已稳居世界前列，且与次位城市拉开了较大差距。成都与杭州约处于世界中上游水平，西安处在中下档次，其他国内城市的排名情况则不太理想。就文化遗产资源的多样性而言，成都、杭州已达到其至超过世界领先水平。

[①]　《中央城市工作会议在北京举行　习近平李克强作重要讲话　张德江俞正声刘云山王岐山张高丽出席会议》，2015年12月23日，http://politics.people.com.cn/n1/2015/1223/c1024-27963140.html。

其二，在文化设施方面，中国样本城市与世界先进水平显现出较大的差距。在全部样本城市排名中，中国样本城市均无缘前10位。深圳、武汉、北京分列11、17、19位，其他国内城市都在20位以后。以深圳为代表与国际先进城市进行对比：2018年，其10万人拥有博物馆1.2个，与该项指标最高的城市洛杉矶（17.13个）相比，差距非常明显；公共图书馆拥有量为4.7个，远远少于拥有量最多的迪拜（12.5个）；剧院拥有量2.887个，大幅落后于爱丁堡（9.27个）；音乐厅拥有量为0.037个，不到迪拜（1.41个）的3%；拥有电影银幕4.249块，约为爱丁堡（14.19）的三分之一；深圳能承担国际大型赛事的体育场馆仅有1个，巴黎、伦敦、莫斯科等城市则有3个以上。通过这些对比数据可以看出，国内城市在文化设施的投入力度方面还是远远不够的。（见表10-9）

表10-9　深圳与国外先进城市文化设施拥有量比较（2018年）

	洛杉矶	巴黎	伦敦	爱丁堡	莫斯科	迪拜	深圳
人均博物馆拥有量（个）	17.13	2.7	2.32	7.96	2.1	6.4	1.2
人均公共图书馆拥有量（个）	6.14	9.52	3.93	6.02	2.31	12.5	4.7
人均剧院拥有量（个）	8.3	7.6	3.26	9.27	0.78	0.5	2.887
人均音乐厅拥有量（个）	0.15	0.15	0.12	0.43	0.04	1.41	0.037
人均电影银幕拥有量（块）	13.6	10.06	11	14.19	5.56	2.83	4.249
大型体育场馆数量（个）	1	3	3	0	3	0	1

数据来源：根据World Cities Cultural Forum 官网《World Cities Culture Report 2018》相关数据计算。

（二）文化要素供给水平不均衡

从全部样本城市的文化要素指数排名看，中国北京、香港、深圳、上海、广州、武汉、西安、杭州和成都9个城市进入前15之列。近年来，中国城市比较注重文化要素的发展和聚集，总体发展水平较高。但是与国际标杆城市相比，中国很多城市在文化人才和文化科技方面相对较弱，人才供给不充分，科技新动能不足，无法吸纳聚集全球文化要素。

首先，中国城市文化人才处于中偏上水平。从文化艺术体育高校及培训机构数量、文化艺术体育专业学生人数来看，北京、上海、广州、西安和成都的文化人才较多，位列全部样本城市的前10位。但是跟东京、巴黎等标杆城市相比，学校及培训机构数量、文化人才占城市人口的比重是较低的。

其次，中国城市文化科技的发展参差不齐。文化科技的发展主要依赖于科技的投入及与文化的融合发展。近年来，中国样本城市R&D经费投入强度（见表10-10）逐步加强，2017年北京R&D经费投入强度达到5.6，深圳达到4.4。北京、香港、深圳、上海、广州、杭州、西安、成都和武汉的文化科技指数位列全部样本城市的前15位。但是，与全球标杆城市相比，部分城市不仅R&D经费投入强度较低，而且科技与文化的融合度也较弱。

表10-10　2017年中国内陆样本城市R&D经费投入强度比较

城市	北京	上海	广州	深圳	杭州	成都	武汉	西安	郑州	哈尔滨
年R&D经费投入强度（%）	5.6	4.0	2.5	4.4	3.2	2.4	3.2	4.8	1.7	1.5

数据来源：《谁是中国创新之都？》，2019年7月5日，https：//www.sohu.com/a/325078206_355034。

（三）文化氛围营造水平中等偏上

从全部样本城市文化氛围指数排名看，中国城市仅成都、北京居于前10之列，其余城市均居于中偏后的位次（见图10-3）。

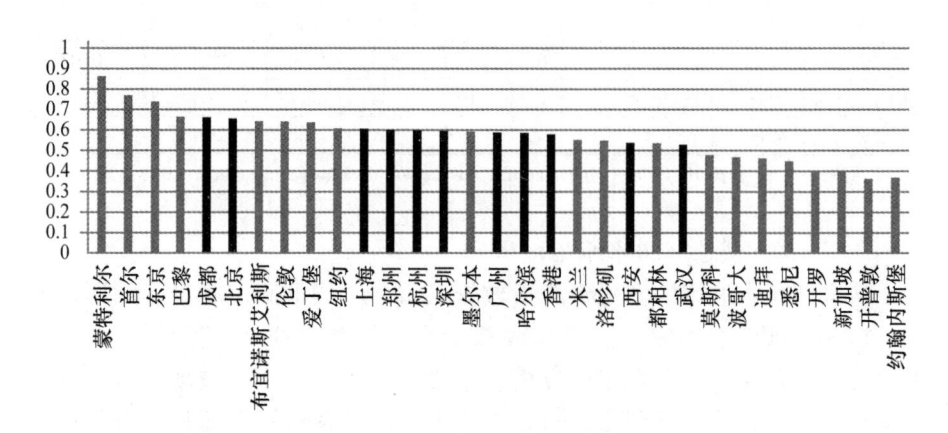

图10-3　样本城市文化氛围指数比较

其一，中国样本城市文化活力发展处于中等偏上水平。成都、杭州、深圳的文化活力指数进入全部样本城市前10之列，广州、郑州、西安、武汉进入前20之列，仅哈尔滨排名末位。国内样本城市在文化活力指数上的排名相对靠前，10个城市进入前20位。国内的一些极具特色的城市在文化活力指数上表现得尤为突出，如成都的文化活力指数排名居全部样本城市第4位，超过巴黎、伦敦、纽约等世界级的文化名城。而北京、上海、广州等国内一线城市的排名则相对靠后，广州文化活力指数排名第11，北京排名第15，上海排名第19，城市文化活力提升仍有较大空间。

其二，中国样本城市的文化消费居中偏下水平。仅北京、上海的文化消费指数处于全部样本城市排名前10，北京高居第2位；杭州、成都、深圳、广州等9个国内样本城市的文化消费指数则处在全部样本城市排名的中后半段。

（四）文化治理水平参差不齐

在全部样本城市的文化治理指数排名中，国内城市成都、上海、深圳居前10之列，成都跻身全部样本城市第2位。其余城市则不尽如人意，居于全部样本城市的中偏后位置，如北京、香港、广州的文化治理指数排名仅为第15、第17和第28。总体上看，国内城市文化治理现代化水平还有较大差距。

其一，国内样本城市的文化战略水平不均衡。仅成都、上海、深圳进入前10之列，成都居第3位，上海居第4位，深圳居第7位。其余城市居于中后段，北京、香港、杭州进入前20之列，哈尔滨、武汉、广州、西安、郑州5个城市排名靠后。

其二，国内样本城市的文化管理水平梯度明显。在全部样本城市文化管理指数排名中，北京、深圳进入前5之列，北京居第4位，深圳居第5位。西安、武汉、广州、成都、郑州4个城市进入前20之列，香港、杭州、哈尔滨排名相对靠后。由此可见，国内部分城市文化管理的现代化水平已进入世界先进城市行列，部分重要文化名城的文化管理水平快速提升，但仍有不少城市在文化政策、文化投入等方面还存在较大差距。

（五）文化形象建设水平两极分化

从全部样本城市文化形象指数排名看，北京居于第4位，上海居于第6位，基本达到国际领先水平。而在10—20位的中游位置，只有深圳1座中国内地城市，位列15。中国样本城市排名靠后，分别是广州第21位、西安第22位、武汉第23位、成都第26位、哈尔滨第27位、杭州第29位、郑州第30位。整体来看，中国样本城市在文化形象指数方面，呈现两极分化现象，处于尾部的城市与国际一线城市差距悬殊。（见图10-4）

其一，中国样本城市的文化标志指数排名多数集中在后半段。北京、西安进入国际样本城市前5，上海位于第10，其余城市则排名靠后。与国际城市相比，从世界级的文化地标数量来看，中国城市北京、西安、上海与伦敦、巴黎、洛杉矶、波哥大基本相当，仅次于纽约，相对领先。其他城市差距明显，世界级的文化地标相对欠缺。

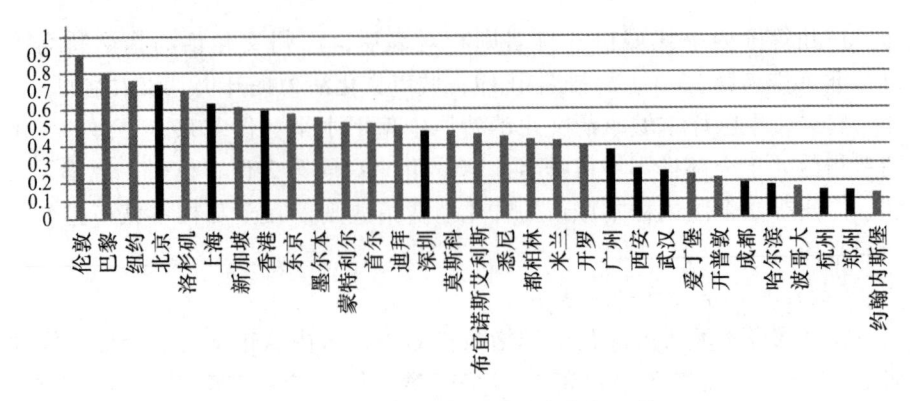

图 10-4　样本城市文化形象指数比较

其二，就文化品牌而言，北京与伦敦、巴黎、纽约居于第一梯队。但在举办国际会议数量上明显落后于其他先进城市，2018 年北京举办国际会议 81 场，少于巴黎（190 场）、伦敦（177 场）、纽约（100 场）；在举办重大国际体育赛事数量、世界一流大学数量等方面同样也存在较大差距。上海与洛杉矶、新加坡、墨尔本、东京居于样本城市的第二层级。但上海举办的国际会议数量、世界一流大学数量、全球知名媒体数量均相对落后。深圳、广州、武汉处于中偏后的位置，西安、杭州、成都、郑州、哈尔滨则集中在最后几位。

二　中国世界文化名城建设的主要问题

（一）文化人才结构性问题突出，具有全球影响力的人才少

文化的发展更多的是依靠人对文化的传承与创新。无论是国际还是国内，在文化要素排名靠前的城市，基本上都拥有较多的文化艺术类学校及专业学生，为文化发展提供源源不断的人力资源。中国城市，虽然有些城市在学生人数上与先进城市差距不大，但基于中国城市的人口基数，其占比相对较小。伦敦拥有全球领先的文化教育机构，总数高达 57 家。其中公立高等文化专业教育机构 11 家，私立高等文化专业教育机构 46 家。伦敦拥有全球最多艺术与设计类在校学生，数量达到 34920 人，还有综合性大学艺术与设计学位课程学生，数量也达到 15745 人。根据伦敦的人口总数，其文化人才的占比在 18% 左右。中国城市除了北京以外，其他城市的文化人才占比都远低于伦敦。

另外，中国大多数城市也缺乏具有国际知名度和影响力的文化人才。虽然国内城市所在地的高校纷纷开设了文化相关专业，但在文化创意能力

的培养上，传统的教育模式难以完成市场对文化人才的素质要求，无法跟上产业发展的步伐和社会对文化人才的需求。文化人才引进，特别是高层次文化人才引进有难度，人才引进后流失也较严重，集聚效应不明显。

（二）科技为文化赋能不足，数字文化产业发展不强

科技创新是经济社会发展的内生动力。文化的发展也要依靠科技创新，让文化焕发出新的生机与活力。自从20世纪80年代日本确立了"技术立国"战略，日本的科学研发能力位居世界前列。每年的科研经费达到1300亿美元，位居全球第二。① 在东京科技发达的基础上，政府也提出配合消费生活个性化和文化要素倾向，利用东京集聚的企业、大学及研究机构进行的尖端研究开发和中小型企业的基础技术等，支持和促进创意产业发展。纽约不仅在创新上有绝对优势，更重要的是纽约更注重将科技与文化进行融合发展。纽约是美国文化设施最多和最集中的城市。1993年，美国国会就通过了《电子图书馆法案》，规定新一代图书馆必须要利用现代技术将信息发送到家庭、学校和社区，交互式的多媒体程序能够为读者提供广泛的帮助。② 这就让公众能用最便捷的方式获得图书馆、博物馆等公共文化资源，让文化资源真正地发挥出其应有的社会效益和经济效益。而中国城市，除了香港、深圳等城市外，大多数国内城市的科技创新能力不足，R&D经费投入强度、年专利授权量、年专利授权人均量较低，科技还不能较好地与文化融合发展。很多文化企业不具有研发、创意能力，无法充分提升文化产品的附加值。

另外，数字文化产业作为文化与科技融合的新兴产业，涵盖了网络游戏、动漫、网络文化、数字文化装备、数字艺术展示等多个领域。虽然中国城市在数字文化产业领域发展势头强劲，但面临创新能力不足等问题，距离产业高质量发展还有一定差距。

（三）文化创意产业发展质量不高，经济贡献度偏低

近年来，中国很多城市加快推动文化创意产业的发展，产业规模不断扩大，但是实际创意产业增加值在城市经济中的占比并不高。2018年，成都和武汉的文化创意产业增加值仅为785.2亿元和619.1亿元，占各自GDP的比重仅为5.6%和4.6%。英国首都伦敦，是世界第一大金融中心，也是全世界博物馆、图书馆和体育馆数量最多的城市。2012年，伦敦创意

---

① 《日本：科研经费高居全球第二，以文化产业为21世纪主打产业》，2018年9月7日，搜狐网（https://www.sohu.com/a/252504304_100091085）。

② 祁述裕：《公共管理与公共文化服务体系建设》，《上海文化》2013年第12期。

产业增加值达到 346 亿英镑，占 GDP 比重为 10.6%，目前已经成为伦敦的第二大支柱产业，仅次于金融服务业。2015 年，伦敦创意产业的增加值更是增加到了 420 亿英镑，占其生产总值的 11.1%。

中国城市文化创意产业的发展现在还处于从规模效应向高质量发展的转型期。从样本城市来看，东京、伦敦、巴黎等城市的文化创意产业都有在全球具有影响力的行业。以东京为例，东京是日本文化创意产业集聚发展的主要地区，其规模和产值约占全国的 60%。而东京的文创产业又以时装设计、动漫游戏为主。目前，东京拥有诸多的动漫工作室、琳琅满目的衍生品零售店，贯穿了日本动漫的三大核心业务，即动漫制作、衍生品贩卖和文化旅游。日本有 622 家官方注册的动画工作室，其中有 542 家位于东京，占据全日本动画工作室总数的 87.1%。[①] 但是，总体来看，中国文化创意产业集聚水平总体较低，而且区域发展不平衡，特别是中西部地区的城市，其文化创意产业的主导产业不明显，在全球不具有太大的影响力。

（四）世界级文化遗产数量不足，类型较为单一

国内城市大多历史悠久，有丰富的历史文化资源。但除了北京以外，国内城市拥有的世界级文化遗产数量都不多。如西安拥有国家、省、市级历史遗迹 424 个，但世界文化遗产数量仅有 2 个。广州拥有各级历史遗迹 439 个、上海拥有历史遗迹 307 个，却都未拥有世界级的文化遗产项目。同时，国内城市的文化遗产类型太过单一，资源同质化程度高。在国内拥有世界级文化遗产的城市中，仅成都拥有 1 个"世界自然遗产"，即四川大熊猫栖息地，1 个"世界灌溉工程遗产"，即都江堰水利工程；杭州拥有 1 个"世界文化景观遗产"，即西湖。其他城市拥有的世界级文化遗产项目均为"世界文化遗产"（北京的 7 个世界遗产项目均是此类）。文化资源同质化严重，类型不够丰富，容易给国际游客留下"千城一面"的不良印象。

（五）城市经济实力增强，文化设施数量仍然不足

随着近年来中国经济持续高速增长，国内城市高效融入全球化经济网络；据《世界城市名册》2018 年数据，中国有 7 座城市进入世界城市 100 强：北京排在第 4 位，上海排在第 6 位，广州排在第 27 位，深圳排在第 55 位，成都排在第 71 位，杭州排在第 75 位，武汉排在第 95 位，充分体

---

① Hiromichi Masuda, et al., Anime Industry Report 2016, The Association of Japanese Animations, 2016 – 9 – 30.

现了中国城市在全球的影响；但从文化设施拥有情况来看，中国样本城市人均博物馆拥有量、公共图书馆拥有量、剧院拥有量、音乐厅拥有量、电影院拥有量、大型体育场馆拥有量均远低于世界先进水平。中国样本城市中，西安拥有最大的人均博物馆数量，为 1.5 座；而洛杉矶的人均博物馆拥有量为 17.13 座，是西安的 10 倍以上。中国样本城市人均拥有公共图书馆数量最多的城市是深圳，为 4.7 座，与迪拜的 12.5 座相比，差距明显。中国样本城市人均剧院拥有量最大的城市也是深圳，为 2.887 座，远低于爱丁堡 9.27 座。国内样本城市人均拥有音乐厅最多的城市是武汉，仅 0.357 座，迪拜达到了 1.41 座。中国样本城市中人均拥有电影银幕最多的城市是北京（6.594 块），远远落后于爱丁堡（14.19 块）。这些数据说明，中国城市在保持经济高速增长的同时，尚未将足够的财力投入到城市文化设施的建设中。

（六）文化投入总量较低，资金来源类型单一

相较于全球先进城市，中国样本城市的文化投入的总量及占比都相对较低。从 2018 年的数据来看，北京的文化体育与传媒支出占比仅为 3.28%，中西部城市的文化体育与传媒支出占比则更低，如武汉为 1.54%，成都为 1.46%（见表 10-11）。而国外先进城市的文化投入总量和占比都远超中国，研究发现，"2008 年巴黎、新加坡、香港政府的人均文教投入依次为 2474、1518、1401 美元，而上海仅为 345 美元，仅为上述城市的 1/5 至 1/7"①，中国城市还有明显差距。

表 10-11　中国部分城市 2018 年文化体育与传媒支出占比情况

序号	城市	一般公共预算支出（亿元）	文化体育与传媒支出（亿元）	文化体育与传媒支出占比（%）
1	北京	7471.43	245.43	3.28
2	上海	8351.54	186.52	2.23
3	成都	2225.7	32.57	1.46
4	武汉	1929.31	29.68	1.54
5	杭州	1717.08	33.22	1.93
6	广州	2506.18	47.14	1.88

数据来源：北京、上海、成都、武汉、杭州、广州《统计年鉴》（2019）。

除了文化投入的总量较低之外，中国城市也还存在着文化投入来源单

---

① 陶建杰：《国际视野下的上海文化软实力优劣势评析》，《中国名城》2012 年第 4 期。

一的问题。从世界城市发展现状来看，城市公共文化发展资金主要有三大来源，即直接公共资金、间接公共资金，以及私人赞助和慈善捐赠。资金来源分别是中央或地方政府，社会组织、企业、个人等。从世界城市文化发展实践看，多个城市的直接公共文化资金规模呈下降趋势，而间接公共文化资金的作用愈来愈显著（见图10-5）。[①] 而中国城市上海、深圳的文化投入仍以政府投入为主导，间接公共文化资金、私人捐赠资金等其他类型的资金来源缺位。

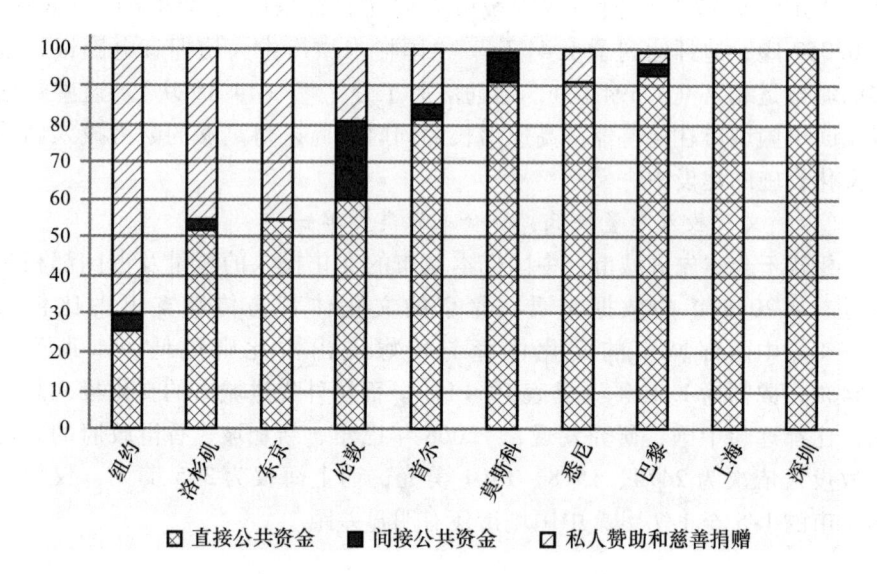

图10-5 部分样本城市公共文化资金来源构成（2014—2015）

资料来源：根据 World Cities Cultural Forum 官网《world cities culture finance report》相关数据整理。

（七）文化品牌建设有待加强，缺乏全球显示度

中国样本城市普遍存在节庆活动、文化产品数量众多，但规模不大，尤其是国际影响力和吸引力较为缺乏等问题。国内城市往往每年举办很多的节庆、会展等活动，但多以本地或国内的为主，举办国际会议、举办重大国际体育赛事、拥有世界一流大学和世界知名媒体的数量也远低于国际先进水平。就具体数据而言，北京与伦敦（指数0.958）、巴黎（指数0.751）、纽约（指数0.726）在文化品牌指数方面处于领先位置。这4座

[①] 尹宏、邓智团、余梦秋等：《世界文化名城理论、经验与成都实践》，中国社会科学出版社2020年版，第217页。

城市同为国际旅游目的地，北京在全球知名媒体数量方面有较大优势，多于纽约（5家）、巴黎（1家）、伦敦（1家）；在年国际会议数量方面差距较大，明显少于巴黎（190场）、伦敦（17场）、纽约（100场）；在举办重大国际体育赛事方面少于伦敦（3次），与纽约（1次）、巴黎（1次）持平；在拥有世界一流大学方面少于伦敦（4所），与纽约持平（2所），多于巴黎（1所）。将这几个指标项结合起来进行综合评价，代表了中国样本城市最高水平的北京同样也处于世界先进行列，位于全部样本城市的第2。上海作为中国文化品牌指数的次位城市，与洛杉矶（指数0.695）、新加坡（指数0.659）、墨尔本（0.638）、东京（指数0.617）的文化品牌建设水平大体相当。这几座城市中也都是国际旅游目的地。上海的优势是举办重大国际体育赛事的数量，与墨尔本（2次）相同，较东京（1次）、新加坡（1次）、洛杉矶（0次）为多；但上海的其他3项指标则相对落后。深圳、广州、武汉在全部样本城市文化品牌榜单中处于中等偏后的位置。成为国际旅游目的地，举办一定数量的国际会议，承办过重大国际体育赛事是这几座城市能保持这一位置的关键因素。作为对比，西安、杭州、成都、郑州、哈尔滨则因为缺乏这些支撑要素而落到了国际城市文化品牌指数排名的最后几位。综合来看，中国样本城市亟须通过持续的宣传营销，以及更加注重国际性文化产品的打造等措施，提升中国城市的国际影响力，形成独特而鲜明的城市文化品牌。

（八）文化消费的支出占比不高，优质文化供给不足

从中国人民大学文化产业研究院发布的"中国文化消费指数"（2019）来看，"中国城市文化消费环境指数、文化消费意愿逐年上升，但近五年文化消费能力则停滞不前，2019年的文化消费能力指数甚至有一定程度的下降"[1]，人们的文化消费力不足，换言之，居民文化消费的支出占比不高。其原因是多方面的，大致可归纳为主观和客观两方面，客观是由于教育、购房、医疗、养老等庞大的生活开销压缩了文化消费能力，需要通过增加文化消费惠民补贴等方式引导刺激消费；主观则是由于文化消费产品吸引力不足，缺乏优质和让人们喜闻乐见的文化消费产品，尤其是"公共文化场馆、工艺美术品和收藏品、文化消费终端等实体类文化产品的受欢迎程度和满意度不高"[2]，需要从加强文化惠民的补贴，增加优质文化产品

---

[1] "2018中国文化产业系列指数"在中国人民大学发布，2019年1月15日，http://news.ruc.edu.cn/archives/232683，2021年5月11日。

[2] 中国人民大学发布"2019年中国文化产业系列指数"，2019年12月25日，http://edu.people.com.cn/n1/2019/1225/c1006-31522970.html，2021年5月11日。

的供给,营造国际化体验消费氛围和特色文化场景等方面着手。

(九)文化战略国际化程度不高,缺乏全球视野

目前,中国城市各类文化发展的行动计划、中长期规划等较为丰富,也能较为科学有效地指导城市文化发展,但在城市文化发展的战略目标定位上,也还普遍存在着国际化程度不高,缺乏国际化发展视野等问题。就11个国内样本城市而言,在各自城市的"国民经济和社会发展第十四个五年规划和二〇三五年远景目标纲要"以及相关文化战略中,明确提出建设世界(历史)文化名城的仅北京、成都、西安;提出建设国际化文化城市的仅有香港、上海、广州、杭州,还有三分之一的样本城市缺乏国际化的文化战略。

第三节 中国世界文化名城建设的策略与路径

中国世界文化名城的建设面临着宏观与微观层面的双重抉择,就宏观的策略选择而言,需要结合城市自身情况,确定以哪种模式、哪种类型来更快、更好地建设世界文化名城。就微观的实践操作而言,国内城市还需要针对自身发展客观存在的现实问题,寻求积极妥善的解决之道。基于前期的理论研究、数据统计与评价分析,对中国城市的世界文化名城建设之路提出策略建议和路径选择。

一 中国世界文化名城建设的策略建议

从世界文明发展的历史进程来看,城市的高度往往是由城市的文化创造力决定的。人类历史上出现的伟大城市,往往都是文化名城。中华民族伟大复兴,必须坚定文化自信,以中华文化发展繁荣为前提条件。具体到每一座城市,则需要充分发挥文化在城市转型发展中的积极作用,提升经济增长质量、增强社会网络弹性、重塑城市空间形态,以文兴城、以文润城、以文塑城,铸就城市竞争新优势。国际经验和实证结果表明,世界文化名城建设并非单纯的文化发展,而是以文化引领城市全面发展,既要具备全球视野,又要注重本土建构。一是为城市发展战略注入文化属性,以文化表达实现城市系统的综合价值。二是以文化融入驱动城市经济转型。以跨界融合建立经济文化一体化发展模式,注重城市生活与环境品质的改善,提升城市供给体系的整体质量。三是以文化凝聚公众参与和社会认同。将品牌形象塑造、消费升级与城市文化建设紧密结合,缩小个人需求

与公共决策的差距，满足市民精神文化新需求。四是将空间修补纳入城市文化建设体系，把环境美学、生活美学融入空间营造，实现城市空间功能性与价值性的统一。提升文化功能和文化声誉的均衡协调程度，注重文化发展的世界性，是新时代中国城市文化发展的重要方向。建设世界文化名城，中国城市要结合自身的资源特点，依托城市建设实践中的先期优势积累，以分类推进、特色突破的方式向着世界文化名城的方向迈进。结合世界文化名城建设的四种类型，不同类型的城市应有不同的策略选择。

（一）低度均衡型城市

对于低度均衡型的城市而言，其文化资产、文化要素、文化经济、文化氛围、文化治理和文化形象六个方面的整体水平相对偏低，文化建设上升空间较大；但每一方面的优势和短板均不明显。其世界文化名城建设的策略应依托突出优势，在世界城市网络中实现局部突破。可以针对自身的特点和优势，集中在文化声誉或文化功能的某一方面、某几项指标内容上优先发力，尽快提升城市文化建设水平，向声誉优势型或功能优势型的世界文化名城转变。

（二）声誉优势型城市

对于声誉优势型城市而言，其文化治理、文化形象两个方面的表现较为突出，文化资产、文化要素、文化经济、文化氛围四个方面则处于欠发达状态，仍然具有一定的上升空间。其世界文化名城建设的策略应在巩固既有优势的同时，弥补文化功能短板，提升在世界城市网络中的竞争优势。继续强化其文化声誉的世界影响，同时增加在文化功能方面的投入，甚至以文化声誉的率先发展带动文化功能的全面提升，实现多个文化指标之间的相互促进，最终向均衡协调型城市转变。

（三）功能优势型城市

对功能优势型城市而言，其文化资产、文化要素、文化经济、文化氛围四个方面的表现较为突出，文化治理、文化形象两个方面则处于欠发达状态，仍然具有一定的上升空间。其世界文化名城建设的策略与声誉优势型有一定的相似之处，应在巩固既有优势的同时，弥补文化声誉短板，提升在世界城市网络中的竞争优势。继续强化其文化功能的世界影响，同时增加在文化声誉方面的投入，以文化功能的率先发展带动文化声誉的全面提升，实现多个文化指标之间的相互促进，最终向均衡协调型城市转变。

（四）均衡协调型城市

对均衡协调型城市而言，其文化发展的各个方面都相对较好，文化资产、文化要素、文化经济、文化氛围、文化治理和文化形象六个方面在一个较高的水平达到了均衡状态,基础良好,起点较高。但对于具体的城市而言,其文化功能和文化声誉往往还存在一定程度的偏离,文化发展某些领域仍然存有相对的短板,还有进一步提升完善的空间。其世界文化名城建设的策略应立足全球视野,在世界城市网络中实现领先发展、全面升级。注重多个文化指标之间的协同并进,逐渐补足相对落后的环节,以实现更高水平、更高质量的均衡发展。

综合而言,中国城市建设世界文化名城,应遵循由低度均衡走向局部优势,由局部优势走向均衡协调的阶梯式、渐进式总体思路。在建设过程中,具体方向、工作重心则应由城市的资源积累、实际情况、环境机遇综合决定。

二 中国世界文化名城建设的路径选择

对照世界先进城市的成功经验来看,中国城市在建设世界文化名城的过程中,需要着力解决的核心问题,是如何提升城市文化发展的世界性。即超越一般的城市文化建设,重点通过城市文化资产、文化要素、文化经济、文化氛围、文化治理、文化形象某一方面的突破,或多个方面的联动,使其在全世界范围内取得并保持巨大的影响力,进而推动城市获得崇高的国际声誉,实现强大的文化功能。

(一) 丰富世界级文化遗产,提升文化资产价值

总体上看,中国城市在国际上已具有局部优势,个别城市能够跻身世界前列,以多样、丰富的文化遗产充分彰显城市文化个性,吸引世界目光。但更多的中国城市还处在样本城市榜单的中下游水平,与国际先进城市有较大差距。在今后,中国城市文化发展的总体方针应该是继续扩大领先城市在文化遗产保有量上的优势,逐步提升后位城市文化遗产的知名度、美誉度,加大文化遗产保护开发力度,丰富资源类型、提升遗产数量。

其一,要继续丰富世界级文化遗产项目的类型。目前,中国的部分代表性城市已经拥有若干个"世界自然遗产"项目、"世界文化遗产"项目、"世界文化景观"项目、"世界灌溉工程遗产"项目。但在世界文化与自然双重遗产一项上,10座样本城市的保有数均为0。事实上,这一世界遗产项目本就是专门针对中国的文化遗产资源而特别设立的。早在1987年,时任联合国自然遗产协会副主席的卢卡斯,在参观中国泰山时就注意到:世界遗产具有不同的特色,或者是属于自然方面的,或者是属于文化方面的。很少有兼具自然、文化双重属性的遗产出现在同一个保护区内。

泰山，则打破了常规，是兼具自然、文化价值的遗产。这意味着中国贡献了一件独一无二的特殊遗产。①此后，中国的"泰山""黄山""峨眉山和乐山大佛""武夷山"四个文化遗产项目分别在 1987 年、1990 年、1996 年、1999 年先后入选《世界遗产名录》，成为世界文化与自然双重遗产。在 10 座样本城市中，自然与人文紧密结合，共处一个地理空间区域内，具有较高文化价值的遗产资源并不少见。依托现有资源条件，加强投资保护、开发宣传，积极做好"双重遗产"申报工作，将是中国城市进一步丰富世界级文化遗产项目类型，提高文化遗产指数的有效途径。

其二，要大幅提升世界级文化遗产的数量，向世界领先水平看齐。在国内的样本城市中，除北京拥有 7 个世界级的文化遗产项目外，其他城市都不及伦敦、莫斯科、首尔等国际城市。以伦敦为例，该城市拥有著名的格林尼治天文台、威斯敏斯特教堂（名人墓地）、历史建筑伦敦塔和英国皇家植物园等 4 项世界文化遗产。还有 149 座纪念碑、143 座文化公园和超过 600 个历史广场。同时，伦敦还拥有全国"遗产托管委员会"、英格兰"遗产委员会"各 10 个，拥有各类文物 1000 万件以上，拥有占英国 29% 以上的国家珍藏品。更重要的是，伦敦市政府对城市文化遗产资源的发展策略，不仅是通过规划来保护城市的历史文化，同时还希望它们通过规划被伦敦市民了解和珍惜。为此，政府专门邀请专家、学者、社会团体、居民等共同商讨城市历史保护的策略，期待能让遗产资源真正融入城市生活中，成为城市历史和文化风貌的生动载体。在此基础上，人文遗产的申报工作当然就有更扎实的基础。中国城市要提升世界级文化遗产数量，有必要借鉴伦敦的先进经验，首先对文化遗产与城市生活的关系展开深入思考，意识到文化遗产、城市景观不仅仅是一个固化的"保护单位"，还是鲜活城市文化个性的重要组成部分，进而加大开发、申报力度，以全面提升城市文化遗产指数。

其三，在打造优质文化遗产项目的过程中，还应该注意对非物质文化遗产的保护与开发。1997 年 11 月，联合国教科文组织通过建立《人类口头和非物质遗产代表作》的决议，并于 1998 年 11 月审议通过《宣布人类口头和非物质遗产代表作条例》。《人类口头和非物质遗产代表作》的评选起自 2001 年，于 2001 年、2003 年和 2005 年共评选了三次。2008 年改由《人类非物质文化遗产代表作名录》代替，新名录于 2008 年公布第一批，即为《人类口头和非物质遗产代表作》三个批次的合计。此后，教科文组

---

① 刘红婴、王健民：《世界遗产概论》，中国旅游出版社 2003 年版，第 106 页。

织根据成员国申报的名单进行评选,不断更新这一名录。其记录着人类社会的生产与生活方式、民俗风俗、文化精神等重要的特性,是全人类共同的宝贵财富。中国城市一般都拥有数量众多的国家级、省级、市级非物质文化遗产项目。在此基础上,加大保护和开发力度,努力宣传、积极申报世界级的"非遗"项目,争取进入《人类非物质文化遗产代表作名录》,也是中国城市提升世界级文化遗产数量和质量的一个重要渠道。

结合具体城市来看,对成都、杭州而言,以保持现有优势为前提,积极做好世界级文化遗产保护、申报工作,进一步加大文化遗产资源的外宣力度,是城市文化建设的重点目标。目前,成都和杭州均没有世界文化与自然双重遗产项目,成都缺乏世界文化景观遗产项目,杭州则没有世界自然遗产和世界灌溉工程遗产项目。在这些领域,两座城市都还有很大的拓展空间。两座城市历史文化资源富集程度在国内外领先,但成都和杭州还应该继续挖掘优质的文化遗产,大力申遗丰富世界级文化遗产的数量,提升文化遗产保护水平。对北京而言,在世界文化遗产项目的数量方面优势突出,未来应大力拓展世界级文化遗产项目的类型,积极申报世界自然遗产、世界文化与自然双重遗产、世界文化景观遗产等项目,实现文化遗产体系的全面升级。对西安而言,立足现有的两个世界文化遗产和众多的国家、省、市级历史文化遗产、遗迹,丰富世界级文化遗产项目的数量和类别,在世界文化名城建设中突出文化遗产资源的优势。对其他国内城市而言,提升历史文化遗产保护水平,努力实现世界级文化遗产项目零的突破,是推动世界文化名城建设的有效途径。

(二)提升文化设施供给水平,增强文化服务功能

就数据对比分析来看,中国城市文化设施的人均水平与世界先进城市的差距非常明显,当前强化文化设施建设仍然是中国城市最急迫的任务,需要结合城市实际,提高利用效率,加大投入力度,尽快缩小与先进水平的差距。

其一,是要充分依托现有文化设施,提高利用效率。经验表明,将现有设施的修复提升与新设施建设结合起来,是提高文化设施利用效率的有效途径。在这一方面,日本东京的成功经验十分值得借鉴。东京修复了东京车站前方旧有的广场,修建了全新的旅客通行道,使这个东京的"门面"焕然一新。同时,还修建了东京美术馆,在东京上野公园打造了一个"文化之林",把全日本一流的文化设施聚合在这里。此外,东京修复新建了涩谷基地,使之成为一个容纳电影院、剧场、小型音乐厅的先进文化聚集地。东京还建设打造了秋叶原,形成了一个关于日本动漫等特色文化的

集中传播地。利用六本木聚集了艺术、设计类相关的文化设施，形成了一个高效的文化传播空间。在品川，将交通枢纽与优质的水滨和发达的城市功能进行有效结合，利用优洲汇聚饮食信息以及批发市场的优势，将优洲建成了感知国内外美食魅力的新兴市场。东京新旧结合、高效利用的思维是国内城市可以学习的。另一方面，还要有效激发现有文化设施的活力。以伦敦为例，伦敦许多的公立文化设施和场所——如大英博物馆等已经免费对公众开放，这对普及和提升大众文化有着重要的作用。但是不少文化设施和场所，特别是私人所有的，仍需要收费进入。其中部分费用对大众而言还是不菲的支出。一些文化机构和场所如皇家歌剧院、国家大剧院等，在政府的支持和鼓励下，努力降低费用，大力推广文化艺术。同时，很多的影剧院还趁势推出更低价甚至是不收费的户外放映节目，在剧院、影院内外同步播放演出，以吸引和推广文化。对于行动不便和无法出行的文化爱好者，政府和文化组织更提供免费参观券以供他们方便时参观。对国内城市而言，在文化设施人均占有量相对落后的情况下，激发现有设施的活力，也是提升利用率的好办法。最后，国内城市还可以从城市社区层面入手，更好地利用社区已有的文化艺术空间、设施。比如社区附近的公园、学校、文化站、图书馆、空闲建筑等，将其提供给文化组织进行再开发，通过有限的投入，让文化设施在城市建设中发挥更大的作用。

其二，增加文化设施投入，实现从点到面的突破。中国城市文化设施的建设各有所长，需要在巩固提升自身优势的前提下，针对薄弱环节动态补齐文化设施供给的短板，为城市文化服务功能的不断完善提供有力支撑。比如西安的人均博物馆拥有量处于国内前列，深圳在人均公共图书馆拥有量、人均剧院拥有量方面相对领先，武汉人均拥有音乐厅较多，北京人均电影银幕拥有量排名靠前，北京、广州、杭州在大型体育场数量上有一定的积累。依托已有优势合理布局，优化文化设施的结构和功能，带动城市文化设施供给水平的全面提升，将是国内城市追赶国际先进城市的捷径。与此同时，城市还可以结合自身文化产业发展和文化消费偏好，加大相应领域文化设施的投入，全面提升文化设施体系的现代化水平。

（三）提高资源配置效率，创新文化发展要素供给

世界文化名城建设离不开现代发展要素的支撑，当务之急是破解要素错配的困境，深化要素市场化配置改革，实现产权有效激励、要素自由流动、价格反应灵活、竞争公平有序、企业优胜劣汰。

其一，优化人才供给数量和质量。中国城市文化人才供给的结构性矛盾突出，高素质人才供给缺口较大，同时大量的基础性人才的发展空间又

受到限制。一方面,要培养实用型文化人才。教育资源丰富的城市,应鼓励有条件的高等学校、职业学院和其他教育机构,加强文化艺术体育类学校和学科建设,开设相关的课程和培训项目。如北京、武汉、成都、西安等高校数量较多的城市,可以通过细化文化艺术学科专业和培训项目,有针对性地培养文化艺术体育专业技能性人才,提高文化人才供给的实用性和针对性。另一方面,要积极引进和培养高端文化人才。进入新时代,推动城市文化创造性转化、创新性发展,迫切需要引进高素质文化人才。应重视高端文化人才储备,采取柔性引进和多点执业等方式,健全人才引进工作体系和引进机制,培育文化领军人才、高端文化管理人才、文化融资人才、文化科技创新人才等高素质人才队伍。特别是教育资源优势不够突出的城市,完全依靠高校资源进行人才培养难以完成市场对文化人才的素质要求,无法跟上产业发展的步伐和社会对文化人才的需求,更应重视高端人才的引进和培养。如深圳目前拥有本科院校 5 所,研究生院 4 所,公办及民办专科院校 3 所。① 除深圳大学艺术设计学院外,其他均以研究型院校为主,人才供给的挑战较大。因此,深圳利用"深港通"优势促进本地文化人才的国际化,利用毗邻香港的地缘优势,建立深港联合引才育才机制,举办深港行业协会文创人才合作活动,开展深圳——香港文创人才互通工程。此外,建设世界文化名城,吸引和留住国际化人才的良好城市环境必不可少。中国城市要结合本地语境与海外视域,优化法治环境、政策环境、舆论环境等社会环境,营造良好的工作氛围、工作设施等工作环境,提高市民素养,优化生活环境。

其二,推动文化与科技融合创新。国内外许多重要的文化名城在科技发展方面都走在世界前列,无论是东京、纽约还是伦敦,都是高新技术企业的聚集地。科技与文化的融合创新,能焕发出文化新的生命力和活力,从而成为城市经济创造的新增长点。可以借鉴先进城市经验,支持技术类小微文化企业发展。特别是破解融资瓶颈,提供各种贷款优惠,如东京就专门成立了服务于小企业的金融公库,振兴地方技术的小型高新技术企业都可以从这里获取低息贷款,优惠10%的贷款利率,贷款期限也可以适度拉长,有的长达 25 年。② 更为重要的是持续支持原始创新。特别是原本发展比较薄弱的基础性领域,应鼓励企业和高校文化科技研发,适度放松规

---

① 《文化人才 深圳喊你来》,《南方都市报》2017 年 11 月 29 日,2021 年 4 月 20 日,搜狐网(https://www.sohu.com/a/207247502_161795)。
② 杨付红:《东京案例对济南市建立创新型城市的启示》,《中国市场》2013 年第 6 期。

制打破产业壁垒,推动科技与文化的融合创新。持续优化科技资源和文化资源配置,制定文化科技创新规划,加强文化领域科技研发的资助,创新投入方式和渠道,激发全社会文化科技创新活力。此外,推动高新技术在文化发展中的运用,通过合作、并购等方式深化多维度的企业合作,实施业务整合,用互联网、3D、移动通信、新媒体等技术创新文化资源开发方式,在价值链核心环节中增加科技含量,提升文化科技融合的链接能力。

其三,搭建多层次的文化市场。一方面,要加强技术信息市场建设。进一步完善技术市场运行机制,扶持科技企业创新发展,鼓励社会加强科技研究,实施文化科技项目研发计划,促进科技在文化市场中自由流动。积极搭建文化市场信息交流平台,面向全球公开发布文化市场信息,尤其是文化发展统计数据、文化发展规划、文化项目建设、政府采购文化产品等重要信息,不仅使文化企业能便捷、平等地获取文化市场信息,而且也能让全球都看到国内城市在文化方面的发展方向。另一方面,要畅通投融资渠道,为文化发展提供资金支持。在政府以文化专项资金、贷款贴息、项目补贴等多种形式进行支持的基础上,鼓励和引导社会资本和外资以独资、合资、合作等多种方式参与文化发展。鼓励金融机构根据文化企业的特点,设置专门的金融产品向文化企业,特别是中小微文化企业提供贷款。此外,鼓励文化中介机构发展。特别是对外文化贸易中介机构的引进和培育,鼓励涉及文化贸易相关业务的金融、保险、咨询、律师、评估等机构参与其中。加强文化产品和服务生产企业与对外营销机构、中介服务机构的对接,形成产销联盟。

(四)构建现代文创产业体系,实现文化经济高质量发展

从东京、洛杉矶等文创名城的发展经验来看,基本都是在某些行业领域显现强劲的市场优势,从而享誉全球。如东京的动漫产业、洛杉矶的电影产业等。中国城市可结合自身文创产业特色,选取某一行业或某些行业率先突破,使其在全球范围内具有显示度和国际影响力。与此同时,把握全球发展大势,推动文创产业深度融入城市经济社会大系统。

其一,推动数字文创产业加快发展。实施文化产业数字化战略,抢抓5G、人工智能、云计算等新型基础设施提速建设的发展机遇,推进数字技术与文化创意深度融合,扩大优质文化产品供给,培育数字经济新优势,促进城市数字文创产业迈向全球价值链高端。例如,杭州市通过优化服务保障,制定出台关于数字内容产业发展的政策文件,构建符合数字内容产业发展新要求的政策保障;借力杭州跨境电商综合试验区、国家服务贸易创新发展试点城市建设,认定一批数字内容服务贸易重点企业、平台和项

目；壮大企业主体实力，推动有实力的数字内容企业上市（挂牌）交易，把数字内容产业做大做强，从而成为文化创意产业的重要增长点和新动能，增强中国城市文创产业的世界竞争力。

其二，促进"文创+"产业融合发展。融合化已成为全球产业发展的主流趋势，文创产业具有极强的渗透性，产业融合带动作用突出。从伦敦、香港等城市产业的发展来看，虽然文创产业自身体量不大，但通过与相关产业的融合发展，提升产业的核心竞争力，进而促进城市产业体系的整体升级。因此，中国城市应高度重视文创产业与相关产业的融合发展，提升城市经济的发展质量。推动文化创意与农业的融合，形成具有文化创意的农业产品、节庆活动和农业景观，促进农业附加值的提升。大力发展特色村落、创意民宿和田园综合体，打造一批全国知名的"艺家乐""创意村"。推进文化创意和工业融合，利用平面设计、品牌策划、营销推广等方式提升工业产品的文化附加值和服务水平，进而带动制造业转型升级。推进文化创意与商业融合，鼓励商场、餐饮、酒店、实体书店等传统商业企业引入特色文化、强化创意设计，着力开发时尚化、个性化的文创产品。

其三，提升城市文创产业集聚度。有效提升城市文创产业集聚度，关键在于通过供给侧结构性改革，采取升级服务、创新模式和深度融合策略，加快集聚区管理转型，大力推动文创产业集聚向全产业链文化带发展。首先，要提升文创产业集聚区服务功能。通过建设公共服务平台、企业政策咨询平台等，为企业提供咨询、技术等一系列服务，对企业发展给予大力支持，从而让企业入驻集聚区。政府应加强规范监管，委托专业机构，对园区的服务和政策进行有效性评价，支持文创企业健康发展。其次，衔接城市空间发展规划，打造跨区域文创产业带。通过收购、兼并等方式整合文化创意企业，提升现有文创产业集聚区的能级，结合城市所在区域特点，在更大空间范围构建文创产业带，推动一定区域内城市文化创意产业集聚区产业链的整合和完善。例如，依托成渝地区双城经济圈打造巴蜀文化旅游走廊，可结合两地资源禀赋和产业潜力，推动成渝文旅产品、优惠政策等共建共享，补齐短板，发挥优势，以更加完善的产业链和产业体量增强城市文化经济的发展活力。最后，要促进集聚模式升级。拓展线上线下文化创意产业集聚区，支持重点文创行业结合线下集聚区建设虚拟集聚区，提升集聚辐射效应。此外，应鼓励探索应用众包模式实现文化创意产业的集聚发展。众包模式是全球范围内专业或非专业的创意人才通过互联网进行广泛聚集、观点碰撞交融的一种全新模式,① 该模式利用分散的群体性智慧,实现创意的聚集和高端文化产品的消费。

(五) 增强文化枢纽功能,激发城市文化活力

其一,强化国际旅游目的地功能。国际游客到访既是城市文化氛围的重要表现,同时,也是影响城市文化氛围形成的重要因素。拥有全球影响力的旅游产品,是一座城市吸引世界范围的游客源源不断汇聚于此的重要原因之一。具有全球影响力的旅游产品,既可以是独一无二的自然山水,如九寨沟等世界自然遗产,又可以是具有唯一性的历史文化遗迹,如敦煌的莫高窟、西安的兵马俑等,也可以是人工打造的现代休闲娱乐的综合性旅游产品,如美国奥兰多庞大的主题公园群落,还可以是城市具有独特韵味的文化特色,如拉萨圣洁而神秘的藏文化等。因此,建设国际旅游目的地,首先,要推动自然资源和人文资源价值的旅游转化。由于历史的久远和生态的脆弱,自然和文化遗产需要加大力度进行全方位的保护,使其焕发出更加长久的魅力,如大熊猫栖息地的生态环境,如黄山风景区的迎客松等。其次,要加强文化旅游产品创新。立足当下和未来的旅游市场需求,依托城市资源禀赋资源,开发符合国际游客需求的体验性文化旅游产品。如西安围绕历史文化古都资源开发的系列演艺旅游产品。此外,要提升旅游产品的国际化水平。以文旅融合的理念,开发形式多元、内容丰富且具独特文化韵味,旅游服务国际化的文旅产品。如上海拥有外滩、豫园、迪士尼乐园、上海国际旅游度假区、佘山国家旅游度假区等文旅产品,2018 年上海国际游客多达 6019901 人次。②

其二,吸引海外留学生。完善城市国际教育服务,提升对海外留学生的吸引力,是增强城市文化活力的有效路径。一方面,要重视完善国际教育服务,在签证、住宿、生活补贴、奖学金等多方面给予国际学生更加便捷和实惠的支持,并在语言过渡和兼职工作上为其提供更多的帮助,以吸引更多的国际人才落地。另一方面,丰富国际教育资源。充分挖掘城市拥有的高校和科研院所等教育资源的潜力,结合时代和社会发展需求,有的放矢、量身定制地推出兼顾特色和热门的专业招生计划,多渠道加强城市的国际学生招生宣传。在扩大国际学生招收办学规模的同时,优化海外留学专业结构,规范国际学生管理,提高国际学生质量,树立良好的国际教

---

① 阮婷、陶志梅、周一:《众包模式在文化创意产业园区运营管理中的应用——以天津棉 3 创意街区为例》,《江苏商论》2017 年第 17 期。
② 上海市旅游局统计数据。

育口碑。此外，提升城市的国际教育水准。拓展教师队伍国际视野，以公派出国访问、资助参加国际性学术会议等方式，拓宽教师队伍的国际化视野，提高教师的国际素养，以更好地适应国际化教学的需求。

其三，提升节庆活动的国际显示度。当下城市的各类节庆活动，早已超越了节日文化本身的限制。节庆活动作为一种创意型的产业资源，在城市转型发展中的驱动作用日益明显。举办节庆活动对于城市文化氛围的营造具有显著作用。因此，要在形式上丰富、规模上扩大，提升城市节庆活动的数量和质量，以此促进世界文化交流，提升城市的国际显示度。一方面，推出系列具有地域文化特色的节庆活动。深挖城市的历史文脉，以城市独特的文化资源为载体，开发和举办展现城市品牌魅力的特色节庆活动。民族的就是世界的，独特的地域文化是吸引来自全球旅游、商务等人流聚集的核心要素。同时，也要兼顾文化特色和市场需求，以创新的理念，开发具有亮点的节庆活动。另一方面，持续举办大型节庆活动形成品牌效应。城市定期举办系列大型节庆活动，在全球形成持续的影响力和吸引力，增强国际文化交流的影响力。同时，注重围绕节庆活动主题，提升城市整体文化氛围，如哈尔滨的冰雪节和冰雪文化，洛阳的牡丹节和牡丹文化等。围绕特定主题，从文化传统、历史遗迹的保护和传承，到城市文化形象的塑造，特色文化创意产业的开发，特色公共文化服务的配套建设等，全方位营造浓厚的城市文化氛围，形成鲜明的城市文化品牌，进而对全球游客产生更大的吸引力。此外，要创新大型节庆活动的宣传营销。遵循现代化传媒的规律，充分利用新媒体手段，多层次、多方位、分阶段、有重点地打造立体化宣传营销网络，扩大城市节庆活动的世界影响力，形成具有全球文化辐射力的品牌活动。

（六）顺应消费需求升级，扩大城市文化消费

提升城市的文化氛围，离不开市民文化消费的全面升级。文化消费又是与文化供给密切相关的，文化供给的状况和结构，直接影响到城市文化消费的水准。因此，建设世界文化名城，既要在总量上扩大文化消费规模，更要在质量上提升文化消费的层次，营造浓郁的城市文化氛围。

其一，营造数字文化消费场景。运用移动互联网、大数据技术和VR、AI等智能化手段，营造线上线下文化消费新场景。尤其是加强向老年人等弱势群体普及和指导相关的技术运用和平台路径等，扩大线上文化消费的群体数量。鼓励线上文化生产。从财政政策、融资政策等方面，鼓励支持各类文创企业、创客等进行线上文化消费品的制作和生产，繁荣数字文化消费市场，尤其是在影视制作、艺术表演创编等方面。规范线上文化市

场。从知识产权保护、网络安全、舆论引导等方面，加强对线上文化消费的管理和引导，保障网络文化消费场景的安全和正能量。充分利用互联网、新媒体等方式畅通文化产品的宣传营销渠道，使文化产品的供需信息得到尽可能的高效对称，如利用"互联网+"的手段宣传销售艺术表演、歌舞话剧、电影以及书籍等文化产品。

其二，增强文化消费供需协调性。扩大优质文化供给，顺应消费心理以及市场需求变化趋势，激发社会闲置资源活力，创作和供给具有广大市场潜力的文化产品和服务，形成"以需定供"的生产模式，促进文化产品和服务的供需平衡。鼓励文化产品和服务的多元供给。引导社会组织、企业等的广泛参与，形成多层次多品类的高质量文化产品和服务生产，同时，充分发挥市场在文化消费供给中的调节作用。培养文化消费习惯。以惠民补贴等方式，适当调节文化产品和服务的价格，扩大文化消费的可接受度，进而培养进书店、进影院、进剧院等的文化消费习惯。最大限度激活文化硬件设施的潜力。在有规划、有步骤新建书店、剧院、影院等文化设施的基础上，通过改建利用老旧建筑，形成特色文化消费场景，如北京的798艺术区、成都的东郊记忆。

其三，拓展文化消费国际市场。注重文化商品和文化服务的出口，积极向海外市场输出具有中国特色的文化消费品。结合市场需求，开发符合国际审美倾向和文化习惯的影视娱乐类文化产品，灵活利用特色文化开发具有国际吸引力的文化产品，在扩大对外文化贸易顺差的同时，提升中华文化的全球影响力。此外，要强化对国际消费群体的吸引力。借鉴纽约百老汇、洛杉矶好莱坞等的成功经验，在形成同类文创主体聚集基础上，大量创编和开发高品质的极具民族和地域特色的文化消费产品，以吸引国际消费人群。

（七）突出全球视野，以文化引领城市崛起

从世界城市文化发展实践看，文化战略已成为城市愿景的重要表达。截至2021年3月，中国已有137座国家历史文化名城，在5000年中华文明历史中扮演过重要角色，文化底蕴深厚，但其文化战略普遍缺乏世界眼光。全球没有完全相同的两个城市，当今世界每个城市都不是孤立的存在，而是世界城市网络中的某个节点。进入新时代，坚定文化自信，在全球背景下确立城市的文化战略定位，是中国城市建设世界文化名城的重要任务。

其一，制定前瞻性文化愿景。文化愿景是城市未来文化发展的根本性目标定位，是城市文化发展具有前瞻性的顶层设计。中国城市建设世界文化名城，应制定科学而前瞻的文化愿景，以宏伟的文化目标来引领城市文化发展。文化愿景作为城市愿景的重要组成部分，既要与城市战略协调一致，又要体现出文化特色，发挥文化愿景对于城市发展的引领作用。应契合城市实际，立足城市文化特点和发展优势，制定具有前瞻性文化愿景。在历时发展的纵轴和全球城市的横面上，为城市的未来文化发展确定新坐标。如上海提出"国际文化大都市"的文化愿景。① 文化愿景的制定过程要发挥民主、遵循科学，征求多方意见、反复商讨、科学论证，汇总形成代表城市管理者和人民共同意愿的城市文化未来发展顶层设计。如《纽约文化规划2017》（CreateNYC）在编制过程中，历时数月，以线上线下数万次的调研访谈，超过18.8万公众参与。

其二，强化文化战略引领。相较于作为城市文化顶层设计的文化愿景而言，文化战略则是一套完备的系统规划。它既包括中长期和近期结合的战略目标，又包括由各级各类文化政策组成的战略举措，还包括重点领域、关键环节的策略路径，以及推动规划执行的配套保障机制。首先，要分步骤制定文化战略目标。针对城市的文化发展制定近、中、长期的国际化战略目标，三者既分层次、分步骤，又相互统一协调。在保护目标延续性的同时，也体现不同的阶段性特色，做到宏观和微观的结合。如伦敦在《文化大都市区——2012及以后》的文化战略中，提出国际化的发展目标不，将伦敦建设成为21世纪"卓越的创新文化国际中心"。推进城市文化战略的落地执行需要完善的保障机制，党委政府要强化文化战略的统筹协调，如伦敦组建"伦敦文化战略特别工作组"牵头的多个文化部门、机构合作的组织体系，并形成常态化的工作机制，为文化战略的执行提供强有力的组织保障。此外，应配套系列政策，健全财政投入、品牌扶持、文化交流、社会赞助、检查评估、人才激励、监督调控等多项机制，保障城市文化战略的有效实施。

其三，主动融入国际社会。积极融入具有国际影响力的文化组织，如联合国教科文组织认定的"全球创意城市"和"世界遗产城市"等，确立文化城市身份。一方面，对城市文化资源和文化发展状况进行客观评价。国际性文化组织和项目大多是由权威机构进行评选、认定的，但却较为客观地反映了城市的文化资源是否丰富，文化资源的保护、开发和利用等，以及城市的文化影响力、吸引力等状况。另一方面，参与、引进和创建国

---

① 2016年《上海市城市总体规划（2016—2040）》提出"至2040年建成卓越的全球城市，国际经济、金融、贸易、航运、科技创新中心和文化大都市"。

际文化组织或项目。比如全球创意网络城市明确划分为文学之都、电影之都、音乐之都、美食之都、民间手工艺之都、设计之都、媒体艺术之都等七大主题。再如世界遗产城市根据城市的文物、建筑群、遗址等实体文化资源来评定。通过积极参加国际性的文化组织和项目，突出城市在某一领域的文化特色，或搭建国际文化联盟，实现文化资源的整合、文化平台的共享，以及寻求相关城市的文化交流合作，进而扩大城市影响力。通过提升文化特色的世界影响力促进城市文化发展，提升城市在国际社会的显示度，增强核心驱动力，是建设世界文化名城的有效途径。

（八）注重多元共治，促进文化治理现代化

在世界文化名城建设之路上，应将传统的以政府为主体自上而下的文化管理，转变为政府统筹服务，市场、社会、公民、媒体等多元主体协同合作，全方位多领域地推进多主体有效参与文化治理全过程，形成多维度、网络化、立体型、全覆盖的文化治理结构，提升文化治理体系现代化水平，最大限度地保障人民群众实现享受文化成果的权利、参与文化活动的权利、开展文化创造的权利，以及文化成果受保护的权利。①

其一，推进多元主体共同治理。中国城市应积极探索多元主体共同治理的文化发展实践，形成政府、文化企事业单位、社会、个人共同参与的现代文化治理模式。坚持社会效益优先，把社会主义核心价值观作为推动文化治理体系现代化的文化根基。健全现代文化产业体系和文化市场体系，充分发挥市场在资源配置中的决定性作用，推动制度创新，完善多元共治的运行机制，促进文化市场体系的高效运行。充分发挥市场竞争机制，最大限度地实现文化资源、文化要素在各环节的自由流通和最优配置，激发文化市场潜力，形成统一开放、有序竞争的文化市场体系。积极推动政府、市场、社会组织、企业等的多元共治，争取实现有效市场和有为政府的更好结合，以政府服务维护市场秩序弥补市场失灵，形成统一开放、竞争有序、制度完备、治理完善的高标准现代市场体系。②

其二，提升城市文化治理效能。建设世界文化名城迫切需要提升文化治理效能，以人民为中心，将最大限度实现人民的文化权利，作为发展的目标导向。当前，中国日益增长的文化需求与文化领域的有效供给不足之间的矛盾还比较突出，③ 一方面，要加快构建基于需求导向的现代公共文

---

① 李瑞琦：《推进文化治理能力现代化　满足市民文化权利——深圳文化治理能力现代化的探索和思考》，《深圳特区报》2015年2月3日第B9版。
② 中共中央办公厅、国务院办公厅2021年1月31日公布《建设高标准市场体系行动方案》。
③ 匡贤明：《加快文化领域供给侧结构性改革》，《学习时报》2018年5月26日。

化服务体系。提升文化治理效能，仍然要突出"公共文化服务"的公共性、公益性，建立标准化、均等化和全覆盖的公共文化服务体系。同时，也要通过引入社会力量广泛参与，依托高新技术支持，健全科学决策、监督机制，形成多元化的公共文化服务模式，提高公共文化服务效能，如上海通过打造"文化上海云"，利用云计算、云存储技术，把市、区、社区三级公共文化服务纳入总门户平台，形成海量的公共文化服务大数据。[①] 另一方面，创新文化供给方式，引入多元供给主体和竞争机制，丰富优质文化供给，破解市民日益增长的文化需求与高质量文化供给不足之间的矛盾，满足市民对于精神文化生活的新期待。此外，建设世界文化名城，还应提升市民文化素养、审美情趣和艺术鉴赏力，注重优秀传统文化的全民推广和传承，培养健康向上的行为习惯。

（九）融合文化与生态，打造世界级文化标志

"文化地标是城市中因为其文化背景和内容而被记住和识别的节点，是城市文化精神的象征。"[②] 以世界城市的先进经验为参照，具有国际影响力的文化标志主要涉及如下三大核心要素。

其一，历史性。经过了历史沉淀、文化传承逐渐形成的文化地标，是城市中明显而稳定的标志性存在。以伦敦为例。伦敦本身就是一座历史悠久的城市，有着十分丰富的历史文化遗产，众多的文化名人和古老建筑，还有大量的博物馆、艺术馆等。依托、利用这些资源，结合该城市在时尚领域、设计领域的重大影响力，围绕既有建筑、公共活动空间进行设计、布置、宣传，伦敦有效打造了一系列标志性的城市文化核心，在欧洲乃至全球彰显出独特的城市文化魅力。这一点是最易于被中国城市借鉴的。中国城市大多历史悠久，有丰富历史遗迹、古建筑遗存。将历史积淀与城市的现代文化个性相结合，合理开发打造，通过有效的传播渠道进行宣传推广，是构筑新时代城市文化标志的可行路径。

其二，集中性。文化地标往往是一个地区文化的集中点，是城市结构中具有一定控制地位的存在。从前文的数据分析中可以看出，中国内地城市公共文化空间占比——城市绿地率基本保持在一个相对较高的水平。但是，从全面提升文化标志指数的角度考虑，仍有必要进一步提升城市公共空间的艺术与文化氛围。在这一方面，纽约的成功经验可资借鉴。早在数

---

① 《奏响文化惠民的新乐章——十八大以来中国构建现代公共文化服务体系成就述评》，《光明日报》2017年9月29日。

② 徐建刚等：《智慧城市规划方法——适应性视角下空间分析模型》，东南大学出版社2016年版，第301页。

十年前，纽约市民就已充分认识到公共空间对城市文化生活至关重要，并且深感共同参与城市文化生活的机会太少。作为一座移民城市，纽约拥有大量跨种族、跨阶级、跨地域、跨文化背景的市民和艺术家。当他们聚集到一起时，需要足够的公共文化空间来进行集中交流，以激活创作的灵感与热情；他们需要在公共空间中体验城市文化的包容性。为实现这一目标，纽约市于1982年开始执行"艺术百分比计划"，城市每年资助建筑预算的1%将被定向用于公共文化艺术空间的建设，以创造蓬勃发展的公共文化社区，增强文化交流的包容性、开放性，减少艺术家在组织公共文化活动时的障碍。最终，一座充满文化活力的纽约呈现在世界面前。对比纽约经验思考中国城市的文化发展，在城市绿地率都保持较高水平的基础上，进一步通过政策鼓励、资金投入、氛围营造，提升公共空间中的文化活力，将对城市文化标志指数的上升具有积极意义。

其三，生态性。城市的发展应该使人与自然环境和谐并生，城市的文化标志打造同样有必要融入生态元素。在各类城市文化标志中，有一部分本身就是与城市生态景观融为一体的。在开发城市历史文化遗产资源的同时，根据城市的自然生态环境对其进行规划打造，就有可能将文化遗产中的部分建筑、建筑群、遗址、雕刻转化为具有生态之美的城市文化地标，从而使其获得更丰富的内涵，在城市文化建设中发挥更大的作用。例如古城西安保有的一处世界文化遗产"大雁塔"，在其北侧打造的文化广场，由音乐喷泉、城中绿化园林、历史文化艺术走廊和旅游商贸机构等组成，是亚洲最大的城市喷泉广场和水景广场。同时，这里也是亚洲规模最大的城市雕塑广场，广场内有2个群雕组像景观，长达100余米，包括了8组大型人物雕像和40块地景浮雕。同时，该广场还保持着休憩座椅最多、美化光带最长，首个直饮水，规模最大的组合音响等多项世界城市广场纪录。可以说，以大雁塔为中心的文化广场，已经是西安享誉世界的文化地标，在其城市形象的国际传播中发挥了重要的作用。

联系具体城市来看，对北京而言，一是要进一步打造城市文化地标，保持、扩大在世界级文化地标数量上的优势。二是要充分利用现有城市绿地，提高城市公共文化活动空间的利用率，提升城市文化活力。对西安、上海、广州、哈尔滨而言，在拥有一定数量世界级文化地标的情况下，扩大城市生态空间是当务之急。未来城市文化形象的塑造，必须遵循城市可持续发展的内在要求，促进文化地标与生态空间的结合。对于杭州、成都、深圳、武汉而言，其城市绿地率已经接近并稳居世界前列，但堪称世界级的文化地标还不多。扩大城市文化标志在全球的识别度、认可度将是未来工作的重点。对郑州而言，与其他国内城市相比，这座城市更迫切需要打造世界级文化地标，加快拓展城市生态空间，实现城市形象的新突破。

（十）递进式塑造文化品牌，全面提升城市文化形象

中国的城市，无论是处于世界前列的北京、上海，还是处于文化品牌榜单中后段的其他国内城市，其面临的问题是一致的——文化品牌指数偏低，缺乏具有世界影响力的知名品牌，这一方面的建设任务非常艰巨。

以树立文化品牌为目标，新加坡的"文艺复兴城市"计划可以为国内城市提供部分参考。截至目前，该计划共分三个阶段实施，旨在借助文化建设提升城市品牌形象与核心竞争力。其第一阶段是1999年至2005年的"艺术的全球城市"。1999年，新加坡政府制订了关于"文艺复兴城市"的第一个五年计划：城市每年调拨1000万美元的专款，由国家艺术委员会及国家文化遗产部统筹使用，以此提升城市文化艺术的整体活跃度、建设专业化的本土艺术人才库以及发展艺术型企业、打造艺术枢纽城市形象，由此将新加坡建设成了一座极具创业、生活、休闲吸引力的城市。其具体措施包括：向主要的艺术企业、学校提供为期1至2年的经费资助，通过奖学金、助学金、培训资金等方式，为艺术家及艺术团体提供帮助与支持。进行艺术与传统文化建设，孵化教育项目，举办更多的艺术节会——如"亚洲艺术市场"项目等。从2005年到2007年，"文艺复兴城市"计划开始了第二阶段。在这一阶段中，新加坡将本城市艺术的国际化定为更高层级的目标。为此，城市采取了商业艺术计划的激励措施。举办了威尼斯双年展、法兰克福书展等展会活动，以提升新加坡对艺术市场与相关国际活动的参与度。2006年，新加坡承办了国际货币基金组织和世界银行会议，并与伦敦"新加坡节"以及"新加坡双年展"等活动相结合，向世界进行新加坡历史的推介。从2008年开始，新加坡又面向新世纪，开启了"文艺复兴城市"的第三个阶段。这一阶段的计划，主要内容包括：要打造世界顶级的、能全力提供艺术、文化服务的"文化与娱乐核心区"，使新加坡成为亚洲与本土原创文化内容的最佳选择地，通过世界媒体、网络平台等渠道，进行"新加坡制造"文化产品的全球推介，建设文化人才与文化产业集群，增强艺术文化的专业化发展能力，加强文化产业与艺术类高等教育、中级教育培训之间的联系。经过多年的努力，新加坡在文化人才培养、会展活动举办、新兴旅游业打造、国际媒体宣传等方面都有了长足进步。而这些领域的发展，都与城市文化品牌指数密切相关。

对照新加坡的经验来看中国内地的城市，在中国样本城市中，除了北

京、上海、广州、深圳外，都需要以国际旅游目的地为目标吸引国际游客，在国际会议、重大国际赛事举办等方面仍然存在明显短板。除北京、深圳外，其他城市都需要在世界一流大学、全球知名媒体的建设方面实现从无到有的突破。即便是以北京而论，其多项指标数据与国际先进城市相比还有较大差距，尚需追赶和弥补。可以说，中国城市在文化品牌树立方面仍然任重道远。向新加坡模式学习，分阶段、分目标地实施文化品牌培育计划，率先从具有相对优势的领域入手，提升城市文化的国际传播力度，带动城市文化品牌影响力的全面升级，是现阶段中国城市文化形象建设的路径选择。

参考文献

一 中文文献

（一）著作

［美］本·哈莫：《方法论：文化、城市和可读性》，载汪明安、陈永国、马海亮主编《城市文化读本》，北京大学出版社2008年版。

陈立旭：《城市文化与城市精神———中外城市文化比较》，东南大学出版社2002年版。

董利民：《城市经济学》，清华大学出版社2016年版。

段霞：《世界城市发展战略研究——以北京为例》，中国经济出版社2013年版。

段霞主编：《首都国际化进程研究报告》，中国经济出版社2008年版。

范周：《中国城市文化竞争力研究报告》，知识产权出版社2015年版。

葛剑雄：《岭南文化与世界文化名城》，载王晓玲主编《广州讲坛演讲录》，商务印书馆2012年版。

国务院法制办农业资源环保法制司、住房和城乡建设部法规司、城乡规划司编：《历史文化名城名镇名村保护条例释义》，知识产权出版社2009年版。

金涛：《城市可持续概念模型研究》，东南大学出版社2016年版。

李从军主编：《迁徙风暴　城镇化建设启示录》，新华出版社2013年版。

李丹编著：《公共文化管理》，高等教育出版社2018年版。

李劲：《北京建设世界文化名城的难点与发展思路》，载段霞主编《世界城市建设与发展方式转变》，中国经济出版社2011年版。

刘红婴、王健民：《世界遗产概论》，中国旅游出版社2003年版。

刘江华等：《国家中心城市功能比较与广州发展转型之路》，中国经济出版社 2016 年版。

璐羽:《科技政策词汇》,中国标准出版社 2001 年版。

申维辰:《评价文化——文化资源评估与文化产业评价研究》,山西教育出版社 2005 年版。

孙逊、杨剑龙主编:《阅读城市:作为一种生活方式的都市生活》,上海三联书店 2007 年版。

陶建杰:《传媒与城市软实力 基于结构方程模型的研究》,上海交通大学出版社 2011 年版。

王世伟:《国际大都市图书馆服务体系述略》,上海人民出版社 2013 年版。

王忠主编:《文化产业项目管理案例分析》,华中师范大学出版社 2016 年版。

徐建刚等:《智慧城市规划方法——适应性视角下空间分析模型》,东南大学出版社 2016 年版。

徐俊忠主编:《广州培育世界文化名城探索》,广州出版社 2013 年版。

尹宏、邓智团、余梦秋等:《世界文化名城理论经验与成都实践》,中国社会科学出版社 2020 年版。

尹宏:《推进文化治理能力现代化 提升城市文化软实力》,载阎星主编《成都治理之路》,四川人民出版社 2017 年版。

尹宏:《现代城市创意经济发展研究》,中国经济出版社 2009 年版。

[英]查尔斯·兰德利:《全球创意城市发展趋势和深圳的创意未来》,载陈湘波主编《设计·城市·生活》,广西美术出版社 2011 年版。

[英]雷蒙·威廉斯:《文化分析》,载罗钢、刘象愚《文化研究读本》,中国社会科学出版社 2000 年版。

张富春:《历史文化名城研究》,陕西科学技术出版社 2015 年版。

张国良:现代大众传播学,四川人民出版社 1998 年版。

张剑涛:《〈2015 年后发展议程〉强调文化推动城市可持续发展》,载屠启宇主编《国际城市蓝皮书:国际城市发展报告(2016)》,社会科学文献出版社 2016 年版。

张敏、刘学、汪飞:《城市文化战略的空间性与空间效应》,载中国城市规划学会《2008 生态文明视角下的城乡规划》,大连出版社 2008 年版。

张云翔:《北京金融产业的定位与发展——基于构建世界城市的思考》,中国言实出版社 2016 年版。

张钟汝、章友德:《城市社会学》,上海大学出版社 2001 年版。

中国大百科全书总编辑委员会:《中国大百科全书社会学卷》,中国大百科全书出版社 1991 年版。

中国文物学会传统建筑园林委员会主编：《中国古建园林三十年》，天津大学出版社 2014 年版。

周振华：《崛起中的全球城市　理论框架及中国模式研究》，格致出版社 2017 年版。

朱华晟：《大城市创意产业空间与网络结构》，东南大学出版社 2015 年版。

联合国教科文组织统计研究所：《2009 年联合国教科文组织文化统计框架》，聂启平译，载等张晓明、胡慧林、章建刚主编《2011 年中国文化产业发展报告》，社会科学文献出版社 2011 年版。

（二）文章

1. 期刊

阿敏：《试析大遗址保护中的修复与开发——基于陕西省西安市的个案研究》，《经济研究导刊》2011 年第 14 期。

白志刚：《巴黎的城市文化》，《前线》2000 年第 9 期。

陈芳等：《阿根廷布宜诺斯艾利斯的创意城市发展路径及其实践研究》，《现代城市研究》2013 年第 11 期。

陈柳钦：《城市文化——城市发展的内驱力》，《西华大学学报》（哲学社会科学版）2011 年第 1 期。

陈明三：《福建省城市文化竞争力评价与分析》，《重庆科技学院学报》（社会科学版）2013 年第 3 期。

陈寿灿：《建设城市文化与提升城市竞争力》，《浙江学刊》2002 年第 3 期。

陈述云：《综合评价中指标的客观赋权方法》，《上海统计》1995 年第 6 期。

陈维民、马学广、窦鹏：《世界城市发展趋势及未来中国的网络结构分析》，《区域经济评论》2017 年第 2 期。

陈星、张学敏：《世界一流大学与城市的共生关系及启示》，《教育发展研究》2018 年第 Z1 期。

陈依元、王益澄：《宁波文化现代化指标体系的制定及评价》，《宁波大学学报》（人文科学版）2001 年第 4 期。

崔世娟、付汀汀：《城市文化软实力测度与提升——基于多地的比较研究》，《特区经济》2016 年第 8 期。

崔岩、庞楚：《浅析日本文化创意产业》，《文艺生活·文海艺苑》2011 年第 10 期。

邓纯东：《当代中国文化治理体系和治理能力现代化的理论反思》，《湖湘论坛》2018 年第 6 期。

董洁、陈祖功：《主客观组合赋权法在科技成果转化评价分析中的应用》，《科学管理研究》2009 年第 5 期。

段勇：《多元文化：博物馆的起点与归宿》，《中国博物馆》2008 年第 3 期。

［法］莫里斯·埃马尔：《公共场所与个人生活面面观》，《信使》1986 年第 2 期。

［意］弗朗切斯科·班德林：《世界遗产城市——未来之源》，载中国 2010 年上海世博会论坛文集编辑委员会《中国 2010 上海世博会论坛文集 城市更新与文化传承》，东方出版中心 2011 年版。

傅祖栋：《长三角城市软实力评价体系的构建及实证分析》，《宁波经济》（三江论坛）2014 年第 6 期。

耿识博：《澳大利亚文化保护管理体制及对中国的启示》，《行政管理改革》2011 年第 1 期。

郭珉媛、陈昌洪：《天津都市文化功能开发》，《环渤海经济瞭望》2012 年第 4 期。

韩丹：《增强城市精神功用的 10 条建议》，《重庆社会科学》2012 年第 10 期。

何丹等：《北京市公共文化设施服务水平空间格局和特征》，《地理科学进展》2017 年第 9 期。

胡卜文：《纽约文化战略的经验及对广州的启示》，载中国城市规划学会《2019 中国城市规划年会论文集》，中国建筑工业出版社 2019 年版。

胡霁荣：《改革开放 40 年来上海文化建设的回顾与展望》，《上海文化》2018 年第 4 期。

贾海涛：《文化软实力的构成及测评公式》，《学术研究》2011 年第 3 期。

解萧语、褚婷婷：《城市文化软实力综合评价研究——基于北京市文化软实力发展分析》，《价格理论与实践》2019 年第 10 期。

金世源：《首尔，引领创意城建》，《上海经济》2011 年第 11 期。

金元浦、王林生：《北京世界城市与国家文化中心建设研究综述》，《北京联合大学学报》（人文社会科学版）2012 年第 10 期。

课题组：《文化多样性与都市竞争力——国际化语境中的上海文化发展战略研究》，《科学发展》2012 年第 1 期。

蒯大申：《世界文化中心城市何以可能》，《社会观察》2004 年第 1 期。

匡纯清：《论城市文化"软实力"》，《湖南工业大学学报》（社会科学版）2008年第4期。

李凡、黄耀丽、叶敏思：《城市文化竞争力的定量评价方法及实证研究——以珠江三角洲城市群为例》，《佛山科学技术学院学报》（自然科学版）2008年第2期。

李奎泰：《首尔和上海的城市发展战略和城市文化政策之比较》，《当代韩国》2006年第3期。

李琳：《俄罗斯联邦国家文化战略解析》，《红旗文稿》2016年第8期。

李满：《城市电影票房影响因素的经验与实证研究》，《传媒观察》2018年第7期。

李模：《南非世界文化遗产》，《西亚非洲》2009年第1期。

李曙新：《城市文化及其建设内涵的三维建构》，《青岛大学师范学院学报》2005年第4期。

李向民等：《城市文化竞争力及其评价指标》，《中国文化产业评论》2008年第2期。

李小波：《武汉城市文化软实力评价体系的构建》，《武汉工程职业技术学院学报》2017年第9期。

李孝敏：《郑州华夏历史文明传承创新核心区建设的思考》，《中共郑州市委党校学报》2015年第1期。

李欣、叶果：《新加坡公园绿地及环境建设经验及启示》，《城市建筑》2020年第17期。

李音：《现代性下的集体改造——基于B市W吧青年"泡夜店"行为的观察与访谈》，《中国青年研究》2017年第7期。

李珍刚：《中国城市形象建设初探》，《社会科学》1997年第2期。

李正治、张凤莲：《试析城市文化软实力的内涵及其构成要素》，《人民论坛》2013年第26期。

廖志强等：《上海建设国际文化大都市的"文化+"战略规划研究》，《城市规划学刊》2017年第S1期。

刘海洋：《浅析城市文化的特征及其功能》，《山西建筑》2007年第33期。

刘佳骏、董锁成、李泽红：《中国水资源承载力综合评价研究》，《自然资源学报》2011年第2期。

刘平：《文化创意驱动城市转型发展的模式及作用机制》，《社会科学》2012年第7期。

马辉：《综合评价系统中的客观赋权方法》，《合作经济与科技》2009年第

9期。

马学广、李贵才：《全球流动空间中的当代世界城市网络理论研究》，《经济地理》2011年第10期。

买倩倩、陈瑛：《基于主成分分析法的国际化大都市文化实力比较研究》，《资源开发与市场》2015年第2期。

孟凡蓉等：《世界一流科技社团综合能力评估指标体系设计研究》，《科学学研究》2020年第11期。

倪珊珊、张志纯：《国际会展中心城市目标驱动下的广州会展业与旅游业产业融合的路径研究》，《山西经济管理干部学院学报》2018年第4期。

齐骥：《中国文化产业集群的发展和治理——以国际经验为视角》，《发展研究》2013年第8期。

祁述裕：《公共管理与公共文化服务体系建设》，《上海文化》2013年第12期。

秦瑞英：《基于因子分析法的广州城市文化竞争力比较研究》，《开发研究》2013年第4期。

人民论坛测评中心：《杭州、上海、厦门位居前三，对19个副省级及以上城市文化软实力的测评研究》，《国家治理》2017年第12期。

任庭义：《论电影与青年文化消费》，《重庆科技学院学报》（社会科学版）2009年第3期。

任致远：《关于城市文化的拙见》，《城市》2009年第5期。

阮婷、陶志梅、周一：《众包模式在文化创意产业园区运营管理中的应用——以天津棉3创意街区为例》，《江苏商论》2017年第17期。

阮蓁蓁、孟祥臣：《新加坡世界一流大学学科建设的特征》，《中国高校科技》2018年第1期。

邵海昆：《俄罗斯：公布〈国家教育方案〉》，《人民教育》2019年第3期。

沈山等：《文化都市：形象定位与建设战略——以南京市为例》，《人文地理》2005年第2期。

石崧等：《上海国际文化大都市发展规划战略探索》，《上海城市规划》2012年第3期。

舒俊：《中国文化软实力评价研究述评》，《实事求是》2019年第2期。

汤伟：《金砖国家新兴世界城市发展规划研究》，《上海对外经贸大学学报》2019年第7期。

陶建杰：《国际视野下的上海文化软实力优劣评价》，《中国名城》2012年第4期。

陶建杰：《十大国际都市文化软实力评析》，《城市问题》2011年第10期。
万伦来、张颖、任陈陈：《中国省会城市文化软实力的综合评价》，《合肥工业大学学报》（社会科学版）2014年第4期。
王廷信：《城市精神、城市政策与城市文化软实力》，《艺术百家》2008年第4期。
王廷信、王博：《世界中心城市文化竞争力核心要素比较研究》，《调研世界》2014年第9期。
王晨、米如群：《国家文化战略与艺术人才培养的关系研究》，《美术与设计》2014年第6期。
王林生：《国际重要首都城市与北京文化战略比较分析》，《西部学刊》2013年第7期。
王林生：《"文化城市"理念的历史语境及理论内涵》，《城市问题》2014年第4期。
王琳：《国家中心城市文化软实力评价研究——以港京沪津穗城市为例》，《城市观察》2009年第3期。
王敏、彭唤宇：《绿视率引导下的城市绿色空间发展探析》，《住宅科技》2018年第9期。
王琪延、王博：《世界中心城市文化竞争力核心要素比较研究》，《调研世界》2014年第9期。
魏后凯：《论中国城市转型战略》，《城市区域规划研究》2011年第1期。
魏峻：《关于博物馆定义和未来发展的若干思考》，《中国博物馆》2018年第4期。
魏然：《俄罗斯高等教育现代化进程研究及对中国的借鉴与启示》，《吉林广播电视大学学报》2020年第2期。
魏艳：《对文化软实力内涵的探究》，《学理论》2013年第16期。
夏一梅：《商业与艺术的完美结合——爱丁堡国际艺术节对发展文化创意产业的启示》，《上海商业》2008年第9期。
向德平、田北海：《论中国城市文化建设存在的问题及对策》，《武汉大学学报》（社会科学版）2003年第2期。
邢琳琳、刘志强：《中国城市建成区绿地率与人均公园绿地面积失调特征及差异》，《规划师》2015年第6期。
徐剑：《国际文化大都市指标设计及评价》，《上海交通大学学报》（哲学社会科学版）2019年第2期。
徐翔：《"创意人居城市"的结构方程模型分析》，《社会科学》2016年第

8 期。

许平：《为打造"全国文化创意产业中心"提供科技支撑》，《杭州科技》2008 年第 2 期。

杨安文、潘泽江、陈池波：《中国民族八省区 R&D 投入相对效率的 SFA 分析》，《西藏大学学报》（社会科学版）2014 年第 2 期。

杨付红：《东京案例对济南市建立创新型城市的启示》，《中国市场》2013 年第 6 期。

杨启瑶：《基于"社会价值"的文化遗产景观管理与实践——以澳大利亚亚瑟港历史遗址地为例》，《建筑与文化》2020 年第 1 期。

杨颖：《俄罗斯文化遗产保护的理论与实践》，《北方文学》2018 年第 21 期。

杨子：《城市中的剧院　剧院中的城市》，《上海艺术评论》2018 年第 5 期。

姚颂平、刘志民、肖锋：《国际体育大赛与国际化大城市发展之关系》，《上海体育学院学报》2004 年第 5 期。

殷京生：《试论城市文化的特征》，《宁夏社会科学》2003 年第 1 期。

尹宏：《创意经济：城市可持续发展的高级形态》，《青海社会科学》2007 年第 1 期。

尹宏：《创意经济促进现代城市转型的机理和路径》，《社会科学家》2015 年第 6 期。

尹宏：《发展文化创意产业　促进城市经济转型》，《宏观经济管理》2016 年第 3 期。

尹宏、王苹：《创意设计促进文化产业与实体经济融合》，《西南民族大学学报》2016 年第 6 期。

尹宏：《文化科技融合促进文化产业发展研究》，《江西社会科学》2015 年第 4 期。

尹宏：《现代城市创意经济简论》，《城市问题》2007 年第 8 期。

余晓曼：《城市文化软实力的内涵及构成要素》，《当代传播》2011 年第 2 期。

张怀民、杨丹：《城市文化软实力提升路径选择：武汉文化软实力发展研究》，《科技进步与对策》2013 年第 5 期。

张小明：《约瑟夫奈的"软权力"思想分析》，《美国研究》2005 年第 1 期。

张暄：《魅力与活力：东京的文化发展战略》，《环球市场信息导报》2017

年第 27 期。

张月花、薛平智、储有捷：《创新型城市建设视角下西安文化软实力实证评价与分析》，《科技进步与对策》2013 年第 14 期。

郑时龄：《国际文化大都市的城市空间》，《论坛》2016 年第 11 期。

中国世界遗产网：《世界遗产分类评定标准》，《建筑与文化》2004 年第 6 期。

钟灵啸：《上海都市旅游发展薄弱环节研究》，《科学发展》2019 年第 11 期。

周国富、吴丹丹：《各省区文化软实力比较研究》，《统计研究》2010 年第 2 期。

周继洋：《上海与五大国际文化大都市文化指标对比研究》，《中国名城》2019 年第 5 期。

朱孔来：《对文化软实力相关问题的思考——兼论提升济南市文化软实力的对策》，《济南大学学报》（水科学版）2012 年第 3 期。

诸大建、王红兵：《构建创意城市——21 世纪上海城市发展的核心价值》，《城市规划学刊》2007 年第 3 期。

2. 报纸

蔡武进：《文化治理需要健全法律机制》，《人民日报》2014 年 10 月 9 日。

单霁翔：《从功能城市走向文化城市》，《中国文物报》2007 年 11 月 18 日。

郭佳：《文化、城市文化与城市主题文化辨析》，《中国文化报》2008 年 4 月 8 日。

韩业庭：《奏响文化惠民的新乐章——十八大以来中国构建现代公共文化服务体系成就述评》，《光明日报》2017 年 9 月 29 日。

静水：《"创意城市"：走向国际化的通行证》，《中国文化报》2010 年 6 月 26 日。

蒯大申：《探索世界文化城市形成之谜》，《解放日报》2004 年 11 月 14 日。

匡贤明：《加快文化领域供给侧结构性改革》，《学习时报》2018 年 5 月 26 日。

杨政：《俄罗斯大力保护文化遗产》，《光明日报》2013 年 11 月 5 日。

张建友：《向文化名城迈进》，《中国文化报》2012 年 11 月 20 日。

张剑涛：《怎样才能成为世界文化中心城市》，《中国经济导报》2016 年 9 月 21 日。

章琦：《上海离世界创意之都还有多远》，《解放日报》2008年4月22日。

3. 其他

陈龙：《重庆市城市文化竞争力评价与分析》，博士学位论文，重庆大学，2017年。

程章灿：《从〈金陵五题〉到〈金陵四十八景〉》，第三届两岸三地人文社会科学论坛论文，香港，2008年。

刘高宾：《城市文化软实力提升中的政府行为研究》，硕士学位论文，广州大学，2012年。

宇文利：《包容与城市文化多样性》，中青年社科理论人才"百人工程"学者论坛会议论文，2011年。

（三）译著

[加] 丹尼尔·亚伦·西尔、[美] 特里·尼科尔斯·克拉克：《场景——空间品质如何塑造社会生活》，祁述裕、吴军译，社会科学文献出版社2019年版。

[美] R. E. 帕克、E. N. 伯吉斯、R. D. 麦肯齐：《城市社会学》，宋俊岭、吴建华、王登斌译，华夏出版社1987年版。

[美] 艾伦·斯科特：《城市文化经济学》，董树宝等译，中国人民大学出版社2010年版。

[美] 简·雅各布斯：《城市经济》，项婷婷译，中信出版社2007年版。

[美] 凯文·林奇：《城市意象》，方益萍、何晓军译，华夏出版社2001年版。

[美] 林奇·K：《城市形态》，林庆怡、陈朝晖、邓华译，华夏出版社2002年版。

[美] 刘易斯·芒福德：《城市发展史——起源、演变和前景》，宋俊岭、倪文彦译，中国建筑工业出版社2004年版。

[美] 刘易斯·芒福德：《城市文化》，宋俊岭、李翔宇译，中国建筑工业出版社2009年版。

[美] 曼纽尔·卡斯特：《网络社会的崛起》，夏铸九等译，社会科学文献出版社2000年版。

[美] 帕克等：《城市社会学》，宋俊岭等译，华夏出版社1987年版。

[美] 萨斯基亚·萨森：《全球化及其不满》，包亚明编，李纯一译，上海书店出版社2000年版。

[美] 维克多·特纳：《意识过程：结构与反结构》，黄剑波、柳博赟译，中国人民大学出版社2006年版。

［美］亚伯拉罕·马斯洛：《动机与人格》，许金声译，中国人民大学出版社 2012 年版。

［美］约翰·肯尼思、加尔布雷斯：《富裕社会》，赵勇译，江苏人民出版社 2009 年版。

［挪威］诺伯舒兹：《场所精神——迈向建筑现象学》，施植明译，华中科技大学出版社 2010 年版。

［英］阿诺德·汤因比：《历史研究》，上海人民出版社 2010 年版。

［英］安德鲁·塔隆：《英国城市更新》，杨帆译，同济大学出版社 2017 年版。

［英］彼得·泰勒、［比利时］本·德鲁：《世界城市网络：一项全球层面的城市分析》，江苏教育出版社 2018 年版。

［英］查尔斯·兰德利：《创意城市——如何打造都市创意生活圈》，杨幼兰译，清华大学出版社 2009 年版。

［英］戴维·赫尔德：《全球大变革——全球化时代的政治、经济与文化》，杨雪冬等译，社会科学文献出版社 2001 年版。

［英］罗伯特·保罗·欧文斯等编：《世界城市文化报告 2012》，黄昌勇等译，同济大学出版社 2013 年版。

［英］帕特里克·格迪斯：《进化中的城市：城市规划与城市研究导论》，李浩、吴骏莲、叶冬青、马克尼译，中国建筑工业出版社 2012 年版。

［英］约翰·罗斯：《建筑的七盏明灯》，谷意译，山东画报出版社 2012 年版。

二　外文文献

Art Council, *An Urban Renaissance*: *The Role of the Ates in Inner City Regencration*, 1989.

C. Samuel Craig, "Creating Cultural Products: Cities, Context and Techology", *City, Culture and Society*, Vol. 4, 2013.

Maria D. Alvare, Sukru Yarcan., "Istanbul as a World City: a Cultural Perspective", *International Journal of Culture, Tourism and Hospitality Research* Vol. 4, No. 3, 2010.

Liln Dan, Li Wenjuan, Hong Xiaonan, "The Research on the Soft Power of City Culture", *Studies in Sociology of Secience*, Vol. 3, No. 2, 2012, pp. 59 – 62.

Gary L. Aho., *William Morris*: *A Reference Guide*, K. G. Hall & Co, 1985.

Castells M., *The Rise of the Network Society*, Oxford: Blackwell, 1996.

Hall P. Geoffrey, *The World Cities*, Weidenfeld and Nicolson, 1966.

Hall P. G. , *Cities of Civilization*, New York: Pantheon Books, 1998.

Lewis Mumford, *The Culture of citie*, New York: Harvest Book, 1938.

Landry C. , Bianchini F. , *The Creative City*, London: Demos, 1995.

S. Sassen, *The Global City: New York, London, Tokyo*, Princeton University Press, 1991.

Webster D. , Muller L. , *Urban Competiveness Assessment in Developing Country Urban Regions: The Road Forward*, Washington D C: Paper Prepared for Urban Group, INFUD, the World Bank, 2000.

Akdemir Bayram, S. Gunes and S. Yosunkaya, "New Data Pre-processing on Assessing of Obstructive Sleep Apnea Syndrome: Line Based Normalization Method (LBNM)", International Conference on Advanced Intelligent Computing Theories & Applications with Aspects of Conteporary Intelligent Computing Techniques, 2008.

Becker, Gary S. Murphy, Kevin M. , "A Theory of Rational Addiction", *Political Economy*, 1988.

Daniel Aaron Silver, "American Landscape: Amenities, Scenes and Local Quality of Life", *Region, Economy and Society*, 2012.

Grez Jochen, "Creating a Cultural City", *Third Text*, Vol. 21, No. 4, 2007.

Hopkins T. K. Wallerstein I. , "Commodity Chains in the World Economy Prior to 1800", *Rewiew*, Vol. 10, No. 1, 1986.

J. Friedmann, "The World City Hypothesis", *Development and Change*, 1986.

Juergen Gnoth, "Leveraging Export Brands Through a Tourism Destination Brand", *Brand Management*, Vol. 9, No. 4/5, 2002.

Louis Wirth, "Urbanism as a Way of Life", *American Journal of Sociology*, Vol. XLIV, 1938.

Louis Klarevas, "Greeks Bearing Consensus: Suggestion-sor Increasing Greece, Soft Power in the West", *Mediter-ranean Quarterly*, No. 3, 2005.

Peter Karl Kresl, Balwant Singh, "Competitiveness and Urban Economy: Twenty-four Large US Metropolitan Areas", *Urban Studies*, Vol. 36, No. 5-6, 1999.

Annual Employment Survey 2017, August 2018 Surveys Unit dbei. gov. ie, 2020-10-22.

BUENOS AIRES, 2020-10-22, https://en.unesco.org/creative-cities/buenos-aires.

2019 – LA Otis Creative Economy Report-digital.

CREATIVE CLUSTERS IN MOSCOW, 2019 – 06 – 28, 2020 – 10 – 22, https: // capitalideas. moscow/creative-clusters-in-moscow/.

Creative Industries, 2020 – 10 – 22, https: //melbourne. geografia. com. au/ industr ies/CUST3.

Creative and Cultural Industrie, 2020 – 01 – 21, 2020 – 10 – 22, https: // en. investinbogota. org/investment-sectors/creative-industries-bogota#: ~ : text = Bogota% 20has% 20positioned% 20itself% 20as, Creative% 20and% 20Cultural% 20Industries% 20sector, 2020 – 10 – 22. [209] Colombia: Labor force participation, https: //www. theglobaleconomy. com/Colombia/labor _ force _ participation/.

City of Sydney Employment status, idcommunity demographic resources, 2020 – 10 – 22, https: //profile. id. com. au/sydney/employment-status#: ~ : text = 117% 2C258% 20people% 20living% 20in% 20the, indicator% 20of% 20socio% 2Deconomic% 20status.

CAPE TOWN, 2020 – 10 – 22, https: //en. unesco. org/creative-cities/cape-town.

Cairo's population2019, 2020 – 10 – 22, http: //www. cairo. gov. eg/en/Statistics/total% 20cairo. pdf.

Center for An Urban Future, 2019 – 05 – 18, 2020 – 10 – 22, https: //nycfuture. org/pdf/Creative_ New_ York. pdf.

Hiromichi Masuda, et al. , Anime industry report 2016, The Association of Japanese Animations, 2016 – 9 – 30.

Johannesburg, South Africa Metro Area Population 1950 – 2020, macrotrends, 2020 – 10 – 22, https: //www. macrotrends. net/cities/22486/johannesburg/ population.

Mayor of London, World Cities Culture Report 2018, 2018 – 11 – 16, 2019 – 06 – 25, http: //www. worldcitiescultureforum. com/assets/others/181108_ WCCR_ 2018_ Low_ Res. pdf.

Mori Memorial Foundation, Global power city index 2019, 2019 – 11 – 25, 2020 – 01 – 20, http: //www. mori-m-foundation. or. jp/pdf/GPCI2019 _ summary. pdf.

Mayor of London, World Cities Culture Report 2012, 2019 – 06 – 25, http: //

www. worldcitiescultureforum. com/assets/others/Culture_dans_les_villes_mondes. pdf.

Milan：City Data，http：//www. worldcitiesculture forum. com/，2020-10-22.

Mayor of New York. ，Greate NYC，2019-05-18，2020-10-22，https：// wwwl. nyc. gov/assets/dcla/downlads/pdf/cultureplan/createnyc-finalplan. pdf.

Population of Tokyo，TOKYO METROPOLITAN GOVERNMENT，2020-10-22，https：//www. metro. tokyo. lg. jp/english/about/history/history03. html #：~：text=Population%20Summary，the%20total%20area%20of%20Japan.

Statistics and Publications-Montréal，Institut de la statistique Québec，2019-09-16，2020-10-22，https：//www. stat. gouv. qc. ca/statistiques/profils/region_06/region_06_00_an. htm.

Strengthening Scotland's creative industries，2019-10-12，2020-10-22，https：//www. gov. scot/news/strengthening-scotlands-creative-industries/.

South Korea Employment Rate，TRADING ECONOMICS，2020-10-22，https：//tradingeconomics. com/south-korea/employment-rate #：~：text=Employment%20Rate%20in%20South%20Korea%20is%20expected%20to%20be%2059. 30，60. 90%20in%2012%20months%20time.

The World According to GaWC，2020-03-10，https：//www. lboro. ac. uk/gawc/group. html.

Unemployment rate in Dubai hits 0. 5% in 2017-survey，Arabian Business/Global，2018-05-30，2020-10-22，https：//www. arabianbusiness. com/politics-economics/397891-unemployment-rate-in-dubai-hits-05-in-2017-survey #：~：text=Total%20employment%20in%20Dubai%20reached%202%2C778%2C000%20last%20year%2C%20out%20of，outside%20Dubai%20-%20totalled%20over%20700%2C000.

三　网络文献

陈琦：《伦敦城市文化发展战略及其对上海的启示》（2015年5月7日），2020年3月10日，http：//www. cbs. shisu. edu. cn/05/6a/c3025a66922/page. htm。

曹琪：《香港文化产业的道路、经验与成果》（2017年6月28日），2020年5月12日，http：//news. cnr. cn/zt2017/xghuigui/ygjj/20170626/t20170626_523819639. shtml。

东京都生活文化局：《东京文化愿景》（2019年5月18日），2020年3月

10 日，http：//www. seikatubunka. metro. tokyo. jp/bunka/bunka_ seisaku/houshin_ torikumi/0000000210. html222222。

《东京文化创意产业的历史——世界城市 文化力量》（2020 年 3 月 3 日），2020 年 5 月 10 日，http：//www. guayunfan. com/lilun/78012. html。

梁凝：《可持续发展的悉尼 2030 计划》（2015 年 12 月 21 日），2020 年 6 月 5 日，http：//www. istis. sh. cn/list/list. aspx？id＝9754/。

全球城市实验室：《2019 年全球城市 500 强》（2019 年 12 月 26 日），2020 年 1 月 18 日，http：//globalcitylab. com/city500brand/index. htm。

上海城市创新经济研究中心：《伦敦文化经济：如何塑造世界文化之都？》（2020 年 7 月 20 日），2020 年 5 月 12 日，https：//www. sohu. com/a/408658369_ 748530。

香港特别行政区政府统计处：《香港文化创意产业发展报告》（2019 年 4 月 9 日），2020 年 8 月 25 日，https：//www. 360kuai. com/pc/98d316961e1397368？cota＝4&kuai_ so＝1&tj_ url＝so_ rec&sign＝360_ 57c3bbd1&refer_ scene＝so_ 1。

钟婷：《新加坡产业发展战略之六——成为新亚洲创意中心》（2006 年 1 月 10 日），2020 年 3 月 10 日，http：//www. istis. sh. cn/list/list. aspx？id＝2513。

祝碧衡：《〈机遇之都〉系列报告之上篇：普华永道把脉全球 30 座经济和文化枢纽城市》（2014 年 2 月 24 日），2020 年 6 月 22 日，http：//www. istis. sh. cn/list/list. aspx？id＝8155。

中华人民共和国驻蒙特利尔总领事馆：《魁省主要城市情况》（2018 年 12 月 13 日），2020 年 6 月 22 日，http：//montreal. chineseconsulate. org/chn/lqgkjsbjwgj/ksjk/t1621643. htm。

闫伟、张丽娟：《2018 ICCA 国际会议统计报告分析》（2019 年 5 月 27 日），2020 年 8 月 25 日，http：//www. meetingschina. com/news13536. html。

后　　记

　　以文化推动城市崛起已成为世界城市转型升级的重要趋势。党的十八大以来，以习近平同志为核心的党中央高瞻远瞩推进社会主义文化强国建设，坚定文化自信，明确了文化建设在中国特色社会主义总体布局中的定位，越来越多的中国文化名城正在走向世界舞台中央。在新一轮城市竞争与博弈中，文化赋能城市现代化被高度关注。北京、上海、广州、成都等国内城市，相继提出打造"全国文化中心""国际文化大都市""世界文化名城"的目标愿景。什么是世界文化名城、如何评价世界文化名城的建设成效、怎样建设世界文化名城等重大理论和实践问题亟待破题，迫切需要加强世界文化名城的理论研究。为此，成都市社会科学院组建课题组，在对世界文化名城理论、世界城市经验和中国城市实践进行研究的基础上，深化世界文化名城评价研究，并有幸立项为国家社科基金后期资助项目。

　　全书以世界文化名城为研究对象，建立"功能—声誉"评价模型，遵循"评价依据—评价工具—评价过程—评价结果运用"的研究逻辑，采用定量研究与定性研究相结合的方法，构建世界文化名城评价指标体系，搜集整理全球城市数据进行实证研究，探讨中国建设世界文化名城的策略和路径。全书研究框架由尹宏研究员设计拟定，写作分工及撰稿人员：导论，成都市社会科学院尹宏研究员；第一章，成都市社会科学院余梦秋副研究员、尹宏研究员、成都大学周翔宇副教授；第二章，成都大学周翔宇副教授、成都市社会科学院尹宏研究员；第三章、第四章、第五章、第六章、第七章、第八章、第九章，成都市社会科学院尹宏研究员；第十章，成都市社会科学院余梦秋副研究员、冯婵副研究员、成都大学周翔宇副教授。全书由尹宏研究员负责修改统稿。

　　本书最终得以付梓，离不开课题组老师们的辛勤奉献和耕耘探索，更得益于成都市社科联（院）党组的关心和支持。在研究过程中，四川大学城市研究所何一民教授、四川大学经济学院黄勤教授、四川大学马克思主义学院杜黎明教授、四川师范大学历史文化旅游学院谢元鲁教授、西南民族大学艺术学院院长刘兴全教授、中共成都市委党校常务副校长王苹研究员等专家，对本书的修改提出了宝贵意见，您们的点拨启发和悉心指导使我们获益匪浅。此外，四川省委党校经济教研部王伟副教授、成都市社会科学院经济研究所曾鹦副研究员、南加州大学建筑学院硕士研究生凌子然同学，参与了资料数据采集和制图技术支持等工作，你们的帮助给予我们努力前行的底气和支撑。在此，一并致以最诚挚的感谢！

  目前，学界对世界文化名城的专题研究还不多见，尽管本书尝试从学科融合的视角对世界文化名城评价进行研究，但在文化与城市的理论深度上仍待进一步拓展，敬请各位方家不吝赐教。后续我们将围绕中国特色世界文化名城建设，总结实践经验，深化理论研究。最后，本书的写作参阅了国内外许多学者的著作与论文，为我们的研究奠定了坚实的基础，在此一并致谢。参考文献我们已尽可能列出，但难免会有疏漏，若有不周，敬请见谅。